Collection ICETE

La direction académique dans la formation théologique

VOLUME 2

Le programme d'études est un outil essentiel pour déterminer et façonner l'expérience éducative globale et garantir la réalisation des objectifs d'apprentissage d'une institution. Cependant, l'efficacité d'un programme d'études se mesure à la fois par la qualité de sa conception et sa gestion par les responsables académiques et le corps enseignant.

Dans cet ouvrage, des auteurs de diverses régions du monde, ayant une expertise et une expérience avérées dans la formation théologique et la pédagogie, fournissent une ressource opportune et pertinente qui articule clairement les fondements bibliques et les théories et pratiques d'apprentissage pour une conception et une mise en œuvre efficaces des programmes d'études, en vue d'une expérience éducative enrichissante et transformatrice. Je recommande vivement l'utilisation de ce livre à tous les enseignants et responsables académiques qui aspirent à une formation théologique transformatrice dans leur institution et s'y engagent.

Pasteur Emmanuel Chemengich, DMin
Directeur exécutif,
Association for Christian Theological Education in Africa (ACTEA)

Cet ouvrage est une fresque riche et diversifiée, essentielle et cruciale pour une formation théologique fructueuse, créative et bénie de Dieu. Ce volume sur la conception des programmes d'études a été élaboré par une équipe internationale d'éducateurs doués et avisés. J'ai consacré une grande partie de ma vie à étudier les systèmes, les processus et les ressources en formation, les étudiants et la direction académique, autant d'éléments qui contribuent à la transformation authentique du caractère et à l'excellence inspirée par Dieu dans la formation au ministère. J'imagine déjà l'impact potentiel de cette série d'ouvrages. Partout dans le monde, les formes et structures de formation théologique rencontrent des difficultés – qu'elles soient internes ou externes. Ces difficultés façonneront ces structures en permanence, mais celles qui résistent dépériront et seront absorbées ou disparaîtront. Alors que celles qui embrassent le changement ont une occasion unique d'avoir un impact sur le royaume de Dieu en Christ, en concevant des programmes d'études créatifs pour former le peuple de Dieu au ministère, à tous les niveaux d'éducation et dans toutes les vocations. Je prie pour que nos courageux éducateurs, en particulier ceux qui sont au plus haut niveau de direction académique, soient assez entreprenants pour lire, étudier et mettre en œuvre la sagesse transmise par cette ressource fondamentale.

William D. Taylor, PhD
Ancien professeur,
Seminario Teológico Centroamericano
Trinity Evangelical Divinity School
Trente ans à la Commission Missions, Alliance Évangélique Mondiale

Ce livre offre une compréhension globale du programme d'études et guide les responsables académiques à travers le processus complexe de développement, de mise en œuvre et d'évaluation du programme d'études. Écrit par des formateurs théologiques chevronnés du monde entier, ce livre sert de feuille de route indispensable à la conception de programmes de formation théologique. Il aidera les institutions théologiques à développer des programmes de formation pertinents qui auront un impact sur l'Église et la société dans leurs contextes.

Theresa Roco-Lua, EdD
Secrétaire Générale, Asia Theological Association

J'écris ceci de Rome, en Italie, où je participe aux réunions de l'ICETE avec mes collègues, les dirigeants des neuf associations d'accréditation régionales. Nous parlons de développer l'ICETE Academy for Excellence et les normes d'accréditation mondiales de l'ICETE. En écoutant mes collègues de diverses régions, je suis étonné de voir à quel point l'ICETE Programme for Academic Leadership a aidé les responsables d'institutions théologiques et les professeurs, en posant les fondements de la conception des programmes, en définissant le rôle de la direction académique dans l'enseignement et l'apprentissage transformateurs, en concevant l'évaluation de l'apprentissage et en développant une communauté d'apprentissage dans la formation théologique. J'ai participé aux trois colloques IPAL/Eurasie. Dans le contexte actuel de Europe de l'Est, compliqué par le conflit entre l'Ukraine et la Russie, ces colloques ont particulièrement et profondément façonné ma compréhension de la conception de programmes d'études contextualisés et m'ont encouragé à réfléchir à la question de développer une communauté d'apprentissage, afin que nous restions fidèles au royaume de Dieu et mieux remplir la mission de l'Église.

Taras Dyatlik
Directeur Régional pour Eurasie, Overseas Council
Directeur du développement éducatif, représentant de Euro-Asia Accrediting Association (E-AAA) au conseil d'administration de l'ICETE

La direction académique dans la formation théologique

VOLUME 2

Conception et gestion de programmes d'études

Sous la direction de

Fritz Deininger et Orbelina Eguizabal

Traduit de l'anglais par Joelle Giappesi

Directeurs de collection

Riad Kassis et Michael A. Ortiz

Publié en 2022 par Langham Global Library
Une marque de Langham Publishing
www.langhampublishing.org

Les éditions Langham Publishing sont un ministère de Langham Partnership.

Langham Partnership
PO Box 296, Carlisle, Cumbria, CA3 9WZ, UK
www.langham.org

Numéros ISBN :
978-1-83973-713-8 Format papier
978-1-83973-749-7 Format ePub
978-1-83973-751-0 Format PDF

Traduit de l'anglais par Joelle Giappesi.

Édition originale publiée en langue anglaise sous le titre : *Leadership in Theological Education, volume 2, Foundations for Curriculum Design*, Carlisle, Langham Global Library, 2017.

Les citations qui figurent dans ce livre et sont tirées d'ouvrages en anglais ont toutes été traduites par la traductrice.

British Library Cataloguing in Publication Data
A catalogue record for this book is available from the British Library

ISBN : 978-1-83973-713-8

Mise en page et couverture : projectluz.com

Introduction

La conception et gestion de programmes d'études » est le thème du second volume de cette série de livres ICETE : *La direction académique dans la formation théologique*. Il vient compléter le premier volume sur les fondements de la direction académique, qui a posé les bases de l'enseignement théologique, mis en évidence les caractéristiques et les responsabilités des responsables académiques et fourni un aperçu de leurs pratiques administratives et de direction.

Comme chacun le sait, l'une des tâches fondamentales des responsables académiques dans les institutions d'enseignement est leur fonction d'architecte et de direction. Ils participent en effet aux processus de planification, de conception et de gestion des programmes, à savoir la mise en œuvre, la supervision et l'évaluation du programme pour les différents domaines d'études proposés dans leur institution. Les responsables académiques des établissements de formation théologique ne sont pas différents de leurs homologues des établissements non théologiques en ce qu'ils sont chargés de superviser les processus et la gestion du programme. Ainsi, afin d'œuvrer efficacement dans la formation de disciples de Jésus-Christ qui sont chargés d'accomplir l'ordre missionnaire dans ce monde, les institutions de formation théologique dans le contexte mondial doivent tenir compte des théories des sciences sociales. Celles-ci nous informent et favorisent la compréhension du développement humain des individus et de leurs modes et styles d'apprentissage. Elles sont complémentaires des fondements bibliques et théologiques qui, eux, nous aident à saisir les besoins spirituels de nos étudiants et fournissent des principes directeurs sur la façon de les aider dans leur cheminement spirituel. Ainsi, ils seront transformés à l'image du Fils de Dieu, Jésus-Christ, et s'épanouiront en vivant selon le plan rédempteur de Dieu, tant pour ses disciples que pour ceux qui ne le connaissent pas encore.

Le programme d'études est défini de différentes manières et est déterminé par plusieurs facteurs. Parkay, Anctil et Hass plaident pour une définition complète en prenant en compte non seulement nos besoins mais aussi les « courants qui influenceront nos vies à l'avenir[1] ».

1. Forrest W. Parkway, Eric J. Anctil et Glen Hass, *Curriculum Leadership: Readings for Developing Quality Educational Programs*, 10e éd., Upper Saddle River, NJ, Pearson Education, 2014, p. 3.

Ces auteurs suggèrent ce qui suit :

> Le programme d'études est l'ensemble des expériences éducatives que les apprenants obtiennent d'un programme éducatif. Le but de ce dernier est d'atteindre des objectifs généraux et des objectifs spécifiques connexes qui ont été développés dans le cadre de la théorie et de la recherche, de la pratique professionnelle passée et présente et de l'évolution des besoins de la société[2].

En gardant cela à l'esprit et en puisant dans leurs expériences en tant que responsables académiques dans des institutions théologiques de différentes régions du monde, les auteurs de ces chapitres abordent les éléments essentiels qui en aideront d'autres à guider et à gérer les processus des programmes d'études dans leurs institutions. Le présent ouvrage est organisé en trois parties qui portent sur les aspects fondamentaux et pratiques du développement et de l'évaluation des programmes d'études.

La première partie traite des fondements de la conception et de l'élaboration des programmes d'études. Le *chapitre 1* établit les fondements de la conception des programmes d'études dans la formation théologique. L'auteur souligne les paramètres éducatifs généraux et les principes de théologie biblique que les responsables académiques peuvent garder à l'esprit lorsqu'ils conçoivent un nouveau programme ou révisent un programme existant. Les principes directeurs mis en évidence comme étant essentiels dans la conception du programme d'études comprennent : la vocation et l'éthique de l'institution ; la philosophie éducative de l'institution, qui doit être imprégnée des principes bibliques et théologiques qui se dégagent des Écritures, tels que les doctrines de la personne de Dieu, du Fils et du Saint-Esprit, et de l'Église. Ils devraient comporter également une vision globale des programmes d'études déjà en opération et une compréhension des paramètres locaux et internationaux qui influencent l'éducation en général. L'auteur fait valoir que la conception des programmes d'études est influencée par plusieurs éléments :

- des métaphores sur la façon dont les gens comprennent l'éducation ;
- les défis internes et externes actuels ;
- les concepteurs de programmes d'études qui participent à la planification et à la conception ;
- les attentes des étudiants sur la façon dont l'institution les préparera au ministère.

2. *Ibid.*

Les responsables académiques garderont également à l'esprit les paramètres et les perspectives théologiques bibliques qui guident la conception du programme d'études théologique. Le chapitre se termine par un modèle qui représente l'enseignement théologique comme une formation qui favorise une préparation holistique au ministère ; le modèle porte une attention particulière à la formation des étudiants aux plans personnel, académique, ministériel, relationnel et d'encadrement.

S'appuyant sur le premier chapitre, l'auteur du *chapitre 2* parle de son expérience en tant que chef d'établissement et directeur des études au sein d'institutions théologiques évangéliques en Europe et au Moyen-Orient. Il souligne le rôle essentiel des responsables académiques dans la conception des programmes d'études et fait valoir que la fonction principale du programme théologique est la réalisation de la mission et de la vision institutionnelles en tant que communauté éducative. Ainsi, le directeur des études est appelé à veiller à ce que la conception d'un programme théologique de qualité comprenne les mandats bibliques et théologiques de formation des disciples et des dirigeants, tienne compte de l'histoire et du patrimoine de l'institution, renforce la mission et la vision de l'institution, prenne au sérieux l'expérience d'apprentissage tout au long de la vie, comporte des jalons de progression clairs du début à la fin du cursus et soit holistique de manière à répondre aux besoins des parties prenantes, de l'Église et de la communauté au sens large.

Dans le *chapitre 3*, l'auteur fait valoir qu'avant de se lancer dans la conception d'un programme d'études, les responsables académiques doivent bien comprendre la nature d'un « programme d'études » et être en mesure de faire une distinction claire entre la conception et la planification du programme d'études. Selon l'auteur, « un plan d'études définit les activités et les structures d'un programme de formation », tandis que la conception du programme est « la théorie opérationnelle qui sous-tend un plan d'études ». Il souligne trois éléments clés qu'un plan de programme de formation théologique doit fournir aux étudiants : une compréhension de soi ; des bases solides pour une connaissance appropriée de la Parole de Dieu ; des outils pour l'apprentissage tout au long de la vie. Les étapes suggérées pour la conception du programme d'études théologiques sont les suivantes : être clair sur la finalité du programme offert par l'institution ; bien connaître les étudiants et leurs contextes ; savoir évaluer le(s) programme(s) d'études déjà en cours et, en fonction de l'étape précédente, réviser le programme d'études.

Un autre élément essentiel de l'élaboration des programmes d'études est la contextualisation du programme, qui est abordée au *chapitre 4* et est fondée sur le Manifeste de l'ICETE. Ce chapitre développe un modèle qui indique la relation entre le contexte et le programme d'études. Selon l'auteur du chapitre, « le contexte de l'institution fournit l'environnement dans lequel le processus de conception du programme d'études se déroule », et ce contexte « décrit le lieu où se déroule le programme d'études et identifie les diverses influences qui convergent pour façonner et former un plan de programme d'études ». L'apôtre Paul est utilisé comme l'exemple d'une personne sensible au contexte lors de son discours aux Athéniens et dans ses épîtres aux Corinthiens. Pour démontrer l'importance du contexte dans l'exercice de la conception du programme d'études dans la formation théologique, l'auteur met en relief les éléments de l'environnement et la relation entre les différents éléments. Il conclut en proposant un modèle de conception de programme d'études contextualisé dans lequel le contexte, l'enseignement et l'apprentissage, ainsi que les résultats d'apprentissage souhaités interagissent les uns avec les autres.

Enfin, s'appuyant sur les quatre premiers chapitres, le *chapitre 5* propose des mesures pour la mise en œuvre des changements et l'évaluation de la conception des programmes d'études. L'auteur de ce chapitre souligne trois facteurs déterminants à prendre en compte afin de mettre en œuvre le programme conçu : les facteurs externes, la disponibilité des ressources dans l'établissement et les défis liés au contexte particulier. Un autre élément encore plus crucial mis en évidence dans ce chapitre est la réponse humaine aux changements de programme, en ce sens que le personnel administratif, les employés et le corps enseignant « doivent comprendre pleinement et adhérer aux changements proposés ». Une stratégie de mise en œuvre du changement est fournie. Un autre élément essentiel abordé dans ce chapitre est l'évaluation des programmes d'études déjà en cours. L'auteur considère les aspects suivants : « pourquoi évaluer ? », qui fournit une justification pour l'évaluation des programmes d'études ; « comment évaluer ? », qui examine les diverses approches de l'évaluation devenues fondamentales dans le domaine de l'évaluation des programmes d'études ; et « l'évaluation pour la formation théologique », qui fournit un modèle utile à cette évaluation.

La deuxième partie porte sur le rôle du responsable académique dans la facilitation des processus d'enseignement et d'apprentissage contenus dans l'élaboration des programmes d'études.

Le *chapitre 6* définit le rôle des responsables académiques dans la conception de l'enseignement et de l'apprentissage transformateurs (EAT) en établissant les bases de l'EAT dans les institutions. Certaines questions sont considérées comme importantes pour la conception de l'enseignement/l'apprentissage transformateurs : « Qui sont les "responsables académiques" ? » « Quel type de "transformation" est approprié ? » « Que signifie "enseignement et apprentissage transformateurs" » et « Comment concevoir un apprentissage transformateur ». Le directeur académique est considéré comme celui qui a « des responsabilités majeures de supervision pour le développement du programme d'études, en particulier concernant les initiatives d'enseignement et d'apprentissage transformateurs ». À ce titre, certaines de ses fonctions comprennent : la formulation de valeurs fondamentales en adéquation avec le programme d'études basé sur l'EAT ; la représentation du cadre général du programme d'études ; l'évaluation de l'intégration entre elles des activités du programme d'études ; l'approbation des directives relatives aux activités d'apprentissage, la mise en œuvre, le suivi et l'examen du programme d'études fondé sur l'EAT. Afin de promouvoir un enseignement et un apprentissage transformateurs, les responsables académiques des institutions théologiques sont également chargés d'améliorer leur environnement social. L'auteur suggère huit étapes pour promouvoir l'environnement institutionnel qui soutiendra l'EAT.

Le *chapitre 7* traite de l'évaluation de l'apprentissage en tant qu'élément essentiel pour évaluer l'efficacité du développement des programmes d'études. Ce chapitre comprend des définitions de l'approche de « l'éducation basée sur les résultats », ainsi que de l'évaluation de l'apprentissage, afin d'établir les bases de la compréhension de l'évaluation. L'auteur suggère que l'évaluation vise à mesurer les résultats, à motiver l'apprentissage, à suivre ses progrès et à le soutenir. Pour être opérante, toute pratique d'évaluation doit répondre aux exigences de validité, de fiabilité, d'équité et de faisabilité. Le chapitre propose également différents types et méthodes d'évaluation, et se termine par des activités et des tâches d'apprentissage pratiques qui démontreront que les étudiants ont atteint les résultats d'apprentissage fixés, en gardant à l'esprit que « les résultats d'apprentissage sont la considération la plus importante lorsque l'évaluation de l'apprentissage est construite ».

Au *chapitre 8*, l'auteure aborde l'intégration de la technologie pour soutenir et améliorer la formation théologique à l'échelle mondiale. Elle souligne l'influence de la technologie sur « le contexte mondial contemporain de l'éducation » et la façon dont cela a ouvert des possibilités de formation en ligne et des modalités d'apprentissage hybride. Elle fait également valoir que « l'utilisation de la technologie dans les contextes d'apprentissage en ligne et hybride peut [...] servir à approfondir et à enrichir la qualité de l'apprentissage en favorisant le dialogue et la collaboration au sein des communautés d'apprentissage ». Les responsables académiques et le corps enseignant engagés dans la formation théologique internationale sont incités à envisager d'adopter de nouvelles possibilités et de faciliter un regain d'intérêt pour l'apprentissage, car une « orientation centrée sur l'apprentissage permet aux institutions d'être capables de s'adapter et réactives au paysage toujours changeant de l'enseignement supérieur et des réalités mondiales ». Il est essentiel de tenir compte du rôle de la communauté et de la culture lors de la conception de programmes d'études en ligne en raison de la diversité des contextes et des groupes qui peuvent être impliqués dans l'éducation à distance. En raison de l'accent mis actuellement sur l'apprentissage, l'auteure discute des meilleures pratiques que les instructeurs peuvent envisager pour promouvoir l'engagement des étudiants et améliorer leur apprentissage. Le chapitre conclut en soulignant certaines considérations institutionnelles pour la mise en œuvre.

La troisième partie aborde les aspects d'élaboration des programmes d'études qui contribuent à la création de communautés d'apprentissage. Les communautés d'apprentissage ne sont pas un élément nouveau dans l'enseignement et l'apprentissage, mais elles ont suscité beaucoup d'attention ces dernières années dans les milieux de l'éducation, des affaires et des églises.

Le *chapitre 9* propose des images pour illustrer les notions de *créer*, *former*, *cultiver* et *développer*, afin de nous aider à comprendre la nature des communautés d'apprentissage. L'auteur explore certains des aspects qui contribuent au développement de communautés d'apprentissage « où l'enseignement et l'apprentissage participent à la formation de vie pour le ministère ». Le développement de communautés d'apprentissage dans les établissements de formation théologique est essentiel pour la gestion des programmes d'études. Les responsables académiques feront bien d'être conscients de trois domaines qui soulignent l'importance de développer de telles communautés, notamment : la nécessité de contrebalancer les tendances de la société ; l'impact de la communauté dans la vie chrétienne, en considérant les aspects d'intégration culturelle, d'éducation et de socialisation ; et les « principes bibliques qui doivent être vécus ou appliqués dans la vie ». Cela nécessite bien plus que la participation des responsables académiques : le personnel, les professeurs et les étudiants devront avoir une compréhension claire de leur rôle, de leurs fonctions et des attentes au sein d'une communauté qui favorise l'apprentissage et la formation spirituelle et ministérielle. Les défis liés au développement d'une communauté d'apprentissage sont mis en évidence dans la dernière section du chapitre.

Dans le *chapitre 10*, l'auteur examine l'impact du programme implicite des institutions théologiques sur l'enseignement et l'apprentissage et sur le développement spirituel des étudiants. Contrairement au curriculum didactique qui « englobe un apprentissage explicite, consciemment planifié et exécuté, et des activités d'enseignement avec des résultats prédéterminés », le « programme implicite », décrit comment, consciemment ou inconsciemment, « l'école expose l'étudiant, le corps enseignant et les administrateurs à des expériences non écrites, épisodiques et caractérisées par l'informalité et le manque de planification consciente ». L'auteur discute de la nature du programme d'étude implicite en fournissant des explications utiles sur ce qu'il représente ainsi que le lieu et la manière dont il est véhiculé dans chaque institution. Il poursuit en évoquant l'impact de ce programme sur le développement spirituel et la formation au ministère des étudiants, affirmant que ces aspects formateurs ne peuvent se limiter à des activités intentionnelles en classe, des sujets d'étude, le culte communautaire ou les groupes destinés à promouvoir la formation spirituelle. Par conséquent, le « programme implicite » des institutions théologiques devrait être imprégné d'une « vie spirituelle et d'un caractère qui glorifie Dieu » et d'une réflexion à la manière du Christ qui « devrait caractériser nos engagements et nos relations ». Le chapitre se termine en abordant les questions de l'intégration du programme d'études explicite ou formel et du programme d'études implicite, qui agissent souvent en parallèle.

Le *chapitre 11* propose des mesures pratiques pour l'élaboration d'un programme d'études holistique, « équilibrant la connaissance, la vie et l'action » et constituant un excellent outil en vue de la formation des diplômés des établissements de formation théologique. En utilisant la métaphore de la construction d'une « belle résidence ou d'un immeuble de bureaux hautement fonctionnel », l'auteure soutient la nécessité de principes directeurs pour la planification et la conception des programmes d'études, tels que des bases claires et complètes des nombreux éléments impliqués dans l'élaboration de ces programmes. Un autre aspect clé de la métaphore est la sélection des matériaux pour construire le plan directeur d'architecture qui, dans un programme éducatif, correspondra aux ressources humaines représentées par les enseignants et les étudiants qui seront impliqués dans le développement du programme conçu. Une dernière étape de la métaphore est la sélection des matériaux pour décorer et meubler la demeure, ce qui, dans un programme holistique, signifie toutes les activités qui auront lieu à l'intérieur et à l'extérieur de la classe et tous les événements prévus par l'institution dans le cadre du programme officiel, dans lequel « la participation des étudiants ne devrait pas être facultative » car ils sont conçus pour guider les étudiants à vivre quelque chose de nouveau, faciliter le développement de leur caractère, et les former pour mettre en pratique ce qu'ils ont appris et pour être des dirigeants au service des autres. La métaphore se termine par une invitation à contempler la belle demeure, construite en respectant toutes les étapes proposées. De même, ce n'est que lorsque ces aspects essentiels auront été mis au point dans le cadre du programme d'études que les responsables académiques pourront contempler comment la mission de leur institution a été accomplie par leurs diplômés.

Le *chapitre 12* fournit un compte-rendu anecdotique de l'itinéraire historique et de la logique utilisée par les dirigeants académiques pour un changement de paradigme au Bangkok Bible Seminary (BBS). L'auteur affirme que le « passage au paradigme du peuple de Dieu » au BBS a été motivé par le défi que les institutions théologiques doivent relever pour mener à bien leur mission de manière plus fructueuse. Les facteurs clés de ce changement de paradigme – à savoir le besoin urgent en dirigeants d'églises, en raison du nombre rapidement croissant des églises dans leur contexte (de 1 000 à plus de 5 000 églises en quatre décennies, 1970-2010), et un ensemble de défis financiers que l'institution expérimentait – ont imposé une transition toute en « flexibilité stratégique qui inclut une formation pour une direction multi-rôles avec des normes multi-académiques grâce à des modes d'enseignement multiples ». Après avoir écouté les besoins de l'église et sans abandonner le modèle résidentiel et les programmes formels traditionnels, le BBS a conçu quatre nouveaux programmes destinés à attirer les leaders bi-vocationnels. Ces programmes sont maintenant proposés et ont commencé à démontrer que le changement de paradigme est efficace.

Bien qu'il ne s'agisse pas ici d'un ouvrage exhaustif sur les théories des programmes d'études, nous espérons que les responsables académiques en poste dans des établissements de formation théologique y trouveront des informations utiles pour leurs tâches quotidiennes lorsqu'ils supervisent l'élaboration et la gestion d'un programme d'études qui non seulement tienne compte des théories du développement et de l'apprentissage humains, mais accomplisse également l'ordre missionnaire de faire des disciples pour influencer la société contemporaine, dont les forces sociales interagissent avec « les objectifs sociaux, les conceptions de la culture, les tensions entre l'uniformité et la diversité culturelles[3] », ainsi que les tensions religieuses et politiques qui affectent la stabilité dans la plupart des pays où nos diplômés sont appelés à servir dans la formation théologique.

Fritz Deininger et Orbelina Eguizabal
Directeurs de l'ouvrage

3. *Ibid.*, p. 4.

Première partie

Concevoir et développer le programme d'études

1

Fondements pour la conception de programmes d'études

Fritz Deininger

Un jour, alors que je visitais le plus haut bâtiment de Bangkok, je m'attardai à lire les informations le concernant. Entre autres détails fournis, les fondations de cette impressionnante construction étaient comparées à la hauteur d'un bâtiment de vingt-deux étages. Mais des fondations ne peuvent pas être utilisées pour loger des personnes. N'est-ce pas un gaspillage de ressources que d'avoir un « bâtiment » qui n'est pas utilisé ? Pourtant, il est évident que ce « bâtiment » dans le sol est nécessaire pour ériger une tour de 309 mètres. Les fondations ne sont pas visibles, et pourtant elles assurent la stabilité de cette tour, qui est devenue un point de repère et une attraction touristique et qui domine la ligne d'horizon de Bangkok.

Cette comparaison des fondations m'a appris une leçon précieuse sur l'éducation en général et la formation aux ministères en particulier. Tout comme cette tour, l'éducation dispose aussi d'un côté visible et d'un côté invisible. Le résultat visible de l'éducation se voit dans les diplômés qui satisfont aux exigences des cours et des programmes d'études et s'impliquent dans un ministère fructueux. Mais il y a aussi une partie invisible de l'éducation comparable aux fondations de ce bâtiment. Cela comprend la culture générale, la vie, l'expérience de travail, le caractère et la formation chrétienne. En fait, de vastes connaissances fondamentales générales, accompagnées des expériences qui ont contribué à la maturité de l'étudiant, constituent un bon point de départ dans la formation théologique. Une bonne conception de programme d'études prend en compte à la fois ses résultats visibles, qui peuvent être mesurés, et ses résultats invisibles, qui sont liés au développement global de l'étudiant.

Les responsables académiques jouent un rôle essentiel dans l'élaboration d'un programme d'études s'appuyant sur les fondements éducatifs passés qui ont formé et façonné la vie et la vision du monde des étudiants. Le programme doit intégrer diverses facettes d'expériences d'apprentissage formelles et informelles qui visent le développement intellectuel et scolaire des étudiants, ainsi que la formation de leur vie spirituelle et de leur caractère. En outre, il doit permettre le développement des capacités professionnelles et des connaissances requises pour relever les défis des tâches du ministère.

Le présent chapitre porte sur les fondements de la conception des programmes d'études. Il met l'accent sur certains paramètres éducatifs généraux et sur les paramètres théologiques bibliques qui devraient guider les responsables académiques dans la conception d'un nouveau programme ou la révision d'un programme existant. Les différents aspects abordés ne sont pas censés être exhaustifs. En effet, la formation théologique est devenue une activité si vaste et si diversifiée qu'il faudrait organiser une grande discussion pour parvenir à un consensus sur ce qu'elle signifie et ce qu'elle devrait accomplir. Le résultat aurait certainement un impact sur la conception des programmes d'études. Mais cette discussion-là dépasse le cadre du présent chapitre. Je m'en tiendrai donc à certains aspects fondamentaux de la conception des programmes d'études pertinents pour la formation théologique.

Ce chapitre sera divisé en deux parties. Tout d'abord, nous examinerons certains paramètres éducatifs utiles à la conception des programmes d'études et quelques lignes directrices fondamentales pour la réflexion sur la conception d'un nouveau programme d'études ou la révision d'un programme existant. Ensuite, nous aborderons certains paramètres théologiques bibliques pour concevoir des programmes d'études. Le postulat est que le programme d'études prépare les étudiants à un ministère qui portent des fruits durables.

Paramètres éducatifs pour la conception des programmes d'études

L'éducation est devenue un sujet central dans les sociétés du monde entier. De nombreux ouvrages sur tous les aspects de l'éducation témoignent de la valeur accordée à cette partie importante du développement des individus afin qu'ils soient capables de gérer leur propre vie, de bien s'intégrer dans la société et d'apporter une contribution précieuse à l'économie d'un pays. Beaucoup de théories et modèles d'éducation ont été développés et ont certainement influencé les méthodes de la formation théologique, les objectifs de la préparation au ministère et la conception des programmes d'études et des cours. J'attirerai l'attention sur quelques aspects à prendre en compte lors de la conception d'un programme de formation théologique. Ces paramètres sont destinés à fournir des lignes directrices pour le responsable académique, qui « est la personne qui gère les différentes facettes du programme d'études et dont toutes les parties attendent qu'elle gère le processus d'évaluation[1] ». Certes, cela lui impose une grande responsabilité, même si la conception ou la révision des programmes d'études est généralement effectuée en collaboration avec la communauté académique de l'institution.

Principes directeurs pour la conception des programmes d'études

Les responsables académiques et les enseignants qui participent à la conception ou à la révision d'un programme d'études réfléchiront aux principes directeurs qui sous-tendent l'enseignement théologique dans leur établissement ou leurs programmes de formation. Les principes peuvent être liés à la vocation de l'institution, ou basés sur un document écrit, sur la philosophie pédagogique de l'enseignant, l'éthique et les valeurs qui régissent le processus éducatif, ou l'accent mis sur la formation dans les domaines académiques et pratiques des programmes d'études. Par conséquent, il est essentiel que les responsables académiques et les enseignants commencent par clarifier leurs convictions personnelles concernant la conception d'un programme d'études ou d'un cursus, et aussi qu'ils comprennent et interprètent la mission de l'école. Examinons maintenant quelques principes directeurs pertinents en vue du lancement du processus de conception ou de révision d'un programme d'études.

La vocation et l'éthique de l'institution

Les institutions théologiques et les programmes de formation ont souvent été fondés en raison d'un besoin dans certains domaines du ministère chrétien ou d'un appel reçu par une personne influente. Les fondateurs des institutions avaient certainement une vision claire de ce qui devait être accompli. Cette vision

1. Bruce P. Powers, « Developing a Curriculum for Academic, Spiritual, and Vocational Formation », dans *C(H)AOS Theory: Reflections of Chief Academic Officers in Theological Education*, sous dir. Kathleen D. Billman et Bruce C. Birch, Grand Rapids, MI, Eerdmans, 2011, p. 303.

aura certainement influencée la conception du programme d'études et l'éthique de l'institution. En outre, si l'institution est liée à une dénomination, cette affiliation se reflètera dans les cours et le contenu des études. En tout état de cause, on peut certainement noter qu'une vocation ou un appel institutionnel s'est développé au fil du temps, généralement sur la base de la vision fondatrice initiale, et se traduit par une certaine culture institutionnelle et éducative. Selon Gordon Smith, la vocation d'une école de théologie ne reflète pas seulement la déclaration de mission de l'institution, mais elle peut être comprise

> dans le contexte de la culture institutionnelle et éducative, ce qui inclut quel type de parcours est valorisé et quelle importance est accordée à l'enseignement et à la recherche. Cela intègre les modèles de vie communautaire en dehors du programme formel, y compris les processus de prise de décision et les procédures de gouvernance formelles et informelles. Cela inclut « la façon dont les choses se font ici », ainsi que les rêves et les aspirations sous-jacents qui représentent les espoirs et les désirs individuels et collectifs au sein de la communauté[2].

Smith suggère qu'il est essentiel de discerner la vocation et le caractère d'une école de manière à prendre en compte son histoire et ses modèles de vie institutionnelle et de prise de décision. Cela permet de reconnaître et d'affirmer les points forts et les limites de l'institution. Il affirme que la vocation est vécue dans ce contexte : « Discerner la culture et la vocation de l'école, c'est aussi apprécier la façon dont la mission est vécue dans ses espaces, en particulier les lieux où les gens se réunissent pour le culte, l'apprentissage, la conversation ou les affaires. En d'autres termes, la vocation est vécue dans un ensemble de pratiques, de comportements et d'attitudes[3]. »

Pour illustrer la vocation et l'éthique d'une institution, j'utiliserai l'exemple du Regent College, car il démontre l'influence de l'éthique institutionnelle sur les programmes d'études. La vision fondatrice originale de l'école était de fournir une formation théologique de troisième cycle destinée aux non-spécialistes, en réponse à la professionnalisation du ministère. L'enseignement théologique est destiné à l'ensemble de la communauté chrétienne, à des personnes de tous horizons. Les chrétiens étudient la théologie afin d'intégrer leur foi aux vocations

2. Gordon T. Smith, « Attending to the Collective Vocation », dans *The Scope of Our Art: The Vocation of the Theological Teacher*, sous dir. Gregory L. Jones et Stephanie Paulsell, Grand Rapids, MI/Cambridge, Eerdmans, 2001, p. 243.
3. *Ibid.*

que Dieu leur donne. Par conséquent, l'objectif principal du Regent College est de fournir une formation supérieure en théologie pour « l'autonomisation de tout le peuple de Dieu qui cherche à servir le Christ dans le monde[4] ». Gordon Smith affirme la vocation du Regent College : « Bien que le Regent College ait lancé d'autres programmes depuis lors, notamment le Master of Divinity conçu pour la formation ministérielle, cette vision originale d'enseignement supérieur en théologie pour les personnes de tous les milieux de vie et de travail continue d'être l'objectif déterminant de l'école[5]. » Il poursuit en déclarant que le Regent College « ne sera fidèle à sa vocation que s'il permet à sa vision initiale de continuer à façonner le cœur et le centre de son caractère et de sa finalité[6] ».

La vision originale du Regent College comprenait également une compréhension particulière de l'érudition et de l'apprentissage, de sorte que la piété et l'érudition sont intégralement liées, et que l'apprentissage théologique est éclairé par une étude interdisciplinaire. « Regent est considéré comme une école où la piété et l'érudition sont (enfin) intégrées et où l'apprentissage n'est jamais limité par les restrictions des guildes académiques ou disciplinaires[7]. »

L'énoncé de la vocation du Regent College a un impact sur les professeurs employés par l'institution. Ils doivent certes posséder des titres académiques, mais leur engagement spirituel est également pris en compte. Smith ajoute que « discerner la vocation de l'institution signifie également que nous affirmons et acceptons que de nombreux enseignants potentiels ne s'épanouiraient pas au Regent College ; ils ne trouveraient pas leur champ vocationnel s'ils venaient[8] ». C'est certainement un aspect ou résultat remarquable de la vocation de l'institution. L'exemple du Regent College démontre clairement que la vocation et l'éthique de l'institution ont un impact sur la conception des programmes d'études, y compris l'enseignement et l'apprentissage.

Les responsables académiques prêtent attention à la vocation et à l'éthique de la culture institutionnelle et éducative lorsqu'ils conçoivent le programme d'études ou ajoutent de nouveaux cursus.

La philosophie pédagogique de l'institution

Un autre principe directeur qui influence les programmes d'études est la philosophie pédagogique qui a été adoptée par l'institution. Une philosophie

4. *Ibid.*, p. 245-246.
5. *Ibid.*, p. 245.
6. *Ibid.*, p. 247.
7. *Ibid.*, p. 245-247.
8. *Ibid.*, p. 247.

d'éducation découle de la base théologique qui est définie dans la déclaration de foi de l'institution. La déclaration de foi ne fonctionne pas seulement comme un point de référence doctrinal, elle fournit également un cadre pour la conception de programmes d'études et pour un enseignement et un apprentissage fructueux. Les engagements théologiques et éducatifs naissent de la déclaration de foi. Ils affirment les valeurs qui sont vécues dans la communauté d'apprentissage par les enseignants comme par les étudiants.

La conception de programmes d'études peut être décrite comme un art et une science. En tant qu'art, elle peut être créative, quand il s'agit de concevoir un programme pour les étudiants dans un certain contexte. Les aspects universels sont pertinents, au même titre que le contexte de ministère des étudiants. La prise en compte des besoins des étudiants et de leur mode d'apprentissage nous oblige à faire preuve de créativité dans la conception d'un programme d'études ou d'un cursus. Par ailleurs, la conception de programmes d'études peut être considérée comme une science. Elle suit des principes pédagogiques et des méthodes d'évaluation de l'enseignement et de l'apprentissage, et se préoccupe des résultats qui peuvent être mesurés et de la maîtrise par les étudiants du contenu des cours prévus.

Le soutien et l'acceptation des programmes de formation par les églises et les autres partenaires dépendent souvent des valeurs éducatives adoptées par l'institution. Quelques exemples illustrent la manière dont les convictions doctrinales influencent et façonnent la philosophie pédagogique et la conception des programmes d'études.

La doctrine des Écritures. Nous étudions l'Écriture parce qu'elle est la révélation de la volonté de Dieu, de son plan et de son dessein pour les vies individuelles et le monde. Par conséquent, l'importance et le rôle central de la Bible dans la formation théologique se reflètent dans la conception des programmes d'études. La Bible n'est pas seulement un manuel de connaissances académiques, mais elle fournit des principes pour tous les aspects de la vie et du ministère, et pour les valeurs que la société reconnaît. Dans le processus d'enseignement et d'apprentissage, nous ne pouvons pas nous contenter de communiquer la vérité de la Bible, d'analyser le contexte et les questions culturelles de l'époque, et d'interpréter les textes ; il nous faut plutôt mettre la vérité de l'Écriture en relation avec la vie des étudiants aujourd'hui. La formation théologique vise à intégrer la vérité dans la vie des étudiants.

La doctrine de Dieu. Nous croyons que Dieu est le créateur, le soutien et le rédempteur du monde. Il s'est révélé en son Fils, Jésus-Christ. La doctrine de la Trinité met l'accent sur l'aspect relationnel au sein de l'être de Dieu, et cet aspect devrait également constituer un principe directeur dans la vie de la communauté chrétienne. L'étude de la théologie devrait donc nous conduire à mieux connaître Dieu, à le louer et l'adorer. Dans nos études, nous honorons Dieu lorsque nous soumettons notre propre pensée, notre enseignement et notre apprentissage à la direction du Saint-Esprit, dans le cadre de la Bible. La conception des programmes d'études crée l'environnement nécessaire pour connaître Dieu de manière plus approfondie et pour confirmer son appel dans la vie des étudiants.

La doctrine de l'Église. Nous croyons que l'Église est la nouvelle communauté de Dieu et qu'elle témoigne de la grâce de Dieu. Par l'intermédiaire de l'Église, Dieu étend son royaume aux personnes et à la société. Par conséquent, nous accordons de l'importance à la vie communautaire et préparons les étudiants à la communauté chrétienne. La faculté a pour tâche d'équiper les étudiants pour le ministère dans l'Église et existe pour servir l'Église. Cet objectif de formation doit être reflété dans la conception du programme d'études.

D'autres exemples pourraient aussi être cités, mais ceux-ci constituent déjà un point de départ pour ceux qui développent leur philosophie pédagogique. Les responsables académiques, en collaboration avec le corps enseignant, doivent développer et étendre la philosophie pédagogique de leur institution, car cette philosophie est le fondement, non seulement de la conception du programme d'études, mais aussi du processus d'enseignement et d'apprentissage. Les nouveaux enseignants qui rejoignent le corps professoral doivent accepter la philosophie pédagogique et en adopter les principes dans le cadre de leur engagement envers l'établissement.

La vision globale du programme d'études

Les priorités ou l'orientation du programme d'études sont étroitement liées à la vocation, à l'éthique et à la philosophie de formation de l'institution. Quels sont les principaux objectifs du programme d'études ou des cursus ? Les responsables académiques et autres concepteurs de programmes d'études doivent être clairs sur ce qui doit être réalisé et sur les résultats souhaités. La conception d'un programme d'études reflète ce que nous entendons par formation théologique et pratique. Si les responsables académiques sont convaincus que les connaissances académiques sont fondamentales pour servir dans différents domaines du ministère, l'accent sera mis, dans la conception du programme, sur les cours magistraux. Si, en revanche, l'enseignement théologique est considéré comme une formation professionnalisante, des cours plus pratiques seront inclus dans le programme d'études. En réalité, un équilibre sain entre les deux dimensions est souhaitable car le ministère a besoin d'un large éventail de connaissances et de compétences fondamentales. Quelle est l'importance de la conception du programme d'études pour notre contexte particulier ? Comment concevoir un programme d'études équilibré sur les plans académique et pratique ? Les responsables académiques visent à adopter une vision globale des programmes d'études qui prépare bien les étudiants au ministère et aux défis de la société moderne.

La tâche de concevoir un programme d'études ne consiste pas seulement à choisir quelques cours qui devraient être inclus dans un cursus. Il s'agit d'un effort qui nécessite beaucoup de réflexion, de recherche et de discussion. LeRoy Ford résume la portée de la conception d'un programme d'études :

> La conception d'un programme d'études est une déclaration et une élaboration du dessein institutionnel, des buts et objectifs des apprenants, de la portée, des contextes, de la méthodologie et des modèles pédagogiques et administratifs impliqués dans un effort éducatif. La conception est organisée de manière à assurer une mise en valeur appropriée et équilibrée de chaque élément. La conception fournit la base pour « élaborer » un plan de programme d'études[9].

La conception d'un programme d'études décrit les paramètres que les concepteurs considèrent comme essentiels pour l'expérience d'apprentissage. Le programme d'études doit être mis en œuvre grâce à un plan de cours, qui est l'élaboration détaillée des cursus et des cours en termes de résultats d'apprentissage, de méthodologie, de travaux de cours ou d'outils pédagogiques. « Un plan de programme d'études pour la formation théologique réside dans les descriptions de cours et les plans des sessions qui mettent en œuvre la conception du programme[10]. »

Un programme d'études bien conçu requiert du temps et des efforts pour prendre forme. Il nécessite l'apport des cursus existants, ainsi que des recherches sur les besoins de l'Église ou d'autres ministères. Les diplômés sont-ils bien préparés pour relever les défis dans leur contexte de ministère particulier ? La conception d'un programme d'études doit être testée par les résultats sur le terrain et doit être revue après la mise en œuvre initiale.

Aspects locaux et internationaux de l'éducation

Un programme d'études qui fournit aux étudiants une bonne préparation à un ministère selon leur vocation tiendra compte du contexte local et mondial.

---

9. LeRoy Ford, *A Curriculum Design Manual for Theological Education*, Nashville, TN, Broadman, 1991, p. 34.

10. *Ibid.*, p. 34-36.

Les responsables académiques devraient être conscients que le contexte dont viennent les étudiants et l'environnement dans lequel ils vont œuvrer sont tous deux importants pour concevoir un programme d'études qui réponde à leurs besoins. La conception de programmes d'études contextualisés est abordée au chapitre 4.

L'aspect local. De nombreux établissements et programmes d'études préparent les étudiants au ministère dans leur propre contexte. Ces étudiants servent dans leur pays d'origine, dans leur communauté locale spécifique ou dans un ministère lié à leur propre peuple.

Un programme d'études bien conçu comprend des cours qui les préparent au contexte local. Les responsables académiques apprendront à connaître et à comprendre le contexte culturel des étudiants. Par exemple, si les étudiants viennent d'une zone rurale ou d'un certain groupe ethnique, leurs études doivent les préparer à cet environnement particulier. Que doivent apprendre les étudiants pour être préparés au ministère dans leur contexte ? Dans le même temps, ils ont besoin d'être guidés pour pouvoir réfléchir sur leur propre contexte culturel, afin de pouvoir adapter ce qu'ils ont appris à leur propre contexte.

Mon expérience personnelle dans notre institution à Bangkok m'a fait prendre conscience de cet aspect important de la formation. De nombreux étudiants de premier cycle étaient issus de groupes ethniques minoritaires qui quittaient leurs zones rurales pour venir étudier en ville. Pendant l'une des périodes de vacances scolaires, j'ai accompagné une équipe d'étudiants dans leurs communautés tribales. Les étudiants étaient enthousiastes et prêts à mettre en pratique ce qu'ils avaient appris pendant leur formation. Il s'avéra qu'ils avaient besoin d'apprendre à prendre en compte la dimension culturelle dans leurs relations avec les personnes âgées. Vivant sur un campus en ville, les étudiants avaient adopté d'autres manières de communiquer, bien différentes de celles de leur origine tribale traditionnelle. Même si les étudiants avaient grandi dans un contexte rural, ils avaient évolué durant leur séjour en ville. Cet incident fut pour moi l'occasion d'une leçon en tant que responsable académique : la conception de nos programmes, ainsi que le processus d'enseignement et d'apprentissage, doivent préparer les étudiants à s'adapter à différents environnements.

Un programme d'études bien conçu prend en compte la préparation des étudiants dans l'enseignement laïc, avant qu'ils ne viennent à l'institution. Sont-ils prêts à étudier ? Ont-ils des compétences rédactionnelles dans leur propre langue ? Ont-ils été éduqués à la pensée critique ? Doivent-ils être formés à appliquer ce qu'ils apprennent à la société changeante ou aux besoins des gens ?

Les étudiants doivent être préparés à l'environnement multiculturel et multireligieux qui fait désormais partie de la société moderne. Notre programme d'études les forme-t-il à être ouvert d'esprit ? Comprennent-ils les autres modes de vie culturels ? Sont-ils capables d'entretenir des relations et d'exercer leur ministère auprès de personnes ayant des antécédents religieux différents ? Un stage dans le cadre du programme d'études ou du cursus renforce la sensibilité et les compétences. Par exemple, une institution théologique en Allemagne exige que les étudiants du programme d'études interculturelles passent quelques mois au Canada pour acquérir une expérience dans un cadre multiculturel. L'institution organise le programme du stage, ainsi que la supervision, car cela fait partie des exigences du cursus.

Le contexte mondial. La mondialisation offre aux diplômés de nouvelles possibilités d'interaction avec les chrétiens du monde entier. En tant que leaders ou pasteurs chrétiens, ils peuvent être invités à participer à des réunions internationales. Les diplômés sont-ils convaincus que leur formation les a préparés à comprendre la communauté mondiale ? Les étudiants doivent être exposés aux problèmes mondiaux et apprendre à connaître le christianisme mondial. Comment intégrer l'aspect mondial dans la conception des programmes d'études et même dans la salle de cours ?

Un autre aspect doit être pris en compte dans un contexte international. Nos diplômés pourraient poursuivre leurs études hors leur propre contexte. Notre programme d'études les a-t-il préparés à poursuivre des études supérieures dans un environnement culturel et éducatif différent ? Notre programme doit aider les étudiants à effectuer des recherches, à développer leurs compétences rédactionnelles, à résumer et à évaluer les textes afin qu'ils soient bien préparés pour un contexte d'étude différent.

Influences sur la conception des programmes d'études

Les responsables académiques sont confrontés à une tâche difficile quand il s'agit de concevoir ou modifier un programme d'études, car cela ne se fait pas en vase clos. De nombreux aspects influencent le résultat de la conception. Les concepteurs de programmes doivent être conscients que la tâche est guidée non seulement par des principes éducatifs objectifs, mais aussi par d'autres facteurs tels que la philosophie pédagogique de l'établissement, la compréhension personnelle de la portée du programme, les résultats académiques ou pragmatiques du programme de formation, les métaphores adoptées, ou les besoins de la nouvelle génération d'étudiants. Certains de ces aspects seront maintenant mis en avant.

Les métaphores décrivant l'éducation

Les métaphores peuvent être utiles car elles mettent en évidence un aspect particulier de ce que le programme d'études devrait réaliser ou de la manière dont nous percevons notre tâche d'éducateurs. Elles doivent être vues dans leur ensemble dans le but de former une image globale de l'éducation qui puisse guider lė développement de la conception des programmes d'études et la mise en œuvre du plan d'études.

La métaphore de la production. Cette métaphore de la conception des programmes d'études considère que l'étudiant est une matière première qui sera transformée par le processus d'éducation pour devenir un « produit utile » ou un expert qualifié. Le résultat du processus de production est soigneusement planifié à travers le programme d'études et les objectifs de l'enseignement et de l'apprentissage. Cette métaphore suggère que le résultat du processus éducatif peut être planifié comme le résultat d'une chaîne de production dans une usine. Le rôle de l'éducateur est d'amener les étudiants à satisfaire aux normes d'excellence. Le but de l'éducation est de produire des diplômés qui répondent aux attentes ou aux objectifs des résultats escomptés. La métaphore de la production est certainement valable en ce qui concerne la création d'un programme d'études qui se concentre clairement sur les résultats du « diplômé idéal ». Toutefois, il convient d'utiliser cette métaphore avec prudence. Le résultat final de l'éducation ne peut pas être planifié comme le produit d'une chaîne de production. En matière d'éducation, nous avons affaire à des personnes ayant une dignité et une personnalité, ce qui signifie que le résultat des objectifs d'apprentissage ne peut pas toujours être prédit.

La métaphore de la croissance. Cette métaphore de la conception du programme d'études suggère que l'étudiant va progresser et se développer au maximum de son potentiel tout en étudiant un certain programme conçu par le responsable académique. Un jardinier avisé sera le guide et prendra soin de la croissance, afin que la plante puisse s'épanouir. Le rôle de l'éducateur est de nourrir et de soigner. La métaphore de la croissance comporte un aspect important qui doit être pris en compte dans la conception des programmes de cours. Les étudiants de la formation théologique ont besoin d'aide pour progresser en matière de connaissances, de vie personnelle et de compétences ministérielles. Ils viennent avec de nombreuses expériences dans leur vie chrétienne et séculière. Cependant, la métaphore de la croissance semble suggérer que la création d'un environnement adéquat conduit automatiquement à la croissance. Cela peut être trompeur, car l'étudiant a également un rôle à jouer dans la croissance et le développement.

La métaphore du voyage. Cette métaphore de la conception du programme d'études soutient l'idée que le programme d'études est comme une carte routière que l'étudiant va suivre, étant guidé par quelqu'un qui a déjà parcouru la route. La tâche de l'enseignant consiste à rendre le voyage aussi profitable et mémorable que possible. Le voyage est le but, et tout est fait pour permettre à l'étudiant de profiter du voyage. Le rôle de l'éducateur est comme celui d'un guide touristique. Il est vrai que l'éducation amène l'étudiant à découvrir de nouveaux domaines dans le monde académique et dans les compétences pratiques. Mais l'enseignant est certainement plus qu'un guide touristique.

Le responsable académique et les personnes impliquées dans la conception du programme d'études doivent réfléchir à leur compréhension personnelle et leur philosophie de l'éducation. Quelle métaphore décrit au mieux la philosophie pédagogique de l'institution ? Quel est l'impact des métaphores sur la mise en œuvre du programme d'études ? Comment les enseignants se voient-ils dans leur rôle d'éducateurs ? Combiner différents aspects des métaphores peut conduire à une conception du programme d'études qui prépare bien les étudiants à la vie et au ministère.

Les défis en matière d'éducation

La formation théologique est confrontée à de nombreux défis à l'ère de la mondialisation. La diversité des programmes et des possibilités d'études a apporté une nouvelle dimension à la conception des programmes d'études. Les étudiants sont attirés par certains cursus ou par le contenu proposé par les établissements.

La conception de programmes d'études dictée par le marché. L'éducation est devenue un produit commercialisable. Les établissements se font concurrence pour attirer les étudiants. Ils créent des programmes qui sont déterminés par le marché. Les étudiants sont considérés comme des clients, et leurs préférences déterminent le programme d'études que l'établissement propose. Le nombre croissant d'établissements et de programmes d'enseignement s'accompagne bien évidemment du défi d'attirer les étudiants. Les responsables académiques doivent être sensibles aux besoins des églises et de la société afin de créer un programme d'études qui réponde aux besoins actuels. Le soutien financier à l'enseignement théologique dépend souvent de la façon dont le programme de formation est perçu par la circonscription. Il est certainement nécessaire de concevoir un programme qui attire les étudiants désireux de développer la vocation et les capacités que Dieu leur a données. Les concepteurs de programmes d'études doivent se demander si le marché dicte ce qu'ils font ou s'ils suivent les principes bibliques dans leurs institutions. C'est une tâche difficile que de réunir les deux : les besoins de l'église et de la société, et la vocation de l'institution.

La praxis ou l'orientation fonctionnelle du programme d'études. Lors de la révision de notre programme d'études à la faculté théologique de Bangkok, nous avons été confrontés à la tâche ardue de décider des cours à inclure et de ceux à supprimer. Les demandes d'ajout à nos cursus de nouveaux cours liés à des domaines pratiques, tels que le développement du leadership et l'administration, constituaient un réel défi. Il devint évident que la satisfaction de toutes les demandes dépasserait le nombre total d'heures-crédits du programme d'études. C'est un problème auquel sont confrontés tous les concepteurs de programmes d'études.

Lors des colloques de l'IPAL sur la conception des programmes d'études, nous avons abordé cette question et discuté des moyens de résoudre le dilemme. Nous nous sommes rendu compte que, bien souvent, le problème est résolu en réduisant les sujets bibliques et théologiques dans les cursus, de sorte que des cours pratiques peuvent être ajoutés. Au lieu d'enseigner des introductions détaillées à l'Ancien et au Nouveau Testament, l'institution offre une vue d'ensemble des deux. Il en va de même dans le domaine des études théologiques. Souvent, les cours sont combinés et le contenu réduit, ce qui permet de libérer des heures de crédit. L'étude des langues bibliques est un autre domaine qui est aujourd'hui contesté. Les étudiants sont-ils tenus d'étudier le grec et/ou l'hébreu ? Combien d'heures de crédits doivent être accordées aux langues ?

Les concepteurs de programmes doivent examiner de près les raisons et les conséquences du remplacement d'une partie du contenu des matières bibliques et théologiques par des cours pratiques. Les diplômés ont-ils les bases nécessaires pour exercer leur ministère ? Il existe évidemment des différences dans la conception des cursus quant au contenu et à l'importance accordée aux domaines académique et pratique. La principale préoccupation est ce qui est fondamental dans les études théologiques.

L'éducation axée sur le diplôme. Il est compréhensible que les étudiants souhaitent étudier pour obtenir un diplôme reconnu et accepté. En tant qu'institution, nous devons veiller à ce que le diplôme soit une reconnaissance du succès. Dans le même temps, notre programme d'études doit favoriser l'apprentissage tout au long de la vie. Le diplôme n'est pas la fin mais le début du processus d'apprentissage. La conception et le plan de mise en œuvre de notre programme d'études doivent amener les étudiants à vouloir se développer au-delà de leur séjour au séminaire ou de l'achèvement d'un programme d'apprentissage à distance. Les concepteurs de programmes doivent travailler avec le corps enseignant sur le plan du programme et, en particulier, sur le processus d'enseignement et d'apprentissage.

Les concepteurs de programmes d'études

La conception d'un programme d'études reflète les antécédents et les convictions des personnes qui le conçoivent. Le point de vue des responsables des programmes d'études sera souvent reflété dans la conception des cursus et l'importance du contenu que l'on choisit d'inclure. Les responsables académiques doivent rassembler un groupe bien équilibré de pédagogues pour concevoir ou réviser un programme d'études, car un seul concepteur de programmes peut être influencé par ses propres expériences éducatives et préférences académiques. Les auteurs des programmes doivent se poser des questions réfléchies. La conception du programme d'études inclut-elle le développement des étudiants dans les domaines académique et pratique ainsi que dans le domaine spirituel ? Certains des cursus sont-ils choisis en raison de la préférence du professeur qui est un expert dans ce domaine ? Les auteurs du programme doivent être conscients que « les programmes d'études seront façonnés par les points forts et les faiblesses de ceux qui les conçoivent[11] ».

Les attentes des étudiants

Les institutions théologiques existent pour l'Église. Le programme d'études prépare les étudiants au ministère. Les étudiants espèrent également que leurs études théologiques combleront leurs attentes. Par conséquent, « ils viennent avec de grandes attentes quant à ce que les institutions devraient faire pour eux et jugent que lorsque les choses ne sont pas conformes à leurs besoins ou attentes spécifiques, il s'agit d'un échec institutionnel[12] ».

Les responsables académiques doivent être conscients que les étudiants tendront à évaluer le programme d'études en fonction de leurs besoins personnels. Il s'agit d'une tendance culturelle qui reflète l'individualisme de la société. Elle a un effet sur la construction d'une véritable communauté d'apprentissage. Le chapitre 9 traite du développement d'une communauté d'apprentissage.

---

11. Lal A. N. Senanayake, « Developing a Culturally Relevant Curriculum for Theological Education in Asia », dans *Educating for Tomorrow: Theological Leadership for the Asian Context*, sous dir. Manfred W. Kohl et A. N. L. Senanayake, Bangalore/Indianapolis, IN, SAIACS, 2002, p. 75.

12. Jerry L. Sumney, « Do Not Be Conformed to This Age: Biblical Understanding of Ministerial Leadership », dans *Practical Wisdom: On Theological Teaching and Learning*, sous dir. Malcolm L. Warford, New York, Peter Lang, 2004, p. 128.

Un autre aspect est à prendre en compte dans la conception des programmes d'études. Les étudiants arrivent à l'institution avec un état d'esprit et une compréhension du ministère qui doivent être pris en considération dans le processus d'enseignement et d'apprentissage. « De nos jours, la plupart des étudiants qui viennent à l'institution accordent une valeur extrêmement élevée à leur expérience personnelle, ce qui signifie que leurs histoires personnelles, que nous les considérions comme une autobiographie ou comme un cheminement de foi, contribuent de manière extrêmement puissante à leur compréhension de la foi chrétienne et du ministère[13]. »

Les responsables académiques doivent concevoir le programme d'études de telle manière qu'il s'appuie sur les antécédents des étudiants, comme le dit Jerry Sumney : « Nous devons les aider à mieux réfléchir à leurs expériences. Il nous faut les aider de telle manière qu'ils puissent utiliser leur expérience comme une entrée dans l'étendue et la richesse de la tradition chrétienne plutôt que comme la seule base de leur foi et de leur ministère[14]. »

Dans le domaine de l'éducation, souvenons-nous que nous enseignons des personnes. Celles-ci apportent avec elles leur vocation, leurs attentes et leur capacité à apprendre. Elles ont été élevées dans un certain contexte avec des expériences individuelles qui ont façonné leur vie. L'accent n'est pas mis sur la transmission de contenu mais sur le développement des étudiants, ainsi que l'a souligné Robert Banks : « Notre métier est d'enseigner aux gens, et pas seulement de leur donner des cours, et il consiste à transformer leur compréhension de manière à les valoriser personnellement et professionnellement, et non seulement à leur transmettre des connaissances[15]. »

Les attentes des étudiants constituent certainement un défi pour les responsables académiques qui doivent créer un programme d'études conçu pour les préparer à un ministère fructueux. Cependant, la conception d'un programme d'études ne doit pas se concentrer uniquement sur les besoins et les attentes des étudiants. La préparation au ministère doit mettre les étudiants au défi de devenir des connaisseurs dans la compréhension de la Parole de Dieu et la relation avec la communauté et le monde. Ils doivent dépasser leurs ambitions personnelles et devenir des enseignants qui conduisent les chrétiens à la maturité dans la foi.

---

13. *Ibid.*
14. *Ibid.* p. 129.
15. Robert J. Banks, *Reenvisioning Theological Education: Exploring a Missional Alternative to Current Models* Grand Rapids, MI, Eerdmans, 1999, p. 223.

Paramètres bibliques et théologiques pour la conception des programmes

Les responsables académiques devraient avoir une vision claire de ce que la conception des programmes de formation théologique devrait accomplir. Le programme d'études met notamment l'accent sur le développement professionnel ou académique, la compréhension du ministère dans l'église ou dans les œuvres, et l'importance accordée à la formation spirituelle personnelle des étudiants. Cela signifie que les concepteurs du programme doivent faire un choix attentif et délibéré concernant ce qu'il faut inclure dans le programme. En même temps, il faut garder à l'esprit qu'il n'est pas possible de tout inclure dans le programme d'études. De plus, « il n'existe pas d'interprétation unique de ce qu'un programme biblique, centré sur le Christ et éthique doit comprendre dans l'enseignement théologique[16] ». Carnegie Calian résume le résultat global du programme d'études dans la formation théologique :

> Quel est la motivation principale de l'école de théologie ? La formation théologique cherche à comprendre et intégrer à l'expérience humaine une foi fondée sur la Bible. La tâche de l'école théologique consiste spécifiquement à éduquer et à former des responsables éclairés au sein du peuple de Dieu, le corps du Christ. L'efficacité des efforts de l'école peut être mesurée par la façon dont les diplômés maintiennent et satisfont une congrégation de croyants et de personnes en quête de vérité et d'épanouissement, alors même qu'ils sont parfois dépassés par la violence, la suspicion, l'injustice et le manque d'orientation de leur environnement[17].

Concevoir un programme d'études pour la formation théologique est un privilège et une responsabilité. Tout d'abord, c'est un privilège de créer un programme qui prépare les étudiants à l'appel que Dieu leur a donné, ainsi qu'au ministère auprès de l'Église et de tout le peuple de Dieu, et dans la société. Les diplômés reflètent dans leur vie l'éthique de l'institution, l'accent mis sur la foi, la praxis et les études, ainsi que la capacité à fonctionner dans le contexte de leur ministère. Ensuite, les concepteurs de programmes d'études doivent être conscients qu'un programme d'études et de formation fructueux sera mesuré en fonction des résultats obtenus dans la vie des étudiants. La responsabilité de respecter les normes des principes éducatifs et de l'accréditation dans la

---

16. Carnegie S. Calian, *The Ideal Seminary: Pursuing Excellence in Theological Education*, Louisville, KY, Westminster John Knox, 2002, p. 20-21.

17. *Ibid.*, p. 46.

conception des programmes, dans l'enseignement et l'apprentissage peut peser lourdement sur les responsables académiques. Il faut leur rappeler que Dieu leur a confié la tâche de diriger. Ayant tout fait pour concevoir le meilleur programme d'études, ils peuvent avoir confiance que Dieu réalisera son dessein dans la vie des étudiants. En 1 Corinthiens 3.5-9, Paul décrit ses efforts dans le ministère. Il est conscient que Dieu lui a assigné une tâche à accomplir. Il a fait tout ce qu'il a pu avec diligence. Il sait aussi que c'est Dieu qui fait fructifier les choses. Dieu est à l'œuvre, et Paul fait partie du plan de Dieu. Son exemple devrait encourager les concepteurs de programmes d'études à être confiants que Dieu est à l'œuvre dans la vie des étudiants.

Examinons à présent quelques aspects des perspectives bibliques qui devraient guider la conception des programmes d'études dans la formation théologique. Les chapitres suivants de ce livre mettent en lumière d'autres questions à prendre en compte dans la formation au ministère. En fait, ensemble, ils constituent une base pour une formation efficace et un développement des étudiants.

Perspectives bibliques guidant la conception des programmes

La formation théologique a pour objectif général la gloire de Dieu. Par conséquent, la conception du programme d'études doit être envisagée à partir de la perspective de Dieu et de son dessein éducatif qui prépare au ministère. Bien entendu, dans la préparation au ministère, l'acquisition de compétences, la compréhension des tâches de direction, de l'administration et de nombreux autres domaines doivent être inclus, afin que les étudiants puissent répondre aux besoins auxquels ils sont confrontés dans le ministère, comme le souligne Lois McKinney Douglas, professeur émérite à la Trinity International University : « Un évangile traditionnel qui n'offre que le salut spirituel et une relation verticale avec Dieu manque de crédibilité dans les situations d'oppression, de pauvreté et de souffrance physique. En revanche, le fait de se concentrer uniquement sur les besoins sociaux laisse les gens sans espoir de communion éternelle avec Dieu, communion qui compense grandement même la plus grande souffrance de cette vie[18]. »

La formation théologique vise à former le peuple de Dieu en l'éduquant à la vérité biblique et à la sagesse de Dieu. L'objectif est double. En premier lieu, le renouvellement personnel et la croissance de la maturité dans la foi et

---

18. Lois McKinney Douglas, « Globalizing Theology and Theological Education », dans *Globalizing Theology: Belief and Practice in an Era of World Christianity*, sous dir. Craig Ott et Harold A. Netland, 2e tirage, Grand Rapids, MI, Baker Academic, 2007, p. 283.

l'obéissance à la Parole de Dieu conduisent à un esprit transformé et renouvelé afin de comprendre la volonté de Dieu et de vivre en conséquence (Rm 12.2). En deuxième lieu, la formation conduit à la préparation d'une participation constructive à ce que Dieu veut accomplir dans l'Église et dans le monde. En bref, la formation théologique vise à « former les saints aux tâches du service » (Ep 4.12).

Former en savoir

Jésus a demandé à ses disciples d'incorporer tous ceux qui croient en lui dans la communauté chrétienne par le baptême (Mt 28.19). Tous les croyants ont besoin d'apprendre à obéir à tout ce que Jésus a ordonné (Mt 28.20). L'éducation à la compréhension de la volonté et des voies de Dieu fait partie de la vie chrétienne depuis le début. Aujourd'hui, la formation théologique est souvent organisée pour ceux qui se préparent aux ministères, pour les dirigeants et les professionnels des églises, mais ouverte à tous les chrétiens (voir l'étude de cas au chapitre 12 : « Passer au paradigme du peuple de Dieu »). Doivent-ils tous avoir le même niveau de connaissances en études bibliques, en théologie ou en ministère pastoral ? L'institution doit-elle créer des cursus pour différents niveaux ? Les concepteurs de programmes d'études doivent sans aucun doute relever le défi de répondre aux différentes attentes.

Quel que soit le groupe cible choisi, l'instruction de Jésus d'obéir en toute chose est toujours valable. La formation théologique n'a jamais consisté à accumuler des connaissances pour devenir un expert. La conception d'un programme d'études ne doit pas se conformer au stéréotype largement répandu selon lequel l'étude de la théologie n'a rien à voir avec la vie réelle. Au contraire, la théologie doit être enseignée pour qu'elle devienne le fondement de la vie et du ministère. Quelle est la quantité de connaissances académiques nécessaires pour les divers ministères ? Que doit savoir l'étudiant sur la Bible et la théologie ? Comment la mise en pratique doit-elle être intégrée dans l'enseignement et l'apprentissage ?

Le contenu des programmes doit être conçu de telle manière que les étudiants deviennent des adultes dans la foi et connaissent l'enseignement des Écritures, afin qu'ils deviennent des enseignants de la Parole. En tant que concepteurs de programmes d'études, il est utile d'étudier Hébreux 5.11–6.3 et de se demander si notre programme d'études a réussi à jeter les bases permettant aux étudiants de « discerner ce qui est bien et ce qui est mal » (5.14). Paul dit que la connaissance contribue à la maturité, de sorte que les chrétiens ne soient pas trompés par de faux enseignements, mais restent fermes dans l'amour (Ep 4.13-15). Lois McKinney Douglas écrit : « Lorsque la *missio Dei* deviendra le principe d'organisation de notre programme d'études, l'adoration et la réflexion scientifique seront réunies[19]. »

Former en sagesse

Quel devrait être l'objectif ultime dans la formation théologique ? Elle doit certainement conduire à une connaissance plus approfondie du Dieu trinitaire. La base de la connaissance de Dieu est la connaissance et la compréhension de l'Écriture, qui est sa volonté révélée. Grandir dans la connaissance de Dieu « renvoie à l'intimité personnelle avec lui par l'obéissance à sa parole ; la notion de réponse cognitive à sa révélation, l'intimité profonde et l'obéissance sont inséparables[20] ». La valeur ultime de l'apprentissage est d'être éduqué dans la sagesse, qui est un don de Dieu. Selon Bruce Waltke, la sagesse dans les Proverbes signifie généralement une compréhension, une compétence et une expertise magistrales. « Avoir de la sagesse permet aux êtres humains de faire face à la vie et d'accomplir ce qui serait autrement impossible[21]. »

Dans Proverbes 2.1-6, nous avons un exemple de la façon dont la sagesse peut faire partie de la vie d'un apprenant. Tout au long de ce passage, l'accent est mis sur l'attitude et la réceptivité de l'apprenant. L'acquisition de la sagesse nécessite la participation active et la mise en pratique de ce qui a été entendu et appris. En tant que responsables académiques, nous devons nous demander comment notre programme d'études peut contribuer à l'acquisition de la sagesse.

Former en sainteté de vie

Dieu choisit des hommes et des femmes pour accomplir son dessein à travers eux. Paul a exprimé sa gratitude envers Dieu parce qu'il se sentait honoré de le servir : « Je suis reconnaissant envers celui qui m'a fortifié, Jésus-Christ notre Seigneur, car il m'a jugé digne de confiance en m'établissant à son service » (1 Tm 1.12). L'appel ou la nomination au ministère est le point de départ dans la formation théologique. Les étudiants ne décident pas juste de s'inscrire à un programme qui les prépare à une tâche des plus difficiles, cela implique aussi de se dévouer à Jésus-Christ, au service de l'église et des personnes ayant des besoins spécifiques. La formation théologique confirme leur vocation et leur fournit une base solide. Il y a quelque temps, on m'a demandé de parler à des diplômés d'une institution théologique. Certains d'entre eux exerçaient déjà un

19. *Ibid.*, p. 275.
20. Bruce K. WALTKE, *The Book of Proverbs*, New International Commentary on the Old Testament, Grand Rapids, MI, Eerdmans, 2004-2005, p. 223.
21. *Ibid.*, p. 77-78.

ministère depuis plusieurs années. Ils souhaitaient recevoir des conseils sur la façon de s'assurer que leur appel au ministère restait toujours valable. Après avoir été confrontés à la réalité du ministère et à leurs propres limites, ils avaient besoin d'une confirmation quant au fondement de leur vocation.

L'appel aux ministères chrétiens a de nombreuses implications. Je mettrai en évidence ici un seul domaine : ceux qui veulent servir Dieu sont appelés à mener une vie exemplaire. Par conséquent, la conception des programmes d'études dans la formation théologique doit inciter les étudiants à marcher dans la sainteté. Pourquoi est-ce si important ? Robert Clinton conclut : « Un ministère fructueux découle de l'être, et Dieu s'intéresse à notre être. Il est en train de le former[22]. »

Éduquer à la sainteté signifie former à une vie qui soit agréable à Dieu, afin que les étudiants soient capables de vivre « d'une manière digne de l'appel » qu'ils ont reçu (Ep 4.1). Robert Clinton garde à l'esprit la formation des leaders lorsqu'il dit : « Notre plus grand défi en tant que dirigeants est de développer un caractère divin[23]. »

La sainteté est la transformation qui a lieu lorsque le Saint-Esprit agit dans la vie de l'étudiant. Elle produit une qualité de vie nouvelle et distincte. James Packer fournit une description complète de la sainteté :

> La sainteté est le fruit de l'Esprit, qui se manifeste lorsque le chrétien marche par l'Esprit (Ga 5.16, 22, 25). La sainteté, c'est se rapprocher de Dieu de manière appliquée. La sainteté consiste essentiellement à obéir à Dieu, à vivre à Dieu et pour Dieu, à imiter Dieu, à observer sa loi, à prendre son parti contre le péché, à faire ce qui est juste, à accomplir de bonnes œuvres, à suivre l'enseignement et l'exemple du Christ, à adorer Dieu dans l'Esprit, à aimer et à servir Dieu et les hommes par respect pour le Christ[24].

En formation théologique, nous devons créer un programme qui développe tant la capacité spirituelle que professionnelle de nos étudiants. James Packer a observé un déséquilibre que nous devrions corriger dans la formation théologique : « Habituellement, nous privilégions les compétences à la sainteté et le dynamisme à la piété, comme si nous ne savions pas que la puissance d'un

22. J. R. Clinton, *The Making of a Leader*, Colorado Springs, CO, NavPress, 1988, p. 13.
23. *Ibid.*, p. 57.
24. J. I. Packer, *Keep in Step with the Spirit*, Downers Grove, IL, InterVarsity Press, 1984, p. 96.

ministère vient de l'homme qui le dirige plutôt que des choses particulières qu'il peut faire[25]. »

Le développement de la sainteté est assurément un défi pour le concepteur du programme d'études car c'est la partie la plus difficile à accomplir dans la formation théologique. Cependant, elle est essentielle car (1) les sortants expriment par leur vie que Dieu transforme le caractère, et leur apprend à être humbles, attentionnés et spirituellement en accord avec Dieu. (2) Les diplômés doivent apprendre à surmonter, dans le ministère, les tentations du pouvoir, de l'instrumentalisation de l'autorité et de l'argent, tout comme ils doivent apprendre à éviter de tomber dans le péché. (3) Les diplômés doivent être des exemples de bonne volonté et démontrer par leur style de vie qu'ils servent Dieu (Ph 4.11-13). Durant l'étude des matières bibliques, de la théologie ou des cours pratiques, il faut les aider à développer comment servir Dieu de tout leur être.

Former en compétence

Lorsque Paul a réfléchi sur sa propre compétence dans le ministère, il a conclu : « Je ne dis pas que nous soyons capables, par nous-mêmes, de concevoir quelque chose comme si cela venait de nous. Notre capacité, au contraire, vient de Dieu. Il nous a aussi rendus capables d'être serviteurs d'une nouvelle alliance » (2 Co 3.5-6). Paul avait fait des études et était certainement qualifié pour former d'autres personnes et enseigner. En ce qui concerne le ministère de la Parole de Dieu ou le service envers Dieu, il savait qu'il serait qualifié par l'autorité que Dieu lui avait conférée. Dieu lui avait donné les capacités adéquates pour un ministère au-delà de la formation formelle. Il a donc témoigné du fait que par lui, le Christ avait conduit les non-Juifs à obéir à Dieu (Rm 15.18).

Qu'est-ce que cela nous apprend sur la formation théologique et la conception des programmes d'études ? Les étudiants ont besoin d'être formés dans tous les domaines qui leur permettent d'acquérir des compétences dans leur vie, afin d'être bien préparés pour le ministère et d'être en mesure de comprendre la vision actuelle du monde, les préférences culturelles et les mentalités religieuses des gens.

Les étudiants se préparent au ministère dans un monde qui a changé, comme le décrit Samuel Escobar : « Le ministère dans un contexte de culture postmoderne devra prêter attention aux nouveaux éléments de contenu et de style. L'ensemble du processus de communication qui comprend la prédication et l'enseignement à l'église devra tenir compte non seulement de la capacité de

25. *Ibid.*, p. 98.

raisonnement des gens, mais aussi de leur imagination, de leurs sentiments, de leur capacité à saisir les symboles et de leur besoin d'appartenance[26]. »

Outre le développement des compétences pour exercer le ministère dans un monde moderne, les étudiants doivent savoir qu'au-delà de la formation théologique formelle, Dieu donne des capacités qui rendent le ministère fructueux. Il est nécessaire d'édifier le peuple de Dieu en une communauté chrétienne qui reflète la gloire de Dieu, qui tend la main au monde et conduit les gens vers Dieu afin que leur vie soit transformée.

Former grâce à des modèles de référence

La formation théologique a besoin de modèles, car les étudiants n'apprennent pas seulement dans les livres, mais leur vie est aussi influencée par l'exemple des enseignants. La manière dont les enseignants comprennent leur rôle dans la mise en œuvre du programme d'études et la façon dont ils l'enseignent sont importantes. L'enseignement des contenus et l'exploration des connaissances avec les étudiants sont des éléments fondamentaux de l'éducation. Paul le confirme lorsqu'il écrit à Timothée : « Quant à toi, tiens ferme dans ce que tu as appris et reconnu comme certain, sachant de qui tu l'as appris » (2 Tm 3.14). Soulignons trois points importants ici : (1) Timothée a appris le contenu, reçu l'enseignement des Écritures (2 Tm 3.15). (2) Timothée a formé ses propres convictions. Il était capable d'appliquer ce qu'il avait appris. (3) Timothée avait fait confiance aux enseignants qui lui avaient enseigné. Il avait une relation personnelle avec les enseignants.

Timothée a appris de la vie de Paul : « De ton côté, tu as suivi de près mon enseignement, ma conduite, mes projets, ma foi, ma patience, mon amour, ma persévérance » (2 Tm 3.10). Il a également appris de Paul les persécutions et les souffrances dans le ministère (2 Tm 3.11). Paul a eu le sentiment d'être un modèle devant l'Église de Philippes lorsqu'il a dit : « Ce que vous avez appris, reçu et entendu de moi et ce que vous avez vu en moi, mettez-le en pratique » (Ph 4.9).

La mise en œuvre d'un programme d'études par des enseignants qui servent de modèles influence grandement la formation des étudiants. Les enseignants ayant une expérience personnelle dans le domaine du ministère pastoral, de l'implantation d'églises, du conseil, de la résolution de conflits, de l'administration et d'autres domaines pourront certainement partager leur expérience personnelle d'une manière qui complète le contenu de l'étude. Robert Banks observe : « La

26. Samuel Escobar, « What Is the Ministry toward Which We Teach? » dans *Practical Wisdom: On Theological Teaching and Learning*, sous dir. Malcolm L. Warford, New York, Peter Lang, 2004, p. 149.

formation personnelle ne se développe pas principalement par des programmes spécifiques, ni même par le culte communautaire régulier ; elle est principalement le résultat de l'effet de levier de l'exemple personnel des enseignants et d'autres personnalités (y compris les administrateurs en chef et les responsables des étudiants), de la culture et de la mission plus larges de l'établissement, et de toute une série d'affiliations et d'activités parallèles[27]. »

L'enseignement théologique en tant que formation

Considérer l'enseignement théologique comme une formation suggère que tout ce qui est fait pendant un programme ou un cursus contribue au développement de l'étudiant. Envisager l'éducation sous l'angle de la formation permet une préparation holistique au ministère. La formation ne signifie pas que les étudiants seront éduqués de manière à s'adapter à un mode de vie et un modèle de ministère statiques, qui ne changent pas. Elle doit être comprise comme dynamique, leur permettant de progresser dans leur développement afin qu'ils puissent répondre à l'appel de Dieu dans leur vie. La formation met en évidence l'action de la grâce de Dieu dans la vie de l'étudiant. Paul témoigne : « Mais par la grâce de Dieu je suis ce que je suis, et sa grâce envers moi n'a pas été sans résultat » (1 Co 15.10). Un bon programme d'études soutient la mise en œuvre de l'accomplissement de la grâce de Dieu dans la vie des étudiants.

Les responsables académiques savent que les étudiants de tout programme d'études sont avec eux pour une période limitée. Comment la conception du programme peut-elle contribuer à la formation des étudiants afin qu'ils puissent appliquer ce qu'ils ont appris ? Carnegie Calian voit juste lorsqu'il dit : « L'objectif du programme est de former des dirigeants cultivés et engagés qui peuvent appliquer les connaissances et les compétences acquises dans leur contexte, le moment venu. Toutefois, nous ne pouvons pas présupposer que cette transition de la salle de cours à la paroisse aura forcément lieu[28] ».

Concevoir le programme d'études selon le modèle formatif tient compte des changements qui ont eu lieu au fil du temps dans la formation théologique. Dans le modèle classique d'enseignement, la priorité était donnée au programme de base qui fournit le cadre des études académiques et professionnelles. La salle de cours fonctionnait comme le centre d'apprentissage. L'expérience personnelle jouait un rôle secondaire. Souvent, on avait l'impression que l'enseignement et

27. Banks, *Reenvisioning*, p. 201.
28. Calian, *Ideal Seminary*, p. 47.

l'apprentissage en cours étaient déconnectés de l'expérience des élèves et de la réalité du contexte des ministères. Le modèle formatif, lui, comble ce fossé car il se concentre sur l'apprentissage transformationnel et sur l'interdépendance des différents domaines d'étude. Par conséquent, ce modèle est à prendre en compte lors de la conception des programmes d'études.

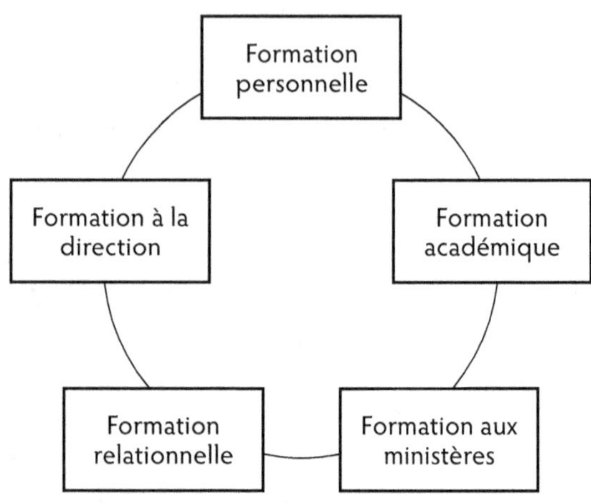

Figure 1. Le modèle formatif

Le modèle formatif relie les différents domaines d'étude comme le montre la figure 1. Bruce Powers suggère que nous n'avons pas besoin de choisir entre le modèle classique et le modèle formatif de l'éducation car les deux modèles comprennent « les mêmes éléments mais les hiérarchisent différemment ». Il poursuit en disant que nous devrions « comprendre les points forts et les limites de chacun, puis intégrer et équilibrer le contenu et les expériences de chacun dans un programme d'études unifié ». Il enchaîne en expliquant que le modèle formatif « commence par des hypothèses sur les valeurs fondamentales et les expériences éducatives qui inculqueront et construiront les connaissances, les compétences et les convictions correspondantes. Les cours de base sont donc choisis et conçus par le corps enseignant en fonction des contributions que chacun apportera lorsque le contenu biblique, historique et théologique sera intégré à l'éthique de l'école, à la vocation personnelle et au parcours spirituel des étudiants pour former un cadre de référence théologique[29] ».

29. Powers, « Developing a Curriculum », p. 307-308.

L'impact du modèle formatif sur les étudiants peut être observé dans différents résultats, tels que (1) l'attitude des étudiants dans le processus d'enseignement et d'apprentissage. Il leur sera utile de se fixer leurs propres objectifs pour ce qu'ils veulent réaliser dans leurs études. (2) Le désir de développement tout au long de la vie (qui inclut également l'apprentissage la vie durant). Ils apprennent à gérer leur propre vie et développent des domaines qui les rendent plus efficaces dans le ministère, au-delà de ce qui leur a été enseigné à l'école de théologie. (3) La croissance en maturité spirituelle et dans la pratique du ministère. Ils reconnaissent que ce qu'ils ont appris pendant leurs études théologiques ne fait que poser les fondements ; ce n'est pas la fin de leur développement. La maturité dans la vie et la croissance dans un ministère fructueux se font sur un laps de temps, à travers des expériences qui soutiennent le développement du responsable pastoral, et à travers de nombreux événements en cours de route. Robert Clinton le résume ainsi : « Un ministère mature découle d'un caractère mûr, formé à l'école de la vie[30]. »

Conclusion

Les mots de A. N. Lal Senanayake, qui fut responsable académique dans la formation théologique pendant de nombreuses années au Sri Lanka, expriment bien les défis de la conception d'un programme d'études servant le dessein de Dieu :

> En fin de compte, la mesure dans laquelle un programme d'études est vraiment fructueux doit dépasser la production de théologiens qui travaillent dans une « tour d'ivoire ». Son succès se mesure à l'aune de sa capacité à produire de véritables disciples de Jésus-Christ capables de servir les desseins éternels de Dieu d'une manière pertinente et significative pour le peuple que Dieu les a appelés à servir. Le roi David, nous dit-on, a « [...] dans sa propre génération été au service de la volonté de Dieu » (Ac 13.36). Un programme d'études vraiment opérant ne doit pas faire moins. Il doit servir le dessein de Dieu pour sa propre génération. Il doit être élaboré en tenant compte des tensions et des exigences actuelles provenant de nombreux contextes. Il doit trouver un équilibre entre la conjoncture et la pertinence [...] et la fidélité aux desseins anciens de Dieu tels

30. Clinton, *Making*, p. 167.

qu'ils sont révélés dans la Bible. Que Dieu nous rende à la hauteur de la tâche[31] ».

Points de réflexion et d'action

1. Définissez la vocation et les valeurs de votre institution. Ont-elles changé au fil des ans ? Ces changements sont-ils conformes à la vocation ? De quelle manière ces changements ont-ils eu un impact sur la conception des programmes d'études ?
2. Décrivez la philosophie pédagogique de votre institution. Quel a été l'impact de sa base doctrinale sur la philosophie de l'éducation ?
3. Comment les dimensions locales et internationales de l'éducation ont-elles été mises en œuvre dans la conception de votre programme d'études ?
4. Quelles métaphores décriraient l'éducation dans votre institution ? Comment cela se reflète-t-il dans le programme d'études ou les différents cursus ?
5. Discutez avec le corps enseignant du profil et des attentes des étudiants. Quel est le profil des nouveaux étudiants par rapport aux précédents ? Comment l'institution s'informe-t-elle sur leurs attentes ? Comment les enseignants répondent-ils aux attentes des étudiants ?
6. Quels sont les défis auxquels votre institution doit faire face à l'ère de la mondialisation ? Comment cela affecte-t-il votre programme d'études ?
7. En quoi le modèle formatif de l'enseignement théologique pourrait-il être utile dans votre contexte ? Quel impact aurait-il sur votre programme d'études ou sur la mise en œuvre du plan d'études ?

Pour aller plus loin

BANKS Robert J., *Reenvisioning Theological Education: Exploring a Missional Alternative to Current Models*, Grand Rapids, MI, Eerdmans, 1999. Le chapitre « Reshaping the Theological Curriculum », p. 223-240, fournit des sujets de réflexion utiles.

31. SENANAYAKE, « Developing », p. 77.

DAS Rupen, *Relier les études théologiques et le contexte. Pour des formations plus pertinentes*, Carlisle, Langham Global Library, 2018.

ESCOBAR Samuel, « What Is the Ministry toward Which We Teach? » dans *Practical Wisdom: On Theological Teaching and Learning*, sous dir. Malcolm L. Warford, p. 143-157, New York, Peter Lang, 2004.

MCKINNEY DOUGLAS Lois, « Globalizing Theology and Theological Education », dans *Globalizing Theology: Belief and Practice in an Era of World Christianity*, 2e tirage, sous dir. Craig Ott et Harold A. Netland, p. 267-287, Grand Rapids, MI, Baker Academic, 2007. L'ensemble du chapitre mérite réflexion pour acquérir une vision plus large d'une formation théologique qui ait un impact sur la conception des programmes d'études.

SMITH Gordon T., « Attending to the Collective Vocation », dans *The Scope of Our Art: The Vocation of the Theological Teacher*, sous dir. L. Gregory Jones et Stephanie Paulsell, p. 240-261, Grand Rapids, MI/Cambridge, Eerdmans, 2001. L'ensemble du chapitre devrait être lu par les responsables académiques et les concepteurs de programmes.

YU Carver T., « Evangelical Theology for the Future », *Journal of Asian Evangelical Theology* 13, n° 2, décembre 2005, p. 55-65. Il aborde l'influence de l'économie de marché sur la théologie.

2

Le rôle des responsables académiques dans la conception de programmes d'études

Paul Sanders

La fonction des responsables académiques, en particulier du directeur des études[1], est essentielle pour un établissement d'enseignement supérieur en raison du type de direction qu'il ou elle exerce et de la place centrale qu'y occupent l'enseignement et l'apprentissage[2]. Le programme d'études théologiques est essentiel à l'accomplissement de la mission de l'institution en tant que communauté éducative. C'est dans ce sens que la présente contribution met en évidence la fonction d'architecte et de directeur des études par rapport au programme éducatif dans son ensemble.

D'emblée, je dois souligner que la présente contribution s'inspire principalement de mon expérience en tant que chef d'établissement et de directeur des études dans des institutions théologiques évangéliques en Europe et au Moyen-Orient. Je ne présente pas ici une analyse exhaustive de la littérature disponible

1. Nous employons ce terme pour deux raisons : d'une part, les titres de « directeur académique » ou de « directeur des études » ou « responsable pédagogique » sont spécifiques aux institutions issues des traditions américaine, britannique ou européenne ; d'autre part, dans de nombreux contextes, c'est en réalité le chef d'établissement (doyen, recteur, etc.) qui exerce la fonction de directeur des études.
2. Cf. Jeanne McLean, *Leading from the Center: The Emerging Role of the Chief Academic Officer in Theological Schools*, Scholars Press Studies in Theological Education, Durham, NC, Duke University Press, 1999, p. 302.

et je n'entrerai pas non plus dans des discussions théoriques détaillées sur les questions présentées. J'espère que le poids de l'expérience internationale acquise l'emportera sur les éventuelles lacunes théoriques. Les contributions basées principalement sur la théorie sont nombreuses et certaines références bibliographiques fondamentales seront proposées à la fin de ce chapitre.

Notions de base sur la conception du programme d'études, ou *curriculum*

Les origines du terme *curriculum* sont dérivées du latin. La forme verbale *curro* comporte l'idée de « courir ». Elle s'applique, par exemple, à la course en compétition, tout comme à l'écoulement d'une eau « courante ». Les images vivantes d'un coureur ou d'une rivière qui coule nous aident à imaginer le mouvement à partir du début (la ligne de départ pour le coureur, la source pour la rivière) vers une fin (la ligne d'arrivée et l'estuaire)[3]. Par extension, le substantif *curriculum* porte l'idée de progression d'un point de départ à son point culminant. Dans le jargon académique, les termes d'admission au programme et d'obtention du diplôme sont souvent utilisés pour désigner ces deux points. Dans sa forme la plus simple, nous pouvons résumer la notion de *curriculum*, ou programme d'études, en réponse aux questions suivantes :

QUI ? Qui est admis au programme d'études ? Qui devient l'apprenant ?
QUOI ? Quel contenu est enseigné et appris durant le programme d'études ?
QUAND ? À quel moment de leur vie académique les étudiants sont-ils admis ?
OÙ ? Où les études ont-elles lieu et dans quelles conditions ?
POURQUOI ? Pourquoi l'institution existe-t-elle (mission de l'institution) et pourquoi les étudiants s'inscriraient-ils à ce programme ?
COMMENT ? Quelles sont les méthodologies/systèmes de diffusion utilisés pour améliorer l'apprentissage du contenu ?

Du point de vue d'une institution théologique évangélique, nous pouvons parler de l'école comme d'un instrument entre les mains de Dieu pour servir son dessein primordial. C'est dans ce sens que nous pouvons parler du programme d'études de Dieu. Il peut utiliser toutes nos structures et outils humains, y compris

3. « Curriculum », *Ultralingua* online dictionary, consulté le 21 juillet 2016, http://www.ultralingua.com/onlinedictionary/dictionary#src_lang=Latin&dest_lang=English&query=curriculum.

les « incidents » qui ont lieu pendant le processus de formation, et les intégrer dans ses objectifs. Cela comprend le programme officiel (le programme « explicite »), les éléments subconscients (le programme « implicite », ou « caché »), ainsi que les choix sélectifs effectués sur ce qui est intentionnellement exclu du programme (le programme « non-retenu[4] »).

C'est l'ensemble de ces éléments qui constituent le *programme d'études complet* selon le point de vue des desseins de Dieu et de nos plans. Nous postulons ici que les responsables académiques, en particulier le directeur des études, sont appelés à coopérer avec les desseins divins en tant qu'architectes de la planification des programmes et en tant que gestionnaires/superviseurs de la mise en œuvre des programmes.

Caractéristiques d'un programme d'études théologiques de qualité

Les principes suivants, tels qu'ils sont mis en œuvre sous les auspices du directeur des études depuis le centre de l'institution[5], peuvent nous aider à élaborer un programme d'études théologiques de qualité et fournir au directeur des études une perspective pratique sur la « course aux programmes ». Mon but n'est pas de traiter en profondeur de la philosophie et du processus d'élaboration des programmes, mais plutôt de donner quelques paramètres de base qui peuvent guider l'action du directeur des études[6].

1. Le directeur des études conçoit un programme d'études théologiques de qualité… fondé sur des mandats bibliques et théologiques clairs

Ce principe peut sembler évident, mais, en pratique, les sources de nos programmes d'études théologiques sont souvent tirées de notre histoire et de nos traditions, ainsi que des normes académiques ambiantes, plutôt que d'une « théologie de la formation théologique » explicite. En commençant par les fondements théologiques bibliques, le directeur des études tente de répondre à la question :

4. Voir la discussion proposée par Perry Shaw, *Transformer la formation théologique : un manuel pratique pour un apprentissage intégral et contextuel*, trad. Célia Evenson, Carlisle, Langham Global Library, 2015, p. 85-98.

5. Voir McLean, *Leading from the Center*.

6. Nous recommandons ici l'excellent travail de Perry Shaw dans son ouvrage, *Transformer la formation théologique*.

par où commencer, si je veux examiner le programme d'études de notre école ? Le principe qui m'a bien aidé pour bien démarrer, dans ma propre direction pédagogique, fut le suivant : formuler ce que les Écritures disent et impliquent concernant notre tâche.

Jules-Marcel Nicole, professeur de longue date et directeur de l'Institut biblique de Nogent en région parisienne, avait l'habitude de dire à propos du groupe religieux appelé « Science chrétienne », que « ce n'est ni chrétien ni science[7] ». Peut-être pourrait-on parfois dire la même chose de l'éducation théologique évangélique, qui parfois n'a été « ni théologique ni éducative ». En d'autres termes, il se peut que nous n'ayons pas élaboré nos projets de programme à partir de prémisses théologiques explicites, ni été suffisamment informés par les sciences de l'éducation pour pouvoir rendre notre formation théologique à la fois véritablement théologique et véritablement éducative. Heureusement, cette situation s'est améliorée au cours des dernières années[8]. Je ne pourrai pas développer ce thème ici, mais permettez-moi de mentionner brièvement certains des domaines sur lesquels le directeur des études peut s'appuyer pour développer une « théologie de la formation théologique ».

Le mandat de formation de disciples (Mt 28.16-20)

Les générations récentes d'exégètes ont souligné que le commandement central de l'ordre missionnaire de Jésus était celui de « faire des disciples ». Les trois verbes impératifs du passage de Matthieu 28 offrent les moyens : allez, baptisez, et enseignez. Un élément souvent négligé dans cette mission d'enseignement est celui de l'obéissance. L'enseignement n'est pas une fin en soi ; l'enseignement en vue de l'obéissance est le but. Nous concluons que la formation de disciple qui sous-tend celle de dirigeants doit être « orientée vers l'obéissance » avec des liens manifestes aux impératifs contenus dans l'enseignement de Jésus[9].

7. J.-M. Nicole, lors du cours « religions et sectes » enseigné à l'Institut Biblique de Nogent-sur-Marne, 1980-1981.
8. Notamment grâce aux efforts de renforcement des capacités professionnelles de l'ICETE Programme for Academic Leaders (IPAL, http://www.icete-edu.org/news/july13.htm#2), des Global Associates for Transformational Education (GATE, http://www.gateglobal.org), de l'Institute for Excellence in Christian Leadership Development of Overseas Council (http://overseas. org/our-work/programs/institute-for-excellence), etc. (consulté le 21 juillet 2016).
9. Voir George Patterson, *Church Planting through Obedience-Oriented Teaching*, Pasadena, CA, William Carey Library, 1981, p. 54.

Formation des dirigeants (1 Tm 3 ; 2 Tm 2 ; Tt 1)

Les traits qui caractérisent les dirigeants de l'église se trouvent principalement dans les lettres pastorales de Paul. Il est intéressant de noter que les principaux passages énumérant les qualifications des dirigeants de l'église (1 Tm 3 ; Tt 1, etc.) mettent l'accent sur le caractère des dirigeants et leurs capacités relationnelles. Bien que les connaissances et les compétences pratiques soient importantes, elles ne sont pas mises en avant dans ces passages. Les exhortations adressées à Timothée à habiliter, à déléguer et à persévérer dans le ministère de la formation au leadership (2 Tm 2) sont à la base d'une théologie de formation théologique. Comme ces passages ne traitent pas de manière exhaustive la question du développement du leadership, ils laissent une grande latitude aux programmes d'études impliquant la compréhension (connaissances), les compétences (aptitudes), ainsi que le caractère (spiritualité, intégrité, relations, etc.) en fonction des contextes spécifiques du ministère. Les informations bibliques concernant la direction des églises peuvent être discernées en fonction de leur intention : certains passages sont simplement descriptifs par nature, tandis que d'autres sont normatifs et universels. D'autres encore sont « paradigmatiques », présentant implicitement des modèles qui peuvent être mis en œuvre de manière flexible à travers les siècles et les cultures.

Les domaines ci-dessus ne sont que de brefs aperçus de certains éléments qui constituent une « théologie de la formation théologique ». La littérature à ce sujet est de plus en plus abondante et se révèle très utile au moment où le directeur des études cherche à mettre en place les fondements théologiques du développement des programmes d'études[10].

Ainsi, la première question que doit se poser le directeur des études lorsqu'il envisage d'élaborer (ou de refondre) un programme d'études est la suivante :

10. Voir le « Manifeste pour le renouveau de l'enseignement théologique évangélique » de l'ICETE, consulté le 23 mai 2022, https://icete.info/wp-content/uploads/2019/04/Manifesto_ICETE_FR.pdf ; Brian Edgar, « The Theology of Theological Education », *Evangelical Review of Theology* 29, n° 3, 2005, p. 208-217, https://theology.worldea.org/wp-content/uploads/2020/12/ERT-29-3.pdf ; cf. articles publiés dans l'*Evangelical Review of Theology* 29, n° 3, 2005, p. 208-217 ; David H. Kelsey, *Between Athens and Berlin : The Theological Debate,* Grand Rapids, MI, Eerdmans, 1993, p. 27 ; Robert J. Banks, *Reenvisioning Theological Education : Exploring a missional alternative to current models,* Grand Rapids, MI, Eerdmans, 1999 ; Larry J. McKinney, « A Theology of Theological Education : Pedagogical Implications », *Evangelical Review of Theology* 29, n° 3, 2005, p. 218-227, https://theology.worldea.org/wp-content/uploads/2020/12/ERT-29-3.pdf ; Dieumeme Noelliste, « Toward a Theology of Theological Education », World Evangelical Fellowship, 1993, *AETEI Journal* 8, n° 2, juillet-décembre 1994, p. 19-24 ; T. Gillespie, « What Is 'Theological' about Theological Education ? », Princeton Seminary Bulletin 14, n° 1, 1993, p. 55-63.

« Notre institution a-t-elle une «théologie de la formation théologique» clairement formulée ? » Le rôle du directeur des études est de s'assurer que c'est le cas ou, du moins, de mettre en place un processus de construction fondé sur cette formulation théologique et qui servira de guide pour toute décision pratique prise dans le cadre de l'élaboration des programmes d'études.

2. Le directeur des études conçoit un programme d'études théologiques de qualité… conçu en harmonie avec l'histoire et les traditions de l'institution

Les programmes d'études théologiques n'émergent pas à partir du néant. Ils trouvent leur origine dans l'histoire, dans la vision des fondateurs de l'institution, et se développent au fil du temps en fonction de la vision, de la mission et du contexte de l'école. Un directeur d'études qui envisage une réforme des programmes d'études aura intérêt à connaître intimement l'histoire et les traditions de l'institution, ainsi que les attitudes des principales parties prenantes à cet égard, afin de mener la réforme dans la continuité et le respect du passé. Il y a tant d'éléments individuelles et communautaires dans les programmes dont nous héritons. Se familiariser avec ces histoires sera une expérience d'apprentissage essentielle pour le directeur des études.

Étant donné la résistance au changement des individus et des institutions (encore plus aiguë lorsque nous commençons à « toucher » aux traditions théologiques des programmes d'études), le directeur d'études qui est capable de comprendre et de respecter la tradition des programmes d'études de son institution sera normalement mieux à même de susciter le changement dans le cadre de la continuité historique, ainsi que d'anticiper les défis. L'analyse FFOM (acronyme pour Forces, Faiblesses, Opportunités et Menaces), appliquée à un programme d'études existant, sera également grandement influencée par l'histoire de notre programme d'études. Il n'est pas nécessaire que cette tâche soit intense et prenne beaucoup de temps. L'une des meilleures façons d'apprendre l'histoire du programme d'études est d'interviewer l'un des plus vénérables dirigeants détenant la mémoire institutionnelle. Je l'ai fait dans ma propre direction pédagogique et je suis très reconnaissant de l'avoir fait.

Pourtant, le défi du changement peut être formidable. Le président américain Woodrow Wilson aurait déclaré lorsqu'il était président de l'université de Princeton : « Il est plus facile de changer l'emplacement d'un cimetière que de modifier le programme d'études[11]. » En effet, tant les parties prenantes que le personnel peuvent fortement résister à toute « ingérence » dans le programme d'études. Les parties prenantes peuvent suspecter une tentative d'éloigner l'école de son histoire et de son patrimoine précieux, tandis que les membres de l'équipe, en particulier le corps enseignant, peuvent avoir des problèmes « de territoire », considérant que ces réformes touchent « leurs » cours et le travail important investi pour produire ces derniers.

Ainsi, en examinant les sources historiques du programme actuel, le directeur des études essaiera de comprendre son histoire, en utilisant des questions comme celles-ci :

- Quelles sont les origines historiques de notre programme d'études actuel ?
- Dans quelle mesure ce programme d'études vient-il de « l'extérieur » (importé) ou de « l'intérieur » (produit au sein de notre contexte) ?
- Quelles conclusions faut-il tirer de ces informations concernant les projets de réforme du programme académique ?
- Qui pourrait se sentir menacé par un tel processus, et quelles relations faut-il privilégier pour faciliter ce processus ?
- Parmi les parties prenantes (y compris le conseil d'administration) et les membres du personnel, quels sont les leaders d'opinion qu'il faut convaincre ou consulter ?

3. Le directeur des études conçoit un programme d'études théologiques de qualité… explicitement lié à la vision et à la mission de l'institution

La pratique à la mode (mais toujours utile) consistant à formuler des énoncés de mission et de vision institutionnelles n'est pas toujours correctement liée aux détails de l'élaboration et de la mise en œuvre des programmes d'études. Souvent, ces exercices de « mission/vision/valeurs » sont destinés aux parties prenantes, aux donateurs, aux membres du conseil d'administration ou à l'équipe de direction, et ils jouent un rôle important en cristallisant la compréhension de ces parties prenantes quant à la raison d'être de l'institution. Mais nous devons aller plus loin à cet égard en établissant des liens et des interfaces explicites entre

11. J. Bailey, « Technology and Change in Education », http://bbh.usd451.k12.ks.us/staff/faculty/chgtech/change.html.

les énoncés de mission/vision/valeurs et les programmes de chaque cours[12]. De bons énoncés de mission/vision/valeurs doivent être constamment présentés aux étudiants, aux enseignants, au personnel et aux parties prenantes.

Notre vision nous renseigne sur :

- Le type de personnes que nous souhaitons former dans notre institution.
- Les moyens par lesquels notre programme d'études devrait nous aider à réaliser cette vision.

Tous ceux d'entre nous qui sont impliqués dans la direction académique ont entendu des étudiants poser la question suivante : « Pourquoi devons-nous étudier ce sujet particulier ? » Bien que cette question puisse être liée à une plainte concernant un professeur en particulier, elle peut plutôt être une question très valable du type « qu'y gagne-t-on ? Pourquoi ce cours est-il dispensé dans notre institution ? » La déclaration de vision peut informer toutes les personnes impliquées dans l'institution en répondant de manière appropriée à cette question. Par conséquent : *sans une vision institutionnelle claire, il est peu probable que nous ayons un programme d'études de qualité.*

Notre mission :

- Décrit la vocation spécifique que Dieu nous a donnée pour réaliser notre vision.
- Doit refléter clairement cette vocation spécifique et unique.

En tant que directeur des études, sommes-nous en mesure de répondre à la question suivante : « Quel est le rapport entre ce cours ou cette activité et la réalisation de notre mission institutionnelle ? » Une réponse claire à cette question pour chaque cours du programme d'études est fondamentale.

Ainsi, nous devrions nous poser les questions suivantes sur notre mission :

- Existe-t-il un lien clair entre notre programme d'études et la réalisation de notre mission institutionnelle ?
- Sommes-nous en mesure de démontrer *comment* notre programme d'études nous aide à réaliser notre mission ?
- Nos cours et activités sont-ils **tous** clairement liés à notre mission ?

12. Voir la discussion de Perry SHAW dans *Transformer la formation théologique*, au chapitre 9.

Bien entendu, tout ce que nous faisons doit également refléter les valeurs institutionnelles formulées, qui décrivent ce qui est important pour nous et pourquoi. Par conséquent : *si nous n'établissons pas un lien entre nos cours et nos activités et une mission institutionnelle claire et spécifique, il est peu probable que nous ayons un programme d'études de qualité.*

4. Le directeur des études conçoit un programme d'études théologiques de qualité… qui dispose de points d'entrée et de sortie clairs

Le directeur des études peut souhaiter garder à l'esprit plusieurs éléments importants en ce qui concerne l'entrée et la sortie des étudiants de l'établissement de formation :

- Commencer par la fin : des exigences clairement définies pour l'obtention du diplôme et des « profils de diplômés » clairement définis (décrivant les traits de caractère génériques, les connaissances et le savoir-faire des étudiants diplômés) devraient orienter le directeur et l'équipe par rapport aux résultats d'apprentissage globaux du programme d'études.
- En fonction des résultats souhaités, définir le point d'entrée minimal qui permet que ces résultats soient atteints lors de la remise des diplômes.
- Se souvenir que les étudiants « avaient une vie » avant de venir dans l'établissement, y compris l'expérience acquise, les connaissances et le développement du caractère, avant leur inscription.

Après l'obtention de leur diplôme, les étudiants continueront à avoir besoin d'un apprentissage tout au long de la vie qui leur donne les outils et les ressources leur permettant de poursuivre leur itinéraire et leur trajectoire d'apprentissage pour le reste de leur vie et de leur ministère. Je reviendrai plus en détail sur ces sujets dans ce chapitre.

Ainsi, à la lumière des considérations ci-dessus, les questions suivantes peuvent être posées concernant le programme d'études :

- Notre programme est-il basé sur des profils de diplômés clairement définis (résultats globaux) ?
- Pouvons-nous démontrer que la durée du programme d'études est suffisante pour atteindre les objectifs fixés (y compris les conditions formelles d'obtention du diplôme) ?

- Comment pouvons-nous prendre en considération et valoriser les acquis de nos étudiants avant leur entrée à l'institution ?
- Quels sont les outils spécifiques que nous transmettons aux étudiants en vue de leur formation continue ?

Dans mon propre parcours en tant que directeur des études, je me suis retrouvé trop concentré sur ce que le programme devait accomplir pendant les trois années d'études de nos étudiants. Le stress et la pression liés à l'obtention de « résultats » étaient réels, ce qui a souvent conduit à ajouter trop de cours et d'activités, et donc à surcharger le programme d'études. Il est bien préférable de situer le « contrat d'apprentissage » de chaque étudiant dans le contexte de son apprentissage antérieur et, si possible, de son placement futur ou de sa vocation tels qu'il ou elle les projette après l'obtention de son diplôme. Une telle perspective peut réduire considérablement le stress du directeur des études et augmenter de façon vitale sa longévité professionnelle. Nous ne pouvons pas accomplir tout ce que nous considérons comme important dans le court laps de temps où nous accompagnons nos étudiants, mais nous pouvons les équiper pour leur cheminement d'apprentissage tout au long de la vie (voir point 5 ci-après).

Dans ces domaines, il convient de répondre clairement à la question de l'évaluation continue de nos étudiants. Il ne suffit pas d'énoncer les attentes concernant nos étudiants au moment de leur entrée et de prévoir qu'ils atteindront naturellement les résultats souhaités à la sortie. Il nous faut évaluer leur savoir, leur faire et leur être à l'entrée, puis apprécier périodiquement avec eux leur progression vers les objectifs de fin d'études fixés. Il s'agit d'un processus *paraclétique*, dans lequel les membres de l'équipe marchent aux côtés des étudiants pendant leurs années avec nous. Un tel processus peut également impliquer une auto-analyse FFOM des étudiants qui évoluera au fil du temps et culminera avec une évaluation de leurs forces, faiblesses, opportunités et menaces avant l'obtention du diplôme, alors qu'ils se préparent à s'engager dans un ministère professionnel. S'ils sont bien accompagnés de l'entrée à la sortie, il devrait y avoir moins de surprises de dernière minute. En effet, si un étudiant donné n'est pas en mesure d'atteindre les résultats du programme, mieux vaut qu'il ou elle s'en rende compte au plus tôt. Si l'on doit demander à un étudiant de quitter la formation (avec honneur), il est beaucoup moins pénible de le faire plus tôt dans sa formation que plus tard. Il est essentiel de suivre attentivement nos étudiants du début à la fin de leur séjour dans notre institution. L'expérience de l'ABTS de

Beyrouth, ces dernières années, peut fournir un exemple de la manière d'accompagner les étudiants dans leur (notre) parcours scolaire[13].

5. Le directeur des études conçoit un programme d'études théologiques de qualité… qui prend au sérieux l'apprentissage tout au long de la vie (*Lifelong Learning*)

Comme nous l'avons déjà mentionné, *nos étudiants avaient déjà une vie avant de venir étudier dans l'institution*. En tant qu'adultes (ce ne sont pas des enfants !), ils ont accumulé une expérience et une formation qui doivent être prises en considération, aussi bien au cours de leurs études théologiques formelles qu'après celles-ci. La science de l'éducation aux adultes (ou andragogie) prend en compte que les apprenants adultes apportent leurs propres objectifs et perspectives à leur formation, et cela doit être inclus dans l'équation du programme d'études.

Pour ce faire, la première tâche consiste à évaluer ce qu'ils ont déjà appris et à le valoriser sous une forme ou une autre. On peut par exemple les aider à créer un « portfolio des acquis antérieurs[14] ». Un tel portfolio pourrait comprendre les éléments suivants :

- Les articles de recherche qu'ils ont rédigés.
- Les livres qu'ils ont lus et sur lesquels ils ont fait un rapport ou une fiche de lecture.
- Les prédications ou études qu'ils ont rédigées et prononcées.
- Leur biographie et leur curriculum vitae.
- Leurs propres réflexions écrites concernant leur vie et leur ministère antérieurs.

Afin d'accorder un nombre approprié de crédits à un tel portfolio, deux éléments doivent être présents : (1) des acquis d'apprentissage prédéterminés tels que définis par l'institution pour un tel exercice, et (2) une évaluation appropriée. Se contenter de constituer un portfolio ne suffit pas ; pour qu'il soit reconnu au niveau institutionnel, il faut que les étudiants entreprennent un exercice de réflexion important. Cela peut inclure une réflexion sur la portée de leur formation antérieure en termes de connaissances, de compétences et de caractère/

13. Voir le chapitre 15 de Perry SHAW sur l'évaluation dans *Transformer la formation théologique*.

14. Voir European Evangelical Accrediting Association, *Manual with Visitation Guidelines of the European Evangelical Accrediting Association*, p. 49-55, consulté le 21 juillet 2016, https://eeaawordpress.files.wordpress.com/2011/12/eeaa-manual-5th-edition-20122.pdf.

spiritualité, ainsi que sur l'importance de leur histoire alors qu'ils tentent d'envisager leur vie et leur ministère futurs. Un tel portfolio peut être un outil inestimable pour encadrer les étudiants lorsqu'ils se lancent dans leur parcours sous la direction de leur(s) mentor(s) à l'école théologique. De cette façon, ils comprennent aussi consciemment que leurs études théologiques actuelles font partie de ce parcours de vie, ce qui lui donne plus de sens et les motive davantage.

Leurs études théologiques ne sont qu'un bref moment dans leur cheminement. Au-delà de l'exercice susmentionné, notons que le temps dont nous disposons pour les accompagner dans leur voyage est très court. Un, deux, trois, peut-être quatre ans, c'est très peu par rapport à l'ensemble du parcours de la formation d'un responsable[15]. Il convient donc d'utiliser stratégiquement ce court laps de temps. Dans cette optique, voici quelques questions que le directeur des études devra peut-être aborder :

- En encadrant les étudiants, comment utilisons-nous ce que nous savons de leurs acquis pour évaluer leur passé, les accompagner dans le présent et envisager leur vie et leur ministère futurs (y compris le mariage, la famille, la vie relationnelle, etc.) ?
- Quels sont les outils spécifiques que nous leur fournissons pour leur parcours d'apprentissage tout au long de la vie ? Il s'agit non seulement de livres, mais aussi d'outils intellectuels et pratiques pour leur formation biblique continue, de réflexion théologique sur des questions contextuelles, d'outils pratiques pour la résolution de problèmes, etc.

6. Le directeur des études conçoit un programme d'études théologiques de qualité… qui répond aux besoins des parties prenantes de l'école théologique

Le terme « parties prenantes » fait référence à ceux qui sont les bénéficiaires, d'une manière ou d'une autre, du programme éducatif de notre école et de ses diplômés[16]. Il s'agit généralement des instances suivantes :

- Les églises qui parrainent ou contribuent ;
- Les organisations de ministère chrétien dans notre réseau ;

15. Voir les idées fondatrices de J. Robert Clinton, *The Making of a Leader,* Colorado Springs, CO, NavPress, 1988.

16. Les parties prenantes sont toutes les personnes physiques ou morales ayant un intérêt dans l'institution. On pourra distinguer deux grands types de parties prenantes : les parties prenantes internes (dirigeants, enseignants, conseil d'administration, etc.) et les parties prenantes externes (Églises et œuvres, unions d'églises, écoles partenaires, donateurs etc.).

- Le conseil d'administration ;
- Les anciens étudiants ;
- Les étudiants actuels ;
- La direction de l'école, le corps enseignant et le personnel ;
- La communauté (quartier, ville, région, nation, etc.).

Aucun programme de formation théologique n'existe en vase clos, mais trouve plutôt sa raison d'être au service d'une communauté ecclésiale (principalement les églises constitutives et les œuvres chrétiennes). L'enjeu est la formation au leadership pour l'église ! En effet, une école de théologie, comme toute autre organisation humaine, doit former des dirigeants afin de se développer et d'être durable. Les besoins de nos parties prenantes sont indispensables pour définir nos priorités en matière de programmes d'études et pour façonner nos modules de cours. Alors que les enseignants et les responsables des écoles définissent ces besoins de leur point de vue au sein de l'établissement, les intervenants externes sont plus proches des besoins et des défis du « monde réel », à savoir l'église et la société, pour lesquels nous dispensons cette formation. Élaborer un programme d'études sans bien comprendre le point de vue des parties prenantes serait en effet une grave erreur[17].

Le groupe de parties prenantes le plus vital pour la santé à long terme de l'établissement est le conseil d'administration de l'école. Bien qu'il soit hors de portée de ce chapitre d'aborder en profondeur les questions de gouvernance des écoles théologiques, nous devons soulever la question concernant le rôle du conseil d'administration dans le développement des programmes d'études. Avant de le faire, cependant, quelques réflexions générales sur la gouvernance s'imposent :

- Les pratiques d'excellence et l'expérience des conseils d'administration d'organisations à but non lucratif indiquent clairement qu'une distinction précise est nécessaire entre les fonctions et les responsabilités de la gouvernance (à savoir celles du conseil d'administration) et celles de la direction (direction exécutive).
- En tant que source et gardien des politiques institutionnelles, le conseil d'administration est chargé de guider (et non de diriger) les responsables académiques dans la formulation des programmes d'études, en s'assurant que nos programmes sont fidèles et mettent en œuvre la mission, la vision et les valeurs de l'école. Ainsi, bien que le

17. Rupen Das, *Relier les études théologiques au contexte. Pour des formations plus pertinentes*, Carlisle, Langham Global Library, 2018.

conseil n'intervienne pas directement dans les décisions relatives aux programmes d'études concernant les cours, les heures de crédit, etc., il s'assure que les professeurs embauchés correspondent à l'éthique institutionnelle et que les choix de programmes d'études effectués s'inscrivent dans les paramètres de la politique déclarée.

- Une vaste expérience et des recherches sur la gouvernance des conseils d'administration d'organisations à but non lucratif[18] en tous genres montrent que la gouvernance est soit l'épine dorsale solide assurant la pérennité, soit le talon d'Achille fatal des organisations. On pourrait citer des dizaines, des centaines, voire des milliers de cas où le déclin organisationnel, et parfois l'échec, peuvent trouver leur origine dans l'échec de la bonne gouvernance.

Les *raisons* fondamentales pour lesquelles les conseils d'administration sont nécessaires aux organisations à but non lucratif de tout type peuvent être résumées comme suit :

1. C'est le conseil d'administration, et non la direction, qui a la responsabilité fiduciaire (de confiance) de protéger la mission, la vision et les valeurs de l'organisation au nom de l'ensemble des parties prenantes.
2. C'est le conseil d'administration, et non la direction, qui définit les politiques institutionnelles qui sont ensuite mises en œuvre par la direction.
3. C'est le conseil d'administration, et non la direction, qui possède la distance critique par rapport au travail quotidien de l'organisation pour compléter l'expérience et les connaissances détaillées, au jour le jour, de la direction sur le terrain.
4. La direction doit rendre compte à la gouvernance afin de préserver les limites et les paramètres de son travail.
5. La direction doit être à l'écoute de la gouvernance afin de profiter de la sagesse et de l'expérience de vie des membres du conseil d'administration.

18. Voir notamment Jason E. Ferenczi, « Governance in International Theological Education: A Study in Asia, the Caribbean, Eurasia, and Latin America », EdD diss., Columbia International University, 2012, p. 127-138. L'étude est publiée dans le chapitre 9 de *Serving Communities: Governance and the Potential of Theological Schools*, Carlisle, Langham Global Library/ICETE, 2015.

En ce qui concerne la gouvernance du conseil d'administration, il existe deux dangers majeurs qui menacent la vie d'une organisation à but non lucratif :

- Un « conseil qui fait de la micro-gestion » (*micro-management*), dans lequel les membres du conseil d'administration s'impliquent trop dans la gestion de l'organisation et entravent le développement adéquat de la direction exécutive, ce qui fait perdre du même coup au conseil sa distance critique par rapport à l'organisation.
- Un « conseil qui approuve les yeux fermés » (*rubber stamping*), dans lequel les membres du conseil se contentent d'une participation minimale, fonctionnant simplement comme un instrument de ratification des décisions de la direction. Dans ce cas, la direction peut considérer le conseil d'administration comme un « mal nécessaire » à contenir. Ici, la direction perd l'indispensable perspective des parties prenantes, ainsi que les fonctions d'élaboration des politiques et de prise de distance critique, apportées par un conseil d'administration, ce qui affaiblit et met en danger l'organisation au fil du temps.

Il peut s'avérer nécessaire, à un moment donné, de combiner les fonctions de conseil d'administration et de direction exécutive dans les premières années de vie d'une école de théologie ou en temps de crise. Cependant, avec le temps et la croissance de l'institution, ces fonctions doivent être séparées si l'organisation veut prospérer, remplir sa mission et sa vision, et préserver ses valeurs. Notons qu'un tel renforcement de la gouvernance du conseil d'administration repose sur les éléments suivants :

- Les membres du conseil d'administration ont une bonne compréhension de leur rôle et une certaine formation qui leur permet de remplir ce rôle.
- La direction considère la complémentarité entre conseil et direction comme une force et une opportunité, et non comme une faiblesse ou une menace.
- Les membres du conseil d'administration apportent leur expérience, leur sagesse et leur formation dans des domaines qui peuvent renforcer l'école (éducatif, juridique, spirituel, économique, etc.).
- Un bon niveau de confiance, de communication et de collaboration existe entre les deux entités, en particulier entre le président du conseil d'administration et le directeur exécutif de l'école.

À la lumière des considérations ci-dessus sur la gouvernance, *voici quelques questions concernant l'efficacité de notre programme d'études par rapport à nos parties prenantes* :

- Qui sont nos parties prenantes institutionnelles ?
- Comment nos parties prenantes bénéficient-elles spécifiquement de nos programmes et de nos étudiants ?
- Comment savons-nous concrètement que nous sommes efficaces au sein de l'institution, dans nos circonscriptions ecclésiastiques et ministérielles, dans nos sociétés ?
- Avons-nous un bon équilibre entre les attributions et les fonctions du conseil d'administration et celles de notre direction exécutive ?

En ce qui concerne la relation spécifique entre la gouvernance et le programme d'études, diverses questions peuvent à présent venir à l'esprit, notamment les suivantes :

1. Le conseil d'administration est-il l'autorité finale en matière d'élaboration des programmes d'études ? Je répondrais ici par « oui et non » :
   - Oui, en ce sens que le conseil d'administration définit et protège les politiques générales régissant le programme d'études, tout en assurant la fidélité du programme par rapport à la mission, la vision, les valeurs et les objectifs de l'institution.
   - Non, dans la mesure où le conseil d'administration ne définit pas les détails ou la mise en œuvre continue du programme d'études.
2. Comment abordons-nous les programmes que l'école offre par rapport aux besoins des parties prenantes ?
   - Le conseil d'administration est attentif à l'interface entre le programme de formation et les besoins des parties prenantes en demandant à la direction de démontrer clairement la correspondance entre les objectifs du programme de formation et les mission, vision et valeurs de l'institution.
   - La direction entreprend des recherches périodiques parmi les parties prenantes afin d'évaluer la véritable nature de notre efficacité dans l'accomplissement de la mission institutionnelle (voir ci-dessous).
3. À quelle fréquence devrions-nous réviser le programme d'études ? La réponse à cette question dépend des notions qui sont présentées ci-dessous. Considérez le syllogisme suivant :

Si la mission de l'Église est d'atteindre,
d'influencer et de servir le monde,

et

Si la mission de l'école de théologie est de servir l'Église en
formant des dirigeants fructueux pour sa tâche missionelle,

alors

La qualité de l'enseignement théologique se mesure
à sa capacité d'influence transformationnelle des
acteurs de l'école sur ses parties prenantes.

Selon Rupen Das[19], trois termes nous sont utiles pour évaluer l'efficacité de l'école théologique : *production*, *résultat* et *impact*.

La production fait référence aux mesures qui caractérisent les résultats quantitatifs de notre formation : le nombre de cours enseignés, d'étudiants inscrits, de diplômés, de ressources d'apprentissage acquises, le budget, les bâtiments, etc. C'est souvent sur ce point que nous nous concentrons dans notre communication externe à nos parties prenantes. Nous présentons notre efficacité en tant qu'école en termes de nombre de diplômés, de nombre de professeurs, de nombre de livres dans notre bibliothèque, etc. Bien que ces chiffres soient significatifs pour notre travail – la croissance, la stagnation ou la diminution de ces chiffres est souvent le symptôme de réalités plus profondes. Mais la production n'est pas, en soi, suffisante pour opérer une évaluation qualitative de notre travail.

Le résultat passe donc de la mesure de la quantité à celle de la qualité, et cherche à savoir comment les acteurs de notre institution (direction, enseignants, personnel, étudiants, anciens étudiants) ont eu et continuent d'avoir une influence transformatrice dans les églises et les œuvres chrétiennes qu'ils servent. En d'autres termes, quels changements pouvons-nous observer comme résultat du travail des personnes que nous avons formées ? Les réponses doivent venir des églises et des ministères desservis.

L'impact est lié à l'influence transformatrice de notre institution sur le monde, c'est-à-dire sur la société dans laquelle nous vivons. Cette influence est beaucoup plus difficile à mesurer et nécessite plus de temps pour être détectée. Cette mesure doit être prise par les principaux acteurs de l'Église et de la société.

En fin de compte, ces réflexions nous ramènent à la nature de la théologie. Notre tâche de formation théologique consiste-t-elle simplement à répondre aux

19. Das, *Relier les études théologiques au contexte.* Voir aussi Rupen Das et Elie Haddad, « Assessing Outcomes: Does Seminary Training Make a Difference in the Community? », article non publié, Arab Baptist Theological Seminary, Beyrouth, 2012.

questions importantes de la théologie classique, le « dépôt de la foi » concernant l'Écriture, Dieu, les êtres humains, le péché, la rédemption, l'Église, la fin du temps avant le retour du Christ, etc. ? Ne s'agit-il pas aussi d'utiliser nos fondements bibliques et théologiques pour répondre théologiquement aux questions posées dans nos propres contextes par les églises et les ministères, ainsi que par la société ? Si nous comprenons la théologie comme incluant ces deux tâches, nos programmes d'études auront tendance à être plus adaptés à nos parties prenantes, et formeront des dirigeants qui sauront utiliser leurs outils et leur formation théologiques pour influencer leurs contextes sur le plan théologique et pratique.

7. Le directeur des études conçoit un programme d'études théologiques de qualité… qui est « holistique »

Conformément à ce que j'ai écrit ci-dessus, un programme « holistique » met l'accent sur l'influence transformatrice de nos sortants sur l'Église et la société. Un tel programme tendra à intégrer des perspectives interculturelles et interdisciplinaires et à éviter le traditionnel et hermétique « effet silo » de l'enseignement théologique occidental (études bibliques, théologie systématique, théologie historique, théologie appliquée, etc.).

Le programme d'études théologiques holistiques visera des résultats qui vont au-delà de l'accumulation de connaissances. L' « orthodoxie » *ne conduit pas* automatiquement à l' « orthopraxie ». Si la connaissance est une composante nécessaire de la formation théologique, les compétences et le caractère sont tout aussi fondamentaux. Tout cursus devrait intégrer les « 3C » : Connaissances, Compétences et Caractère. Chacun d'entre eux mérite un développement plus long, et d'excellentes ressources sont disponibles pour approfondir ce thème[20].

Un programme d'études holistique prend également en considération l'influence des programmes d'études « implicite » et « non-retenu ». Le « programme implicite » désigne tout ce qui est implicite dans nos programmes de formation et les messages involontaires qu'ils communiquent tout en influençant puissamment les étudiants. Les exemples de ces éléments implicites sont la configuration physique de nos salles de classe, la disponibilité (ou non) de notre corps enseignant et de notre personnel pour le mentorat, les relations au sein de la communauté d'apprentissage, le temps dédié aux différentes activités éducatives (informelles ou formelles), les crédits accordés aux activités et le système

20. Shaw, *Transformer la formation théologique*, chapitre 4.

d'évaluation (notation). Le « programme non-retenu » fait généralement référence à la justification (implicite ou explicite) de l'exclusion de certains cours ou activités de nos programmes. Les choix que nous faisons reflètent des priorités conscientes ou inconscientes qui exercent une grande influence. Le but de ces deux programmes – implicite et non-retenu – dans la formation théologique holistique est de rendre ouvert et intentionnel ce qui est caché et implicite, libérant ainsi une force nouvelle pour notre enseignement et notre apprentissage[21].

Questions concernant le programme d'études holistique

1. De quelles manières concrètes votre programme d'études prend-il en considération l'équilibre entre :
   - l'Église et la société ;
   - les dimensions interculturelles et interdisciplinaires de l'apprentissage ;
   - les compétences en matière de communication ;
   - les programmes d'études implicite et non-retenu ;
   - la connaissance, les compétences et le caractère (savoir, faire, être) ?
2. Quels sont les aspects de votre programme d'études actuel qui nécessitent une attention particulière dans un ou plusieurs de ces domaines ?

Conclusion

Dans ce chapitre, nous avons posé la question suivante : « Comment le responsable académique peut-il élaborer un programme théologique de qualité ? » D'après notre expérience, la réponse fondamentale donnée doit inclure la réponse aux questions suivantes :

- Quelle est la « théologie de la formation théologique » qui sous-tend nos choix de programmes ?
- Comment la compréhension de l'histoire et du patrimoine de notre programme d'études nous aide-t-elle à comprendre ce qui doit être conservé, et ce que nous devons changer ? Cette question est particulièrement intéressante : notre programme d'études est-il importé

21. Pour en savoir plus sur les programmes d'études implicite et non-retenu, voir SHAW, *Transformer la formation théologique*, chapitre 5.

de l'extérieur ou développé dans notre contexte ? Ou les deux ? Et de quelle manière ?

- Avons-nous une formulation claire de notre mission et de notre vision institutionnelle et académique qui orientent nos choix de programmes d'études et donnent un fondement explicite à tout ce qui est enseigné et appris ?
- Comment prenons-nous en considération les points d'entrée et de sortie de nos étudiants pour fixer les priorités de leur séjour parmi nous, en harmonie avec les résultats d'apprentissage globaux de notre programme ?
- Comment pouvons-nous intégrer une perspective d'apprentissage tout au long de la vie dans les choix de programmes que nous faisons, dans la forme générale du programme ainsi que dans les détails ?
- Comment prenons-nous en compte de manière explicite les besoins contextuels de nos différentes catégories de parties prenantes dans l'élaboration de notre programme d'études, notamment en ce qui concerne les relations avec le conseil d'administration ?
- Notre programme d'études est-il holistique dans les dimensions mentionnées ci-dessus ?

Cela peut sembler une tâche titanesque pour les responsables académiques, mais c'est un défi exaltant. Mené par le directeur des études et impliquant toute l'équipe institutionnelle, le développement des programmes d'études peut libérer la sagesse et la créativité collectives dans la réalisation de la raison d'être de notre institution.

Points de réflexion et d'action

Un atelier d'enseignants dirigé par le directeur des études : 10 étapes pour le développement des programmes

Étape 1 : rédiger les déclarations de mission et de vision de votre institution (et de votre programme d'études).

Étape 2 : inscrire les connaissances, les compétences et le caractère nécessaires à vos diplômés, tels qu'ils découlent de la mission et de la vision de votre établissement.

Étape 3 : inscrire les connaissances, les compétences et le caractère spécifiques à réaliser pour chaque diplôme ou cursus proposé par votre établissement.

Étape 4 : pour les profils génériques et spécifiques des diplômés, notez quels cours et activités permettront la réalisation du profil, et à quel moment du parcours universitaire ils doivent intervenir.

Étape 5 : décrire les objectifs, les normes et le contenu de chaque cours et activité définis ci-dessus, ainsi que les moyens par lesquels ils seront évalués (*programmes standardisés*).

Étape 6 : incorporer/intégrer les ressources pédagogiques et audiovisuelles nécessaires pour les cours et activités ci-dessus (*technologie pédagogique*).

Étape 7 : impliquer et orienter votre corps enseignant en ce qui concerne les cours et les activités qui les concernent (il est préférable de faire toutes ces étapes avec eux dès le début, plutôt que de faire tout le travail en tant que directeur des études et de le leur « livrer sur un plateau »).

Étape 8 : laisser votre programme « suivre son cours » (trois à quatre ans ?) avant d'y apporter des changements conséquents.

Étape 9 : une fois que le nouveau programme a été autorisé à dispenser son premier cours, procéder à une évaluation générale de l'ensemble de la forme du programme et de ses parties, en impliquant toute l'équipe académique.

Étape 10 : formuler et appliquer des améliorations systémiques pour l'ensemble et pour ses parties.

Pour aller plus loin

BROOKFIELD Stephen, *The Skillful Teacher: On Technique, Trust, and Responsiveness in the Classroom*, 2e éd., San Francisco, Jossey-Bass, 2006.

DAS Rupen, *Relier les études théologiques et le contexte. Pour des formations plus pertinentes*, Carlisle, Langham Global Library, 2018.

DE GRUCHY Steve, « Theological Education and Missional Practice: A Vital Dialogue », dans *Handbook of Theological Education: Theological Perspectives–Regional Surveys – Ecumenical Trends*, sous dir. Dietrich Werner, David Esterline, Namsoon King, et Joshva Raja, p. 42-50, Eugene, OR, Wipf & Stock, 2010.

ESTERLINE David, WERNER Dietrich, JOHNSON Todd, CROSSING Peter, « Global Survey on Theological Education 2011–2013: A Summary of Main Findings », préparé pour la 10e assemblée de la WCC, Busan, 30 octobre-8 novembre 2013, consulté le 7 cctobre 2013. http://www.globethics.net/web/gtl/research/globalsurvey.

O'Brien Judith G., Millis Barbara J., Cohen Margaret W., *The Course Syllabus: A Learning-Centered Approach,* 2e éd., San Francisco, Jossey-Bass, 2008.

Palmer Parker, *The Courage to Teach: Exploring the Inner Landscape of a Teacher's Life*, San Francisco, Jossey-Bass, 1998.

Shaw Perry, *Transformer la formation théologique : un manuel pratique pour un apprentissage intégral et contextuel*, trad. Célia Evenson, Carlisle, Langham Global Library, 2015.

Suskie Linda, *Assessing Student Learning: A Common Sense Guide,* 2e éd., San Francisco, Jossey-Bass, 2009.

VerBerkmoes, John, Bonnell J., Lenear D., Vanderwest K., *Research Report: Transformation Theological Education 1.0*, Grand Rapids, MI, Grand Rapids Theological Seminary, Cornerstone University, 2011.

Wiggins Grant, *Educative Assessment: Designing Assessments to Inform and Improve Student Performance*, San Francisco, Jossey-Bass, 1998.

3

Étapes de la conception des programmes d'études

Steve Hardy

Dans ce chapitre, nous examinerons les étapes pratiques pour développer ou reconceptualiser un programme d'études. Ces étapes pourraient s'avérer utiles à ceux qui élaborent un nouveau programme d'études à partir de zéro. Mais si notre programme d'études nous convient bien, pourquoi le réviser ? Pour certaines écoles de théologie, le programme d'études est quasiment sacré, reflétant la sagesse, les valeurs et l'expérience des fondateurs. Pour d'autres, le programme est devenu un plan complexe et compact pour transmettre les quantités d'informations importantes qui se sont accumulées depuis l'époque de Jésus et de ses disciples. Pour les enseignants de ces écoles, le défi éducatif consiste à trouver le moyen d'intégrer au programme existant *toutes* ces nouvelles idées importantes qui sont enseignées dans d'autres écoles. Dans une certaine mesure, le programme d'études reflète l'histoire de l'école, car ses cours ont été élaborés d'après des projets d'enseignants individuels, ou en réponses à des problèmes ou besoins spécifiques d'une église ou d'une organisation.

En réalité, même le plus parfait des programmes nécessite d'être régulièrement repensé. Ce qui fonctionnait bien il y a dix ans ne répond peut-être plus aussi bien aux réalités des étudiants d'aujourd'hui et à leurs contextes de ministère. Parfois, le programme original reflète surtout les contextes culturels et géographiques lointains dans lesquels les fondateurs de l'école ont étudié et, de ce fait, il n'a peut-être jamais été tout à fait adapté à la culture et aux besoins des étudiants locaux. Outre de petits changements à apporter régulièrement et fréquemment, nous devrions périodiquement réévaluer l'ensemble du (des) programme(s) d'études afin de déterminer la manière dont il(s) répond(ent) (ou ne répond[ent] pas) aux besoins de notre communauté d'apprentissage.

S'inspirer d'un programme d'études hérité n'est pas forcément une mauvaise chose. Il est bon de travailler à partir de ce que d'autres ont fait. Ainsi, pour la plupart des établissements de formation, la finalité d'une révision des programmes d'études sera que ce qui existe déjà fonctionne mieux. Procéder à une révision approfondie des programmes implique : une bonne connaissance de notre identité institutionnelle ; une bonne compréhension des publics servis par notre formation ; et une sensibilité aux contextes de ministères pour lesquels nous formons nos étudiants. Même lorsque des personnes très créatives lancent de nouveaux programmes, il est utile d'apprendre de ce que font d'autres écoles et d'appliquer des outils de réflexion critique à ce que nous avons nous-mêmes vécu.

Avant d'examiner les étapes pratiques de l'élaboration et/ou de la refonte d'un programme d'études, il est important de bien comprendre la notion de « programme d'études ».

L'étape préliminaire : comprendre la nature d'un programme d'études

Comme on l'a souvent fait remarquer, le terme latin *curriculum* vient du verbe *currere*, « courir une course ». Le concept ne doit pas suggérer qu'il s'agit d'une compétition et que, d'une manière ou d'une autre, les professeurs et les étudiants sont des sprinters courant frénétiquement pour essayer d'accomplir une liste de tâches qu'il leur faut mener à bien en un temps limité. Les étudiants et les professeurs ne sont pas non plus des marathoniens, car la durée n'est pas nécessairement un signe de qualité. Le mot *curriculum* évoque un chemin avec un début et une fin. C'est un processus qui amènent les étudiants à un résultat donné et les aident à atteindre leurs objectifs éducatifs.

Un programme d'études complet doit inclure une vue d'ensemble. Dans un module sur « l'éducation au développement durable », développé par l'UNESCO en 2010, le programme scolaire a été défini comme « la somme de toutes les expériences formelles et informelles d'enseignement et d'apprentissage fournies par une école[1] ».

1. Bernard Cox, John Fien et Clayton White, *Sustainable Futures across the Curriculum*, dans UNESCO, « Teaching and Learning for a Sustainable Future », module 6, 2010, consulté le 14 juillet 2016, http://www.unesco.org/education/tlsf/docs/tlsf_doclist.html.

Le programme d'études définit ce qui doit être inclus dans cette « somme d'expériences d'apprentissage ». La direction académique doit ensuite vérifier que les choses importantes à apprendre ont réellement été apprises. Il ne s'agit pas de dresser des listes impressionnantes d'informations que les étudiants maîtrisent pendant seulement une seule journée pour passer un examen. Réussir plusieurs examens sur une période de plusieurs années ne sert pas à grand-chose si la grande majorité de ce qui a été appris a été oublié en quelques heures après la fin de l'examen. Les enseignants se préoccuperont non seulement de ce qui est réellement retenu, mais aussi du rôle joué par l'environnement éducatif dans cet apprentissage.

Déterminer ce qui est réellement appris par les étudiants n'est pas une tâche facile. Les enseignants ne savent pas toujours comment leurs cours s'intègrent dans la globalité du programme de formation – surtout parce qu'ils ont rarement l'occasion de voir leurs collègues enseigner. Quant aux étudiants, ils ne sont pas toujours conscients des résultats attendus ni du rôle joué par l'environnement éducatif dans leur formation. La conception de programmes d'études cohérents relève donc de la responsabilité des responsables académiques, qui doivent sensibiliser les enseignants et les étudiants à la manière dont les activités et les cours s'articulent.

Heureusement, nous ne sommes pas laissés à nous-mêmes pour concevoir des plans visant à encourager l'apprentissage, la formation et la croissance vers la maturité, car la Bible nous éclaire à ce sujet. Selon Romains 8.28, le Dieu souverain utilise toutes choses pour contribuer au bien de ceux qui l'aiment et qui sont appelés selon son dessein. Il serait utile de réfléchir à votre curriculum vitae (CV). Ce dernier comporte l'histoire de toute une vie : famille, éducation, expérience professionnelle, etc. Les leçons les plus importantes de la vie ne viennent pas normalement des salles de classe, mais de l'expérience. Ainsi, si un programme d'études peut être compris comme la somme de toutes les expériences d'une personne, il nous faut également considérer ce que l'on pourrait appeler le programme d'études de Dieu : le plan du Seigneur souverain pour façonner chacun de ses enfants. « En réalité, c'est lui qui nous a faits ; nous avons été créés en Jésus-Christ pour des œuvres bonnes que Dieu a préparées d'avance afin que nous les pratiquions » (Ep 2.10). Chaque croyant a été appelé et a reçu des dons. Tout au long de leur vie, tous les croyants, y compris nos étudiants, sont façonnés à l'image du Christ, tout en étant préparés aux ministères que Dieu leur destine. C'est cela, la course que nous menons, c'est pourquoi on peut à juste titre l'appeler un « programme », ou *curriculum*, de vie.

Victor Cole, professeur en sciences de l'éducation de longue date à l'Africa International University de Nairobi, affirme que le programme d'études est « la mise en œuvre globale du processus d'un plan éducatif[2] ». Ce que les étudiants apprennent n'est pas en premier lieu une accumulation de connaissances à partir d'une liste de matières importantes figurant dans le catalogue de l'école. L'apprentissage est l'intégration de connaissances et d'expériences dans un contexte relationnel. L'apprentissage se fait dans une communauté de personnes (enseignants, étudiants et personnel) ayant des expériences diverses et riches. Dieu utilise ces expériences pour transformer les individus et les amener à la maturité. L'apôtre Paul parle du peuple de Dieu comme étant « parfaitement équipé pour toute œuvre bonne » (2 Tm 3.17).

Le maître-formateur LeRoy Ford considère également le programme d'études comme « la somme de toutes les expériences d'apprentissage résultant d'un plan d'études et visant à atteindre des buts et des objectifs éducatifs[3] ». Notre rôle dans ce processus consiste à définir le parcours, ainsi qu'à développer des jalons d'apprentissage et de formation qui aideront les coureurs à atteindre la ligne d'arrivée. Ford parle à la fois d'un plan et d'une conception du programme d'études. Un plan d'études définit les activités et les structures d'un programme d'études, tandis que la conception du programme est la théorie qui sous-tend la mise en œuvre d'un plan d'études. Ainsi, la conception des programmes est « une déclaration et une élaboration des buts et objectifs institutionnels pour les apprenants, du champ d'application, des contextes, de la méthodologie et des modèles pédagogiques et administratifs impliqués dans un effort éducatif[4] », tandis qu'un plan d'études est « un plan ou un système détaillé pour mettre en œuvre une conception[5] ».

Dans le présent chapitre, nous allons examiner à la fois la théorie et la pratique du programme d'études. Nous verrons comment les objectifs et l'historique de l'institution devraient façonner un programme d'études dans un environnement éducatif spécifique, afin de doter nos étudiants du caractère, des compétences et des connaissances qui les amèneront du point de départ au point d'arrivée. Une école biblique n'est pas responsable de coordonner toute la croissance

2. Victor Cole, *Training of the Ministry: A Macro-Curricular Approach,* Bangalore, Theological Book Trust, 2001, p. 38.

3. Sophia Steibel et Daryl Eldridge, « LeRoy Ford », Talbot School of Theology/Biola University, consulté le 6 juillet 2016, http://www.talbot.edu/ce20/educators/protestant/leroy_ford/.

4. LeRoy Ford, *A Curriculum Design Manual for Theological Education: A Learning Outcomes Focus*, 1991, repr., Eugene, OR, Wipf & Stock, 2003, p. 34.

5. *Ibid.*

spirituelle et pratique qui se produira dans le cadre du programme d'études de Dieu. Mais notre plan d'études gagnerait à s'aligner avec ce que Dieu fait déjà dans la vie de nos étudiants.

Les enseignants représentent une part importante du programme d'études d'une institution. Ils guident non seulement les étudiants dans l'acquisition de connaissances et de compétences au cours de leurs études, mais leur propre manière de vivre influence également le devenir des étudiants. Les enseignants sont un don de Dieu à son église (Ep 4.11). Le mandat biblique pour les enseignants est direct : « Que celui qui enseigne se donne à son enseignement » (Rm 12.7).

Tout programme d'études comporte deux éléments de base : (1) des connaissances à enseigner, et (2) des personnes à former. La formation théologique devrait commencer par ces dernières. Notre vocation est de préparer et former les personnes, et pas seulement de transmettre des informations, aussi importantes soient-elles.

La planification des programmes d'études ne part pas du principe que les étudiants sont sans connaissances. Comme l'affirme la théorie de l'éducation des adultes, chaque étudiant vient avec son parcours et ses expériences personnelles. Chacun a ses propres dons et ses capacités spirituelles. Chacun a sa propre vocation et sa propre passion pour un ministère particulier. Nous travaillons avec tous ces éléments et nous nous appuyons sur ces derniers. Pour la plupart des étudiants, le processus éducatif implique inévitablement le désapprentissage ainsi que l'apprentissage. J'ai un jour donné un cours d'introduction à l'homilétique dans une école théologique au Brésil. Dans la culture latino-américaine, les jeunes sont généralement très actifs dans le ministère. Ainsi, tous mes étudiants avaient prêché à plusieurs reprises avant de s'inscrire à leur premier cours sur la prédication. Une grande partie de la tâche éducative consistait donc à les aider à « désapprendre » certaines de leurs mauvaises habitudes avant de leur permettre de mettre en œuvre une bonne théorie dans leur prédication. La conception des programmes, tout comme un bon enseignement en salle de cours, fonctionne mieux lorsque nous savons ce que nos étudiants connaissent déjà et savent faire, ainsi que ce qu'ils ne connaissent pas ou ne savent pas faire.

En d'autres termes, le programme d'études est le processus qui consiste à former des personnes spécifiques (avec leurs dons, expériences, connaissances, caractère, capacités, passion et vocation uniques) pour des ministères spécifiques. Il s'agit de les faire passer du stade où ils se trouvaient au stade où ils parvenir.

Un plan de programme pour la formation théologique devra comprendre au moins les trois éléments suivants :

1. *Une compréhension de soi* : notre programme doit aider les étudiants à réfléchir sur leurs propres expériences, à mieux comprendre leur statut de peuple saint de Dieu, à découvrir et à développer les dons que Dieu leur a donnés.
2. *Des fondations solides* : notre programme d'études doit offrir une vision équilibrée des bases d'une connaissance adéquate de l'ensemble de la Parole de Dieu, et d'une solide compréhension de leur foi.
3. *Des outils pour l'apprentissage tout au long de la vie* : nous n'allons pas enseigner ou exposer les étudiants à tout ce qu'ils devraient savoir, mais plutôt développer notre programme d'études de telle manière qu'ils apprennent à apprendre et que nos diplômés disposent des outils et des compétences nécessaires pour continuer à apprendre tout au long de leur vie.

Selon LeRoy Ford, le programme d'études implique que *quelqu'un* (l'apprenant) apprenne *quelque chose* (le contenu) d'une *certaine manière* (méthodologies au sein des structures éducatives, y compris l'apprentissage en ligne) dans un *certain endroit* (que ce soit un campus résidentiel, ou un centre qui en dépend, ou même à partir d'un ordinateur) afin d'atteindre un *certain objectif* (objectifs éducatifs)[6].

L'organisation et l'attribution de temps pour l'apprentissage font partie d'un plan éducatif. Nous pouvons évidemment intégrer davantage dans un programme de stage de quarante ans (comme cela s'est produit lorsque Moïse a formé Josué) qu'en quatre samedis après-midi au cours du mois de juillet. Pour la plupart des formations théologiques, les structures et la langue utilisées pour l'enseignement proviennent d'écoles ou d'universités laïques au sein de la culture. Par exemple, nous proposons des « diplômes » ou « licences » pour les travaux effectués au niveau de la maîtrise ou de la licence. Nous comptons les heures de crédit et exigeons que les cours soient tenus pendant un certain nombre de minutes sur une période définie. Nous définissons les conditions d'admission pour les étudiants et les conditions de recrutement des enseignants. La plupart de ces détails ne sont ni spécifiquement bibliques ni anti-bibliques. Ce sont simplement les règles du jeu éducatif. Notons que ces structures culturelles pour l'éducation ne sont pas sacrées. Néanmoins, nos étudiants et nos communautés ont leurs attentes

6. *Ibid.*, p. 50.

quant à la forme que devraient prendre « l'enseignement et l'apprentissage ». Bien qu'il convienne d'explorer de nouvelles et meilleures façons d'enseigner et de présenter notre projet éducatif, nous ne voulons pas devenir si radicalement créatifs que nous ne ressemblerions plus à une école. En général, notre crédibilité au sein d'une communauté (et en particulier auprès des ministères de l'éducation) s'acquiert lorsque nous démontrons visiblement que nous sommes capables de faire ce qu'ils pensent devoir être fait.

Dans la mesure où nos programmes de formation théologique offrent un certain nombre de crédits, la planification de programmes d'études peut facilement ressembler à une simple opération de remplissage de cases afin d'obtenir un bon équilibre de cours entre études bibliques, théologie et doctrine, histoire de l'Église, études pratiques et générales. Toutefois, pour la plupart des programmes d'études, le défi ne réside pas dans les noms donnés aux cours qui seront proposés, mais plutôt dans notre tendance à enseigner comme on nous a enseignés.

Les cours du passé ne sont pas tous mauvais. Mais une réflexion approfondie est nécessaire pour savoir si ce que nous faisons est la meilleure façon de préparer nos étudiants pour les ministères spécifiques auxquels ils ont été appelés. C'est le concept clé de l'élaboration des programmes d'études. Nous cherchons à créer et à maintenir un environnement éducatif dans lequel Dieu utilise notre temps, nos dons et nos ressources pour aider nos étudiants à grandir et à se préparer aux bonnes œuvres auxquelles Dieu les a appelés.

Si nous sommes sûrs de bien comprendre ce qu'est un programme d'études, quelles sont les mesures à prendre dans la conception du programme ?

Première étape : soyons clairs sur notre finalité spécifique car elle définira le programme que nous proposons

Quel est la finalité de notre école ? Il existe de nombreuses raisons pour lesquelles les écoles existent. Être absolument clair sur la raison d'être de l'école aura un impact non seulement sur la structure et le contenu de notre programme d'études, mais aussi sur les matières que nous choisissons de ne pas enseigner, appelées le programme « non-retenu ». Par exemple, dans certains contextes, une école peut avoir pour objectif de former des infirmiers chrétiens à un niveau de licence. Dans ce cas, le programme d'études nécessitera des cours de chimie et du temps en laboratoire ainsi qu'une formation médicale pratique. Nous pourrions également y inclure des cours de base sur la Bible et la relation d'aide, ainsi que des cours de psychologie. Toutefois, compte tenu du nombre limité d'heures-crédits disponibles pour obtenir une licence, nous n'y inclurions probablement pas l'apprentissage du grec ou des compétences en matière de prédication ou d'administration de l'église. De même, un programme conçu pour former des missionnaires interculturels devra offrir des cours différents de ceux d'un programme destiné à la formation d'animateurs jeunesse pour une église locale, ou d'un programme conçu pour préparer une équipe de secours d'urgence.

Aucun programme n'existe simplement pour offrir des informations intéressantes et utiles. Il a besoin d'un objectif ou d'une finalité pédagogique qui explique pourquoi les étudiants ont besoin de ces informations. Définir notre finalité nous permettra d'articuler nos programmes de façon cohérente, de permettre que les cours et les activités fonctionnent ensemble dans un bon environnement de formation. Cet environnement pourra alors doter des personnes spécifiques d'expériences, de connaissances, de caractère, de capacités, de passion et de vocation uniques pour les ministères spécifiques auxquels Dieu les a appelés.

Si notre but et nos objectifs éducatifs ne sont pas pertinents pour les ministères futurs de nos étudiants, cela ne nous servira à rien de reformuler les titres des cours figurant dans la liste des cours de l'école. Notre but est que nos étudiants s'épanouissent dans leur contexte de ministère.

La clarté concernant la finalité de l'école s'applique également à la (re)construction du programme d'études en vue de la formation pastorale. Supposons que notre programme de formation théologique existe pour préparer les candidats au ministère d'une union d'Églises particulière. Cette finalité définira la manière dont les matières à enseigner contribuent toutes à ancrer les étudiants dans la théologie, l'histoire et l'éthique de la dénomination qu'ils serviront et définira quels profils d'étudiants devraient être admis au programme. Il n'est pas juste pour les étudiants, ni pour les Églises qu'ils vont servir, que nous formions des personnes qui ne parviennent pas à s'y intégrer. En outre, la définition de la finalité permettra également de clarifier le type d'équipe enseignante à recruter.

Deuxième étape : connaître nos étudiants et leur contexte

Conformément à la théorie de l'éducation d'adultes, tout plan de programme d'études doit tenir compte des éléments suivants :

- Qui sont les étudiants/es et quels sont leurs antécédents ?
- Que veulent-ils/elles accomplir grâce à leurs cursus ?

Nous avons déjà affirmé que les programmes d'études devraient aider les étudiants à développer leurs compétences afin de servir fructueusement dans les ministères auxquels ils ont été appelés. Connaître à la fois nos étudiants et leurs contextes consiste d'abord à poser les bonnes questions et à effectuer des recherches sur les antécédents et les réalités des étudiants, ainsi qu'à imaginer leur avenir. Cette préparation aidera à mettre au point un « chemin » qui leur permettra d'effectuer un bon parcours de formation du début à la fin.

Qui sont nos étudiants ?

Célébrons le fait que tous nos étudiants sont uniques et merveilleusement faits à l'image de Dieu. Dieu a été (et continuera d'être) à l'œuvre dans leur vie. Les étudiants sont très différents les uns des autres. Ils ont des dons spirituels variés, des talents donnés par Dieu et des aptitudes pour apprendre. Ils ont des personnalités uniques et leurs expériences au sein de leurs familles et de leurs cultures sont propres à chacun d'entre eux. Ils n'ont pas tous une idée claire de leur vocation, mais la plupart sont passionnés pour le ministère. Ils ont tendance à savoir ce qu'ils veulent ou ne veulent pas, même si, au niveau des études supérieures, ils ne savent pas toujours ce dont ils ont besoin. Nous ferions bien de trouver des moyens réguliers d'entendre les récits de nos étudiants actuels et potentiels, afin que nos réformes des programmes d'études soient solidement fondées sur leurs besoins et leurs préoccupations.

Les étudiants (tout comme les administrateurs et les enseignants) ont des points forts et des points faibles, non seulement sur le plan académique, mais aussi sur les plans émotionnel et spirituel. Ils se trouvent à divers stades de maturité et de développement de leurs capacités. Ils ont des capacités relationnelles très variées. Ils apprennent également de manière différente. Certains préfèrent la pratique à la théorie. Certains préfèrent réfléchir dans le dialogue, tandis que d'autres ont besoin de solitude pour la réflexion et le renouvellement.

Si notre but est de doter des personnes spécifiques de connaissances et de compétences et de les voir grandir en obéissance et en caractère, il est impératif que nous les connaissions personnellement. Nous ne nous contentons pas de simplement enseigner l'épître aux Romains ou l'histoire de l'Église. Nous utilisons Romains ou l'histoire de l'Église pour former les personnes. Quelles sont donc les connaissances que nos nouveaux étudiants possèdent déjà, et celles qu'ils n'ont pas encore acquises ? Que savent-ils faire, et que n'ont-ils jamais essayé de faire ? Quelle est la solidité des fondements de leur foi ? Que pensent-ils devoir apprendre pour servir le Seigneur efficacement ?

Apprendre aux étudiants ce qu'ils savent déjà est une perte de temps et démotivant pour eux, bien qu'il soit parfois utile de revoir les bases. Mais c'est également une perte de temps que d'enseigner devant des étudiants ayant des connaissances ou une expérience insuffisantes.

Afin de (re)construire un programme d'études pour toute la gamme d'étudiants, il nous faut établir le profil d'un étudiant typique en début de cursus. Que sait déjà un/e étudiant/e débutant/e ordinaire ? Quelles sont ses compétences ? Que peut-on dire sur son caractère et sa maturité ?

Lors de l'élaboration d'un profil type d'un étudiant, il convient d'examiner les conclusions auxquelles d'autres sont parvenus dans d'autres lieux de formation. Dans quelle mesure ces généralisations s'appliquent-elles à nos étudiants ? Nous avons peut-être remarqué que nos étudiants en savent plus sur l'apprentissage en ligne que la génération précédente. Mais savent-ils bien exploiter les informations dont ils disposent ? Nous pourrions aussi découvrir que la nouvelle génération d'étudiants n'est pas nécessairement impressionnée par l'autorité ou par l'accumulation de diplômes de leurs maîtres. Ils veulent vivre leurs propres expériences. Leurs enseignants gagneront en crédibilité à mesure que les élèves percevront l'authenticité de leurs vies. En conséquence, notre programme d'études ferait bien d'inclure l'établissement de relations avec les étudiants dans la description de poste de tous nos enseignants et de notre personnel.

Connaître la culture d'origine des étudiants permettra d'optimiser le programme d'études. Chaque génération d'étudiants est unique, et enseignants et étudiants continueront à évoluer pendant la durée du cursus. Apprendre à connaître nos élèves est un exercice continu.

Le profil étudiant doit correspondre à la réalité, mais nous pouvons parfois remarquer un décalage important entre notre profil de l'étudiant débutant et certains étudiants admis auparavant, en ce qui concerne leurs qualifications et leurs motivations. On ne devrait pas se sentir obligé d'admettre toute personne pose sa candidature à notre programme de formation. Une école ne devrait pas chercher à accueillir un grand nombre d'étudiants pour augmenter les frais de scolarité à encaisser. Il nous faut des étudiants qui s'alignent sur notre mission – et qui possède le potentiel d'apprentissage et de capacités pour tirer profit du programme. Dans l'éducation générale, si un étudiant n'a pas de compétences en mécanique ou s'il manque d'intérêt pour les outils et les machines, personne ne s'attend à ce qu'il s'inscrive à un cours de formation de mécanicien. Ceux qui ne supportent pas la vue du sang ne devraient pas devenir chirurgiens. Ceux qui ont de grandes difficultés relationnelles ne devraient pas être formés pour devenir conseillers. Il devrait en être de même pour la formation théologique. Les prérequis devraient être des atouts pour optimiser le processus d'apprentissage, et, éventuellement, d'exclure les étudiants qui ne sont pas à leur place dans ce programme particulier. Tous les programmes éducatifs ont des listes de conditions d'entrée, de caractéristiques et de qualifications qui doivent être préalables à l'admission. L'établissement a le droit de choisir le contenu de l'enseignement et de désigner les enseignants. De même, il est de notre droit et notre devoir de choisir qui sera autorisé à étudier dans nos programmes.

Il arrive que nos profils étudiants entrants ne soient pas réalistes. Nombre de nos candidats auront peut-être une connaissance insuffisante de la Bible, ou manqueront des compétences de base pour étudier au niveau que nous enseignons. Connaître les lacunes des candidats peut nous inciter à élaborer un cursus d'études préparatoires qui prépareront ces étudiants à être admis à notre programme dans de bonnes conditions.

Vers quoi se dirigent nos étudiants ?

Bien connaître nos étudiants entrants est donc le point de départ d'une réflexion sur l'élaboration ou la réforme d'un programme d'études. L'étape suivante consiste à dresser un profil de nos diplômés à l'issue de leurs cursus. Que devront-ils savoir à l'entrée dans un ministère ? Que devront-ils savoir faire ? Quel genre de personnes devront-ils être ? Notre programme d'études constituera notre plan pour accompagner nos étudiants à atteindre ces objectifs.

Un tel profil devrait d'abord découler des discussions internes, de notre propre expérience au sein de l'équipe de responsabilités dans des églises ou des œuvres chrétiennes. Cela pourra se faire grâce à notre capacité de réfléchir à ce que nous avons vu et vécu. Cela implique peut-être de créer des forums où nous pouvons discuter, d'une part, des besoins et des réalités des églises, des organisations chrétiennes et de notre communauté et, d'autre part, des compétences et connaissances spécifiques que nos sortants devraient posséder pour bien servir ?

De plus, nous devons trouver des moyens d'écouter les pasteurs et les dirigeants qui ne font pas partie de notre équipe d'enseignants ou qui n'ont pas étudié dans notre programme de formation. En outre, c'est en écoutant nos diplômés que nous pourrons améliorer notre programme de formation et forger une idée plus précise du profil désiré pour nos diplômés. Quelle évaluation nos anciens élèves font-ils sur leurs études passées ? Quels sont les cours obligatoires qui ne les ont pas aidés ? Qu'auraient-ils souhaité avoir appris ou étudié ?

Nos étudiants travaillent dans un environnement qui évolue. Ce qui était vrai d'une église ou d'une œuvre il y a vingt ans ne l'est peut-être plus aujourd'hui.

Les exigences et les attentes à l'égard des dirigeants ont également changé. Nous ne pouvons pas nous contenter de peaufiner un programme d'études qui a bien fonctionné il y a vingt ans. Il est nécessaire de repenser régulièrement notre programme, afin d'aider la génération actuelle à optimiser ses dons, expériences, connaissances, caractère, capacités, passion et vocation particulières pour les ministères d'aujourd'hui et de demain.

En effectuant ces recherches, nous pouvons en conclure que très peu d'étudiants sont suffisamment qualifiés pour les programmes que nous souhaitons proposer. Ou encore, en procédant à une évaluation de la communauté et des besoins, nous pouvons arriver à la conclusion choquante que très peu d'églises ou œuvres souhaitent recevoir nos diplômés. Cela indique-t-il que la formation que nous dispensons actuellement réponde assez peu aux besoins ? Il ne sert à rien de peaufiner des programmes qui ne sont plus aussi utiles qu'ils l'étaient autrefois. Nous ne voulons pas perpétuer des structures jugées « sacrées » mais aujourd'hui périmées. Ayons le courage de développer des programmes d'études qui préparent les étudiants d'aujourd'hui aux ministères de notre temps.

Troisième étape : évaluer notre programme d'études (ou ceux d'autres institutions)

L'étape suivante dans l'élaboration des programmes d'études ne consiste pas à réinventer la roue. Ce que nous voulons vraiment savoir, c'est dans quelle mesure ce que nous offrons actuellement permet à nos étudiants d'avancer vers leur objectif.

Il existe de nombreux bons outils dont on peut s'inspirer pour évaluer l'enseignement et l'apprentissage, notamment les guides d'auto-évaluation pour l'accréditation élaborés par les réseaux régionaux d'écoles de théologie reliés à l'ICETE. Il existe, par exemple, les normes élaborées par l'Association for Christian Theological Education in Africa (ACTEA) (www.acteaweb.org). L'évaluation des programmes d'études est également abordée dans les chapitres suivants de cet ouvrage.

Dans un établissement de formation, nos étudiants ne sont pas les seuls à apprendre, mais l'école aussi. Les institutions devraient recevoir des appréciations provenant de l'auto-évaluation, ainsi que des appréciations de la part des étudiants, des diplômés, des églises, du personnel et de l'équipe enseignante. La clé d'un bon plan stratégique, qui comprend un excellent programme d'études, est d'impliquer toutes les parties prenantes. Nous avons tous besoin d'entendre l'avis d'autres personnes, ainsi que leurs observations et recommandations pour l'avenir. Alors que l'institution examine périodiquement et systématiquement ce qu'elle fait aujourd'hui pour mener à bien le parcours de ses étudiants du début à la fin, voici quelques questions importantes à poser :

- Que faites-vous avec excellence ? Conservez-le ! Célébrez-le ! Renforcez-le !
- Quels sont les points faibles à rectifier ?
- Quels sont les éléments faibles à supprimer ?
- Qu'est-ce qui manque au programme et qui devrait être rajouté ?

Une grande partie de l'élaboration des programmes d'études se fera à partir des listes des petites et grandes choses qui ressortiront de nos réponses à ces questions. N'oublions pas que la planification des programmes d'études va au-delà de l'appréciation des cours individuels. Elle comprend les méthodologies, les personnes et les structures. C'est la façon dont l'ensemble de l'apprentissage fonctionne simultanément pour réaliser la transformation et la croissance des apprenants. Dans quelle mesure tous les éléments de l'institution fonctionnent-ils ensemble pour atteindre les résultats que nous souhaitons obtenir chez nos étudiants ? Quels éléments contribuent ou ne contribuent pas à ces résultats attendus ?

Une bonne évaluation de notre programme existant mesure également l'impact de notre programme d'études « implicite ». En observant les relations et notre environnement institutionnel, les étudiants seront influencés par des attitudes et des comportements des personnes de la communauté d'apprentissage, que nous en ayons conscience ou non. Encourager la transformation et la croissance du caractère est un résultat souhaité dans la plupart des programmes d'études théologiques, mais il est difficile à réaliser ou à mesurer. En réalité, c'est l'impact de la communauté qui engendre la majorité des changements qui se produiront chez nos étudiants. Il est important que les concepteurs d'un programme d'études tiennent consciemment compte des éléments implicites de son environnement.

Nos profils des étudiants nous permettront de discerner les valeurs, les attitudes et les comportements qui devraient être vrais chez nos nouveaux étudiants. Nos profils doivent également indiquer clairement les valeurs, attitudes et comportements que nous souhaitons voir chez nos diplômés.

Nos étudiants doivent eux-mêmes comprendre le chemin qu'il leur faut parcourir. Un bon processus éducatif les aiderait à évaluer leur passé et à en tirer des enseignements. Il faut plus qu'une liste de cours bien enseignés pour que les étudiants deviennent des disciples qui apprendront à marcher par la foi dans une humble obéissance à la Parole de Dieu.

Comment pouvons-nous préparer un programme d'études qui favorise la transformation ? Nos élèves évolueront en observant la vie de la communauté d'apprentissage et en y participant. Un environnement éducatif qui provoque une transformation aura de nombreux modèles de personnes engagées à suivre Jésus. Les étudiants vivront différemment lorsqu'ils verront des personnes qu'ils respectent vivre différemment. Dans une communauté d'apprentissage, chacun est à la fois un apprenant et un enseignant.

Considérons ces mots de Paul à son disciple et jeune pasteur, Timothée : « De ton côté, tu as suivi de près mon enseignement, ma conduite, mes projets, ma foi, ma patience, mon amour, ma persévérance, ainsi que les persécutions et les souffrances que j'ai connues à Antioche, à Iconium, à Lystre » (2 Tm 3.10-11a). Timothée connaissait déjà l'enseignement de Paul. Clairement, un bon enseignement est une partie importante de la formation des disciples. Mais le modèle présenté par Paul dépasse la mémorisation, la recherche, les examens et l'imitation du comportement extérieur. Il parle de choses plus profondes, telles que son but, sa foi, sa patience, son amour et son endurance. Il a écrit : « Quant à toi, tiens ferme dans ce que tu as appris et reconnu comme certain, sachant de qui tu l'as appris » (2 Tm 3.14). Un bon enseignement n'est pas seulement illustré par une personne développe un argumentaire ; l'enseignement est en fait validé par la vie de l'enseignant. Lorsque les étudiants *connaissent* ceux dont ils ont reçu un enseignement valable, ils sont motivés à changer. Dieu utilise des vies exemplaires dans le cadre du processus de transformation intérieure.

Selon Jésus, « tout disciple bien formé sera comme son maître » (Lc 6.40b). Lorsque nous évaluons notre programme de formation théologique, quels types d'enseignants avons-nous dans l'équipe pédagogique et quels types de relations entretiennent-ils ? Si les enseignants sont appréciés principalement en raison de leurs prouesses académiques, nos meilleurs étudiants s'efforceront de leur ressembler. Si les enseignants sont (également) reconnus pour leurs compétences en matière de communication, de conseil, ou pour leur humilité dans l'exercice de leurs fonctions, leurs étudiants pourraient s'efforcer de devenir des prédicateurs, des conseillers ou des formateurs qui leur ressemblent. Pour que les étudiants deviennent des disciples de Jésus, ils ont besoin d'enseignants qui sont des disciples de Jésus, qui partagent la vision du monde de Jésus le voit et qui vivent dans l'obéissance à la Parole de Dieu. La meilleure équipe pédagogique pour encourager la transformation est composée de ceux qui, comme Esdras, non seulement se sont consacrés à l'enseignement des décrets et des lois de Dieu, mais qui se sont aussi « appliqué le cœur à étudier et mettre en pratique la loi de l'Éternel » (Esd 7.10). Pour obtenir la transformation et la croissance spirituelles de nos étudiants, on ne saurait trop insister sur l'importance d'avoir la bonne équipe de professeurs-modèles. Quel genre d'équipe enseignante avez-vous dans votre établissement ?

L'impact de nos enseignants sur le programme d'études comprend l'apprentissage des attitudes. Les étudiants tendront à imiter ce qu'ils observent. Ainsi, est-il important que nos étudiants deviennent des serviteurs et non des personnes qui dominent sur les brebis ; nous avons besoin de professeurs qui soient des bergers et non des enseignants autoritaires. Si nos maîtres sont préoccupés par leur statut, comme c'était le cas des disciples dans Luc 22.24, nos étudiants pourraient aussi se disputer entre eux pour savoir qui, parmi eux, « est le plus grand ».

Ce que les étudiants apprennent réellement viendra en bonne partie de la façon dont les membres de notre équipe administrative et de notre équipe d'enseignants se comportent les uns envers les autres. Les étudiants retiendront la manière dont les conflits sont résolus (ou pas) au sein de l'établissement. Ils apprendront l'importance de la ponctualité en observant celle des enseignants lors du début des cours, du culte communautaire ou lors de leurs rendez-vous. Les étudiants peuvent être influencés par l'irresponsabilité en observant des « personnes importantes » qui se préparent rarement avant de venir en classe. Ils apprendront la justice et l'équité non seulement par le bon comportement qui est récompensé ou puni au sein de l'institution, mais aussi par la façon dont leur travail est évalué et noté. Ils apprendront le respect et la compassion grâce à la façon dont tous les gens sont bien traités sur le campus. Qu'apprennent les étudiants lorsque des personnes ne sont considérées que par leurs titres académiques ?

L'apprentissage de compétences et d'attitudes demande du temps. Nos étudiants ont peut-être eu un grand professeur d'homilétique qui leur a bien enseigné et leur a appris à préparer des sermons de qualité. Mais si les étudiants n'ont pas observé beaucoup de bons modèles de prédication, la façon dont ils prêcheront pourrait être davantage influencée par les piètres prédications qu'ils ont regardées à la télévision ou dans des églises. Quelques cours et une expérience pratique limitée ne leur permettront pas d'acquérir de bonnes habitudes homilétiques.

Le développement du caractère prend également du temps. Avons-nous alloué suffisamment de temps pour que notre programme d'études fonctionne réellement ? Jacques 1 parle d'un processus de formation de disciples par lequel l'épreuve de la foi mène à la persévérance. La persévérance doit « accomplir sa tâche » pour que le peuple de Dieu puisse être « parfaitement qualifié, sans défaut, et qu'il ne [...] manque rien » (Jc 1.4). Pierre a écrit : « [...], faites tous vos efforts afin d'ajouter à votre foi la qualité morale, [...] la connaissance, [...] la maîtrise de soi, [...] la persévérance, [...] la piété, [...] l'amitié fraternelle, [...] l'amour » (2 P 1.5-7). Ce sont les compétences et les qualités dont un disciple a besoin. Elles exigent toutes du temps.

Nos étudiants sont le fruit de notre travail. Alors, dans quelle mesure ressemblent-ils réellement en fin de cursus au profil que nous avons rédigé à leur intention ? Et dans quelle mesure sommes-nous impliqués dans les changements qui se sont ou ne se sont pas produits chez eux ?

L'évaluation de notre programme comportera nécessairement une vue d'ensemble permettant de voir son impact global. Nous avons peut-être de bons professeurs et de bons étudiants dans un programme de formation bien organisé. Pour s'améliorer, nous devrions faire une évaluation de nos structures. Qu'est-ce qui ne peut vraiment pas être changé dans notre école et quels domaines sont propices au changement ? Notre préoccupation en matière de programmes d'études ne doit pas se limiter à trouver des moyens de renforcer les cours existants avec un meilleur contenu et de meilleures méthodes, à identifier de meilleurs cours à offrir ou à engager des enseignants plus qualifiés.

Quatrième étape : réviser notre programme d'études

À ce dernier stade, nous avons encore beaucoup à faire pour élaborer notre programme d'études. Nous avons clairement défini notre but, et grâce à nos profils d'étudiants et de diplômés, nous comprenons le cheminement éducatif à suivre pour que les étudiants puissent arriver à bon port. Si nous avons pu mettre en place un processus permettant de recevoir régulièrement un retour d'informations du large public qui bénéficie de notre programme d'une manière ou d'une autre, nous disposerons d'une longue liste de commentaires et de suggestions pratiques sur notre programme d'études actuel. Quelles sont donc les mesures à prendre pour développer ou refondre notre programme d'études à partir de ces bases ?

1. Commençons par noter les domaines où nous sommes performants. Nous ne voulons pas remplacer une équipe qui gagne, ni changer les choses simplement parce que quelqu'un d'influent pense que nous devrions le faire. Si certains domaines fonctionnent bien, réjouissons-nous – et intégrons ensuite dans notre programme des moyens de maintenir ces choses en bon état. Par exemple :

- Si nous avons d'excellents enseignants, veillons à les encourager par un accompagnement approprié, afin qu'ils puissent se renouveler et se préserver du découragement. Que pouvons-nous faire pour fortifier leurs connaissances et leurs pratiques ? Comment pouvons-nous les aider à fortifier leurs relations avec les étudiants ?
- Comme les enseignants sont au cœur de notre « programme », constituent-ils une bonne équipe ? Sont-ils disposés à s'améliorer et se former davantage ou y résistent-ils ?
- Nos bons professeurs sont-ils en mesure d'aider les enseignants qui ont besoin de progresser ?
- Même si nous avons un excellent programme et une équipe d'enseignants très compétents, y a-t-il des moyens de renforcer notre programme par de meilleurs plans d'enseignement et de meilleures méthodes d'apprentissage ? Développons dans notre plan pédagogique des moyens d'aider tous nos enseignants à se perfectionner.

2. Corrigeons les points faibles de notre programme et gardons à l'esprit que certaines choses devront éventuellement tout simplement être abandonnées !
   - Une évaluation approfondie de notre programme d'enseignement nous donnera une longue liste de choses à corriger. Pour élaborer un plan avec des buts et des objectifs précis, assurons-nous que notre plan comporte des priorités. On ne peut pas travailler sur tous les domaines en même temps.
   - Notre évaluation générale du programme d'études nous aidera à savoir quels cours méritent d'être conservés et lesquels doivent être progressivement supprimés, surtout grâce à un retour d'information de la part de nos diplômés. Si nous pouvons trouver des moyens de parler en toute confidentialité avec nos élèves sortants, ils seront les mieux placés pour indiquer quels étaient les cours qui comportaient des contenus et des compétences dont ils n'avaient pas vraiment besoin.
   - Lorsque nous examinons les cours spécifiques qui sont dispensés, faut-il en augmenter (ou réduire) le contenu ? Certains de ces sujets sont-ils si importants qu'ils nécessitent tout un cours ?
   - Lorsque nous élaborons un plan pour répondre aux problèmes que nous avons découverts, identifions clairement qui peut être

responsable de la mise en œuvre de nos mesures. Évaluons également quels seront les coûts de mise en œuvre des changements proposés, y compris les paramètres d'espace, de temps et de personnel supplémentaire.
- Disposons-nous des ressources nécessaires pour proposer ce que nous avons l'intention d'offrir ? Y a-t-il des moyens d'étendre notre campus ou de mieux utiliser nos installations ? Utilisons-nous notre temps de manière optimale ?
- Comment notre environnement d'apprentissage affecte-t-il la manière dont les apprenants sont formés ? Comment évaluons-nous l'impact de notre programme d'études implicite ?

3. Ajouter ce qui manque :
   - Compte tenu de notre objectif, de nos antécédents et de nos ressources, en quoi sommes-nous particulièrement bien placés pour ajouter à ce qui nous manque – en gardant à l'esprit qu'aucune institution ne peut tout faire à elle seule ?
   - De nouveaux programmes devraient émerger des recherches que nous avons effectuées sur les retours de nos diplômés, ainsi que des besoins que nous observons dans les églises, les organisations chrétiennes et la communauté. Quels sont les nouveaux programmes ou matières qui doivent découler de nos recherches ?
   - Si nous voulons ajouter quelque chose à notre programme d'études, il nous faudra probablement supprimer quelque chose de notre programme actuel. Aucun cours n'est si sacré qu'il ne puisse être éliminé s'il ne sert pas la mission de l'école, le programme d'études et les besoins et réalités des étudiants. Ayons le courage d'abandonner ce qui devient superflu, même s'il s'agit d'une matière enseignée depuis très longtemps.

4. Réfléchissons à ce qui pourrait être fait différemment de façon créative. En examinant d'autres modèles éducatifs, en lisant et en réfléchissant à la manière dont une formation de qualité pour adultes peut être réalisée, comment notre programme d'études pourrait-il être reformulé ? Rappelons-nous que nous ne sommes pas obligés de reproduire tout ce qui est proposé dans les universités locales ou par d'autres institutions théologiques.

- Pourrions-nous proposer des modules intensifs afin de profiter de la visite d'un expert ou de permettre aux apprenants de se concentrer sur un sujet particulier ?
- Comment pourrions-nous mieux tirer parti de l'apprentissage hybride, qui permet aux étudiants d'utiliser les outils technologiques de l'enseignement à distance et aussi de se rencontrer en présentiel ?
- Pourrions-nous peut-être proposer une partie (ou la plupart) de notre programme dans des groupes pluridisciplinaires[7] ?

Conclusion

Réviser ou repenser notre programme d'études tous les cinq à dix ans peut représenter beaucoup de travail. Cependant, cela en vaut la peine si cela contribue à créer un processus éducatif qui amène nos étudiants à leur objectif. Que Dieu nous donne la sagesse à mesure que nous apprenons à connaître les étudiants qu'il nous a confiés – qui ils sont et les connaissances qu'ils possèdent déjà. En établissant le profil des diplômés que nous espérons recruter, puissions-nous être inspirés sur ce qu'ils doivent devenir et ce qu'ils doivent être capables de faire pour bien servir le Seigneur et son Église. Prenons plaisir à voir comment Dieu a utilisé et béni nos efforts dans le passé, et ayons la perspicacité, le courage et la créativité nécessaires pour fortifier ce qui est déjà bon et pour changer, réparer ou ajouter ce qu'il faut. Si notre établissement de formation devient une véritable communauté d'apprentissage, nous aurons établi une fondation solide pour la révision et la planification des programmes d'études.

Points de réflexion et d'action

1. Selon votre déclaration de mission, quel est la raison d'être de votre école ? Cela vous semble-t-il clair ? Pourquoi, ou pourquoi pas ?
2. Dressez la liste d'un échantillon représentatif des cours offerts par votre programme de formation théologique et expliquez brièvement

7. Perry Shaw évoque le concept de groupes pluridisciplinaires, avec une étude de cas à ce sujet au Séminaire théologique baptiste arabe (ABTS) de Beyrouth, au Liban. Voir Perry SHAW, *Transformer la formation théologique : un manuel pratique pour un apprentissage intégral et contextuel*, trad. Celia Evenson, Carlisle, Langham Global Library, 2015.

comment chacun de ces cours vous aide à accomplir la mission de l'école.

3. Rédigez un profil qui décrit cinq étudiants spécifiques, mais typiques, que vous avez admis dans vos programmes de formation. Quelles étaient leurs connaissances ou leur savoir-faire avant de commencer à étudier avec vous ? Que savez-vous de leurs expériences, de leur vocation et de leur maturité avant leurs études chez vous ?
4. Au regard de ce profil, quelles sont les choses qui sont spécifiques à ces étudiants en raison de leur culture et de leur tradition, ou en raison de leur situation économique ?
5. En quoi ces étudiants sont-ils différents des générations précédentes qui ont étudié dans votre établissement ?
6. Que pourriez-vous faire de façon systématique pour mieux connaître les étudiants qui vous rejoignent ?
7. Quels sont les rôles dans un ministère que la majorité de vos diplômés assument ? Établissez un profil pour décrire ce que vos étudiants doivent « être » pour assumer cette responsabilité. Décrivez au moins cinq choses spécifiques qu'ils doivent avoir apprises et/ou savoir faire au moment où ils obtiennent leur diplôme.
8. Quels plans ou processus avez-vous mis en place pour vous permettre de comparer ces deux profils (débutant/diplômé), ainsi que pour évaluer votre programme d'études actuel, afin de déterminer dans quelle mesure votre programme est conçu pour que les étudiants passent du stade où ils étaient lorsqu'ils sont entrés dans le programme à celui où ils doivent être au moment où ils obtiennent leur diplôme ?
9. Lorsque vous réfléchissez à votre programme d'études, que faites-vous avec excellence ?
10. Que pouvez-vous faire pour fortifier ce qui va déjà plutôt bien ?
11. Quels sont les cinq principaux domaines de votre programme qui doivent être corrigés ?
12. Y a-t-il de nouveaux programmes que vous devriez ajouter ? Expliquez comment ceux-ci vous aideraient à mieux atteindre votre objectif institutionnel.
13. Y a-t-il des moyens créatifs de rendre votre programme sensiblement différent de ce qu'il est actuellement ?

Pour aller plus loin

ALSTETE Jeffrey W., *Accreditation Matters: Achieving Academic Recognition and Renewal,* ASHE-ERIC Higher Education Report 30, n° 4, San Francisco, Jossey-Bass, 2004.

BANKS Robert, Reenvisioning Theological Education: Exploring a Missional Alternative to Current Models, Grand Rapids, MI, Eerdmans, 1999.

BATES A. W., POOLE Gary, *Effective Teaching with Technology in Higher Education,* San Francisco, Jossey-Bass, 2003.

BLUMBERG Phyllis, Developing Learner-Centered Teaching: A Practical Guide for Faculty, San Francisco, Jossey-Bass, 2009.

COLE Victor Babajida, *Training of the Ministry: A Macro-Curricular Approach,* Bangalore, India, Theological Book Trust, 2001.

DOWNS P. G., Teaching for Spiritual Growth: An Introduction to Christian Education, Grand Rapids, MI, Zondervan, 1994.

FISHER L. A., LEVENE C., *Planning a Professional Curriculum,* Calgary, University of Calgary Press, 1989.

FORD LeRoy, A Curriculum Design Manual for Theological Education: A Learning Outcomes Focus, 1991, réimpression, Eugene, OR, Wipf & Stock, 2003.

GANGE Kenneth, WILHOIT James, *The Christian Educator's Handbook on Teaching,* Wheaton, IL, Victor Press, 1993.

HABERMAS R., ISSLER K., Teaching for Reconciliation: Foundations and Practice of Christian Educational Ministry, Grand Rapids, MI, Baker, 1992.

HARDY Steven A., « Curriculum », dans *Excellence in Theological Education,* Sawyer, WI, Birch Island Books, 2006.

HARRIS M., *Fashion Me a People: Curriculum in the Church,* Louisville, KY, Westminster, 1989.

HART D. G., R. MOHLER Albert, Jr., *Theological Education in the Evangelical Tradition,* Grand Rapids, MI, Baker, 1996.

LANGFORD David P., CLEARY Barbara A., *Orchestrating Learning with Quality,* Milwaukee, WI, ASQC Quality Press, 1995.

LEWY Arieh, *Handbook of Curriculum Evaluation,* New York, UNESCO et l'International Institute of Educational Planning, 1977.

LEYPOLDT Martha M., *Learning Is Change: Adult Education in the Church,* Valley Forge, PA, Judson Press, 1971.

MERRIAM Sharan B., CAFFARELLA Rosemary S., *Learning in Adulthood: A Comprehensive Guide,* 2e éd., San Francisco, Jossey-Bass, 1999.

POSNER George J., RUDNITSKY Alan, Course Design: A Guide to Curriculum Development for Teachers, New York, Longman, 2001.

SHAW Perry, *Transformer la formation théologique : un manuel pratique pour un apprentissage intégral et contextuel*, trad. Célia Evenson, Carlisle, Langham Global Library, 2015.

Theological and Christian Education Commission (TCEC), Training God's Servants: A Compendium of the Papers and Findings of a Workshop on "Training for Missions in Africa", Nairobi, Association of Evangelicals in Africa, 1997.

TOOHEY Susan, *Designing Courses for Higher Education,* Buckingham, Open University Press, 1999.

VELLA Jane, *How Do They Know That They Know,* San Francisco, Jossey-Bass, 1998.

VELLA Jane, *Learning to Listen, Learning to Teach.* San Francisco, Jossey-Bass, 1994.

VELLA Jane, *On Teaching and Learning,* San Francisco, Jossey-Bass, 2008.

WIGGINS Grant, MCTIGHE Jan, MCTIGHE Jay, *Understanding by Design,* Alexandria, VA, Association for Supervision and Curriculum Development, 1998.

YOUNT William R., Created to Learn: A Christian Teacher's Introduction to Educational Psychology, Nashville, TN, Broadman & Holman, 1996.

4

Concevoir des programmes d'études adaptés au contexte

Errol Joseph

Je me souviens de la première fois où j'ai entendu la question : Œuvrons-nous dans l'Église pour l'Église d'autrefois ou pour l'Église de demain ? J'ai depuis posé cette question à plusieurs reprises dans différents groupes. Cette question est également pertinente concernant la formation théologique. Dans ce contexte, nous pourrions reformuler la question ainsi : préparons-nous les personnes à servir l'Église du passé ou l'Église du futur ? Cette question attire l'attention sur la pertinence de nos efforts actuels en vue de préparer l'avenir. Ce souci primordial de la pertinence est au cœur de ce chapitre sur la conception contextualisée de programmes d'études.

Définir la notion de « programme d'études »

Le terme « programme d'études » s'applique à une variété de structures qui portent diverses connotations. Cette locution est utilisée pour désigner une salle de cours, une faculté au sein de l'université, voire un programme national, un moment de la vie, une vie entière ou un cycle d'activité ; il peut également se référer à un programme de trois ans, ou à une seule semaine de travail spécialisé sur le terrain, au matériau ou au module à enseigner, ou à ce que l'étudiant retire réellement de l'expérience d'apprentissage[1]. Niculescu identifie, parmi les nombreuses définitions fournies par les différents auteurs, un consensus concernant les principaux acteurs et éléments d'un programme d'études, à savoir : étudiants, enseignants, contexte éducatif et contenu à apprendre[2].

Compte tenu de ce qui précède, je définis le terme programme d'études comme « un plan conçu pour aider quelqu'un, quelque part, à apprendre quelque chose d'une manière particulière avec un certain résultat souhaité ». Cette définition reconnaît les principaux facteurs communs aux autres définitions. Le « plan » et la « manière particulière » sont équivalents à la séquence, le « quelque chose » à apprendre est le contenu, le « quelqu'un » est en fait l'étudiant, et l'« aide » suppose un enseignant ou un facilitateur quelconque, tandis que le « quelque part » est le contexte éducatif. Le « quelqu'un » peut également être considéré comme une autre dimension du contexte éducatif. Ma propre définition inclut l'élément supplémentaire de « résultat souhaité », qui porte sur les résultats éducatifs ou autres que le programme d'études est censé atteindre. Notons que, selon cette définition, le contexte éducatif est l'un des éléments fondamentaux du programme d'études.

Contexte et développement du programme d'études

Le contexte peut être considéré comme l'environnement du programme d'études ou, en d'autres termes, l'environnement dans lequel l'enseignement se déroule ou dans lequel le programme d'études fonctionne. Niculescu suggère que, quelle que soit l'approche pour comprendre le programme d'études, le contexte est un facteur principal dans nos différentes compréhensions[3]. Selon la théorie de l'apprentissage social d'Albert Bandura, le comportement s'apprend à partir de l'environnement grâce au processus d'apprentissage par l'observation[4]. De même, la théorie de l'apprentissage constructif postule qu'un nouvel apprentissage est constructif lorsqu'il se rapporte à ce qu'une personne connaît déjà. Selon cette théorie, ce que l'apprenant sait déjà est le facteur déterminant le plus important pour l'apprentissage, et l'éducateur devrait d'abord l'identifier et ensuite

1. Rodica M. Niculescu, « Trying to Understand Curriculum in the New Millennium », *Bulletin of the Transilvania University of Brașov* 2, n°51, 2009, p. 105, consulté le 12 janvier 2015, http://search.ebscohost.com/.
2. *Ibid.*, p. 106.
3. *Ibid.*
4. Albert Bandura, *Social Learning Theory*, Englewood Cliffs, NJ, Prentice Hall, 1977.

enseigner en conséquence[5]. Ce point de vue est largement soutenu par la littérature sur les programmes d'études.

Les premiers partisans de la conception des programmes d'études ont souligné la nécessité d'étudier les apprenants eux-mêmes et la vie contemporaine en dehors de l'école. Ils ont observé qu'un étudiant est plus susceptible de mettre en pratique l'apprentissage lorsque la personne reconnaît la similitude entre les situations rencontrées dans la vie et la situation dans laquelle l'apprentissage a lieu[6]. De même, le célèbre auteur latino-américain Paulo Freire a encouragé les enseignants à abandonner l'objectif éducatif de « l'accumulation d'informations », qui est une caractéristique de la conception « bancaire » de l'éducation, et à le remplacer par l'étude des problèmes des hommes dans leurs relations avec le monde[7]. De la même manière, Pratt, dans son manuel sur la conception des programmes d'études, a observé qu'il y avait « un accord général, bien que non universel, parmi les formateurs sur le fait que les programmes d'études devraient être basés sur les besoins des apprenants » ; d'où l'importance de l'évaluation des besoins grâce à un processus de recueil d'informations sur les besoins humains qui devrait inclure la consultation, la collecte d'indicateurs sociaux et l'analyse des tâches[8]. D'autres auteurs (par exemple Gress[9]) font référence aux trois variables que le programme et l'enseignement doivent gérer. L'une de ces variables est l'environnement, planifié ou réel, c'est-à-dire les « composantes non humaines de l'arène d'engagement (espace-temps, choses) et la présence physique/posture/emplacement des personnes[10] », qui ne peuvent être séparés du contenu du programme.

Le contexte n'est pas moins important pour la pratique de la formation théologique. Il y a plus de trente ans, le Manifeste de l'ICETE sur le renouvellement de l'enseignement théologique évangélique a cherché à souligner le rôle essentiel du contexte dans l'enseignement théologique. Le premier point du Manifeste était le suivant :

> Nos programmes d'enseignement théologique doivent être établis en tenant compte du contexte dans lequel ils sont appliqués. Trop

5. Kelvin Seifert, *Educational Psychology*, Boston, Houghton Mifflin, 1983, p. 183.
6. Ralph W. Tyler, *Basic Principles of Curriculum and Instruction*, c.1949, Chicago, University of Chicago Press, 1975, p. 18.
7. Paulo Freire, *La pédagogie des opprimés*, Marseille, Agone, 2021, chapitre 2.
8. David Pratt, *Curriculum Planning: A Handbook for Professionals*, Fort Worth, TX, Harcourt Brace College, 1994, p. 35.
9. James R. Gress, *Curriculum: An Introduction to the Field*, Berkeley, CA, McCutchan, 1978.
10. *Ibid.*, p. 24.

> souvent, nous le confessons, nos programmes semblent avoir été totalement importés de 1'étranger, ou n'ont pas été adéquatement révisés et mis à jour. Le choix des cours au programme ainsi que le contenu de chaque cours doivent être appropriés au contexte local. Dans un programme équilibré, la connaissance du contexte dans lequel le message biblique est vécu et prêché aujourd'hui est tout aussi importante que la connaissance du message biblique lui-même. Nos programmes théologiques doivent démontrer, par leur contenu et la manière dont ils sont enseignés, qu'ils sont adaptés à ce contexte particulier. Cela inclut la gestion, 1'administration, ainsi que le personnel et les finances, les méthodes d'enseignement et les devoirs, le matériel de bibliothèque et les services pour étudiants. Voilà ce que nous devons accomplir par la grâce de Dieu[11].

Le deuxième point du Manifeste est également lié au contexte car il met l'accent sur l'orientation vers l'Église :

> Nos programmes d'enseignement théologique doivent être orientés à tous niveaux vers le service de la communauté chrétienne. Il est regrettable qu'ils fonctionnent souvent uniquement sur la base de notions personnelles ou traditionnelles vis-à-vis de la formation théologique. À toutes les étapes de leur élaboration et de leur fonctionnement, nos programmes doivent être établis de façon à bien prendre en considération les besoins et les espérances de la communauté chrétienne que nous servons[12].

Ce document novateur a donc cherché à ancrer fermement la formation théologique dans son contexte sociologique et ecclésiastique.

De même, Banks a déploré la fragmentation de la formation théologique qui, selon lui, part d'un modèle académique qui ne tient pas en compte la connaissance des cadres concrets. Il fait valoir qu'une partie du processus visant à faciliter l'intuition immédiate de Dieu chez les étudiants implique, en partie, de structurer « les images, les croyances, les valeurs et les rituels de la foi afin d'acquérir une certaine perspective sur la vision du monde qu'ils impliquent, sur les principaux motifs et modèles et sur la pertinence des situations actuelles » et d'insérer « la situation concrète dans ce cadre transcendant, de sorte que les

11. ICETE, « Manifeste pour le renouveau de l'enseignement théologique évangélique », consulté le 23 mai 2022, https://icete.info/wp-content/uploads/2019/04/Manifesto_ICETE_FR.pdf.

12. *Ibid.*

deux puissent être correctement évalués[13] ». Par conséquent, « notre pensée doit être incarnée, basée sur l'expérience, ancrée dans le contexte, et non abstraite, objective et universelle[14] ». Griffiths a également soutenu que l'enseignement théologique devrait être dispensé par ceux qui connaissent le contexte :

> Une bonne formation théologique dépend de la façon dont elle se rattache à son propre contexte. L'enseignement théologique traditionnel a eu tendance à se détacher de plus en plus de tout contexte, en dehors de ses propres critères hérités de l'intérieur. Pour nous, une bonne formation théologique est celle qui se rattache à son propre contexte, qui trouve ses racines dans les Églises dont elle cherche à former les ouvriers. Elle ne peut jamais être une île idéologique indépendante et autonome. Il lui faut se situer dans son propre contexte social, culturel et historique. Nous ne devons pas permettre qu'elle soit isolée ou éloignée des réalités des églises et des sociétés qu'elle cherche à servir[15].

Le programme d'études contextualisé utilise « des matériaux, des activités, des intérêts, des problèmes et des besoins authentiques de la vie des apprenants afin de développer en salle de cours un enseignement aligné sur les contextes authentiques et le monde réel dans lesquels les étudiants doivent utiliser ces compétences[16] ». Le modèle présenté dans la figure 2 tente de représenter la relation entre le contexte et le programme d'études en montrant comment le contexte de l'institution fournit l'environnement dans lequel se déroule le processus de conception du programme d'études. La zone bleue, qui représente le contexte du processus de conception, illustre la manière dont l'ensemble du processus se déroule dans le contexte. Le contexte décrit donc le lieu où se déroule le programme d'études et identifie les diverses influences qui convergent pour façonner et former un plan de programme d'études[17].

13. Robert J. BANKS, *Reenvisioning Theological Education: Exploring a Missional Alternative to Current Models,* Grand Rapids, MI, Eerdmans, 1999, p. 21.

14. *Ibid.*, p. 29.

15. Michael GRIFFITHS, « The Contextualization of Overseas Theological Education », dans *Text and Context in Theological Education*, sous dir. Roger Kemp, ICAA Monograph Series, vol. 5, Springwood, NSW, Australie, ICAA, 1994), p. 1.

16. Jenny Lee UTECH, *Contextualized Curriculum for Workplace Education: An Introductory Guide*, Massachusetts Worker Education Roundtable, June 2008, p. 7, Adobe PDF eBook.

17. FORD, *Curriculum Design Manual*, p. 294.

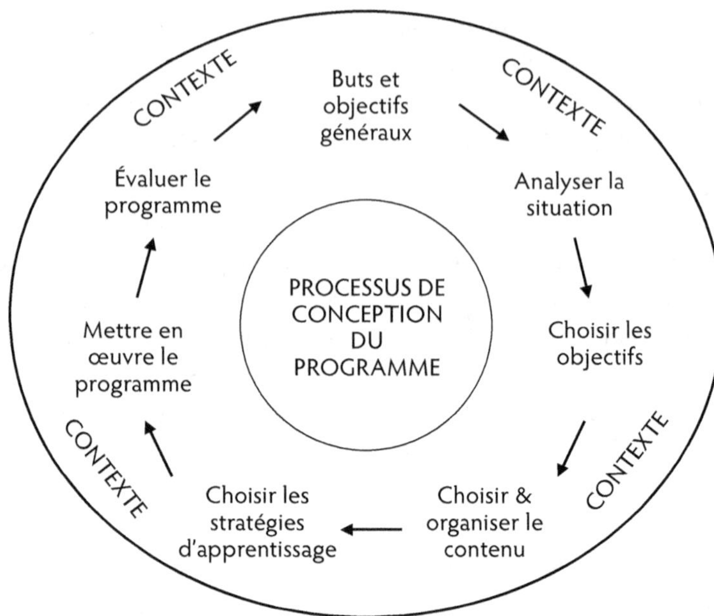

Figure 2. Le rôle du contexte dans le processus de conception des programmes d'études

La sensibilité au contexte est également essentielle si l'on veut que la formation théologique soit transformatrice et pas seulement informative. L'une des définitions de l'apprentissage transformateur est la suivante : « Un processus par lequel des hypothèses, des croyances, des valeurs et des perspectives précédemment assimilées sans critique sont remises en question et deviennent ainsi plus ouvertes, plus perméables et mieux justifiées[18]. » L'authenticité des enseignants a été considérée comme un élément clé de ce processus et implique, entre autres, une prise de conscience des influences du contexte sur l'enseignement et l'authenticité, et le fait de se démarquer du contexte afin de s'engager dans une réflexion critique[19]. Je suis en accord avec Banks pour dire que « notre métier est d'enseigner, et non seulement de donner des cours, et aussi de transformer la compréhension des étudiants de manière à les valoriser personnellement et professionnellement, et non seulement de leur transmettre des connaissances[20] ».

18. Patricia Cranton, *Understanding and Promoting Transformative Learning: A Guide for Educators of Adults*, 2e éd., San Francisco, Jossey-Bass, 2006, p. iv.

19. *Ibid.*, p. 197.

20. Banks, *Reenvisioning*, p. 223.

Banks a proposé un modèle missionnel de formation théologique basé sur l'action et qui nécessite de répondre à cinq questions, dont l'une est : quelles contraintes notre contexte culturel, sociologique ou environnemental actuel impose-t-il à nos actions[21] ? De cette façon, Banks identifie le rôle intégral du contexte dans la formation théologique transformatrice. Stott l'exprime bien lorsqu'il parle de l'évangélisation dans le monde : « Nous devons associer la fidélité (en étudiant constamment le texte biblique) et la sensibilité (en étudiant constamment la scène contemporaine). Ce n'est qu'ainsi que nous pourrons espérer relier la Parole au monde, l'évangile au contexte, avec fidélité et pertinence[22]. »

Exemples bibliques de programmes d'études contextualisés

En tant que promoteurs de l'enseignement chrétien, nous sommes particulièrement conscients que la Bible est un livre sensible au contexte. Les auteurs des évangiles synoptiques du Nouveau Testament ont chacun sélectionné des aspects particuliers de l'histoire et des enseignements de Jésus, et ont encadré cette histoire d'une manière particulière afin de la rendre pertinente pour le public majoritairement juif, romain ou grec auquel s'adressait leur message particulier. Ce n'est pas par hasard si la Bible a été écrite en hébreu, en araméen et dans le grec commun (*koine*) qui dominaient les sociétés dans lesquelles les Écritures étaient données.

Le discours de Paul aux Athéniens dans Actes 17.16-34 est un exemple bien connu de la préoccupation biblique pour le contexte. Commentant ce discours, Campbell a défini la contextualisation comme « le processus dynamique et global par lequel l'évangile s'incarne dans une situation historique ou culturelle concrète ». Elle note également que cet exemple de contextualisation suggère que « c'est la responsabilité et le privilège des chrétiens de procéder à l'exégèse du contexte, de discerner ce qui est approprié, de découvrir les points de connexion, de prendre au sérieux la spiritualité des gens et de communiquer avec le moins d'obstacles possibles à la compréhension[23] ».

---

21. *Ibid.*, p. 151.
22. John R. W. Stott, « The Bible in World Evangelization », dans *Perspectives on the World Christian Movement*, sous dir. Ralph D. Winter et Steven C. Hawthorne, Pasadena, CA, William Carey Library, 1981, p. 6.
23. Susan Campbell, « Scratching the Itch: Paul's Athenian Speech Shaping Mission Today », *Evangelical Review of Theology* 35, n°2 (2011), p. 177-184, consulté le 17 février 2015, http://search.ebscohost.com/login.aspx?direct=true&db=rlh&AN=60802023&site=ehost-live.

1 Corinthiens 9.19-22 illustre également la pertinence contextuelle pratiquée par les auteurs bibliques. L'apôtre Paul révèle ici sa sensibilité aux réalités de ses auditeurs et aux « faibles », qu'ils soient juifs ou non juifs, qu'ils soient sous la loi ou sans la loi. Paul fait ainsi preuve de sensibilité aux différences ethniques, religieuses et éventuellement sociales. Il se montre également prêt à ajuster son message pour qu'il soit communiqué et reçu avec justesse, notamment lorsqu'il exprime le désir de devenir « tout à tous afin d'en sauver de toute manière quelques-uns » (1 Co 9.22).

De même, le message des prophètes de l'Ancien Testament, selon Peters, « découle des circonstances immédiates et parle des conditions et des urgences immédiates[24] ». En outre, il déclare que ces messages ont une triple signification : (1) historique – s'adressant à la société et aux circonstances de l'époque ; (2) existentielle – s'adressant à notre société et à nos circonstances contemporaines ; et (3) prophétique – prévoyant les événements et les faits[25]. Pour cette raison, le message des prophètes de l'Ancien Testament était aussi étroitement lié au contexte, profondément enraciné dans les réalités historiques, sociales, politiques et spirituelles de leur époque. Les prophètes ont ainsi parlé du destin d'Israël, de l'exil, de la restauration et du retour, et ont abordé et corrigé les débordements moraux et religieux des dirigeants et du peuple.

Éléments du contexte

Un examen de la définition du programme d'études utilisée dans ce chapitre – « un plan conçu pour aider quelqu'un quelque part à apprendre quelque chose d'une manière particulière avec un certain résultat souhaité » – révèle deux aspects importants du contexte, à savoir le « quelqu'un » et le « quelque part ». Le terme « quelqu'un » désigne les personnes auxquelles le programme d'études est destiné. Jane Vella[26] identifie de la même manière le « qui », qui fait référence aux participants, aux responsables et au nombre de participants, comme la première des sept étapes de la planification. Voici un bref examen de certains des éléments essentiels du contexte du programme d'études.

Le terme « quelqu'un » inclut ce que l'on peut appeler le contexte personnel, dont les éléments sont illustrés dans la figure 3. On peut considérer ici : quelles expériences l'apprenant apporte-t-il à l'expérience d'apprentissage ? Quel est le

24. George W. Peters, *A Biblical Theology of Missions*, Chicago, Moody, 1972, p. 120.
25. *Ibid.*
26. Jane Kathryn Vella, *Taking Learning to Task: Creative Strategies for Teaching Adults*, San Francisco, Jossey-Bass, 2000, p. 23.

contexte familial de l'apprenant ? En ce qui concerne le contexte académique de cette personne, on peut considérer ce qui suit : quel est le degré de préparation de l'apprenant à l'apprentissage ? Quelles connaissances préalables l'apprenant apporte-t-il à l'expérience d'apprentissage ?

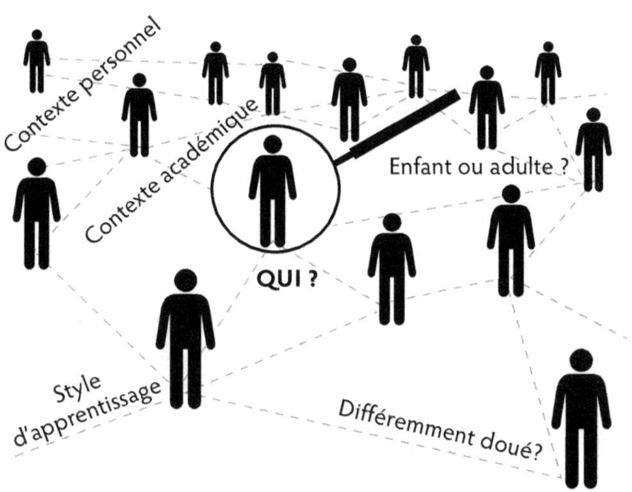

Figure 3. Éléments du contexte personnel intervenant dans le programme d'études

Une autre question pertinente concernant le « quelqu'un » est de savoir si l'apprenant est un enfant ou un adulte. Nous entendons par là : où se situe l'apprenant dans le continuum de la pédagogie et de l'andragogie de Knowles ? Celui-ci a popularisé la distinction entre l'enseignement des enfants, ou pédagogie et l'andragogie, la théorie de l'apprentissage des adultes. Il a affirmé que la pédagogie et l'andragogie représentaient des pôles sur un continuum ou spectre déterminé par l'expérience de vie de l'apprenant, en particulier dans le domaine considéré[27]. Le tableau 1 montre comment Knowles distingue les deux pôles du spectre.

27. Malcolm S. Knowles, *The Adult Learner: A Neglected Species*, 3e éd., Houston, Gulf, 1984, p. 52-61.

Tableau 1. Comparaison de Knowles entre la pédagogie et l'andragogie

	PÉDAGOGIE	**ANDRAGOGIE**
CE QUE LES APPRENANTS DOIVENT SAVOIR	Les apprenants ont seulement besoin de savoir qu'ils doivent apprendre ce que l'enseignant enseigne s'ils veulent réussir et être promus.	Les apprenants savent qu'ils ont besoin d'apprendre quelque chose avant de commencer à l'apprendre.
LE CONCEPT DE SOI DE L'APPRENANT	L'apprenant est conscient de sa dépendance du savoir de l'enseignant.	Les apprenants se sentent responsables de leurs propres décisions et de leur vie, et se considèrent donc comme capables de s'orienter eux-mêmes.
LE RÔLE DE L'EXPÉRIENCE	L'expérience de l'apprenant est très limitée en tant que ressource d'apprentissage.	Les apprenants viennent à l'activité éducative avec un volume et un champ d'expérience plus importants que ceux des jeunes.
PRÉPARATION À L'APPRENTISSAGE	Les apprenants savent qu'ils doivent apprendre ce que le professeur leur dit d'apprendre s'ils veulent réussir et avancer dans leur scolarité.	Les apprenants sont prêts à apprendre le savoir et le faire nécessaires à une bonne gestion de leurs situations de vie réelles.
ORIENTATION À L'APPRENTISSAGE	Les apprenants s'orientent vers un apprentissage centrée sur le sujet.	Les apprenants se concentrent sur la vie (ou sur les tâches à accomplir, ou les problèmes à résourdre) dans leur orientation vers l'apprentissage.
MOTIVATION	Les apprenants sont motivés à apprendre par des facteurs externes tels que les notes, etc.	Les apprenants sont motivés par leur désir de progrès et de développement personnels.

Le style d'apprentissage est un autre aspect important du « quelqu'un », à savoir la manière dont un individu apprend et traite les idées et les situations quotidiennes de sa vie. Ce paramètre prend en compte la façon dont l'individu perçoit, se souvient et pense, ainsi que les différentes façons dont il assimile les informations et les rend significatives. Il existe de nombreux modèles de styles d'apprentissage. Phillips, par exemple, mentionne au moins sept modèles. Des modèles tels que le *Paragon Style Inventory* mettent l'accent sur les facteurs de personnalité, comme le fait que l'apprenant soit introverti ou extraverti, sensoriel ou intuitif, penseur ou sensitif, juge ou observateur. La théorie des intelligences multiples de Gardner identifie l'intelligence visuelle spatiale, logico-mathématique, verbale-linguistique, musicale, corporelle-kinesthésique, interpersonnelle, intrapersonnelle, naturaliste. Le modèle VARK identifie quatre styles d'apprentissages chez les apprenants : visuel, auditif, lecture/écriture et kinesthésique. L'Indice des styles d'apprentissage traite de la manière dont les individus préfèrent recevoir des informations dans quatre domaines : actif ou réfléchi, sensoriel ou intuitif, visuel ou verbal, séquentiel ou global. Les quatre orientations à l'apprentissage de Martinez classent les apprenants selon la manière dont ils perçoivent l'apprentissage : ceux qui transforment (innovateurs), ceux qui performent (qui mettent en œuvre), ceux qui se conforment (soutiens), et ceux qui résistent à l'apprentissage. Kolb a identifié quatre styles d'apprentissage : divergent, assimilateur, convergent et accommodateur. L'ATLAS (*Assessing The Learning Strategies of AdultS*) regroupe les apprenants en trois types de stratégies d'apprentissage : les navigateurs, les solutionneurs de problèmes et les clients.

Le style d'apprentissage est important car une mauvaise adéquation entre les styles d'enseignement et d'apprentissage peut entraîner l'ennui et l'inattention des étudiants qui auront de mauvais résultats aux examens, qui pourraient se désintéresser des cours, du programme et se décourager, pour finir par changer de programme ou abandonner complètement le cursus[28]. En outre, une attention grandissante est également accordée à la question du handicap. L'apprenant est-il capable d'apprendre dans notre système ou est-il différemment doué ?

Ces questions contextuelles personnelles donnent une idée générale des étudiants entrants et peuvent être résumées en trois domaines : (1) Quelles sont les connaissances déjà acquises par les étudiants débutants ? (2) Que savent-ils déjà faire ? (3) Quel genre de personnes sont-ils[29] ?

28. David M. Phillips, « Learning Styles », conférence, Nazarene Bible College, Colorado Springs, CO, 2008, consulté le 28 juin-2 juillet 2011, http://online.cnc.edu/.

29. Shaw, *Transformer la formation théologique*, p. 39.

Le « quelque part », ou ce qui peut être décrit comme le contexte environnemental, est tout aussi important pour le contexte du programme d'études. L'une des façons d'explorer cet aspect du contexte est d'entreprendre ce qui, dans les études de gestion, est décrit comme une « analyse de l'environnement ». En termes de conception du programme d'études, cela pourrait être défini comme une évaluation de la manière dont le programme est « susceptible d'être affecté par les conditions et tendances spécifiques que vous avez identifiées dans l'environnement local/régional ou international/mondial[30] ». La liste suivante est un bref examen de quelques secteurs qu'une telle analyse pourrait inclure.

- *Le social.* Comment les pratiques actuelles et futures de la famille, de la race et de l'ethnicité, de la classe sociale, du genre, de la santé, du logement et de la communauté affectent-elles le programme d'études ?
- *Le culturel.* Comment les pratiques actuelles et futures relatives à la langue, aux normes sociales, aux valeurs, aux hypothèses de base, etc. affectent-elles le programme d'études ? Quelle est la nature de la famille et des autres structures sociales dont sont issus nos étudiants et vers lesquelles ils seront envoyés ? Quelles sont la/les visions du monde prédominante/s ?
- *Le légal.* Quel est le cadre juridique et réglementaire dans lequel le programme d'études fonctionnera maintenant et à l'avenir ?
- *Le politique.* Comment les conditions politiques actuelles et futures de stabilité ou d'instabilité, l'élaboration des politiques, le système politique, la forme de gouvernement et les autres processus politiques définissent-ils l'environnement du programme d'études ?
- *L'économique.* De quelle manière les conditions actuelles et futures du marché du travail, la récession, les taux d'emploi, la croissance économique, etc. ont-ils un impact sur le programme d'études ?
- *Le technologique.* Quelles sont les technologies prédominantes qui ont un impact sur le programme d'études ? Quelles sont les technologies que les diplômés du programme d'études sont censés apprendre et utiliser ? Quelles sont les technologies qui auront un impact sur le travail des diplômés dans ce domaine ?
- *Le physique.* Dans quel espace physique le programme d'études doit-il être dispensé : est-ce sur place, en face à face ou en ligne ? Dans quel lieu ou dans quelles conditions environnementales le programme

30. Mary Jo Hatch, *Organization Theory: Modern, Symbolic, and Postmodern Perspectives*, Oxford, Oxford University Press, 1997, p. 96.

sera-t-il dispensé ? Quelles sont les ressources physiques nécessaires et/ou disponibles pour la diffusion du programme d'études ?

- *Le spirituel.* C'est aussi un secteur particulièrement significatif pour la prestation d'une éducation chrétienne/religieuse. Quelles sont les conditions religieuses prédominantes dans lesquelles le programme doit être dispensé ? Par exemple, s'agit-il d'une monoculture religieuse, d'un environnement multiconfessionnel ou d'un cadre laïc ? Quel est le niveau de tolérance religieuse ?

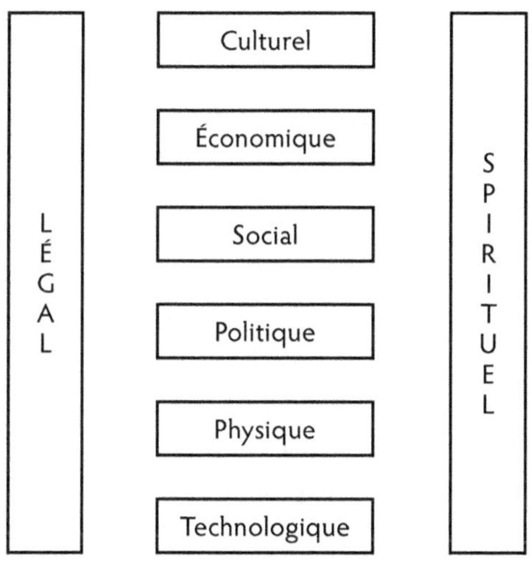

Figure 4. Composantes du contexte environnemental du programme d'études

Chaque secteur pourrait être analysé à deux niveaux. Premièrement, comment le secteur affecte-t-il la prestation actuelle du programme d'études ? Deuxièmement, comment le secteur influe-t-il sur les résultats escomptés du programme d'études (« résultats souhaités ») puisque le programme d'études doit préparer des personnes qui fonctionnent efficacement dans un environnement donné ? Par conséquent, cet examen de l'environnement ne doit pas seulement être descriptif, mais doit également formuler des hypothèses concernant les conditions futures. En outre, l'analyse pourrait être menée à un niveau local, national et/ou international au regard des échanges internationaux qui existent actuellement.

L'Engagement du Cap, qui recueille les débats du troisième Congrès de Lausanne sur l'évangélisation du monde, tenu au Cap, en Afrique du Sud, en octobre 2010, articule ainsi la tâche de la formation théologique en fonction du contexte :

> La mission de la formation théologique est de renforcer et d'accompagner la mission de l'Église. La *première* raison d'être de l'enseignement théologique est la formation de ceux qui dirigent l'Église en qualité de pasteurs et enseignants, il les équipe pour enseigner la vérité de la Parole de Dieu avec fidélité, pertinence et clarté ; sa *deuxième* raison d'être est d'équiper tout le peuple de Dieu en vue de la tâche missionnelle consistant à comprendre la vérité de Dieu et la communiquer avec pertinence dans tous les contextes culturels[31].

Le contexte décrit le lieu où se déroule le programme d'études, et ses diverses influences convergent pour aider à façonner et à former un plan d'études. La convergence des différents éléments du contexte influence donc de manière significative l'élaboration des autres éléments de la conception des programmes, notamment les modèles pédagogique et administratif[32].

Application d'éléments contextuels au processus de conception

Considérons au moins deux niveaux d'application des éléments contextuels au processus de conception des programmes d'études, à savoir la sélection du contenu des programmes et des expériences, et la conception de l'enseignement. L'approche commune consiste à commencer par un profil du « diplômé idéal ». Pour ce faire, nous devons poser les bonnes questions, telles que : quel est le contexte dans lequel nos diplômés serviront ? Quels sont le caractère, les attitudes, les connaissances et les compétences que ces diplômés doivent posséder pour réussir dans ce contexte-là ? Les réponses à ces questions aideront les concepteurs de programmes d'études à créer le profil du diplômé idéal. Une autre question essentielle et en lien se pose : qui sont les personnes avec lesquelles nous allons travailler (les nouveaux étudiants) pour former ce diplômé idéal ? Les réponses à ces questions nécessiteront l'intégration des différents éléments de contexte évoqués précédemment.

---

31. Le Mouvement de Lausanne, « L'Engagement du Cap », section II. F. 4., italiques dans l'original, disponible sur : https://lausanne.org/fr/mediatheque/ctc/engagement-du-cap, consulté le 21 juin 2022.
32. Ford, *Curriculum Design Manual*, p. 294.

Voici quelques questions supplémentaires que les concepteurs pourraient poser afin de s'adapter au contexte du programme d'études :

1. Quels devraient être les objectifs du programme à la lumière des besoins de l'Église et du contexte dans lequel les diplômés seront appelés à servir ?
2. Quels changements culturels, le cas échéant, prévoyons-nous dans les cinq à dix prochaines années, et comment nos diplômés doivent-ils se préparer à ces changements ?
3. Quels sont les défis économiques que les diplômés et les personnes qu'ils servent sont susceptibles de rencontrer ?
4. Quels sont les changements sociaux susceptibles de se produire au cours des cinq à dix prochaines années et qui façonneront le monde dans lequel nos diplômés serviront ?
5. À quel type de climat juridique et politique prévoyons-nous que nos diplômés soient capables de faire face ?
6. Comment ce programme sera-t-il dispensé ? En présentiel ou à distance, ou un mélange des deux ?
7. Quelles sont les technologies que nos diplômés doivent maîtriser pour optimiser leur apprentissage ?
8. Quelles sont les conditions religieuses et spirituelles dans lesquelles nous prévoyons que nos diplômés seront appelés à servir ?

Chacune de ces questions pourrait être abordée dans une perspective à court, moyen et long terme.

Les principes ci-dessus pourraient également être appliqués au choix du type d'enseignement et du contenu des programmes. M. David Merrill, professeur de technologie de l'enseignement à l'Université d'État de l'Utah, expose certains principes fondamentaux d'une conception de l'enseignement basée sur les problèmes, qui, selon lui, se retrouvent dans la plupart des théories et modèles de conception de l'enseignement. Ces principes s'accordent bien avec l'accent mis par le chapitre sur la conscientisation et la sensibilité au contexte. Merrill suggère que l'apprentissage est facilité lorsque les apprenants sont engagés dans la résolution de problèmes du monde réel, lorsque de nouvelles connaissances sont démontrées à l'apprenant, lorsque de nouvelles connaissances sont mises en pratique par l'apprenant, et lorsque de nouvelles connaissances sont intégrées dans le monde de l'apprenant[33]. Il ajoute que « de nombreux modèles d'enseignement actuels suggèrent que les environnements d'apprentissage les plus efficaces sont ceux qui sont basés sur des problèmes et qui impliquent l'étudiant dans quatre phases distinctes d'apprentissage : (1) l'activation de l'expérience antérieure, (2) la démonstration des compétences, (3) l'application des compétences, et (4) l'intégration de ces compétences dans des activités du monde réel[34] », comme l'illustre la figure 5.

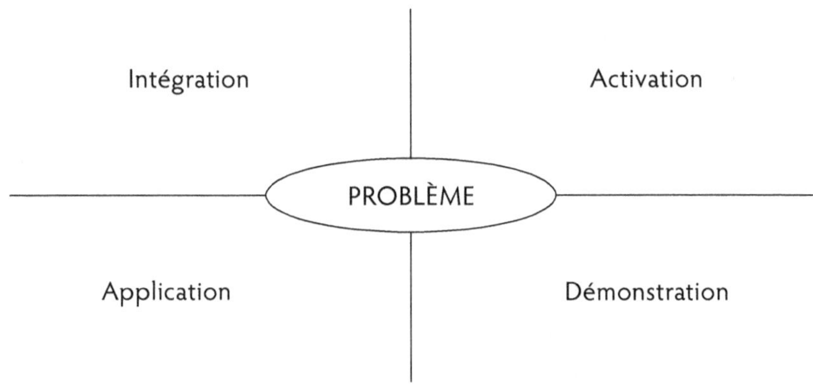

Figure 5. Phases de Merrill pour une instruction efficace (reproduit avec l'autorisation de l'auteur)

Au lieu d'enseigner d'abord des compétences et des connaissances séparées de leur contexte, et d'espérer que les apprenants finiront par savoir comment transférer ce qu'ils ont appris à leur vie de ministère, le programme d'études contextualisé devrait commencer par des contextes de la vie réelle, et intégrer ces contextes dans chaque étape du processus d'enseignement et d'apprentissage[35].

Selon l'Utech, le programme contextualisé utilise des matériaux, des activités, des intérêts, des problèmes et des besoins authentiques de la vie des apprenants afin de développer un enseignement en classe qui soit aligné sur les contextes authentiques dans lesquels les étudiants doivent utiliser ces compétences dans

33. M. David Merrill, « First Principles of Instruction », *Educational Technology Research and Development* 50, n°3, 2002, p. 44, consulté le 26 mars 2015, http://mdavidmerrill.com/Papers/ firstprinciplesbymerrill.pdf.

34. *Ibid.*

35. Marilyn K. Gillespie, « EFF Research Principle: A Contextualized Approach to Curriculum and Instruction », EFF Research to Practice Note 3, p. 1, consulté le 3 Mars 2012, http://www.edpubs.gov/document/ed001934w.pdf.

le monde réel[36]. L'Utech avance également plusieurs étapes qui constituent le processus de contextualisation des programmes d'études, comme suit :

1. Identifier les besoins, les problèmes et les thèmes des apprenants.
2. Rassembler des informations et des matériaux.
3. Créer et enseigner des leçons ; pratiquer les compétences en classe.
   a. Matériaux en « morceaux » et séquentiels.
   b. Adapter le matériel authentique si nécessaire.
4. Mettre en pratique les nouvelles compétences dans le monde réel.
5. Réfléchir et évaluer les leçons contextualisées.
6. Réviser et ajouter de nouvelles informations ou compétences[37].

La conception de programmes d'études contextualisés passe donc du contexte aux résultats souhaités (dérivés du profil du diplômé idéal), puis à l'enseignement et à l'apprentissage (contenu, instruction, expériences prévues, évaluation, etc.), et enfin au retour au contexte de manière réciproque, comme l'illustre la figure 6. Le modèle tente de montrer comment le contexte, les résultats souhaités, l'enseignement et l'apprentissage sont liés. Le contexte informe le processus d'enseignement et d'apprentissage. Comme nous l'avons observé précédemment, les contextes de la vie réelle doivent être intégrés à chaque étape du processus d'enseignement et d'apprentissage. En résumé, le contexte devrait jouer un rôle crucial dans la détermination des résultats souhaités, et ces résultats souhaités déterminent ce qui doit être enseigné et comment l'enseigner.

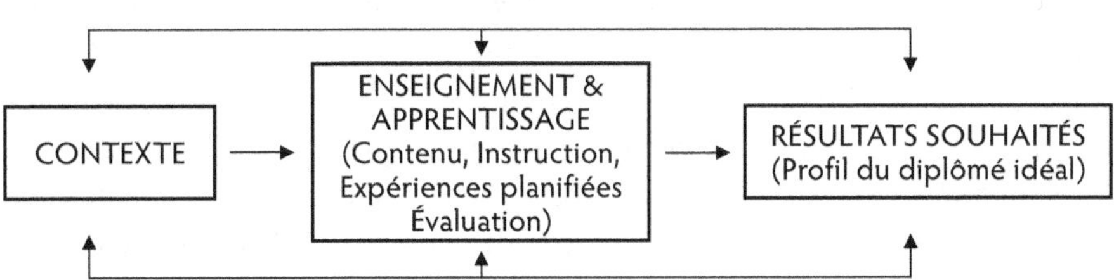

Figure 6. Un modèle pour la conception de programmes contextualisés

Le contenu et l'enseignement qui sont au cœur du processus d'enseignement-apprentissage sont des éléments clés qui influencent la formation du futur

36. Utech, *Contextualized Curriculum*, p. 7.
37. *Ibid.* p. 8.

diplômé. Le contenu informe la méthode d'enseignement et détermine les types d'expériences auxquelles les futurs diplômés doivent être exposés. Il concrétise également, dans une large mesure, ce que le diplômé est censé savoir et être capable de faire. Les méthodes d'enseignement, par ailleurs, ont un impact sur l'efficacité de cet apprentissage et peuvent également affecter les attitudes et le caractère du diplômé potentiel, car elles activent l'expérience antérieure, démontrent et appliquent les compétences et intègrent ces compétences dans les activités du monde réel du contexte. Les résultats souhaités ainsi que ce contenu (ce qui doit être appris) déterminent à leur tour la manière dont l'apprentissage sera évalué.

Le modèle évoque également le lien entre les connaissances et les expériences actuelles du futur diplômé et les contenu-processus d'enseignement. Si le processus d'enseignement-apprentissage est considéré comme le moyen de combler le fossé entre le futur diplômé (nouvel étudiant) et le diplômé idéal, alors le contenu du programme d'études peut être considéré comme étant l'ensemble des connaissances, expériences et autres éléments du même ordre qui sont nécessaires pour aider à faire progresser cette personne vers le profil du diplômé idéal. En outre, comme le préconisent les partisans de l'apprentissage expérientiel, les expériences actuelles du futur diplômé constituent également le point de départ de l'enseignement.

La relation de réciprocité entre le diplômé idéal et le contexte est également évidente dans le modèle. Tout comme le contexte façonne à la fois le futur diplômé (l'étudiant entrant) et le diplômé idéal (l'étudiant sortant) par le biais du processus décrit ci-dessus, ce diplômé est également censé revenir dans son contexte pour le servir, l'influencer et éventuellement le transformer.

En résumé, il existe un réseau complexe de relations réciproques entre le contexte, les résultats souhaités (découlant de la conception du diplômé idéal), l'enseignement et l'apprentissage, comme le montre le modèle. Cela suggère que les institutions devraient évaluer leur contexte afin de déterminer les résultats souhaités, qui peuvent être décrits comme le caractère, les attitudes, les connaissances et les compétences que le diplômé idéal devrait posséder afin de bien fonctionner dans ce contexte. Ces objectifs constituent donc la base de l'enseignement et de l'apprentissage qui contribuent à former ce diplômé idéal et contextuellement pertinent.

Conclusion

Nos institutions de formation théologique donnent-elles aux personnes les moyens de servir l'Église d'autrefois ou l'Église de demain ? La réponse n'est peut-être pas un simple « oui » ou « non » mais elle réside sans doute à l'aune de notre reconnaissance de la place critique du contexte dans le processus de conception des programmes d'études, et dans l'approche que nous adoptons pour répondre à ces réalités contextuelles. Ce chapitre a cherché à souligner l'importance historique, biblique et actuelle du contexte dans l'exercice de conception des programmes d'études, en particulier pour la formation théologique, et les éléments possibles qui pourraient être pris en compte pour ce faire. Nous avons également tenté de montrer la relation entre divers éléments et de définir les caractéristiques d'un processus qui tiendrait dûment compte de ces éléments dans la conception du programme d'études. Nous avons terminé le chapitre par une proposition de modèle pour la conception de programmes d'études contextualisés.

Points de réflexion et d'action

Exercice 1 : questions de base pour guider la refonte des programmes d'études

En décrivant le processus de réforme des programmes d'études l'ABTS au Liban, Perry Shaw identifie les neuf questions fondamentales suivantes qui devraient guider la réforme des programmes d'études[38] :

1. Quelle est l'Église modèle dans notre contexte ?
2. Quels sont les enjeux contextuels ?
3. À quoi pourrait ressembler un bon dirigeant chrétien ?
4. Qui sont les étudiants ?
5. Où vont les étudiants après leur formation ?
6. Quand ? l'horizon temporel.
7. Où ? L'environnement de l'apprentissage.
8. Qui facilite l'apprentissage ?
9. Quoi et comment ?

Comment répondre aux questions ci-dessus dans votre contexte ?

38. Shaw, *Transformer la formation théologique*, p. 52-53.

Exercice 2 : questions cruciales pour la pertinence contextuelle

Voici sept questions clés que vous pourriez vous poser en examinant la pertinence contextuelle de votre programme d'études :

1. Dans quelle mesure les objectifs de nos programmes sont-ils bien en phase avec notre contexte ?
2. Quels sont les méthodes que nous utilisons pour analyser la situation de notre institution ?
3. Dans quelle mesure nos objectifs de cours sont-ils alignés sur les réalités de notre situation ?
4. Comment le contenu de nos cours reflète-t-il les particularités de notre contexte ?
5. Nos stratégies d'apprentissage sont-elles adaptées aux contextes personnel et de vie de nos étudiants ?
6. Quelle est la meilleure façon de mettre en œuvre le programme d'études dans notre contexte ?
7. Comment pouvons-nous évaluer au mieux la réalisation des objectifs du programme dans notre contexte ?

Exercice 3 : l'avenir de la formation théologique

Daniel O. Aleshire[39], directeur exécutif de l'Association of Theological Schools aux États-Unis et au Canada, a émis des hypothèses sur l'avenir de la formation théologique en Amérique du Nord. Il a identifié trois facteurs externes dominants qui influenceront le changement, et sept caractéristiques prévisionnelles des écoles de théologie en 2032. En voici un extrait :

Facteurs externes dominants qui influenceront le changement

1. *L'évolution du statut social ou de la religion dans la culture américaine* – la culture au sens large a fait passer la religion d'un rôle social de façonneur de culture à un rôle plus personnel et privé.

39. Daniel O. Aleshire, « The Future of Theological Education: A Speculative Glimpse at 2032 », *Dialog: A Journal of Theology* 50, n°4, décembre 2011, p. 380-385.

2. *L'évolution démographique* – les privilèges de la race blanche seront érodés par l'inévitable changement de population et, à mesure que les privilèges s'éroderont, les formes de conflit culturel se multiplieront.
3. *Le changement de statut du christianisme de base* – une tendance pour les pratiquants chrétiens nord-américains à préférer les usages chrétiens qui sont axés sur l'assemblée, moins formels dans le culte et plus « réseautés » pour les causes et le soutien à la mission.

Caractéristiques des écoles théologiques en 2032

1. *Multiraciales et multi-ethniques* – la majorité des étudiants dans la plupart des écoles seront issus de différentes races ou ethnies.
2. *Une communauté différente d'écoles de théologie* – de nombreuses écoles actuelles cesseront d'exister, et de nouvelles seront créées en relation avec de nouveaux mouvements religieux ou des communautés religieuses en expansion dans les populations raciales/ethniques.
3. *La diversité de l'éducation* – les pratiques éducatives et de formation théologique seront beaucoup plus diverses qu'elles ne le sont actuellement, et les écoles devront décider des pratiques qu'elles adopteront.
4. *Le profil des domaines de spécialisation du corps enseignant* – les écoles donneront plus de postes aux universitaires qui peuvent traiter des questions sociales, comportementales, anthropologiques et théologiques qui découlent des réalités religieuses et pastorales dans une culture de plus en plus multiraciale et multireligieuse.
5. *Le maintien des modèles actuels de soutien institutionnel* – les modèles dominants de financement seront soit la dotation, soit les dons actuels d'un groupe d'intérêts engagé.
6. *La formation théologique missionnelle* – la plupart des écoles auront toujours plus de missions à réaliser que d'argent, auront plus de tâches à accomplir qu'elles ne peuvent le faire, et accompliront la plupart d'entre elles mieux qu'on ne le pense.
7. *L'émergence du Sud mondial* – les écoles nord-américaines se tourneront vers le Sud mondial pour obtenir le nombre croissant de théologiens et de chercheurs dont le christianisme aura besoin au cours de la seconde moitié du siècle.

Réfléchissez au futur contexte de la formation théologique dans votre pays. Parmi les facteurs ci-dessus, lesquels pourraient avoir une incidence sur votre programme d'études ? Quels sont les ajustements de programme que votre établissement pourrait envisager à la lumière de ces spéculations ?

Pour aller plus loin

Ferris Robert W., *Renewal in Theological Education: Strategies for Change*, Wheaton, IL, Billy Graham Center, Wheaton College, 1990.

Ford LeRoy, *A Curriculum Design Manual for Theological Education: A Learning Outcomes Focus*, Nashville, TN, Broadman, 1991.

Griffiths Michael, « The Contextualization of Overseas Theological Education », dans *Text and Context in Theological Education*, ICAA Monograph Series Vol. 5, sous dir. Roger Kemp, Springwood, NSW, Australie, ICAA, 1994, p. 1-8.

Shaw Perry, *Transformer la formation théologique : un manuel pratique pour un apprentissage intégral et contextuel*, trad. Celia Evenson, Carlisle, Langham Global Library, 2015.

5

La mise en œuvre de changements et l'évaluation dans le développement de programmes d'études

John Lillis

Une fois qu'un programme d'études a été conçu de manière contextualisée, impliquant toutes les parties prenantes de l'école, des mesures devront être prises pour mettre en œuvre et évaluer le programme conçu. Le programme d'études doit ensuite être mis en œuvre dans le contexte de la réalité concrète de l'école. Ce chapitre a pour objet d'aider les responsables académiques à identifier les facteurs clés qui peuvent influencer la mise en œuvre des changements dans le programme, et de décrire un processus général de mise en œuvre et d'évaluation des révisions à la lumière de ces facteurs. Pour ce faire, j'examinerai les facteurs préliminaires qui influencent la modification des programmes, la manière dont les facteurs humains impactent cette révision et le rôle que l'évaluation des programmes joue dans le processus global de leur élaboration.

Facteurs préliminaires affectant la révision de programme

Au cours des premières étapes de la mise en œuvre d'un nouveau programme d'études, plusieurs facteurs importants doivent être pris en compte avant que le programme ne soit utilisé en classe. Robert Diamond le souligne ainsi : « Pour passer du programme "idéal" au programme "réel" ou opérationnel, plusieurs facteurs majeurs doivent être pris en considération – des facteurs qui sont, dans certains cas, contrôlés par des forces extérieures au département académique[1]. » La plupart de ces facteurs sont externes et comprennent généralement des restrictions et des limitations qui affecteront directement la mise en œuvre du nouveau programme. Dans cette section, j'examinerai trois sujets importants : l'*approbation externe*, la *disponibilité des ressources* et les *défis contextuels*. La nature de ces facteurs et les questions qui s'y rapportent nécessiteront à terme l'implication des principaux responsables de l'institution. Pour cette raison, Diamond souligne également qu'« il est essentiel d'impliquer ces personnes dès le début du projet. Leur participation active n'est pas nécessaire, mais elles doivent savoir très tôt ce qui est proposé et pourquoi[2] ». Il est donc crucial que ces personnes soient tenues informées de la nature des projets en cours d'élaboration et des raisons des changements proposés.

L'approbation externe

Il existe deux sources principales d'approbation externe qui affectent généralement les écoles souhaitant mettre en œuvre des changements majeurs dans leur programme d'études : l'*accréditation* et, le cas échéant, l'*approbation du gouvernement*. Les questions d'*accréditation* sont des facteurs importants dans quasiment tout changement majeur de programme d'études. La plupart des organismes d'accréditation exigent que les écoles qui modifient leurs programmes leur communiquent ces changements. Pour les petits changements, tels que la modification du nom d'un diplôme, une simple notification suffit. Pour les changements plus substantiels, l'organisme d'accréditation peut exiger que l'école dépose une demande pour obtenir l'autorisation de mettre en œuvre le changement proposé. Par exemple, l'Asia Theological Association déclare que l'un des facteurs pouvant mettre en cause le statut d'accréditation d'une institution membre consiste à « ne pas signaler les changements substantiels dans le programme ou l'institution qui affecteraient de manière drastique le fonctionnement de l'institution (changements majeurs dans le corps professoral, les finances, le programme d'études, etc.)[3] ».

1. Robert Diamond, *Designing and Improving Courses and Curricula in Higher Education*, San Francisco, Jossey-Bass, 1989, p. 102.
2. *Ibid.*, p. 104.
3. Asia Theological Association, *Asia Theological Association Manual for Accreditation*, Quezon City, Philippines, ATA, 2013, p. 32, format numérique PDF.

Les modifications substantielles des programmes d'études et nécessitant généralement l'approbation d'une agence externe comprennent : l'ajout d'un nouveau programme diplômant, des changements significatifs dans un programme diplômant existant, l'ajout d'un programme en ligne, ainsi que l'ouverture de nouveaux sites qui offrent un nombre notable de cours menant à un diplôme.

Un autre facteur, du même ordre que l'accréditation, est l'*homologation par le gouvernement*. Pour les écoles qui doivent maintenir l'approbation du gouvernement, la direction académique doit s'assurer que les changements de programme proposés ne mettront pas en péril la relation de l'école avec les agences gouvernementales qui autorisent son fonctionnement. Dans certains pays, cette autorité relève exclusivement d'un ministère ou d'un département national centralisé de l'éducation. Dans d'autres, il existe également un organisme provincial ou d'État auquel l'école doit rendre compte. Les agences gouvernementales exigent en général un nombre minimum de crédits pour les programmes de diplôme dans les écoles homologuées. Souvent, il y a également des exigences maximales pour le nombre de crédits pouvant être pris en modes de prestation non traditionnels tels que les cours en ligne. Dans certains cas, en particulier pour les diplômes de premier cycle homologués par le gouvernement, il existe des pourcentages prédéfinis du nombre total de crédits de diplôme qui doivent être remplis dans des matières spécifiques définies par les agences gouvernementales. Il est important de s'assurer que les modifications de programme proposées sont conformes aux directives fournies par les normes gouvernementales avant leur mise en œuvre.

Souvent, les organismes d'accréditation exigeront la preuve que l'école a obtenu l'approbation gouvernementale requise pour offrir des programmes académiques dans les domaines où elle propose des activités éducatives. Cela s'applique particulièrement aux écoles qui prévoient d'étendre leurs programmes dans des États, des provinces ou même des pays autres que l'endroit où se situe le campus d'origine. L'avènement et l'utilisation accrue de l'éducation en ligne ont entraîné un scénario de plus en plus complexe pour le maintien du statut d'accréditation, ainsi que pour l'obtention des approbations gouvernementales nécessaires. Même si l'expérience éducative proprement dite commence sur le campus d'origine, il existe des endroits dans le monde où le gouvernement local des étudiants (national et/ou étatique/provincial) exigera que le programme réponde aux normes locales et soit approuvé par les bureaux gouvernementaux appropriés. Par exemple, aux États-Unis, les écoles qui proposent des cours à distance (en ligne ou sur un site d'extension) dans un état différent de celui où se trouve le campus d'origine de l'établissement doivent obtenir l'approbation de tous les états dans lesquels elles accueillent des *étudiants*.

Par conséquent, les écoles qui sont accréditées par l'Association of Theological Schools (ATS) doivent prouver qu'elles sont autorisées à dispenser un enseignement pour chaque état dans lequel elles ont des étudiants. Les situations internationales varient en fonction des exigences du pays dans lequel l'école se propose d'offrir des cours, et des exigences de l'organisme d'accréditation de l'école.

La disponibilité des ressources

Les ressources requises pour bien mettre en œuvre les changements proposés est la deuxième grande catégorie de questions à aborder avant la mise en œuvre effective d'un nouveau programme d'études. Dans cette catégorie, il y a trois principaux sujets de préoccupation qui doivent être complètement et adéquatement traités par la direction académique avant que le programme d'études ne soit en place. Il s'agit de garantir que les ressources requises en *corps enseignant*, en *personnel* et en *finances* existent. Ignorer les problèmes et les décisions associés à ces domaines peut aboutir à l'échec d'un programme bien conçu à l'origine, même si les concepteurs du programme ou le personnel académique directement impliqué dans le fonctionnement quotidien du cursus ne sont pas en cause. Par conséquent, il est impératif que la direction académique s'assure que l'école dispose, dans ces trois domaines, des ressources nécessaires pour mettre en œuvre les changements proposés.

Deux facteurs principaux doivent être pris en compte lors de l'examen des ressources en *personnel enseignant* nécessaires à la mise en œuvre du programme d'études proposé. Le premier, et le plus évident, est le nombre de professeurs et leurs compétences. Les changements de programmes proposés peuvent-ils être mis en œuvre efficacement avec le nombre actuel d'enseignants, à temps plein, à temps partiel ou en tant qu'adjoints ? Sinon, les changements proposés nécessiteront-ils l'embauche de professeurs supplémentaires à temps plein, ou le besoin peut-il être satisfait par l'embauche de professeurs supplémentaires adjoints ou à temps partiel ? En outre, une école peut estimer qu'elle dispose déjà d'un nombre suffisant de professeurs pour assurer la charge d'enseignement totale du nouveau programme, mais l'ajout de nouvelles disciplines (telles les langues bibliques, la théologie philosophique et les religions comparées) peut nécessiter le recrutement de nouveaux enseignants ayant une capacité académique dans des domaines qui ne sont pas couverts par les professeurs en place. La direction académique doit déterminer si les qualifications actuelles du corps professoral de l'école comprend le bagage académique requis pour enseigner les sujets nouvellement introduits dans le programme d'études proposé.

Le deuxième sujet de préoccupation lié au *corps enseignant* lors de la mise en œuvre de nouveaux programmes d'études est l'utilisation croissante de systèmes de gestion de l'apprentissage en ligne. Ces derniers, quand ils sont performants, permettent à des facilitateurs pédagogiques d'utiliser efficacement les différentes facettes de la plateforme d'apprentissage en ligne (ou système de gestion de l'apprentissage : *Learning Management System*, LMS[4]) utilisée par l'école pour dispenser ses cours en ligne. Deux options sont disponibles pour s'en assurer. La première consiste à fournir la formation nécessaire aux professeurs pour leur permettre d'utiliser efficacement la plateforme en ligne. Dans l'idéal, cette formation devrait être dispensée bien avant la mise en œuvre effective du nouveau programme. Toutefois, rien ne garantit que les professeurs qui réussissent dans l'environnement en présentiel de la salle de cours traditionnelle seront tout aussi efficaces dans un environnement en ligne. C'est pourquoi les responsables des écoles pourraient envisager sérieusement une deuxième option, consistant à demander aux professeurs en place, en tant que spécialistes de leur domaine, de concevoir et de rédiger les leçons pour les classes en ligne en utilisant des formats prédéfinis à cet effet. Cela doit être fait de telle manière que les cours puissent être animés par d'autres personnes plus compétentes dans l'utilisation des techniques d'enseignement en ligne. Les facilitateurs en ligne doivent avoir une bonne compréhension générale du sujet du cours. Cependant, si les cours ont été conçus de manière appropriée, il n'est pas nécessaire que les facilitateurs en ligne aient le même niveau d'expertise spécifique à la discipline que les professeurs qui ont conçu les cours.

La disponibilité d'un *personnel non-enseignant* suffisant pour assurer le fonctionnement quotidien de l'école de manière efficace et performante est un aspect souvent négligé lors de la mise en œuvre d'une révision du programmes d'études. Si le changement proposé comprend l'ajout de professeurs et de cours, la direction doit déterminer si les capacités du personnel permettront de faire face aux charges supplémentaires en travail administratif et de bureau qui accompagnent nécessairement le changement. Les ajouts en cours nécessiteront-ils plus de travail de bureau ? Les changements proposés nécessiteront-ils l'ajout de responsables administratifs à la structure actuelle de l'organisation ? Pour les sites d'extension situés à une distance importante du campus central, la direction devra déterminer les effectifs supplémentaires nécessaires pour superviser les opérations sur le nouveau site. En outre, elle devra s'assurer que le campus d'origine dispose d'un niveau de personnel approprié pour gérer la charge de

4. Les LMS les plus répandus incluent Moodle, Blackboard, Edmodo, SumTotal et SkillSoft.

travail supplémentaire qui résulte inévitablement de l'ajout, aux programmes résidents sur le campus, de cours dispensés sur un site d'extension. Enfin, si les changements apportés aux programmes d'études comprennent l'ajout de cours en ligne, les dirigeants doivent décider des niveaux de personnel pédagogique et/ou informatique nécessaires pour mettre en œuvre les nouveaux programmes. Parmi ces considérations, un point important consistera à déterminer s'il est plus rentable d'engager du personnel « interne » pour répondre aux besoins technologiques ou de « sous-traiter » le travail auprès d'un fournisseur externe. Si le contrôle peut souvent être problématique lorsque l'on sous-traite, les économies de coûts et le niveau d'expertise acquis peuvent parfois l'emporter sur ce problème.

Les *finances* représentent généralement la limite la plus contraignante pour les personnes impliquées dans l'enseignement supérieur théologique, quel que soit le type d'enseignement. Par conséquent, lors de la mise en œuvre de toute modification importante des programmes d'études, il est impératif que la direction de l'école effectue un calcul complet et précis des fonds supplémentaires qui seront nécessaires pour rendre le nouveau programme opérationnel. Ces calculs doivent comprendre les dépenses initiales ainsi que les montants qui devront être ajoutés au budget annuel de l'école sur une base continue. Les dépenses initiales peuvent inclure des installations supplémentaires, soit sur le campus d'origine, soit sur un site d'extension. Ces installations seront-elles achetées et la propriété de l'école ou bien louées ? Dans ce dernier cas, le coût de la location devra être ajouté au budget opérationnel courant de l'école. L'ajout de nouvelles installations entraîne également les nouveaux coûts permanents requis pour l'entretien et le renouvellement des installations. Les dépenses initiales peuvent également inclure le financement des matériaux et équipements nécessaires à la mise en œuvre des changements de programmes proposés. Les matériaux peuvent comprendre les manuels scolaires, les ressources audiovisuelles, les cahiers d'exercices et autres matériels d'apprentissage requis par le nouveau programme. Pour de nouveaux cours en ligne, l'école peut être amenée à acheter ou à mettre à niveau la technologie requise pour soutenir ces cours. Souvent, cela implique non seulement le matériel mais aussi les logiciels nécessaires au fonctionnement d'une plateforme en ligne. Les nouvelles dépenses courantes incluraient les salaires qui devraient être ajoutés au budget si les changements de programmes proposés nécessitaient des professeurs ou du personnel supplémentaires, comme mentionné ci-dessus.

Les sources de dépenses supplémentaires incluses dans le paragraphe précédent ne sont pas exhaustives. Elles visent plutôt à suggérer quelques exemples de nouvelles dépenses qui devront être prises en compte lors de la mise en œuvre des changements de programmes. Lorsqu'ils envisagent une modification substantielle de leur programme scolaire, les responsables d'une institution doivent investir suffisamment de temps et d'efforts pour déterminer avec précision l'impact total que les changements proposés auront sur la situation financière de l'école. Ils doivent ensuite déterminer comment la dépense supplémentaire sera financée et si ce financement sera durable. Les modifications des programmes d'études entraîneront-elles une augmentation des recettes provenant des frais de scolarité, et cette augmentation sera-t-elle suffisante pour couvrir le coût supplémentaire ? Si aucune recette supplémentaire n'est prévue, l'école a-t-elle la capacité de réunir les fonds supplémentaires nécessaires (tant au départ qu'en cours de route) pour mettre en œuvre les changements proposés ? La base de donateurs actuels et potentiels de l'école peut-elle fournir le financement supplémentaire requis ? Les sources potentielles de financement externe comprennent des églises locales ou des particuliers, ainsi que des partenaires étrangers. Si l'école est déjà plus dépendante des sources de revenus externes que des frais de scolarité, la direction doit déterminer si les sources externes peuvent continuer à fournir le financement requis par le fonctionnement présent, ainsi que celui requis pour lancer et soutenir le nouveau programme d'études.

Dans certains cas, des changements substantiels de programmes sont proposés parce qu'une école n'a plus les moyens d'offrir ses programmes existants. Dans ce cas, l'intention est de réduire les financements nécessaires parce qu'il n'y a pas suffisamment de fonds pour maintenir la structure actuelle des programmes. Bien que l'objectif de réduire les dépenses soit valable et digne d'intérêt dans ces circonstances, ce type de changement se fait souvent au détriment de la qualité académique globale. Ainsi, lorsqu'elle est contrainte à ce type de changement, la direction de l'école doit examiner attentivement les questions soulevées plus tôt dans ce chapitre sous le thème de l'« approbation externe ». Si le maintien de l'accréditation et de l'homologation gouvernementale est toujours souhaité, la direction académique doit s'assurer que les réductions promulguées ne ramènent pas la qualité académique globale de l'école en deçà des normes minimales établies par les agences d'accréditation et gouvernementales compétentes.

Les difficultés liées au contexte

Les écoles opèrent toutes dans des contextes particuliers, caractérisés par une grande variété de facteurs et d'influences. Chaque école existe dans un milieu culturel, un cadre linguistique, un scénario politique, un emplacement géographique et une situation socio-économique donnés, pour ne citer que quelques paramètres. Ces facteurs amènent un ensemble de défis et d'obstacles uniques qui doivent être identifiés et traités par la direction de l'école avant la mise en œuvre effective des changements proposés. Martin Weddle, dans son livre *Planning for Educational Change*, a reconnu ce fait, ainsi que la nécessité de bien identifier les « réalités du travail » qui existent dans un contexte donné :

> Pour diverses raisons historiques, géographiques et socio-économiques, chaque contexte local sera au moins légèrement différent [...] Ce qui importe le plus pour la réalisation ultime des objectifs de changement est que la manière dont le processus de mise en œuvre est mené dans un domaine particulier tienne compte des réalités du travail quotidien de ceux qui sont censés introduire et utiliser les nouvelles pratiques dans les salles de classes locales[5].

Il est impossible de fournir une liste complète et précise des défis et obstacles potentiels, mais les facteurs énumérés ci-dessous sont communs à de nombreuses situations et peuvent au moins servir de point de départ à la discussion :

1. *Réaction des professeurs aux changements proposés.* Dans quelle mesure sera-t-il possible d'obtenir le soutien du corps enseignant et sa participation totale au nouveau programme d'études ?
2. *Réaction du conseil d'administration de l'école aux changements proposés.* Les membres du conseil sont-ils favorables au nouveau programme d'études ? Qui est responsable de l'obtention de ce soutien et quand faut-il le solliciter ?
3. *Réaction des principales parties prenantes de l'école aux changements proposés.* Les Églises, les agences et autres utilisateurs des diplômés de l'école soutiendront-ils les changements de programmes proposés ? Les changements auront-ils un effet négatif ou positif sur la réputation et l'image de l'école aux yeux de sa communauté religieuse ? Les changements affecteront-ils le soutien financier actuellement accordé par ces parties prenantes ?
4. *Allocation de temps pour les membres-clés de l'administration, du personnel et du corps professoral.* Les personnes qui devront être directement impliquées dans la planification, la mise en œuvre et l'évaluation

5. Martin Weddle, *Planning for Educational Change: Putting People and Their Contexts First*, Londres, Continuum, 2009, p. 32.

du nouveau programme peuvent-elles voir leur charge de travail normale réduite afin de pouvoir consacrer le temps nécessaire à l'accomplissement des tâches qui leur sont assignées ?

Avant de tenter de mettre en œuvre des changements substantiels, la direction de l'école doit non seulement produire une liste plus complète des défis adaptée à son contexte, mais elle doit également créer une stratégie pour traiter chacun des enjeux qu'elle identifie.

À mesure que les dirigeants d'une école se penchent sur toutes les préoccupations et questions identifiées ci-dessus dans les catégories de l'*approbation externe*, de la *disponibilité des ressources* et des *défis contextuels*, ils doivent le faire avec honnêteté, minutie et objectivité.

L'objectif de cette analyse préliminaire à la mise en œuvre effective d'un nouveau programme d'études est de déterminer si les changements proposés sont réalisables pour l'école, compte tenu de sa situation et de ses capacités actuelles. Bien souvent dans l'histoire de la formation théologique, des planificateurs de programmes d'études et des responsables académiques bien intentionnés ont tenté de mettre en œuvre des changements que l'école n'était pas prête à gérer. Dans leur effort pour développer et améliorer les programmes de l'école, ils ont dépassé les capacités de l'institution, et les résultats ont souvent été désastreux. Si, en abordant les questions soulevées dans cette section, la direction de l'école ne peut pas fournir de réponses satisfaisantes à un nombre important de questions soulevées, ou si elle détermine que le coût total dépasse les avantages attendus du changement proposé, alors ce changement ne devrait peut-être pas avoir lieu.

Facteurs humains influençant le changement

Les facteurs mentionnés dans la section précédente sont certes importants pour la mise en œuvre réussie d'un changement de programme bien conçu et bien planifié, mais ils ne sont pas les plus significatifs. Même si tous les facteurs préliminaires ont été identifiés et traités, le changement de programme peut toujours échouer si l'élément humain n'est pas adéquatement géré. Cela s'applique non seulement aux établissements d'enseignement, mais aussi à toute organisation qui tente de mettre en œuvre des changements substantiels dans ses activités. Dans leur ouvrage *The Change Cycle*, Salerno et Brock affirment la nécessité de reconnaître l'élément humain : « Le changement devient réalité au sein d'une entreprise ou d'une organisation dès lors que chacun de ses membres s'engage à mettre en œuvre la nouvelle initiative, s'adapte à la nouvelle structure, suit le nouveau système ou fabrique le nouveau produit[6]. »

Pour les écoles, toutes les personnes qui seront directement responsables de la mise en œuvre du programme d'études – administration, personnel et corps enseignant – doivent comprendre et soutenir pleinement les changements proposés. Malheureusement, ce facteur essentiel est souvent ignoré ou même délibérément négligé par les responsables académiques lors de la mise en œuvre de changements majeurs dans les programmes d'études. Weddle a noté cette tendance :

> Cependant, les décideurs et planificateurs nationaux en matière de changement éducatif dans différentes parties du monde ont tendance à ignorer les facteurs humains qui influencent fortement les processus de changement. Ils considèrent plutôt le processus de changement comme une question purement linéaire, rationnelle et technique de planification et de législation. Une telle approche semble supposer qu'une fois que la décision politique d'initier le changement a été prise, que la législation nécessaire a été adoptée et que le financement a été assuré, la réussite de la mise en œuvre du changement consiste à donner des instructions claires pour introduire des changements dans la salle de cours à partir d'une date donnée, à ceux qui se trouvent au bas de la hiérarchie administrative. Cette approche ne me semble pas être une recette de succès très vraisemblable, et en effet, en termes de réalisation complète de leurs objectifs éducatifs déclarés, de nombreuses initiatives de changement éducatif ne sont pas très réussies[7].

Shireen Fahey a également souligné l'importance du facteur humain « en ce qui concerne la capacité d'action d'une université et des responsables académiques en faveur du changement[8] », dans un article traitant de la modification des programmes de l'enseignement supérieur. Elle a relevé que ce qu'il faut faire pour réussir les changements de programmes d'études dépend largement de « la capacité de l'enseignant et des responsables académiques à effectuer ces

6. Ann Salerno et Lillie Brock, *The Change Cycle: How People Can Survive and Thrive in Organizational Change*, San Francisco, Berrett-Koehler, 2008, p. 1.

7. Weddle, *Planning for Educational Change*, p. 2.

8. Shireen Fahey, « Curriculum Change and Climate Change: Inside Outside Pressures in Higher Education », *Journal of Curriculum Studies* 44, n°5, mai 2012, p. 713.

changements[9] ». Bien que Fahey et Weddle se concentrent principalement sur l'éducation publique, leur point de vue reste valable dans le domaine de la formation théologique. Le programme d'études ne se limite pas au matériau pédagogique utilisé, aux manuels et aux cahiers d'exercices, ou encore aux plans de cours. Le programme d'études comprend, d'abord et avant tout, l'ensemble des personnes impliquées dans la fourniture des activités éducatives. Weddle poursuit en disant que « les personnes – ce qu'elles croient et comment elles se comportent – ont une influence déterminante sur les résultats des initiatives de changement éducatif (et naturellement, de toute autre initiative de changement)[10]. »

Par conséquent, pour accroître la probabilité de réussite dans la mise en place des modifications de programmes, les responsables académiques doivent comprendre les différentes composantes de la réaction humaine au changement, et plus particulièrement la manière dont les professionnels de l'éducation réagiront aux changements majeurs dans les programmes. En outre, les dirigeants doivent disposer d'un plan de mise en œuvre des révisions qui tienne pleinement compte de la manière dont leurs propres collègues réagiront au changement proposé. Dans la suite de cette section, je passerai en revue les résultats des recherches portant sur les réponses communes au changement, en accordant une attention particulière aux applications éducatives. J'examinerai ensuite les approches qui sont utiles pour créer une *stratégie de mise en œuvre du changement*.

Réponses humaines au changement

Résister à un changement majeur est souvent la réaction humaine typique, que ce changement se produise sur le lieu de travail ou dans la vie personnelle. Cela est particulièrement vrai dans les organisations d'enseignement lorsque des changements majeurs dans les programmes d'études sont proposés. La recherche a démontré que cette résistance est souvent le résultat de modèles communs de réaction humaine à ce que les gens ressentent comme un bouleversement majeur dans leur vie.

Salerno et Brock ont observé qu'il existe « des stades de changement séquentiels et prévisibles » et que les deux premiers stades contribuent de manière significative à la tendance des gens à résister au changement. Chaque stade est défini par une première réaction négative, suivie d'un résultat positif que la direction doit aider les personnes concernées à réaliser. Par exemple, la première étape

9. *Ibid.*

10. WEDDLE, *Planning for Educational Change*, p. 2.

est intitulée « la perte de sécurité » et décrit une première réaction de perte par rapport au changement majeur dans la vie professionnelle d'une personne. Le changement est suffisamment important pour que l'individu éprouve un sentiment de « perte de contrôle » et, par la suite, des « sentiments d'angoisse [...] de peur [...] et un comportement paralysé ». Généralement, les problèmes que l'individu s'efforce de résoudre tournent autour de ces questions : « Comment vais-je être affecté ? » ; « Quel est le pire qui puisse arriver ? » ; « Puis-je gérer cela ? » À ce stade, les personnes doivent surmonter le sentiment de perte et « trouver une sécurité personnelle – retrouver un sentiment de contrôle[11] ». Pour les professeurs, les changements de programme peuvent parfois impliquer que leurs cours préférés seront éliminés du programme. Il se peut que leur poste soit supprimé, ou qu'ils ne veuillent plus continuer à enseigner compte tenu des cours qui leur resteraient. J'ai connu une situation dans laquelle un directeur académique était engagé dans une révision majeure du programme d'études qui a réduit considérablement le nombre de cours facultatifs dans les programmes de l'école. La charge de travail de l'un de ses principaux professeurs allait être réduite à l'enseignement de cours d'introduction. Ce membre du corps enseignant était un excellent érudit, largement publié. À la suite des changements proposés, il a ressenti une profonde angoisse, jusqu'au sentiment de ne même plus pouvoir continuer à travailler au sein de l'école s'il n'avait plus de classes supérieures à enseigner.

Le deuxième stade du processus de Salerne et Brock s'appelle « du doute à la réalité », et consiste en « un doute et un sentiment d'incertitude préoccupant » pour la personne concernée. Parce que le doute peut produire un comportement défensif, il « peut conduire à des degrés divers de ressentiment, de scepticisme et de résistance qui sont, au mieux, contre-productifs mais peuvent aussi devenir nuisibles ». Ces comportements peuvent entraîner une tendance à négliger les informations factuelles et à évaluer les décisions qui ont produit le changement d'un point de vue purement personnel. Souvent, le résultat est que la perspective individuelle devient réalité, en dépit des faits objectifs. Salerno et Brock soulignent qu'à ce stade, « les émotions sont fortes, et la colère, les accusations et les différents niveaux de méfiance font surface pour alimenter et fausser la communication ». En conséquence, il y aura « des personnes au sein de l'organisation qui auront recours au reproche et qui se battront pour prouver que "leur façon" ou "l'ancienne façon" reste la meilleure[12] ». Bien négocier cette étape consiste

11. Salerno et Brock, *Change Cycle*, p. 18-19.

12. *Ibid.*, p. 19.

à aider la personne à passer de perceptions personnelles et fausses à la réalité factuelle représentée par le changement proposé.

Quiconque ayant participé à une direction académique, quelle que soit sa durée, aura fait l'expérience de réunions de professeurs traitant d'une proposition de changement dans laquelle les comportements décrits ci-dessus se seront manifestés. Des affirmations et des accusations qui n'ont que très peu, voire pas du tout, de rapport avec la réalité seront formulées, et elles seront exprimées avec une émotion profonde et une certitude inébranlable. L'élaboration des programmes d'études est l'une des entreprises les plus « politiquement chargées » de l'éducation. Les changements qui semblent être absolument nécessaires, intuitivement évidents et totalement rationnels pour l'administration ont le potentiel de détruire complètement la « zone de confort » que les membres du corps enseignant ont construit autour de leur monde académique au fil des ans. Il n'est pas excessif de dire que, dans certains cas, l'identité même des professeurs en tant qu'érudits chrétiens est basée sur les cours spécifiques qu'ils ont enseignés et sur la façon dont ils en sont venus à croire, au fil des ans, que c'est la meilleure façon d'enseigner ces cours. Cette attitude n'est ni pécheresse ni forcément mauvaise. Il s'agit simplement d'une réalité importante à prendre en compte lors de la mise en œuvre d'un changement dans le programme d'études.

De nombreuses raisons spécifiques différentes peuvent produire la résistance au changement décrite ci-dessus. Ornstein et Hunkins ont identifié plusieurs raisons pour lesquelles les personnes travaillant en milieu éducatif résistent au changement. J'ai énuméré quelques-unes des plus pertinentes pour le présent ouvrage, et j'ai ajouté mon explication[13].

1. *Manque de sens d'appropriation*. Les individus ont tendance à résister aux changements auxquels ils n'ont pas eu l'occasion de collaborer ou dont ils n'ont pas été tenus informés au moment où le changement était en cours de planification.

2. *Absence d'avantages*. Les enseignants dévoués résisteront au changement s'ils ne croient pas que celui-ci profitera plus aux étudiants que le programme actuel.

3. *Charges de travail accrues*. Dans la plupart des institutions théologiques, les enseignants ont une lourde charge de travail, tant au sein de l'école que dans le ministère ou leur l'emploi à l'extérieur. Ils auront

13. Allan C. Ornstein et Francis P. Hunkins, *Curriculum: Foundations, Principles, and Issues*, 6e éd., Harlow, Pearson Education, 2012, p. 225.

tendance à résister aux changements qui viennent s'ajouter à cette charge de travail déjà bien lourde.

4. *Manque de soutien administratif.* Il est pratiquement sûr que le corps professoral et le personnel résisteront à un changement qui n'est pas entièrement et totalement soutenu par l'administration et pour lequel ce soutien n'a pas été clairement et systématiquement communiqué.
5. *Inadéquation des normes.* Si les valeurs et les hypothèses qui sous-tendent un changement de programme ne sont pas en accord avec celles qui sont actuellement en vigueur au sein du corps enseignant et du personnel de l'organisation, il y aura une résistance au changement proposé.
6. *Changement brutal et massif.* Les degrés de résistance seront proportionnels à l'importance du changement proposé. Un changement radical et soudain peut créer un bouleversement et une résistance importants parmi les personnes impliquées dans la mise en œuvre du changement.

La réaction au changement n'est pas forcément uniquement négative. En réalité, le cycle de changement de Salerno et Brock comprend quatre étapes supplémentaires.

Au cours des quatre étapes suivantes, les premières réactions des individus passent d'un comportement de résistance, caractérisé dans les deux premiers stades, à une considération prudente (stades 3 et 4), puis à une acceptation active (stades 5 et 6). Les phases 3 et 4 sont souvent caractérisées par un « ralentissement » initial du rythme normal de productivité parmi les personnes concernées en raison d'une incertitude générale sur la manière de prendre les mesures requises pour les étapes suivantes. L'étape 3, par exemple, est nommée « de l'inconfort à la motivation ». Les sentiments de colère et de ressentiment sont remplacés par un malaise, qui « se caractérise par l'anxiété, des pensées confuses et le sentiment d'être dépassé ». Bien que les personnes finissent par accepter la nécessité du changement, elles peuvent se sentir dépassées et perdues face à l'ampleur de ce qui est exigé de leur part. De ce fait, ils perdent leur motivation à s'impliquer aussi activement qu'avant la mise en place du changement. Pour passer cette phase avec succès, les individus « doivent décider des petits pas à franchir et faire un effort concerté pour rétablir [...] la motivation et la maintenir ». L'étape 4 est intitulée « de la découverte à la perspective ». Alors que les trois premières étapes sont caractérisées par « "des problèmes à résoudre" [...] à l'étape 4 [...] il y a des "solutions à mettre en œuvre" ». À ce stade, la motivation renouvelée des personnes peut les amener à découvrir « une vision plus large, un esprit de décision renouvelé » qui, ensemble, « apportent un sentiment de contrôle et d'optimisme ». Cela peut à son tour les motiver à s'engager pleinement dans la mise en œuvre du changement proposé en faisant « des choix et des décisions sur ce qui est le mieux à faire[14] ». En conséquence, la personne acquiert une nouvelle perspective et une attitude positive concernant le changement mis en œuvre.

L'acceptation active démontrée dans les deux dernières phases du cycle de changement proposé par Salerno et Brock est caractérisée par la compréhension et l'intégration. À la phase 5, intitulée « Comprendre les avantages », les personnes qui vivent un changement important ont atteint un point où elles comprennent parfaitement le changement et ses avantages. En outre, elles ont appris à mieux se connaître à mesure qu'elles négociaient les différentes étapes du processus de changement. Elles ont « appris ce qu'il faut pour que ce changement fonctionne » et « tiré des leçons qui leur seront utiles lors du prochain changement de travail ou de vie ». La phase 6, « Expérimenter l'intégration », implique la capacité à « intégrer pleinement notre expérience du changement dans notre vie – au travail et à la maison ». Cette pleine intégration permet à ceux qui en sont au stade 6 de fournir une vision et une assistance à ceux qui sont encore aux prises avec le changement à des stades antérieurs du cycle. Les personnes qui atteignent la sixième étape du processus ont maintenant « une vision des ramifications, des conséquences et des avantages du changement – et peuvent clairement évaluer le passé, le présent et l'avenir[15] ».

Cette discussion n'est en aucun cas un traitement complet et exhaustif de la théorie du changement, ni des aspects humains de la gestion du changement. Le lecteur est invité à étudier plus en détail la dynamique organisationnelle impliquée dans les grands changements institutionnels, en particulier les dimensions humaines[16]. Une meilleure compréhension de la réponse humaine fondamentale aux changements majeurs permettra aux responsables académiques de créer une stratégie de changement plus efficace lors de la mise en œuvre des modifications des programmes d'études.

14. Salerno et Brock, *Change Cycle*, p. 20-21.
15. *Ibid.*, p. 23-24.
16. Le livre de Salerno et Brock, *The Change Cycle*, est un bon point de départ car il comprend une discussion beaucoup plus approfondie sur le sujet que ce que j'ai pu inclure dans cette brève section.

Stratégie de mise en œuvre du changement

Les mesures prises par la direction académique d'un établissement pour réviser son programme dépendent souvent de la culture organisationnelle et du style de direction de l'école. Bien que les détails puissent varier d'un cas à l'autre, différents théoriciens au fil du temps ont suggéré quelques grandes catégories de stratégies de changement qui peuvent être utiles pour concevoir une stratégie adaptée à une situation donnée. Ornstein et Hunkins, citant Warren Bennis[17], identifient trois de ces catégories[18] :

1. *Le changement planifié.* Les personnes impliquées ont un pouvoir égal ; elles identifient et suivent des procédures précises pour traiter l'activité en question. Le changement planifié est l'idéal.
2. *La coercition.* Une personne ou un groupe détermine les objectifs, garde le contrôle et exclut d'autres personnes de la participation.
3. *Le changement interactif.* Il y a une répartition assez égale du pouvoir entre les groupes qui se fixent mutuellement des objectifs. Cependant, peu de procédures de réforme sont élaborées avec soin. En outre, les personnes concernées peuvent manquer de détermination et de savoir-faire pour mettre en œuvre les changements souhaités.

Ornstein et Hunkins ajoutent également une quatrième catégorie à la liste de Bennis, *le changement aléatoire*, et notent qu'« un tel changement se produit sans réflexion apparente et sans formulation d'objectifs. Le changement aléatoire est courant dans les écoles de théologie, par exemple lorsque les programmes sont modifiés en réponse à des événements imprévus tels que [...] la pression exercée par des groupes d'intérêts particuliers[19] ».

Le processus et la stratégie de changement impliquent dans l'idéal un *changement planifié*, mais il est plutôt fréquent, en réalité, que les changements de programmes d'études relèvent d'une des autres catégories mentionnées. La *coercition*, ou contrainte, est souvent la manière dont le changement est mis en œuvre. La direction d'un établissement exigera qu'un changement majeur soit apporté au programme d'études, en déterminera les détails, puis annoncera au corps enseignant qu'il commencera le nouveau programme à une certaine date. Dans certains cas, les professeurs seront informés qu'ils devront concevoir et mettre en œuvre les détails du changement imposé. Certaines écoles, en particulier

17. Warren Bennis, *Changing Organizations*, New York, McGraw-Hill, 1966.
18. Ornstein et Hunkins, *Curriculum*, p. 222.
19. *Ibid.*

celles qui ont une solide gouvernance du corps enseignant, aborderont la modification des programmes en utilisant le modèle de *changement interactif* décrit ci-dessus. Souvent, le manque d'autorité nécessaire ou de fonds indispensables à la mise en œuvre des changements, font que le processus de changement vacille puis échoue. Enfin, et bien trop souvent, la pression extérieure contraint une école à un *changement aléatoire* dont la mise en œuvre repose sur bien peu de discussion et de planification rationnelles. La pression externe peut provenir du conseil d'administration de l'école, de son union d'églises ou d'autres parties prenantes externes.

À la lumière de ces considérations, comment une école doit-elle s'y prendre pour aborder la modification des programmes d'études en utilisant un processus planifié ? Tout d'abord, les *facteurs préliminaires justifiant le changement de programme*, décrits dans la première section de ce chapitre, doivent être pleinement identifiés et traités. L'identification des facteurs contextuels propres à une école particulière est particulièrement importante dans cette partie du processus. L'étape suivante, et la plus souvent négligée, consiste pour la direction à examiner attentivement l'impact du changement proposé sur le corps professoral et le personnel de l'établissement. En tant que chrétiens, convaincus que leurs collègues sont créés à l'image du Dieu vivant, les dirigeants se doivent devant Dieu d'examiner attentivement cet aspect du processus de changement. L'une des façons d'y parvenir est de considérer les six étapes du cycle de changement proposé par Salerno et Brock, décrites ci-dessus, et de déterminer les réponses institutionnelles qui permettront au personnel de l'école de gérer le changement aussi sereinement que possible. Quelques lignes directrices à ce sujet sont fournies dans la dernière section de ce chapitre dans les « points de réflexion et d'action ».

Enfin, les responsables académiques doivent se rendre compte que chaque étape d'un processus de changement de programme dans un établissement d'enseignement supérieur chrétien implique de travailler avec le corps enseignant et le personnel pour obtenir un consensus général sur les différentes questions en jeu. Il y aura des moments dans le processus où des personnes, et peut-être le corps enseignant dans son ensemble, réagiront assez fortement contre le changement proposé. En tant que chrétiens, attachés à l'éthique d'amour du Christ, les responsables des écoles doivent veiller sur cette situation avec grâce, compassion, douceur et compréhension. Robert Ferris propose neuf lignes directrices pour obtenir un consensus dans ce domaine, qui peuvent s'avérer utiles pour les dirigeants faisant face à ce genre de situations. Ces lignes directrices sont résumées ci-dessous[20] :

1. *Croire qu'un consensus est possible.* Si les chefs d'établissement, les recteurs et les directeurs académiques ne partagent pas la conviction inébranlable qu'un consensus peut être atteint, le projet est condamné d'avance.
2. *Respecter les participants, leurs valeurs et leurs opinions.* Parce que Dieu a créé les hommes et les femmes à son image, et parce qu'il les aime, nous les apprécions aussi et les traitons avec respect.
3. *Identifier un terrain d'entente et progresser.* La seule façon cohérente et opérante de parvenir à un consensus est de partir d'un point d'accord commun, et non des divergences. Ce n'est qu'en établissant les bases d'un véritable accord, puis en allant de l'avant, que l'on peut forger un consensus sur les autres engagements et leurs implications en matière de programmes d'études.
4. *Écouter les valeurs et les ressentis au-delà des mots.* L'attention exclusive portée aux déclarations et aux justifications des participants au dialogue peut constituer un obstacle important à la recherche d'un consensus. Cela peut paraître surprenant, car le respect de l'autre semble également impliquer le respect de ce qu'ils disent. Il est toutefois important de comprendre que nos postulats et nos valeurs biaisent souvent nos discussions de manière inattendue.
5. *Vérifier constamment notre compréhension.* Les autres reconnaissent que nous les avons entendus lorsque nous leur reformulons les préoccupations ou les observations qu'ils ont exprimées. Nous pourrions dire : « Il me semble que c'est important pour vous parce que... Est-ce que c'est exact ? »
6. *Tester avec douceur les sentiments, les postulats et les valeurs exprimés, de manière biblique et empirique.* C'est la vérité et non le consensus qui est le but ultime ; la vérité l'est. Lorsqu'un véritable terrain d'entente a été établi et que des divergences apparaissent au cours de la discussion, les bases de ces divergences doivent être soumises à des tests bibliques et empiriques probants.

20. Robert W. Ferris, *Establishing Ministry Training: A Manual for Programme Developers*, Pasadena, CA, William Carey Library, 1995, p. 17-21.

7. *Explorer d'autres moyens de préserver les valeurs appropriées.* Même lorsque les postulats et les engagements sont partagés, les différences de priorités personnelles peuvent susciter des hésitations ou des inquiétudes concernant des propositions de programmes d'études spécifiques. Souvent, les valeurs sous-jacentes sont légitimes. À ce stade, le responsable doit aider l'enseignant à identifier des solutions alternatives qui favorisent le but recherché, tout en protégeant les valeurs de l'enseignant. Il s'agit souvent d'un point critique dans la recherche d'un consensus.
8. *Obtenir et documenter la confirmation mutuelle des accords intermédiaires.* Lorsque de nombreuses décisions relatives aux programmes d'études sont nécessaires, comme dans le cas d'une révision majeure des programmes, il convient de documenter le processus.
9. *Être patient et persévérant.* La recherche d'un consensus est une tâche qui prend du temps et met la patience à l'épreuve. Rechercher un consensus est juste sur le plan théologique (tous sont à l'image de Dieu), et épistémologique (la vérité est unifiée en Dieu ; les humains peuvent reconnaître la vérité), sur le plan organisationnel (un corps enseignant uni est productif) et sur le plan éducatif (être des exemples et démontrer l'unité encourage les apprenants à être des bâtisseurs de consensus dans leurs ministères).

L'évaluation du programme

Pourquoi évaluer un programme d'études une fois qu'il a été conçu et mis en place ? Comment ce programme d'études est-il évalué ? Existe-t-il une méthode ou un modèle d'évaluation particulièrement utile pour la formation théologique ? Dans cette section, j'examinerai brièvement ces trois questions. Tout d'abord, je proposerai une *justification* de l'évaluation des programmes d'études en abordant la question du « pourquoi évaluer ». Ensuite, j'aborderai la question du « comment », et j'examinerai brièvement certains théoriciens clés dont les *approches de l'évaluation* sont devenues fondatrices dans le domaine de l'évaluation des programmes d'études. Nombre des méthodes d'évaluation utilisées aujourd'hui dans l'enseignement supérieur découlent, dans une certaine mesure, d'une ou de plusieurs de ces théories. L'objectif de cette discussion est de permettre aux responsables académiques de mieux comprendre ces modèles et les théories qui existent, et de leur permettre de décider en connaissance de cause quels modèles conviennent le mieux à leur situation. Enfin, je me pencherai sur la question de l'évaluation pour la formation théologique et examinerai un modèle que j'ai trouvé particulièrement utile dans l'*évaluation des programmes d'enseignement appliqué à la formation théologique*. Il convient de noter que je considère l'évaluation et la mise à l'épreuve comme des concepts équivalents. Pour cette raison, et parce que l'évaluation est traitée plus en détail dans d'autres chapitres de ce livre, j'adopterai une approche globale et large du sujet. Je laisserai aux autres chapitres le soin de traiter plus en détail les spécificités de la mise en pratique.

La justification

Il est essentiel qu'un modèle d'évaluation approfondie soit inclus tout au long du processus de mise en œuvre d'un nouveau programme d'études. Quels que soient le temps, l'argent et les efforts consacrés à la préparation de la conception et du plan du programme, il y aura toujours des questions non prises en compte et, par conséquent, des domaines dans lesquels le programme pourra être amélioré. La majeure partie de l'évaluation a lieu lorsque le programme d'études est opérationnel, mais il est également nécessaire d'effectuer certaines tâches d'évaluation avant même de concevoir le programme. Le changement de programme envisagé s'inscrit-il bien dans la mission et les objectifs généraux de l'institution ? Sera-t-il compatible avec les valeurs de l'école et renforcera-t-il la capacité de cette dernière à poursuivre sa mission et à atteindre ses objectifs ? En outre, lors de la conception du programme d'études, il est important de s'assurer qu'il y a une cohérence interne entre les différents éléments de conception. Les résultats prévus, et les activités éducatives conçues pour atteindre ces résultats, sont-ils réalistes compte tenu des antécédents et des caractéristiques des apprenants ? Enfin, une fois le programme d'études rendu opérationnel, les responsables académiques devront déterminer s'il permet effectivement d'atteindre les résultats souhaités. Si le programme d'études n'atteint pas les résultats escomptés, le processus d'évaluation inclura suffisamment d'informations pour permettre aux concepteurs de savoir pourquoi et prendre les décisions requises afin d'améliorer le programme.

Par conséquent, l'évaluation des programmes ne devrait pas seulement fournir des informations sur l'efficacité et l'efficience avec lesquelles un programme donné atteint les résultats escomptés. Ce type de données *sommatives* indique seulement si le programme d'études a été une réussite ou non. Il ne fournit pas suffisamment d'informations pour identifier les points faibles du programme et donc procéder aux ajustements nécessaires pour son amélioration. Ainsi, l'évaluation du programme d'études devrait également être *formative* et permettre aux responsables académiques et/ou aux concepteurs du programme de l'améliorer afin que les apprenants aient de meilleures chances d'atteindre les résultats escomptés. Une pratique courante, mais erronée, consiste à supposer que le seul « public » de l'évaluation est l'apprenant. Cette supposition part du principe que le programme d'études est parfait et que toute lacune existante incombe à l'apprenant. Lorsqu'un nombre important d'apprenants ne parviennent pas à atteindre les résultats d'apprentissage escomptés de la même manière, le problème, selon toute vraisemblance, ne réside pas seulement chez les apprenants mais dans la conception du programme.

Les modèles d'évaluation

Ralph Tyler est l'une des figures les plus influentes de l'histoire contemporaine de l'évaluation des programmes d'études. En 1949, Tyler soutenait que les programmes d'enseignement étaient destinés à aider les élèves à atteindre certains objectifs *comportementaux*. Le but de l'évaluation pédagogique est de déterminer dans quelle mesure ces objectifs sont atteints. Cette approche se reflète dans la description du processus d'évaluation faite par Tyler lui-même :

> Le processus d'évaluation consiste essentiellement à déterminer dans quelle mesure les objectifs éducatifs sont effectivement réalisés [...] Étant donné que les objectifs éducatifs comportent essentiellement des changements chez les êtres humains, c'est-à-dire que les objectifs visés consistent à produire certains changements souhaitables dans les schémas de comportement de l'étudiant, l'évaluation est le processus qui permet de déterminer dans quelle mesure ces changements de comportement se produisent réellement[21].

Au cours des décennies qui ont suivi les travaux de Tyler, les efforts d'évaluation à tous les niveaux de l'éducation ont suivi son modèle, mettant principalement l'accent sur la réalisation d'objectifs comportementaux.

Lee Cronbach fut le premier à remettre en question les efforts d'évaluation basés sur l'approche de Tyler. Dans un article publié en 1963, il a souligné la nécessité d'accorder une attention accrue aux *besoins des décideurs*. Il affirmait que les planificateurs de l'éducation bénéficieraient beaucoup plus d'une évaluation qui porte sur les décisions à prendre pendant l'élaboration du programme,

---

21. Ralph W. TYLER, *Basic Principles of Curriculum and Instruction*, Chicago, University of Chicago Press, 2013, éd. Kindle, p. 1608-1611.

plutôt que sur le fait de savoir si des objectifs spécifiques ont été atteints. En conséquence, il a défini l'évaluation comme « la collecte et l'utilisation d'informations pour prendre des décisions concernant un programme éducatif[22] ». Cronbach a ensuite distingué son approche de celle de Tyler en classant cette dernière comme une approche « scientifique » et sa propre approche comme une approche « humaniste ». Il explique l'approche humaniste comme une approche dans laquelle « les études de cas scientifiques sont la panacée. Un humaniste étudierait un programme déjà en place, et non pas un programme imposé par l'évaluateur [...] Le programme doit être vu à travers les yeux de ses développeurs et de ses clients. Les enquêteurs scientifiques poseraient des questions différentes selon les programmes. Les avantages doivent être décrits, et non réduits à une qualité. Les observations doivent être pertinentes et adaptées au contexte local, et non pas prédéfinies[23]. »

Daniel Stufflebeam a suivi la ligne de pensée de Cronbach et a développé une approche d'évaluation qui utilise les besoins des décideurs de l'éducation comme principal organisateur. Pour s'assurer que les décideurs disposent des informations dont ils ont besoin, Stufflebeam a proposé un processus qui consiste à « définir, obtenir, signaler et appliquer des informations descriptives et des jugements [...] afin de guider la prise de décision, de soutenir la transparence, de diffuser des pratiques efficaces et d'accroître la compréhension[24]. » Cette approche, appelée modèle CIPP (Contexte, Intrants, Processus et Produit), prévoit quatre types d'évaluation pour obtenir les informations nécessaires à une prise de décision efficace[25] :

22. Lee CRONBACH, « Course Improvement through Evaluation », *Teachers College Record* 64, n°8, 1963, p. 672-683.

23. Lee CRONBACH, *Designing Evaluation of Educational and Social Programs*, San Francisco, Jossey-Bass, 1982, p. 25. Parmi les autres écrivains qui ont également souligné les limites de l'approche « scientifique » et qui ont développé l'approche humaniste, citons Catherine TAYLOR et Susan NOLEN, *Classroom Assessment: Supporting Teaching and Learning in Real Classrooms*, 2e éd., Upper Saddle River, NJ, Pearson, 2008 ; Gina IKEMOTO et Julie MARSH, « Cutting through the "Data-Driven" Mantra: Different Conceptions in Data-Driven Decision Making », dans *Evidence and Decision Making*, sous dir. Pamela Moss, Malden, MA, Blackwell, 2007, p. 105-131.

24. Daniel STUFFLEBEAM, « The CIPP Model for Evaluation », dans *Evaluation Models: Viewpoints on Educational and Human Services Evaluation*, sous dir. Daniel Stufflebeam, George F. Madaus, et Thomas Kellaghan, 2e éd., Hingham, MA, Kluwer Academic, 2000, p. 280.

25. *Ibid.*, p. 279.

1. *Évaluations du contexte* : évaluer les besoins, les problèmes et les opportunités afin de définir les objectifs et les priorités et de juger de l'importance des résultats.
2. *Évaluations des intrants (éléments entrant dans la production d'un bien)* : évaluer les réponses alternatives aux besoins comme moyen de planification des programmes et d'allocation des ressources.
3. *Évaluations du processus* : évaluer la mise en œuvre des plans pour guider les activités, et aider par la suite à expliquer les résultats.
4. *Évaluations des produits* : identifier les résultats escomptés et imprévus, à la fois pour aider à maintenir le processus sur la bonne voie et pour déterminer l'efficacité.

Stufflebeam affirme que les objectifs des programmes d'études ne sont utiles que s'ils répondent aux besoins réels des parties prenantes d'une école. En outre, une école ne peut pas compter sur le soutien continu de ces parties prenantes « si elle ne peut pas présenter des preuves qu'elle a rempli ses engagements et produit des résultats bénéfiques. Pour ces raisons et d'autres encore, les professionnels doivent soumettre leur travail à une évaluation compétente[26]. »

L'espace restreint ici ne permet pas d'étudier plus en détail les différentes approches qui se sont développées dans ce domaine[27]. Quelle que soit l'approche adoptée, les responsables académiques doivent comprendre pleinement l'importance et la nécessité de l'évaluation dans le processus d'élaboration et de mise en œuvre des programmes d'études. Comme l'affirment Ornstein et Hunkins, « l'évaluation est essentielle à l'utilisation continue d'un programme d'études constructif. Si le but recherché est que les enseignants et la communauté soutiennent le programme d'études, les éducateurs doivent concevoir et mettre en œuvre des processus d'évaluation et de suivi efficaces[28] ».

26. *Ibid.*, p. 316.
27. Pour des lectures supplémentaires, voir Stufflebeam, Madaus et Kellaghan, *Evaluation Models: Viewpoints on Educational and Human Services Evaluation* ; Daniel L. Stufflebeam et Anthony J. Shinkfield, *Evaluation Theory, Models, and Applications*, San Francisco, Jossey-Bass, 2007.
28. Ornstein et Hunkins, *Curriculum*, p. 242.

Évaluation des programmes d'études pour la formation théologique[29]

L'une des approches que nous avons été nombreux à trouver utile pour fournir des données d'évaluation aux décideurs dans le domaine de la formation théologique a été proposée pour la première fois par Robert Stake en 1967[30]. Bien que Stake ait inclus le concept d'objectifs éducatifs dans son modèle, il a opéré une avancée considérable sur le modèle Tyler car il pensait que les formateurs devaient inclure une « conceptualisation de l'évaluation orientée qui tienne compte de la nature complexe et dynamique de l'éducation[31] ». Pour ce faire, il a inclus dans le processus d'évaluation des facteurs contextuels et des expériences éducatives réelles, ainsi que des résultats. Il a proposé que les informations d'évaluation relatives à ces trois domaines soient rassemblées dans les catégories des antécédents (conditions préalables qui peuvent affecter les résultats), des transactions (les diverses activités qui forment la mise en œuvre effective du programme d'études) et des résultats.

Selon Stake, deux actes fondamentaux d'évaluation doivent être inclus dans le processus pour qu'un programme éducatif soit pleinement compris. Ces actes impliquent la collecte de deux ensembles distincts d'informations relatives au programme évalué : des informations descriptives et des informations de jugement. Selon Stake, « la description et le jugement sont tous deux essentiels – en fait, ce sont les deux actes fondamentaux de l'évaluation [...] Pour être pleinement compris, le programme éducatif doit être entièrement décrit et pleinement jugé[32]. » Les informations descriptives se concentrent sur les *intentions* prévues du programme (ce que les planificateurs supposent qu'il va se passer) ainsi que sur les *observations* (ce qui se passe réellement pendant la mise en œuvre) concernant les antécédents, transactions et résultats. Les informations de jugement portent sur l'application de normes et de décisions quant au mérite et à la valeur des antécédents, des transactions et des résultats d'un programme. Les normes proviennent généralement d'agences externes telles que les accréditeurs ou le gouvernement. Une école donnée pourrait également utiliser la conception « idéale » du programme d'études d'un autre établissement comme norme pour

29. Une grande partie du contenu de cette section est tirée de ma thèse à l'université d'État du Michigan : John Lillis, « Comparing Instructor Assumptions and Student Realities : A Study of Western Theological Extension Education in Southeast Asia », thèse de doctorat, Michigan State University, 1987.

30. Robert Stake, « The Countenance of Educational Evaluation », *Teachers College Record* 68, n°7, 1967, p. 523-540.

31. *Ibid.*, p. 524.

32. *Ibid.*, p. 525.

porter des jugements. Dans ce cas, cependant, l'école locale devra s'assurer que cette conception « idéale » correspond aux paramètres de son contexte particulier. Les informations de jugement pour les trois catégories peuvent provenir à la fois de sources externes (union d'églises, parties prenantes, communauté civile ou autres parties prenantes) et de sources internes (p. ex. le corps enseignant ou le conseil d'administration de l'école). Une fois les données descriptives recueillies et analysées, des jugements de l'évaluation sont portés en appliquant des ensembles de normes adaptées aux informations descriptives. La matrice de données présentée à la figure 7 illustre l'approche de Stake.

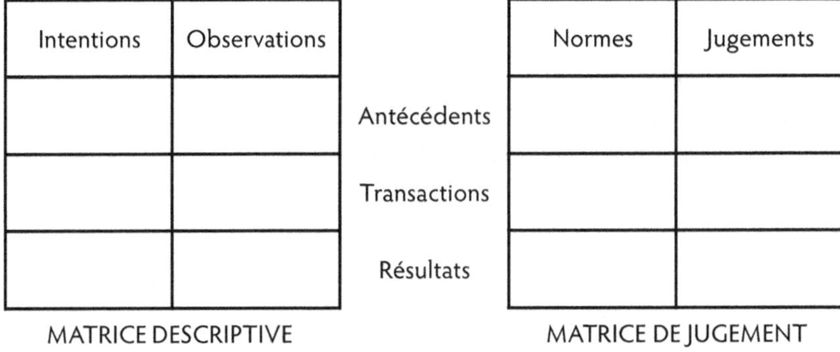

Figure 7. Matrice d'évaluation de Stake[33]

Stake suggère qu'il y a deux façons principales de traiter les informations d'évaluation qui ont été collectées pour la matrice descriptive. Premièrement, on peut déterminer les *contingences* parmi les antécédents, les transactions et les résultats. Il s'agit de déterminer la relation entre ces trois catégories et, en particulier, de déterminer les liens de causalité affectant les résultats générés par les antécédents et les transactions. Dans la colonne « Intentions », par exemple, il s'agirait de se préoccuper d'une contingence potentielle. Les résultats escomptés découlent-ils logiquement des transactions prévues et des hypothèses concernant les antécédents ? En traitant les informations dans la colonne « Observations », on recueillera des données qui décrivent ce qui s'est réellement passé lors de la mise en œuvre du programme d'études. La tâche de l'évaluateur consiste donc à identifier « les résultats qui dépendent de circonstances antérieures particulières

33. *Ibid.*, p. 531.

et de transactions pédagogiques[34] ». Il est nécessaire de déterminer dans quelle mesure les résultats observés dépendent des transactions observées et des antécédents réels, et dans quelle mesure d'autres facteurs contribuent aux résultats.

Le deuxième mode principal d'analyse des données d'évaluation descriptive consiste à déterminer la *concordance* entre les antécédents, les transactions et les résultats escomptés ou supposés, et ceux qui sont réellement observés. On dit que les données d'un programme d'études sont concordantes si ce qui devait arriver s'est effectivement produit. Si les données étaient parfaitement congruentes, tout ce qui devait se produire dans chacune des trois catégories s'est effectivement produit. Comme c'est rarement le cas, la tâche de l'analyste consiste à comparer les antécédents, les transactions et les résultats visés à ceux observés, en décrivant le degré de congruence et en notant les divergences. Les déclarations de congruence n'ont pas pour but d'impliquer que les résultats sont fiables ou valables, mais seulement d'indiquer dans quelle mesure ce qui devait se produire s'est effectivement produit. La figure 8 illustre les principes de congruence et de contingence tels qu'ils sont appliqués à la matrice descriptive.

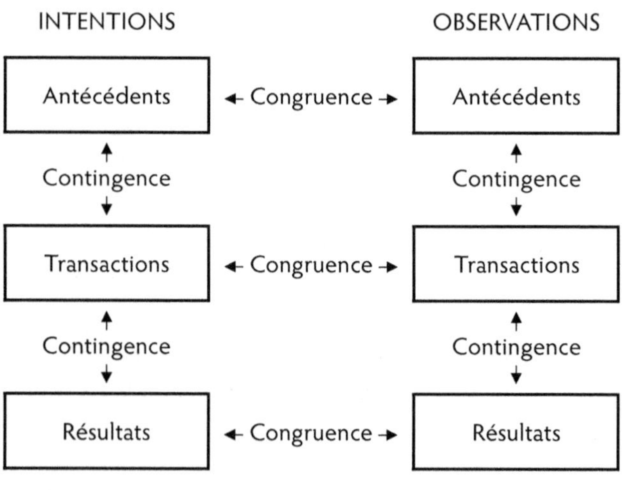

Figure 8. Analyse de Contingence/Congruence de Stake[35]

34. *Ibid.*, p. 533.
35. *Ibid.*, p. 532.

Stake a également introduit le concept d'*évaluation réactive* en ce qui concerne l'évaluation des programmes d'études. Dans l'évaluation réactive, Stake affirme que l'évaluateur devrait se préoccuper davantage des intérêts des divers groupes touchés par le programme éducatif évalué que par les objectifs déclarés du programme. Il décrit cette approche comme une approche qui

> sacrifie une certaine précision dans la mesure, dans l'espoir d'accroître l'utilité des résultats pour les personnes qui œuvrent dans le programme et autour de celui-ci. De nombreux plans d'évaluation sont plus préétablis, mettant l'accent sur l'énoncé des objectifs, l'utilisation de tests objectifs, les normes acquises par le personnel du programme et les rapports du type recherche. L'évaluation réactive est moins dépendante de la communication formelle, mais davantage de la communication naturelle [...] C'est une évaluation basée sur ce que les personnes font naturellement pour évaluer les choses : elles observent et réagissent[36].

L'objectif de tout effort éducatif est déterminé par les préoccupations et les intérêts des différents publics concernées par le programme. Les besoins spécifiques d'information pour l'évaluation sont déterminés par les intérêts des personnes qui entourent le programme, les différentes « parties prenantes ». Il s'agit non seulement des diplômés de l'école, mais aussi de tous ceux qui sont impliqués dans l'école elle-même. Le rôle de l'évaluateur constitue une différence importante entre une approche réactive et les autres approches de l'évaluation des programmes d'études. Dans d'autres approches, l'évaluateur est externe et objectif par rapport au programme. Dans l'évaluation réactive, les évaluateurs peuvent se laisser entraîner dans le processus, et même interagir avec l'ensemble du processus. La nature même de la formation théologique et son objectif primordial de former des futurs dirigeants compétents et inspirés par Dieu pour l'Église de Jésus-Christ suggère fortement que l'évaluation de son programme d'études suive cette approche[37].

---

36. Robert Stake, « Program Evaluation, Particularly Responsive Evaluation », dans Stufflebeam, Madaus et Kellaghan, *Evaluation Models*, p. 347.

37. Pour des lectures supplémentaires sur l'évaluation réactive, voir Robert Stake, sous dir., *Standards-Based and Responsive Evaluation*, Thousand Oaks, CA, Sage, 2003 ; Robert Stake, *The Art of Case Study Research*, Thousand Oaks, CA Sage, 1995 ; ainsi que Egon Guba et Y. Lincoln, *Effective Evaluation: Improving the Usefulness of Evaluation Results through Responsive and Naturalistic Approaches*, San Francisco, Jossey-Bass, 1992.

Points de réflexion et d'action

Facteurs préliminaires qui influencent le changement de programme

1. Décrivez les actions spécifiques requises par votre agence d'accréditation, ainsi que par les agences gouvernementales auxquelles vous devez rendre compte des changements substantiels apportés aux programmes de votre école. Si possible, citez les instructions du manuel d'accréditation ainsi que les politiques gouvernementales relatives officielles. Si l'un ou l'autre de ces documents, ou les deux, ne sont pas pertinents pour votre situation, expliquez pourquoi.
2. Pensez à un changement de programme particulier que vous envisagez de mettre en œuvre dans votre école. Analysez vos ressources actuelles dans les catégories du corps enseignant, du personnel et des finances, comme expliqué dans la première section du chapitre. Décrivez les ressources actuellement disponibles et les ajouts spécifiques qui doivent être faits dans chacune des trois catégories pour fournir les ressources nécessaires au changement proposé. Essayez d'être aussi précis que possible pour chaque catégorie, en incluant les coûts réels prévus pour chaque aspect de la proposition.
3. Dans la première section, j'ai fait référence au fait que chaque école a un ensemble de d'enjeux contextuels uniques qui affecteront la mise en œuvre des changements de programmes. Expliquez dans quelle mesure chacun des facteurs suivants influencerait la mise en œuvre d'un nouveau programme d'études dans votre école, et comment vous prévoyez de gérer chacun d'entre eux. Si vous pensez que l'un d'entre eux ne constituerait pas un facteur d'influence dans votre contexte, expliquez pourquoi.
   a. Réaction des professeurs aux changements proposés.
   b. Réaction du conseil d'administration de l'école aux changements proposés.
   c. Réaction du public principal de l'école aux changements proposés.
   d. Réaménagement de la charge de travail des principaux membres de l'administration, du personnel et du corps enseignant.
4. Identifiez les enjeux contextuels supplémentaires qui pourraient avoir une incidence négative sur la mise en œuvre de nouveaux cours dans le cadre d'un changement de programme précis que votre école envisage d'adopter dans un avenir proche. Expliquez en détail chacun des

facteurs, et l'impact potentiel que chacun d'entre eux pourrait avoir au cours du processus de mise en œuvre. Décrivez ensuite une stratégie pour traiter ces questions afin d'en atténuer l'impact.

Facteurs humains affectant le changement

1. Créez une liste des changements organisationnels et de programmes que vous envisagez pour les deux prochaines années dans votre école. Pour les changements de programme que vous envisagez :
   a. Qu'est-ce qui sera changé ?
   b. Supprimerez-vous des cours ?
   c. Des fonctions seront-elles modifiées ou supprimées ?
   d. Qui sera touché par ces changements ?
2. Décrivez comment, selon vous, les membres de votre organisation (corps enseignant, personnel et administration) vont réagir/répondre à ces changements. Créez une stratégie efficace pour mettre en œuvre le changement que vous envisagez. Quelles sont les composantes et actions spécifiques que vous jugez nécessaires dans un tel plan à la lumière de votre situation et de votre contexte culturel particuliers ? Cette stratégie doit également refléter les valeurs essentielles que vous souhaitez protéger en dépit du changement. Prenez en compte les sentiments, les pensées et les comportements qui, selon vous, caractériseront le personnel de l'école à mesure de la mise en œuvre de ces changements. Si vous pensez qu'ils sont pertinents dans votre contexte, utilisez les étapes et les réponses humaines typiques du cycle de changement de Salerne et Brock, telles que résumées ci-dessous, pour vous aider dans cette démarche :

   Stage 1 : perte de sécurité
      a. Sentiments : peur.
      b. Pensées : prudence.
      c. Comportement : paralysie, immobilisme.

   Stage 2 : du doute à la réalité
      a. Sentiments : ressentiment.
      b. Pensées : scepticisme.
      c. Comportement : résistance.

   Stage 3 : de l'inconfort à la motivation
      a. Sentiments : anxiété.

b. Pensées : confusion.
c. Comportement : manque de productivité.

Stade 4 : de la découverte à la perspective

a. Sentiments : anticipation.
b. Pensées : créatives.
c. Comportement : bonne motivation.

Stade 5 : comprendre les avantages

a. Sentiments : confiance.
b. Pensées : pragmatisme.
c. Comportement : productivité.

Stade 6 : expérimenter l'intégration

a. Sentiments : satisfaction.
b. Pensées : concentration.
c. Comportement : générosité.

Évaluation du programme

1. Le programme d'études est conçu, mis en œuvre et évalué dans le cadre d'un ensemble de réalités contextuelles associées aux nouveaux apprenants, à l'Église et à la société. Tous ces éléments créent un ensemble de conditions « données » (les « antécédents » du modèle de Stake) que l'école ne peut pas changer et dans lesquelles le programme doit s'inscrire. Tout programme d'études « suppose » des données dans ces domaines dans sa conception de base. Les facteurs qui influenceraient les apprenants à leur entrée dans un programme pourraient inclure le niveau d'éducation antérieur, l'expérience de l'Église, les responsabilités familiales, la connaissance de la Bible, l'emploi à l'extérieur, le temps disponible pour étudier et la proximité géographique de l'école (lieu). Les attentes de l'Église ainsi que la situation sociétale générale sont également des « données » ou des « antécédents » sur lesquels je me base lorsque je conçois un programme d'études. Afin d'évaluer efficacement un programme d'études, je dois être capable d'identifier ce que je suppose des antécédents du programme.
   a. En utilisant le programme principal de diplôme de votre école, déterminez certaines sources de données spécifiques qui vous permettraient d'obtenir des informations concernant les intentions ou les postulats du programme d'études que vous avez fait. Le but ici est d'obtenir des informations qui vous permettront

de déterminer avec précision dans quelle mesure vos intentions ou vos hypothèses correspondent à votre réalité. (Les sources recherchées peuvent comprendre des documents tels que le prospectus ou le catalogue de votre école, les conditions d'admission, les programmes et les plans de cours ; les entretiens avec les principales parties prenantes sont également de bonnes sources d'information).

   b. Créez à présent un ensemble de questions et de procédures qui permettraient à une équipe d'évaluation des programmes d'études de déterminer et de décrire les « antécédents » de votre école. Réfléchissez aux questions que vous pourriez poser aux étudiants potentiels ainsi qu'aux principales parties prenantes externes, comme les pasteurs des Églises, les chefs de dénomination ou les membres du conseil d'administration de l'école.

2. Chaque programme diplômant devrait avoir des résultats en termes de diplômes, des objectifs ou des buts spécifiques qui représentent un profil du diplômé « idéal » de ce programme. En utilisant les résultats, objectifs ou buts publiés pour le programme de diplôme que vous avez choisi lors de l'exercice précédent :
   a. Décrivez comment vous allez déterminer le degré d'accomplissement ou de réalisation de chaque résultat. Comment saurez-vous que l'expérience éducative que vous avez créée aboutira au résultat escompté ? Énumérez les instruments, outils ou procédures d'évaluation spécifiques que vous utiliserez pour déterminer dans quelle mesure les résultats ont été atteints dans la vie des étudiants. Il convient d'utiliser la même procédure pour évaluer différents résultats.
   b. Ainsi que l'a souligné Stake, il ne suffit pas de simplement recueillir des données d'évaluation concernant la réalisation des résultats escomptés d'un programme. Ces données ne sont utiles que si des procédures sont en place pour s'assurer que les données sont utilisées pour modifier et améliorer le programme d'études. Pour chacune des différentes procédures que vous avez identifiées ci-dessus, indiquez le processus qui servira à faire parvenir les informations aux personnes concernées et qui leur permettra de modifier et d'améliorer le programme d'études.

Pour aller plus loin

Théorie du changement organisationnel

BENNIS Warren, *Changing Organizations,* New York, McGraw-Hill, 1966, « Kotter's 8-Step Change Model: Implementing Change Powerfully and Successfully », MindTools, consulté le 12 septembre 2015, www.mindtools.com/pages/article/ newPPM_82.htm.

KOTTER John P., « Winning at Change », *Leader to Leader,* n°10, automne 1998, p. 27-33.

SALERNO Ann, BROCK Lillie, *The Change Cycle: How People Can Survive and Thrive in Organizational Change,* San Francisco, Berrett-Koehler, 2008.

Changement dans l'éducation

BUCHANAN Michael T., ENGEBRETSON Kath, « The Significance of Theory in the Implementation of Curriculum Change in Religious Education », *British Journal of Religious Education* 31, n°2, mars 2009, p. 141-152.

DIAMOND Robert, *Designing and Improving Courses and Curricula in Higher Education,* San Francisco, Jossey-Bass, 1989.

FAHEY Shireen, « Curriculum Change and Climate Change: Inside Outside Pressures in Higher Education », *Journal of Curriculum Studies* 44, n°5, 23 mai 2012, p. 703-722.

FERRIS Robert, *Establishing Ministry Training: A Manual for Programme Developers,* Pasadena, CA, William Carey Library, 1995.

HARLEY Ken, WEDEKIND Volker, « Political Change, Curriculum Change and Social Formation, 1990 to 2002 », dans *Changing Class: Education and Social Change in Post-Apartheid South Africa,* sous dir. Linda Chisholm, Le Cap, HSRC Press, 2004, p. 195-220.

HONGBIAO Yin, LEE John Chi-Kin, WANG Wenlan, « Dilemmas of Leading National Curriculum Reform in a Global Era: A Chinese Perspective », *Educational Management Administration & Leadership* 42, n°2, 2014, p. 293-311.

LOUVEL Severine, « Understanding Change in Higher Education as Bricolage: How Academics Engage in Curriculum Change », *Higher Education* 66, n°6, 2013, p. 669-691.

ORNSTEIN Allan C., HUNKINS Francis P., *Curriculum: Foundations, Principles, and Issues,* 6e éd., Harlow, Pearson, 2012.

SAKARIA M. Iipinge, KASANDA Choshi D., « Challenges Associated with Curriculum Alignment, Change, and Assessment Reforms in Namibia », *Assessment in Education: Principles, Policy & Practice* 20, n°4, 2013, p. 424-441.

WEDDLE Martin, *Planning for Educational Change: Putting People and Their Contexts First,* Londres, Continuum, 2009.

Évaluation du programme d'études

CRONBACH Lee, « Course Improvement through Evaluation », *Teachers College Record* 64, n°8, 1963, p. 672-683.

CRONBACH Lee, *Designing Evaluation of Educational and Social Programs*, San Francisco, Jossey-Bass, 1982.

GUBA Egon, LINCOLN Y., *Effective Evaluation: Improving the Usefulness of Evaluation Results through Responsive and Naturalistic Approaches*, San Francisco, Jossey-Bass, 1992.

IKEMOTO Gina, MARSH Julie, « Cutting through the 'Data-Driven' Mantra: Different Conceptions in Data-Driven Decision Making », dans *Evidence and Decision Making*, sous dir. Pamela Moss, Malden, MA, Blackwell, 2007, p. 105-131.

LILLIS John, « Comparing Instructor Assumptions and Student Realities: A Study of Western Theological Extension Education in Southeast Asia », thèse de doctorat, Michigan State University, 1987.

STAKE Robert, *The Art of Case Study Research*, Thousand Oaks, CA, Sage, 1995.

STAKE Robert, « The Countenance of Educational Evaluation », *Teachers College Record* 68, n°7, 1967, p. 523-540.

STAKE Robert, « Program Evaluation, Particularly Responsive Evaluation », dans *Evaluation Models: Viewpoints on Educational and Human Services Evaluation*, sous dir. Daniel Stufflebeam, George F. Madaus, et Thomas Kellaghan, 2e éd., Hingham, MA, Kluwer Academic, 2000, p. 343-362.

STAKE Robert, sous dir., *Standards-Based and Responsive Evaluation*, Thousand Oaks, CA, Sage, 2003.

STUFFLEBEAM Daniel, « The CIPP Model for Evaluation », In *Evaluation Models: Viewpoints on Educational and Human Services Evaluation*, sous dir. Daniel Stufflebeam, George F. Madaus, et Thomas Kellaghan, 2e éd., Hingham, MA, Kluwer Academic, 2000, p. 279-318.

STUFFLEBEAM Daniel, SHINKFIELD Anthony, *Evaluation Theory, Models, and Applications*, San Francisco, Jossey-Bass, 2007.

STUFFLEBEAM Daniel L., MADAUS George F., KELLAGHAN Thomas, sous dir., *Evaluation Models: Viewpoints on Educational and Human Services Evaluation*, 2e éd., Hingham, MA, Kluwer Academic, 2000.

TAYLOR Catherine, NOLEN Susan, *Classroom Assessment*, 2e éd., Upper Saddle River, NJ, Pearson, 2008.

TYLER Ralph W., *Basic Principles of Curriculum and Instruction*, Chicago, University of Chicago Press, 2013.

Deuxième partie

Favoriser l'enseignement et l'apprentissage

6

Le rôle des responsables académiques dans la conception d'un enseignement et d'un apprentissage transformateurs

Allan Harkness

Le Calvary Seminary, qui existe depuis trente ans et est situé dans un pays du monde émergent, s'est bâti une réputation enviable pour la qualité de son corps enseignant. Plusieurs des professeurs sont titulaires de doctorats d'universités occidentales et un certain nombre de leurs livres et articles publiés sont régulièrement consultés par les confrères. L'énoncé de mission du Calvary Seminary est de « préparer le peuple de Dieu au ministère », mais certaines Églises dans lesquelles sont placés les diplômés de cette institution rapportent qu'ils ne sont pas suffisamment préparés aux réalités du ministère pastoral communautaire.

Les discussions qui ont lieu au cours de plusieurs réunions d'enseignants permettent de prendre conscience et d'accepter à contrecœur qu'il y a du vrai dans ces critiques. Les professeurs savent que cela ne peut pas être dû au contenu biblique et théologique complet que les étudiants ont dû traiter pendant leur programme d'études. Peut-être est-ce lié à la façon dont le contenu est dispensé aux étudiants ? « Savons-nous vraiment comment enseigner ? » demande un enseignant. « Et savons-nous vraiment ce que nos étudiants apprennent ? » demande un autre.

Joshua, un professeur chevronné de l'enseignement supérieur, est chargé par le chef d'établissement d'explorer les possibilités de formation des enseignants. Joshua interroge ses collègues enseignants sur leur volonté d'être formés, et s'inquiète de recevoir des commentaires comme ceux-ci :

« Je ne pourrai pas y participer en raison de mes engagements actuels dans l'enseignement, la recherche et la rédaction. »

« J'ai déjà du mal à suivre l'évolution de la réflexion dans ma propre discipline, je ne vois pas comment trouver le temps d'apprendre à mieux enseigner. »

« À ce niveau d'enseignement de troisième cycle, les étudiants devraient être capables de s'en sortir, quelles que soient les méthodes d'enseignement. Cela ne peut pas relever aussi de ma responsabilité. »

Joshua décide de commencer par fournir aux enseignants débordés quelques ressources imprimées sur les compétences pédagogiques. Il envoie sa liste par courrier électronique au directeur académique, en lui demandant de lui donner l'occasion d'en parler lors de la prochaine réunion des enseignants. Mais le directeur académique transfère ce courriel aux enseignants avec un message d'une ligne : « De la part de Joshua. » Ni le chef d'établissement ni les enseignants ne mentionnent à Joshua qu'ils l'ont reçu. Désabusé, Joshua rédige une proposition pour organiser plusieurs événements de perfectionnement de l'enseignement. Cette proposition est présentée à la fin de la réunion suivante, déjà assez longue, du corps enseignant. Mais la discussion est morose, et le directeur l'interrompt après quelques minutes, car (paradoxalement) le corps enseignant doit finaliser les cours pour parachever un programme d'études révisé. La formation des professeurs ne réapparaît pas à l'ordre du jour des réunions du corps professoral.

En attendant, « rien à signaler » au Calvary Seminary... qui reçoit toujours les mêmes retours des Églises.

Le résultat au Calvary Seminary aurait-il pu être différent ?

Le rôle de toute institution théologique est d'être un agent de transformation. Cela se reflète fréquemment dans les slogans et les énoncés de vision et de mission des institutions, par exemple :

- Développer des dirigeants à l'image du Christ pour accomplir le mandat missionnaire.
- Voir des dirigeants inspirés par Dieu servir l'Église en tant qu'agents de transformation.

Les processus éducatifs – les activités d'enseignement et d'apprentissage – des institutions sont essentiels pour que ces déclarations de mission passent de la théorie à la pratique. Mais, comme au Calvary Seminary, un corps enseignant peut ne pas saisir les occasions d'explorer la raison pour laquelle « nous faisons ce que nous faisons », à savoir la manière d'améliorer l'efficacité de l'enseignement.

Le résultat au Calvary Seminary aurait probablement été bien différent si le chef d'établissement et le directeur académique avaient joué un rôle facilitateur plus encourageant et plus proactif. De quelle manière auraient-ils pu permettre une conception et une mise en œuvre plus efficaces de l'« enseignement et de l'apprentissage transformatifs » (EAT) pour garantir la réalité de leurs nobles déclarations de vision ? C'est l'objet de ce chapitre.

Fondements de l'enseignement et de l'apprentissage transformateurs dans les institutions de formation

Dans ce chapitre, j'utilise les termes « institution de formation » « ou école de théologie » comme termes génériques pour désigner les structures d'enseignement théologique (ou ET) qui existent principalement pour former des personnes à la direction d'églises ou d'agences ecclésiastiques, et pour intégrer leur foi dans leur vie quotidienne sans nécessairement passer par un « ministère chrétien à plein temps ». Il est probable que ce terme englobe de nombreux établissements d'enseignement théologique ainsi que des écoles et universités bibliques[1].

Les institutions de ce type ont un certain nombre de parties prenantes ayant un intérêt direct dans l'impact transformateur de « leur école ». Ces parties prenantes comprennent :

- Les étudiants des programmes de l'institution de formation.
- Les Églises, unions d'églises et organisations dans lesquelles les étudiants travaillent pendant et après leur expérience à l'institution de formation.
- Les laïcs des Églises et des organisations qui sont « les bénéficiaires » du ministère des étudiants et des diplômés.

1. La formation théologique est une entreprise particulièrement vaste. Il existe quatre expressions principales : (1) les études théologiques proposées au sein d'une université (généralement) laïque ; (2) la formation dans une faculté théologique, une institution de formation ou une école de théologie ; (3) les institutions créées principalement pour équiper les laïcs pour le ministère et la mission ; et (4) la formation théologique « hors campus ». Voir Allan Harkness, « Introduction », dans « *Tending the Seedbeds* » : *Educational Perspectives on Theological Education in Asia*, sous dir. Allan Harkness, Manille, Asia Theological Association, 2010, p. 8-9. Ce chapitre traite principalement de la deuxième et troisième expression.

- Les cultures dans lesquelles les Églises et les organisations sont implantées pour leur ministère et leur mission.
- Les professeurs de l'institution de formation, s'investissant dans la vie de l'institution et de ses étudiants.
- Les responsables de l'institution de formation, chargés de donner des orientations académiques et de gouvernance.
- En fin de compte, notre Dieu souverain, créateur et trinitaire, en qui « nous avons la vie, le mouvement et l'être » (Ac 17.28).

Chacune des parties prenantes a une certaine responsabilité pour assurer le bon fonctionnement de l'institution de formation, et cela est reconnu par celle-ci. Ce chapitre aborde le rôle des responsables académiques dans la conception de processus éducatifs qui seront réellement transformateurs – et, comme nous le verrons, l'interaction avec les parties prenantes en sera une partie importante.

Qui sont les « responsables académiques » ?

Le Calvary Seminary a un chef d'établissement et un directeur académique. Différents titres peuvent être utilisés pour ceux qui exercent des rôles similaires :

> De nombreux termes sont employés par le monde pour désigner les postes de responsabilité académique, comme : doyen, directeur, chef d'établissement, recteur d'une part ; et d'autre part, responsable académique, directeur des études, directeur académique. L'usage local et les influences culturelles ou historiques ont laissé leur marque sur la manière de désigner un poste. Aujourd'hui [en francophonie], il est fréquent d'appeler celui qui occupe le poste de chef d'établissement « doyen », et la personne à qui sont confiées les affaires académiques « directeur académique », « directeur des études » ou« vice-doyen »[2].

Dans ce chapitre, j'utilise les termes « doyen » et « directeur académique » pour désigner les deux principaux postes de direction académique au sein de l'institution de formation. Ces deux responsables ont souvent un ou plusieurs comités qu'ils consultent et qui les aident à formuler des politiques et des

2. Fritz Deininger, « Doyen et directeur académique », dans *La direction académique dans la formation théologique, vol. 1, les fondements*, sous dir. Fritz Deininger et Orbelina Eguizabal, collection ICETE, Carlisle, Langham Global Library, 2021, p. 111. Voir aussi le chapitre 6 dans le même volume : Fritz Deininger, « La direction académique en tant que ministère chrétien : un poste de direction exigeant », p. 131-151.

pratiques, de sorte que la responsabilité académique ne repose pas sur leurs seules épaules. Fritz Deininger souligne en outre ces rôles de direction :

> Quel que soit le titre qu'on octroie à un poste au sein de l'institution, le défi reste le même. Ces postes sont confiés à des responsables pour permettre de diriger et de développer l'institution et de créer des programmes d'études. Leur finalité est de contribuer à former des hommes et des femmes pour un ministère fécond. Les postes de responsabilité ne sont pas un but en soi mais sont institués afin d'améliorer la qualité de la formation théologique. C'est pourquoi une bonne relation de travail entre le doyen et le directeur académique est essentielle[3].

Quelle sorte de « transformation » est indiquée ?

Les formes et les objectifs de formation dans les institutions de formation sont multiples. Ils peuvent être plus ou moins axés sur des approches académiques et scientifiques, centrées sur la formation de disciples, sur la formation spirituelle ou sur les compétences. Ils peuvent être plus ou moins contextualisés sur le plan culturel, motivés par les intérêts de l'Église ou de la mission. Ils peuvent être plus ou moins destinés aux « travailleurs à temps plein » ou aux « laïcs[4] ».

La tension entre les parties prenantes de l'école de théologie sur la question de savoir sur quoi l'accent doit être mis a été bien approfondie[5]. Il ne faut pas

3. *Ibid.*, p. 111.
4. Graham CHEESMAN a mis en évidence les paradigmes fondés sur la priorité accordée à l'un ou l'autre de ces domaines dans son article « Competing Paradigms in Theological Education Today », *Evangelical Review of Theology* 17, n°4, 1993, p. 484-499. Bien que son article date un peu, ses réflexions sont toujours pertinentes. Les cinq paradigmes qu'il a identifiés sont les suivants :
   - Académique (l'ET comme étant principalement la formation de l'esprit – orienté vers le contenu) ;
   - Monastique (l'ET comme objectif principal de développement spirituel personnel – orienté vers la spiritualité) ;
   - Formation (l'ET est avant tout une formation à la théologie – orienté vers la pratique) ;
   - Entreprise (l'ET en tant qu'entreprise commerciale – orienté vers la pertinence) ;
   - Formation de disciples (l'ET en tant que formation équipant la relation – orienté vers la relation).
5. Par exemple, voir Carver YU, « Whom Do We Serve ? Engaging the Ecclesial Dimension : Theological Education that Empowers the Church », document présenté à l'ICETE International Consultation for Theological Educators, Chiang Mai, Thailande,

éviter une discussion vigoureuse entre les parties prenantes ; elle devient sans doute incontournable si l'on veut affirmer que « les institutions de formations théologiques sont les institutions les plus importantes de l'Église, sans exception. Elles sont les dépositaires de notre passé et les façonneurs de notre avenir[6] ».

« Façonner notre avenir » implique un processus de transformation dynamique plutôt que statique. Pour les chrétiens, la transformation est au cœur de la « bonne nouvelle du royaume de Dieu » que Jésus est venu annoncer, qui s'est manifestée dans sa personne et son œuvre, et dont la plénitude se concrétisera lors de son retour.

Lorsque les chrétiens prient « que ton règne vienne, que ta volonté soit faite » (Mt 6.10), ils le font en reconnaissant que le règne de Dieu englobe toute la vie, notre existence et notre expérience. Cela inclut :

- Dieu et moi (la nature de Dieu et la mienne, et la voie de la réconciliation).
- Mon prochain (moralité et relations personnelles).
- La société (morale et politique sociales).
- La nature (le monde physique et biologique).
- Les principautés et puissances (invisibles mais réels)[7].

La transformation holistique centrée sur le Royaume et qui impacte toutes ces dimensions nécessite une perspective missionnelle-ecclésiale bien articulée – et cela a des implications claires pour les institutions de formation :

> À partir d'un fondement construit sur la mission de l'Église sur cette terre, la formation théologique et nos institutions existent afin de *préparer des hommes et des femmes capables de guider l'Église afin qu'elle remplisse efficacement sa mission, de voir Christ reconnu comme Seigneur sur toute la Terre.* L'on notera que la préparation d'hommes et de femmes n'est pas la finalité, mais un moyen important d'accomplir le but plus large. Ce but est de doter les églises de personnes les aidant à agir de façon influente, afin d'avoir un impact autant dans la communauté chrétienne que dans la communauté

2006, consulté le 2 mars 2015, http://icete-edu.org/pdf/C-06 Yu Engaging the Ecclesial Dimension.pdf.

6. Doug BIRDSALL, président exécutif du Mouvement de Lausanne, lors de la Consultation de Lausanne sur la formation théologique mondiale, Boston, USA, 29 mai-1er juin 2012 ; cité à « Lausanne Movement Convenes Global Gathering of Seminary Presidents », Mouvement de Lausanne, 29 mai 2012, consulté le 25 février 2015, http://www.lausanne.org/news-releases/lausannemovement-convenes-global-gathering-of-seminary-presidents.

7. Adapté de Brian HILL, *The Greening of Christian Education,* Sydney, ANZEA, 1985, p. 141.

> civile, de telle sorte que les caractéristiques du royaume de Dieu soient manifestées dans le monde[8].

Si les institutions de formation et leurs parties prenantes sont convaincus que la bonne nouvelle de Jésus au sujet du royaume de Dieu est ce dont notre monde a besoin, alors l'enjeu est de s'assurer que la finalité des institutions de formation est alignée avec l'invitation de Dieu à s'associer avec lui pour aider le peuple de Dieu à apprécier son règne – avec ses valeurs et ses vertus, ses attitudes et ses actions – et comment son règne peut être révélé avec intégrité dans toute sa plénitude. Cela nécessite une formation, une reformation – et une transformation. Comment accomplir la transformation doit donc devenir une préoccupation centrale des institutions de formation.

Qu'est-ce que l'« enseignement et l'apprentissage transformateurs[9] ? »

La formation est un processus qui transforme : son essence est le changement (dans les personnes et les institutions) de « ce qui est » vers « ce qui pourrait être », en encourageant l'appropriation (personnelle et institutionnelle) en faveur de la prise de conscience et du développement de soi. L'« enseignement » et l'« apprentissage » font partie intégrante du processus éducatif.

Apprendre n'est pas une expérience monochrome. Différentes formes d'apprentissage peuvent être reconnues par la manière dont l'apprentissage est désigné dans le langage :

- *Apprendre que...* – implique l'acquisition de connaissances ;
- *Apprendre comment...* – implique la disposition à effectuer certaines activités avec habileté ;
- *Apprendre à être (ou à devenir)...* – comporte un élément de croissance.

Apprendre à être ou à devenir ne peut pas se limiter à l'acquisition de connaissances et à apprendre « comment vivre et se comporter ». Devenir un disciple obéissant du Christ (ou un parent aimant, un conjoint fidèle, un employeur juste, un bon citoyen) implique une formation holistique, ainsi que la compréhension des autres personnes (en particulier, pour les chrétiens, Dieu-en-trois-personnes).

8. Perry SHAW, *Transformer la formation théologique : un manuel pratique pour un apprentissage intégral et contextuel*, trad. Celia Evenson, Carlisle, Langham Global Library, 2015, p. 21, italiques dans l'original.
9. Une partie de cette section est adaptée d'Allan HARKNESS, « De-Schooling the Theological Seminary : An Appropriate Paradigm for Effective Ministerial Formation », dans *Tending the Seedbeds*, p. 103-128.

Ainsi, pour les chrétiens, l'apprentissage comprendra une formation dans une série de domaines :

- Acquis *cognitifs* dans la compréhension critique de la foi et de son application à la vie en société.
- Acquis *affectifs* dans la qualité des sentiments que nous avons envers Dieu, nous-mêmes, les autres personnes et la création de Dieu.
- Acquis *comportementaux* – la tendance à démontrer un comportement approprié de façon constante, par exemple « le fruit de l'Esprit » (Ga 5.22-23).
- Acquis en *estime de soi* réaliste basée sur le Christ.
- Acquis dans la capacité et le désir d'entreprendre des *relations* bienveillantes.
- Acquis dans le développement des *dons* spirituels (*charismata*).
- Prises de *responsabilité* dans diverses sphères de direction et de service[10].

Quel est le lien entre « l'enseignement » et l'apprentissage multi-domaine ? L'enseignement doit également être une activité à multiples facettes, plutôt que le modèle de transmission unilatérale prédominant au sein de l'enseignement traditionnel. Lorsque l'accent est mis sur la formation holistique intégrée, l'enseignement transformateur peut être défini comme « le processus visant à faciliter la formation holistique des individus et des institutions : une intervention visant à faire ressortir le potentiel des autres dans leurs connaissances, leurs croyances, leurs valeurs, leurs attitudes et leurs comportements ».

En termes bibliques, le processus de facilitation qui englobe tous les domaines nous permettra de mieux travailler « afin de présenter à Dieu toute personne devenue adulte en [Jésus-]Christ » (Col 1.28) » et « pour former les saints aux tâches du service en vue de l'édification du corps de Christ » (Ep 4.12).

La littérature sur l'éducation transformatrice est abondante[11]. Mais à quoi pourrait ressembler « l'enseignement et l'apprentissage transformateurs » dans les institutions de formation, à la lumière de la transformation décrite plus haut ? Qu'est-ce qui caractérisera les processus qui mèneront à la formation de dirigeants chrétiens compétents, confiants et compatissants – et considérés comme des témoins crédibles des valeurs, des attitudes et des comportements qui

10. Hill, *Greening*, p. 110ff. Les formulations en triade « head-heart-hands », « affective-behavioural-cognitive », ou « know-do-be » sont communément utilisées. Les domaines de Hill sont plus exhaustifs et plus nuancés.

11. Parmi les auteurs très respectés figurent Steven Brookfield, Patricia Cranton, Robert Kegan, Jack Mezirow et Jane Vella.

reflètent le royaume de Dieu[12] ? Cela changerait-il quelque chose pour le Calvary Seminary ? Ce sont là des questions de conception pédagogique.

Comment concevoir l'apprentissage transformateur ?

Sur le plan éducatif, la conception est une question de programme. Le terme « programme d'études » a plusieurs significations, depuis la matière enseignée (souvent appelée « programme, ou cursus ») jusqu'à la totalité des activités d'une institution ou d'une communauté. Dans ce chapitre, je définis le programme d'études comme « les expériences d'apprentissage intentionnelles planifiées par une institution de formation pour ses étudiants ». La conception des programmes d'études consiste en la manière dont ces expériences d'apprentissage intentionnel sont planifiées et utilisées efficacement.

Les institutions de formation intègrent généralement dans leurs programmes des activités obligatoires (ou du moins fortement encouragées) qui vont au-delà des processus plus ouvertement « académiques », axés sur le cognitif et basés sur les cours en salle de cours. Ces activités peuvent comprendre des cultes communautaires, des groupes de parole, des apprentissages et enseignements sur le terrain, des repas communautaires, entre autres. Toutes ces activités peuvent être utilisées comme des expériences d'apprentissage intentionnelles pour contribuer à une transformation holistique[13].

Le contenu et le processus sont tous deux importants pour concevoir un programme d'études réussi : « Sans un bon contenu, la tâche éducative est vide de sens et futile, car le contenu est le cœur même de notre message. Mais sans un bon processus, nous sapons notre travail et limitons notre efficacité[14]. »

La reconnaissance de cette dynamique « contenu plus processus » est importante pour l'EAT fondé sur les institutions de formation, l'accent étant mis sur la formation ministérielle et pastorale et avec un objectif plus large que la simple « transmission de connaissances théologiques ». Il existe une littérature abondante sur l'interaction entre le développement académique, la formation spirituelle et le développement des compétences pour former les étudiants de

12. HARKNESS, « De-Schooling », développe ces idées plus en profondeur.

13. Notons que tous les aspects de la vie d'une institution de formation auront un effet éducatif ou anti-éducatif. Le fait de ne pas inclure explicitement une activité dans le programme d'études ne signifie pas que cette activité n'a pas d'impact sur les gens d'une manière ou d'une autre.

14. Karen MORRIS et Rod MORRIS, *Leading Better Bible Studies: Essential Skills for Effective Small Groups*, Sydney, Aquila, 1997, p. 38.

l'institution théologique en vue d'un ministère fécond. Ce qui est toutefois remarquable dans cette littérature, c'est l'attention relativement limitée accordée aux processus pédagogiques à l'œuvre dans le programme d'études.

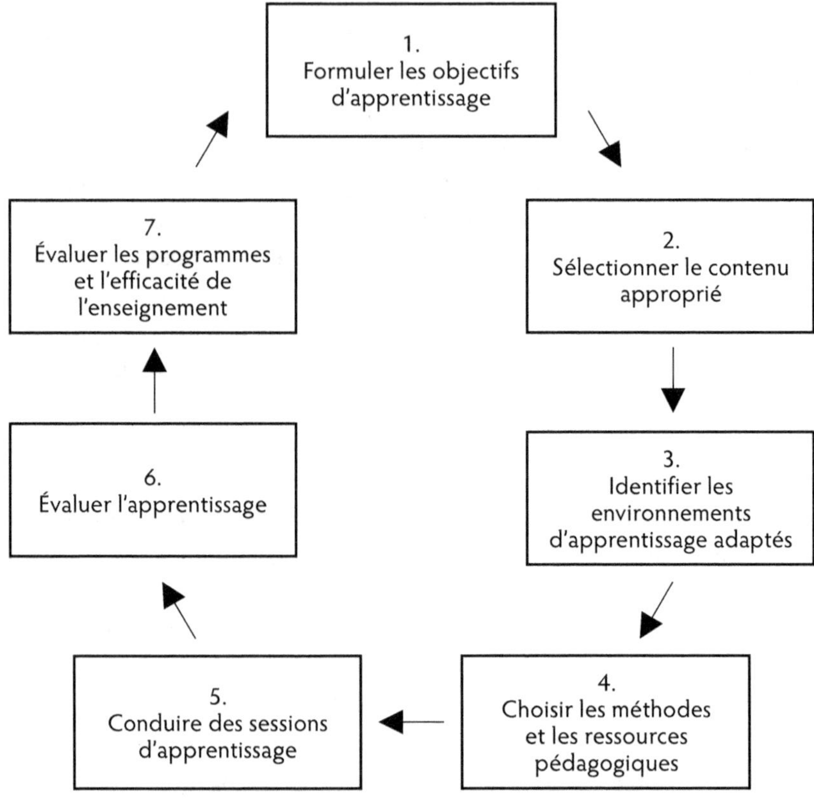

Figure 9. Le cycle du programme d'études[15]

La conception des programmes d'études comprend un certain nombre d'éléments, résumés dans la figure 9.

- Les *objectifs d'apprentissage* donnent des attentes claires sur les réalisations des participants, et intègrent généralement plusieurs des domaines de l'apprentissage transformateur (p. 147-148).

15. Adapté de Hill, *Greening*, p. 98-101.

- Un *contenu approprié* est « le type de connaissances requis » pour atteindre les objectifs d'apprentissage. Il est préférable qu'il ne soit pas uniquement propositionnel et conceptuel.
- Les *environnements d'apprentissage appropriés* sont ceux où l'apprentissage a lieu. Toutes les activités de l'institution de formation et de la société en général peuvent se dérouler dans des cadres légitimes et productifs.
- Les *méthodes et ressources pédagogiques* sont les moyens qui transmettent le contenu de la meilleure façon pour atteindre les résultats. Les méthodes peuvent comprendre des modes d'apprentissage formels, non formels et informels[16].
- La *conduite des sessions d'apprentissage* est l'ensemble des interactions entre l'enseignant (en tant que facilitateur de l'apprentissage) et les apprenants.
- L'*évaluation de l'apprentissage* est le moyen adopté pour déterminer comment les participants progressent et ce qu'ils apprennent.
- L'*évaluation du programme et de l'efficacité de l'enseignement* consiste à évaluer l'impact du processus d'enseignement et d'apprentissage (forces et faiblesses), et l'enseignant en tant que facilitateur.

Le *cycle du programme* désigne la refonte des éléments du programme d'études en vue de leur utilisation future, adaptée en fonction de la manière dont les éléments actuels ont été vécus ou sont évalués pour leur pertinence.

Lorsque le programme d'études est conçu pour être « les expériences d'apprentissage intentionnelles planifiées par une institution de formation pour ses étudiants », il doit y avoir une interaction dynamique entre ces éléments. Ils doivent tous être soigneusement examinés pour un processus d'enseignement et d'apprentissage intégré, en particulier pour un impact qui transformera les participants.

Les résultats ou processus planifiés et énoncés sont appelés « programme d'études explicite » (ou manifeste, évident). Cependant, alors même que les

16. Les *modes formels* sont ceux qui sont structurés et institutionnalisés, utilisant par exemple des classes de classe ou des conférences. Les *modes non formels* sont ceux qui sont intentionnels mais qui utilisent des cadres non institutionnels, par exemple des cadres de plein air et des camps, l'éducation pastorale clinique dans les hôpitaux ou des déplacements pour des missions de courte durée. Les *modes informels* sont ceux qui utilisent des opportunités spontanées ou fortuites au cours de la vie, par exemple un accident ou une maladie, le fait de regarder les enfants jouer, des expériences interculturelles pendant les vacances, ou une discussion profonde et constructive non planifiée avec un pair après un culte collectif.

activités d'apprentissage planifiées ont lieu, les étudiant(e)s peuvent également acquérir d'autres apprentissages qui ne sont pas planifiés par le formateur ou qui sont involontaires – c'est ce qu'on appelle le « programme d'études implicite » (ou non révélé). Des éléments de l'environnement physique et psychosocial influencent particulièrement le programme d'études implicite. L'impact de ce programme est potentiellement très puissant, et pourrait bien l'emporter sur les résultats souhaités du programme explicite (comme le montreront les exemples plus loin)[17].

Au Calvary Seminary, peu de professeurs ont compris la nécessité d'être mieux formés et préparés pour faciliter l'apprentissage. De ce fait, comment pouvaient-ils répondre aux critiques sur la compétence des diplômés de leur institution ? Ces deux questions ont trait à la conception d'un enseignement et d'un apprentissage transformateurs – et au rôle du chef d'établissement et du directeur académique en tant que facilitateurs de stratégies visant à garantir que les préoccupations sont prises en compte.

Le rôle des responsables académiques dans la conception d'un enseignement et d'un apprentissage transformateurs

Le rôle des responsables académiques dans la conception et la mise en œuvre d'un enseignement-apprentissage transformateur (EAT) consiste en deux aspects :

- le processus de conception ;
- l'amélioration de l'environnement dans lequel les processus d'EAT prennent place.

Rôles des responsables académiques dans le processus de conception spécifique

Les responsables académiques, et en particulier le directeur académique, ont d'importantes responsabilités de supervision pour le développement des programmes d'études, en particulier pour les initiatives d'EAT. Ce rôle de supervision peut être appréhendé à travers six phases différentes du processus d'élaboration des programmes d'études.

17. Il existe une troisième forme de curriculum : le curriculum non retenu – ce qui est omis du curriculum explicite, que ce soit intentionnellement ou non.

1. Élaborer une base de valeurs appropriée pour le programme d'enseignement et d'apprentissage transformateurs

Tous les programmes d'enseignement sont créés dans un contexte particulier. Les valeurs des éléments clés de ce contexte doivent être reconnues et comprises, car elles détermineront de manière significative la forme du contenu et du déroulement du programme.

Ces éléments sont appelés « conditions limites », à savoir « les valeurs et les priorités que l'enseignant doit viser à promouvoir et à maintenir... [et] ce qu'il est possible de faire compte tenu des faits observés[18] ».

Les conditions limites peuvent être identifiées dans tout processus éducatif. Dans les institutions de formation, elles seront modifiées par les valeurs théologiques chrétiennes, basées sur la compréhension de l'autorité de la révélation biblique. Le tableau 2 résume les conditions limites dans les établissements d'enseignement général, puis donne des exemples de la manière dont elles pourraient être modifiées pour les programmes des écoles de théologie.

Tableau 2. Conditions-cadre dans un programme d'études[19]

Conditions-cadre dans les établissements d'enseignement général	**Dans les institutions de formation, ces conditions sont modifiées par les normes biblico-théologiques**
Considérations éthiques Ce qui est légitime dans la manière dont les apprenants peuvent être traités, p. ex. la place des techniques de manipulation (physique et émotionnelle) ou de l'endoctrinement (dans son sens négatif) vs. l'encouragement d'une enquête ouverte.	La valeur des êtres humains ; la priorité de l'*agapè*.
Les objectifs de l'éducation L'objectif général de l'éducation, par exemple permettre aux apprenants de s'insérer dans la société.	L'édification, et la préparation pour le service de Dieu.

18. Brian Hill, *Teaching Secondary Social Studies in a Multicultural Society*, Melbourne, Longman Cheshire, 1994, p. 146.
19. Adapté de Hill, *Greening*, p. 92-93 ; et Hill, *Teaching*, p. 144-148.

Directives spécifiques à une discipline Attentes fixées par le système éducatif au sens large quant à la manière dont les cours sont dispensés, p. ex. en histoire, sociologie, biologie, etc.	Les lignes directrices et les attentes relatives aux cours dans les matières du programme de formation théologique, éventuellement fixées par un organisme d'accréditation.
Attentes sociales La nature de la société au sens large dans laquelle le programme d'enseignement est établi, avec son mélange socioculturel ; p. ex. la relation attendue entre l'enseignant et l'apprenant.	La perception du dessein de Dieu, la manière dont les « enseignants » sont identifiés, l'utilisation des dons spirituels, etc.
Données psychologiques Conscience de la manière dont les gens apprennent, avec leurs différents styles d'apprentissage et stades de développement, et de la manière dont l'apprentissage peut être évalué.	Les apprenants sont des personnes à part entière, qui grandissent dans la maturité chrétienne, etc.
Contraintes institutionnelles La nature de l'institution dans laquelle l'apprentissage a lieu, par exemple ce qu'elle est censée réaliser, comment elle a traditionnellement essayé de le faire, etc.	La nature de l'Église et du royaume de Dieu.

Aucun élément du programme d'études n'est neutre ou sans valeur : chaque phase comporte des valeurs importantes. Lors de la conception des programmes, il est bon de connaître ces valeurs. Carolyn Jurkowitz écrit ceci à propos de l'évaluation, mais ses commentaires peuvent s'appliquer au processus éducatif au sens large :

> Les enseignants ne viennent pas au [programme éducatif] avec une ardoise vierge, mais avec une perspective sur la tâche à accomplir – soit articulée, soit tacite [...] Cette perspective implique une position sur les données (concernant l'apprenant) qui constituent des indicateurs acceptables de l'apprentissage, sur la manière dont les

données sur l'apprentissage sont révélées et sur les qualités qui caractérisent une évaluation de valeur[20].

En comprenant qu'il existe des valeurs inhérentes à tous les aspects du programme d'études, nous pouvons nous demander : « Quelles sont les valeurs réelles qui sous-tendent ce que nous faisons ? » Trop souvent, il y a une différence marquée entre les valeurs adoptées (énoncées ou écrites) et les « valeurs en usage » (les valeurs à l'œuvre dans le comportement et les actions)[21].

Par exemple, dans les institutions de formation, on suppose souvent que les processus couramment utilisés dans les situations d'enseignement supérieur « laïques » peuvent être adoptés sans critique, car « après tout, nous sommes nous aussi de "l'enseignement supérieur" ». Le simple fait d'« insérer » un processus éducatif dans un programme d'institution théologique ne garantit pas qu'il s'agit d'un processus *éducatif théologique* approprié. Avant que les processus ne soient adoptés pour être utilisés dans les institutions de formation, il convient de mettre en place un processus d'évaluation afin de déterminer leur cohérence avec les valeurs de l'institution. De nombreux aspects des processus éducatifs généraux seront transférables, mais la priorité accordée à divers éléments peut varier et certains éléments peuvent nécessiter des modifications importantes.

Les responsables académiques veillent à ce que les valeurs qui sous-tendent les processus actuels des programmes d'études fassent l'objet d'une évaluation solide. Ils définissent également les domaines dans lesquels des changements sont nécessaires pour concevoir des programmes d'études de qualité EAT. Cela est particulièrement important étant donné que le processus EAT est différent du processus éducatif traditionnel. La base de valeurs qui en résulte devra être acceptée par les parties prenantes de l'institution de formation – et dans ce cas, le rôle de défenseur que le doyen devra assumer sera stratégique (si nécessaire, on peut faire appel à d'autres responsables, comme le directeur académique, pour expliquer et justifier soigneusement cette base).

2. Représenter la « vue d'ensemble » du programme d'études

La cohérence et l'intégration entre les différentes parties du programme d'études sont essentielles. La vue d'ensemble du programme d'études – avec

---

20. Carolyn JURKOWITZ, « What Is the Literature Saying about Learning and Assessment in Higher Education?", *Theological Education* 39, n°1, 2003, p. 55.

21. La justification de cette démarche est conforme aux théories de l'action et de la pratique réflexive, vues dans l'œuvre classique de Chris ARGRIS et Donald SCHÖN, par exemple, *Theory in Practice : Increasing Professional Effectiveness*, San Francisco, Jossey-Bass, 1974, et leurs écrits ultérieurs.

ses éléments formels, non formels et informels (voir ci-dessus) – doit donc être claire bien avant le développement des différentes composantes spécifiques. C'est ce que l'on a appelé un *gestalt* (forme) – le programme d'études dans son ensemble, un tout organisé et non la simple somme de ses parties constitutives. Ce n'est qu'avec cette vue d'ensemble que le corps enseignant peut travailler de manière appropriée sur les détails du programme d'études.

La « vue d'ensemble » comprend une déclaration bien élaborée sur le résultat éducatif global du programme d'études ; et elle concrétisera les perspectives convenues sur les conditions limites.

Les profils des diplômés[22]

Les profils des diplômés sont un élément clé de la « vue d'ensemble » et il convient de les intégrer dans la structure du programme d'études. Ces profils sont ce que l'on attend d'un diplômé typique de l'institution de formation : ils « donnent chair » à une conception par ailleurs assez théorique de l'efficacité de l'enseignement. Un profil de diplômé utile donne une image claire de ce qu'un programme peut offrir. Il est destiné aux Églises et aux organisations auxquelles les diplômés s'adressent, ainsi qu'aux apprenants eux-mêmes. Un profil de diplômé :

- présente un idéal vers lequel une institution de formation oriente ses étudiants ;
- fournit un cadre permettant aux concepteurs de programmes d'études de déterminer ce qui doit être inclus (un profil de diplômé n'est pas la même chose qu'une description de programme, laquelle est par ailleurs également nécessaire) ;
- est un outil que les responsables d'institutions de formation utilisent pour évaluer dans quelle mesure ils réalisent leur vision de la formation.

Les profils des diplômés décrivent les principales *caractéristiques* (leur savoir-être : attitudes, dispositions), les *compétences* (leur savoir-faire) et les *connaissances* (leur savoir) dont les étudiants sont censés faire preuve à la fin de leur cursus.

22. Cette section sur les profils des diplômés comprend du matériel adapté de la « Practice Note 3 : Writing a Graduate Profile – The Industry Training Organisation Experience », NZQA New Zealand Qualifications Authority Mana Tohu Matauranga O Aotearoa, consulté le 14 juillet 2016, http://www.nzqa.govt.nz/assets/_generated_pdfs/practice-note-3-5100.pdf.

Dans les institutions de formation, les profils des diplômés comporteront des caractéristiques génériques de diplômés – ce que l'on espère que tous les diplômés reflèteront – ainsi que des éléments plus spécifiques en lien avec le cursus particulier de l'étudiant (par exemple, le Master 1 en ministère pastoral, le Master 2 en études bibliques, etc.). Lorsque l'EAT sera mis en œuvre, des éléments transformateurs caractériseront tous les profils.

3. Évaluer l'intégration entre les activités du programme

Les directeurs académiques ont la responsabilité particulière de veiller à ce que le programme d'études soit pleinement intégré : que toutes les parties se complémentent bien pour assurer le *gestalt* souhaité. Pour ce faire, les doyens accorderont une attention particulière aux questions suivantes :

a. Quelles sont les activités d'apprentissage requises pour le programme d'études EAT ?

C'est la phase de « remue-méninges » pour déterminer quels cours et autres activités de la vie de l'institution de formation doivent faire partie du programme d'études. L'éventail historique des cours d'ET sera probablement le point de départ, ou le « canon de cours accepté » pour des qualifications comme le Master 1 ou le Master 2, mais une réflexion prudente et créative sur d'autres possibilités pour le contexte unique de chaque école pourrait bien ajouter de la valeur au programme. La liste des éléments à inclure sera probablement très longue – il est facile d'ajouter des cours et des activités, mais plus difficile de les supprimer. (Note : le terme « activités d'apprentissage » inclut toute activité intégrant un apprentissage intentionnel. Ainsi, tous les cours sont des activités d'apprentissage, mais les activités d'apprentissage comprennent plus que des cours).

b. Comment l'objectif et les résultats de chaque activité d'apprentissage s'inscrivent-ils dans l'orientation générale du programme ?

Une fois que la liste du point précédent est générée, commence la phase difficile mais productive consistant à déterminer la manière dont chaque cours contribue au programme d'études. Ici, le lien entre le profil du diplômé et les cours et activités individuels doit être clair : demandez-vous : « En quoi cette activité d'apprentissage développe ou contribue à déployer le profil du diplômé ? »

c. Quel est l'objectif de transformation de chaque cours ?

Par exemple, un cours d'Introduction à l'Ancien Testament (ou au Nouveau Testament) peut être enseigné dans une optique pastorale (par exemple,

« Comment la compréhension de l'A.T. pourrait-elle améliorer la productivité des étudiants en tant que pasteurs ? ») ou dans une optique plus académique (par exemple, « Quelles sont les principales questions critiques que les étudiants doivent connaître pour comprendre l'A.T. ? »). Les perspectives pastorales et académiques ne s'excluent pas mutuellement – il y aura probablement des points communs importants – mais l'approche pastorale, ou similaire, sera plus pertinente dans un programme d'études axé sur l'approche EAT.

d. Quels aspects de la vie au-delà de la salle de cours pourraient être utilisés dans le programme d'études ?

Par exemple, les cultes communautaires, la participation à des groupes de parole sur la relation d'aide et l'utilisation de la bibliothèque peuvent permettre de planifier des activités d'apprentissage. En dehors du campus, les activités sur le terrain et la participation à des événements communautaires peuvent être utilisées de la même manière. Prévoyez une certaine souplesse : une institution de formation réactive sera attentive au potentiel d'apprentissage intentionnel d'événements relativement spontanés – par exemple, un incident grave sur le campus (comme un incendie ou le suicide d'un étudiant) ou un événement important hors campus (comme une inondation, un tremblement de terre, un événement d'édification d'une nation ou une contestation sociopolitique).

e. Quelles compétences spécifiques peuvent être intégrées dans des cours spécifiques ?

Il est important de réfléchir aux différentes compétences du profil du diplômé et de veiller à ce que leur développement soit intégré dans le programme d'études. Cela doit faire l'objet d'une attention délibérée, sinon certaines pourraient être oubliées ou négligées. Par exemple, on peut demander à un membre du corps enseignant de veiller à ce que son cours de théologie intègre spécifiquement le développement de la pensée critique ; un autre, dans son cours d'études bibliques, de veiller à ce qu'une attention soit accordée aux compétences de réflexion pastorale ; à un troisième, dans son cours de sensibilisation culturelle, d'aider les étudiants à rédiger une critique de livre ; et encore un autre, dans son cours d'histoire de l'Église, de s'assurer que les étudiants puissent accéder aux bases de données en ligne. Dans chaque cas, les résultats d'apprentissage du cours et les tâches à accomplir seront conçus pour démontrer le développement de la compétence spécifiquement recherchée.

f. Y a-t-il une gamme adéquate d'éléments d'évaluation incorporés dans les cours ?

L'évaluation de l'apprentissage dans un cadre basé sur le concept EAT comprendra un certain nombre de dimensions, allant bien au-delà de la simple cognition – et des éléments d'évaluation basés sur les connaissances pour intégrer un certain nombre des domaines d'intervention pédagogique énumérés à la page 148[23].

g. Le contenu des programmes est-il intégré au processus éducatif ?

Il est relativement simple de vérifier le contenu des cours, mais dans une institution de formation engagée dans l'EAT, un directeur académique averti de la puissance du programme implicite prêtera également attention aux processus de cours – ce que les responsables du Calvary Seminary n'ont pas vu.

Le directeur académique ne peut généralement pas entreprendre seul l'évaluation du programme d'études – et encore moins s'assurer que tous les ajustements nécessaires sont effectués. Cette activité peut être partagée, notamment entre les professeurs, pour l'enrichissement mutuel de tous.

Pour obtenir des réponses satisfaisantes à ces questions, le directeur académique devra probablement gérer l'inévitable discussion (souvent mouvementée) au sein du corps enseignant sur les responsabilités et les « compromis ». Une meilleure collégialité du corps enseignant, par opposition à une éventuelle spécialisation intéressée (voir p. 166-167), facilitera la prise de décisions appropriées. Et la compréhension commune des objectifs et des éléments de l'EAT doit être constamment renforcée.

Cette phase d'évaluation est dynamique. Ni les caractéristiques du programme d'études « global » et du profil du diplômé, ou l'inclusion de cours spécifiques, ou encore l'orientation et les résultats d'apprentissage d'un cours ne doivent être considérés comme étant fixes. Il faut laisser la liberté de modifier un domaine en fonction de l'évolution d'un autre domaine.

4. Approuver les lignes directrices sur les activités d'apprentissage

Une fois qu'il y a consensus sur les grandes composantes du programme d'études et l'importance de chacune, les directives détaillées sur les activités

23. Pour différentes formes et exemples d'éléments d'évaluation, voir Allan Harkness, « Assessment in Theological Education : Do Our Theological Values Matter ? », *Journal of Adult Theological Education* 5, n°2, 2008, p. 183-201.

d'apprentissage[24] doivent être préparées par chaque membre du corps enseignant. Au départ, il s'agit de « travaux en cours », car les ébauches gagneront à être revues par des collègues pour leur contenu et leur processus pédagogique, et modifiées si nécessaire pour garantir que les résultats et les processus de transformation sont explicitement en place.

L'approbation finale des directives de cours est émise par le directeur académique (ou, de préférence, par le comité des affaires académiques qui travaille avec le directeur).

5. Mettre en œuvre le programme EAT

Les détails pratiques de la nomination des professeurs chargés d'enseigner les cours, d'établir les horaires, de répartir les salles, etc. exigent beaucoup d'énergie de la part du directeur académique, en particulier dans les institutions de formation de petite taille.

Tout au long de ce processus, il faut maintenir un sens du partenariat, en informant les parties prenantes afin qu'elles ne se sentent pas écartées du processus. Cela est particulièrement important pour la transition d'un programme d'études traditionnel à un programme d'études plus ouvertement transformateur.

L'initiation vers l'approche EAT est importante pour ceux qui animent les cours et les activités d'apprentissage. Ceux qui enseignent au sein de l'institution de formation ou dans un cours spécifique pour la première fois bénéficieront tout particulièrement d'un exposé clair sur la raison d'être et le mode de fonctionnement attendu de l'approche EAT.

L'initiation peut être relativement simple à organiser pour les membres du corps enseignant sur le campus – par exemple, elle peut se faire dans le cadre des réunions de professeurs. Les professeurs adjoints et à temps partiel qui n'ont pas été étroitement impliqués dans l'élaboration du nouveau programme d'études et qui sont moins susceptibles d'être intuitivement alignés sur l'EAT devront bénéficier d'une aide spéciale pour être à même d'apprécier ce que l'on attend d'eux. S'ils ne peuvent pas participer aux séances d'initiation plus complètes des professeurs, il faudrait prévoir pour eux au moins une séance avec le directeur

---

24. J'utilise le terme « lignes directrices » plutôt que « programme » pour décrire l'énoncé de ce qui est prévu pour un cours. Un programme de cours est généralement une liste des contenus à couvrir ; et le « programme » comprend les objectifs d'apprentissage, le cadre, les méthodes d'enseignement et les stratégies d'évaluation. Un programme est donc un sous-ensemble d'un programme d'études. Comme ce chapitre fait référence au programme d'études comme un processus à l'échelle du séminaire (et même au-delà), j'utilise « lignes directrices » pour faire référence à la description du processus du programme d'études dans les cours individuels.

académique au moment où ils élaborent leur cours. Si les sessions ne peuvent pas se dérouler en face à face, organisez une initiation en ligne (p. ex. via Skype, Zoom ou autres).

6. Contrôler et réviser le programme d'études basé sur l'EAT

Le directeur académique s'assure que des mécanismes de contrôle qualité sont en place pour que la perspective de l'EAT demeure ciblée et progresse. Le contrôle coordonné par le directeur académique peut se faire sur plusieurs fronts, de manière formelle et informelle, et à différents moments de la mise en œuvre du programme d'études.

a. En cours de semestre

Les stratégies utilisées par le directeur et les autres dirigeants seront de préférence les suivantes :

- Examiner et réfléchir au processus EAT lors des *réunions de professeurs.*
- *Discuter de manière informelle avec les membres du corps enseignant* au sujet de leurs cours. Demander : « Qu'est-ce qui fonctionne bien ? » et « Qu'est-ce qui pourrait être modifié pour améliorer le processus d'apprentissage ? »
- Sur invitation des membres du corps enseignant, *assister à des cours* en tant que « regard critique amical » pour observer la dynamique de l'enseignement et de l'apprentissage – et poursuivez en discutant des deux mêmes questions citées au point précédent.

b. En fin de semestre

- Examiner les méthodes d'évaluations de fin de semestre des étudiants. Assurez-vous qu'elles sont soigneusement conçues pour inclure des éléments relatifs à l'impact transformateur du cours. Développer également des outils d'évaluation pour les activités d'apprentissage hors salle de cours.
- Mettre en place un processus de modération pour l'évaluation des tâches. Il peut s'agir d'un processus interne au corps enseignant ou de modérateurs externes. Quel que soit le mode utilisé, il convient de bien l'organiser pour que les étudiants reçoivent leurs tâches et leurs notes dans un délai raisonnable.
- Organiser des évaluations de fin de semestre des activités d'apprentissage par l'animateur et le directeur académique (et peut-être un ou deux autres enseignants, en particulier ceux de la même discipline).

Ces évaluations permettront de reconnaître les forces et les faiblesses de l'activité d'apprentissage et de suggérer ce qui pourrait être fait différemment la prochaine fois que l'activité aura lieu ou que le cours sera proposé. Prenez des notes à partir de ces examens sur les lignes directrices des activités – et assurez-vous qu'une copie de ces lignes directrices annotées est remise à la personne chargée d'animer le cours ou l'activité lors de la prochaine prestation.

L'adage « la familiarité engendre le mépris » est certes un cliché – mais le défi, pour le directeur académique est de savoir comment encourager quelqu'un qui a enseigné un cours plusieurs fois (ou bien plus !) à être disposé à le revoir. C'est là que le renforcement de la collégialité portera ses fruits, de sorte que les membres du corps professoral sentiront l'importance d'être disposés à changer les cours qu'ils chérissent, sans se sentir menacés.

c. En fin d'année académique

- En fin d'année, il convient de procéder à un examen plus complet du processus d'élaboration des programmes d'études – entrepris certainement par le directeur académique et les membres de son comité des affaires académiques, et dans l'idéal, avec l'ensemble du corps enseignant (par exemple lors d'une retraite des enseignants).
- Cet examen permettra d'identifier les domaines du programme d'études qui doivent être modifiés ou remaniés, tant en termes de contenu que de processus. Peut-être qu'un nouveau cours avec une orientation particulière est nécessaire ; ou bien deux cours peuvent être fusionnés parce qu'il y a un chevauchement important de leurs résultats d'apprentissage ou de leur contenu ; ou encore, le développement de compétences particulières nécessite une attention supplémentaire, et une activité d'apprentissage est donc prévue à cet effet.

d. Vers la fin du premier cycle du programme

- Il convient de procéder à un examen plus approfondi du programme d'études en ce qui concerne son efficacité en matière d'EAT vers la fin d'un cycle (deux à quatre ans en général). Il s'agira probablement d'un processus « en interne », initié par le directeur académique et complété par les points de vue des responsables de l'Église et des organisations qui ont interagi avec les étudiants. Cet examen permet une critique plus complète de la capacité du programme à atteindre les objectifs de l'institution de formation, et permet des ajustements dans le cycle suivant.

e. Trois à cinq ans après que les étudiants ont obtenu leur diplôme

- Entreprendre une révision majeure quelque temps après que plusieurs promotions de diplômés ont quitté l'institution de formation. Cet examen permet de déterminer dans quelle mesure les Églises et les organisations au sein desquelles les diplômés exercent leur ministère sont plus efficaces et ont un plus grand impact grâce à la présence des diplômés. La portée de cet examen dépasse largement les limites de l'institution de formation pour s'étendre aux parties prenantes, de sorte que le doyen pourrait bien jouer un rôle de liaison important. Le résultat de cet examen peut aboutir à la réorientation du programme d'études, à la modification des profils des diplômés et à l'engagement de poursuivre ou de mettre fin à certains cours de l'institution de formation.

Rôles des responsables académiques dans l'amélioration de l'environnement pour un enseignement et un apprentissage transformateurs

Une écologie sociale décrit l'interrelation entre les humains et les différents domaines qu'ils habitent (social, spirituel et physique). Un changement dans les éléments de l'un de ces domaines a des répercussions sur les autres – positives ou négatives. C'est le cas pour toute société ou institution – et c'est aussi valable pour les institutions de formation.

Pour que les responsables académiques d'une institution de formation mettent bien en œuvre l'EAT, il leur sera utile d'apprécier l'écologie sociale dans laquelle ils appliquent les stratégies de la section précédente. Ce qui se passe dans l'écologie sociale d'une institution de formation peut être particulièrement puissant dans le cadre du programme d'apprentissage implicite, comme mentionné précédemment, et donc plus les responsables académiques sont conscients de son pouvoir, plus ils seront en mesure de l'exploiter pour un EAT efficace.

On peut identifier huit domaines d'une écologie d'institution théologique qui sont susceptibles de jouer un rôle crucial pour assurer des conditions propices à l'amélioration de la qualité des processus d'EAT, de leur mise en œuvre et de l'adhésion des parties prenantes.

1. Les responsables académiques reconnaissent que l'appropriation de l'EAT commence par eux-mêmes

Comme le professeur Joshua l'a malheureusement constaté, si les responsables académiques d'une institution de formation ne s'engagent pas en faveur de l'EAT et de ses implications pour tous les aspects de la vie de l'école, il sera très difficile pour l'EAT de faire partie intégrante de son « ADN »[25].

Les membres du corps professoral peuvent individuellement mettre en œuvre des stratégies d'EAT dans leurs cours et dans d'autres aspects de la vie institutionnelle, et les étudiants peuvent les féliciter dans leurs évaluations de cours, mais il est peu probable que ces stratégies se généralisent sans l'appui et l'encouragement solides des principaux responsables académiques.

L'appropriation ne peut pas être simplement « au sommet ». Si seuls le doyen et le directeur académique sont motivés pour l'EAT, il est peu probable que cela fonctionne bien. Mais l'EAT a beaucoup plus de chances de réussir en tant que réalité de l'institution de formation si les responsables dirigent le processus. C'est ce qu'a reconnu une faculté qui a élaboré un programme intégré basé sur la transformation :

> Par-dessus tout, nous avons appris l'importance de l'adhésion des professeurs [...] Un engagement mutuel envers la vision, la mission et les valeurs, et à l'égard du profil du diplômé, a été fondateur [...] Le soutien du doyen de l'école a été fondamental. Nous avons eu le privilège d'avoir un doyen qui, non seulement a apporté son soutien, mais qui a également fait tout ce qu'il a pu afin de promouvoir le processus de formation intégrale et d'être notre avocat au sein du conseil d'administration et parmi la communauté ecclésiale[26].

De même, Orbelina Eguizabal, écrivant sur « les directeurs académiques en tant qu'agents de changement », a fait valoir ce point, citant la consultante américaine en enseignement supérieur Barbara Kaufman :

> Les responsables académiques à tous les niveaux sont appelés à adopter « une vision audacieuse qui remet en question le statu quo des hypothèses adoptées de longue date concernant la mission, les

25. La métaphore de l'ADN fait référence aux « visions, valeurs et objectifs qui lient une organisation » pour permettre aux individus de « comprendre et d'absorber la mission et le défi de l'entreprise dans son ensemble ». Garth Morgan, cité dans « Corporate DNA », Wikipedia, consulté le 7 mai 2015, http://en.wikipedia.org/wiki/Corporate_DNA.

26. Shaw, *Transformer la formation théologique*, p. 13.

> programmes d'études, les stratégies de collecte de fonds et les relations communautaires » [...] Pour les responsables, savoir naviguer en ces eaux est capital [...] en leur offrant la formation requise pour qu'ils/elles soient en mesure de bien diriger l'institution à travers le changement[27].

Dans les institutions de formation où les « hypothèses chéries » qui sous-tendent leurs efforts d'ET sont profondément enracinées et donc susceptibles d'être remises en question par une approche transformatrice plus holistique et intégrée, il existe un besoin particulièrement important de dirigeants qui adoptent une vision d'EAT.

Si les responsables académiques ou les parties prenantes ne sont pas disposés à adopter l'EAT, tout n'est pas nécessairement perdu. Les membres du corps enseignant (comme le professeur Joshua du Calvary Seminary) qui voient la pertinence de l'EAT peuvent toujours être des agents de changement efficaces au sein de l'institution. Le résultat, cependant, est moins certain.

2. Les responsables académiques en tant que médiateurs dans le développement de la vision EAT

Les responsables académiques des institutions de formation devraient connaître les perspectives de ceux qui s'intéressent à la forme et à l'orientation de « leur école de théologie » – les parties prenantes.

Des voix divergentes sont susceptibles d'être entendues lorsque le mouvement vers l'EAT est évoqué. Par exemple, si l'institution est rattachée à une union d'églises, celle-ci peut exiger des diplômés qu'ils soient d'ardents défenseurs de sa position théologique, tandis que les enseignants peuvent exprimer des inquiétudes quant à la liberté académique. Les laïcs s'attendent à ce que les diplômés soient polyvalents dans leur ministère au sein de l'Église dès leur arrivée, tandis que les responsables dans la communauté civile plaident en faveur d'un partenariat avec l'Église pour résoudre les problèmes sociétaux de justice, de chômage et de désintégration de la famille.

En réalité, les doyens et les directeurs académiques pourraient bien se trouver pris entre deux feux dans ces perspectives concurrentes. C'est une bonne raison pour s'assurer qu'ils prennent le temps d'écouter attentivement l'acteur

27. Orbelina Eguizabal, « Les directeurs académiques en tant qu'agents de changement », dans *La direction académique dans la formation théologique, vol. 1, les fondements*, sous dir. Fritz Deininger et Orbelina Eguizabal, Collection ICETE, Carlisle, Langham Global Library, 2021, p. 264.

ultime, le Dieu trinitaire, et d'encourager les autres parties prenantes à faire de même. Des « réunions pour la clarté » pour l'orientation de l'entreprise – « des réunions convoquées spécifiquement pour rechercher l'inspiration de l'Esprit[28] » – pourraient être stratégiques pour un doyen afin de faciliter le processus, en invitant les parties prenantes à se réunir pour rechercher la perspective de Dieu pour l'EAT dans l'institution de formation.

Les doyens sont généralement les interlocuteurs clés entre les parties prenantes, tant à l'intérieur qu'à l'extérieur du campus. Le rôle du doyen vis-à-vis des parties prenantes consiste à :

- écouter attentivement la vision, les attentes et les préoccupations des parties prenantes ;
- servir de médiateur entre les points de vue de chaque partie prenante ;
- articuler la dynamique de l'approche EAT telle qu'elle est conçue ;
- défendre et promouvoir l'approche convenue auprès des parties prenantes.

Une fois que la décision est prise d'adopter une approche du programme de l'école de théologie plus transformatrice, les doyens et les directeurs académiques doivent être considérés par les parties prenantes comme les artisans passionnés du processus EAT. Cela augmente la probabilité que les parties prenantes se l'approprient également en tant que vision.

3. Les responsables académiques favorisent une culture EAT

Il a été mentionné précédemment que l'EAT devenait « partie intégrante de l'"ADN" de l'institution de formation » – au cœur de ce qui fait de l'école de théologie ce qu'elle est. Dès lors, il devrait être évident que la mise en œuvre effective de l'EAT nécessite plus d'un ou deux membres enthousiastes du corps enseignant qui essaient courageusement d'en adopter des éléments. Pour un impact maximal, il faut que les valeurs de l'institution soient clairement alignées sur celles de l'EAT[29]. Cet alignement apportera une cohérence croissante entre les

---

28. Richard Foster, *Celebration of Discipline: The Path to Spiritual Growth,* Londres, Hodder & Stoughton, 1999, p. 226f. L'ouvrage existe également en français : *Éloge de la discipline*, Deerfield, Éditions Vida, 1993.

29. Les « valeurs » désignent « les priorités que les individus et les sociétés [et les organisations] attachent à certaines croyances, expériences et objets, pour décider comment ils vont vivre et ce qu'ils vont chérir ». Brian V. Hill, « An Education of Value : Towards a Value Framework for the School Curriculum, dans *Report of the Review of the Queensland School Curriculum 1994 : Shaping the Future* », Brisbane, Queensland Government, 1994, p. 237. Les valeurs ne sont pas simplement cognitives, elles ont

valeurs adoptées par l'institution et les valeurs institutionnelles opérationnelles réelles – une intégration des politiques et des pratiques.

Le développement d'une culture d'institution de formation appropriée est crucial – et les responsables académiques sont la clé pour faciliter ce développement. C'est également là que la puissance du programme implicite est particulièrement pertinente.

On peut identifier huit dimensions qui façonnent et maintiennent la culture d'une communauté[30] :

- La manière dont l'*environnement* de la communauté est façonné ;
- La façon dont les *rituels* sont élaborés et la participation à ces derniers ;
- Comment le *temps* est utilisé ;
- Comment la *vie communautaire* est organisée ;
- Comment les personnes *interagissent* les unes avec les autres ;
- La manière dont les *disciplines* sont pratiquées ;
- La façon dont les *exemples à suivre* sont déterminés et célébrés ;
- Comment le *langage* est utilisé.

Une institution de formation dont l'ADN comporte l'EAT reflétera ces dimensions culturelles d'une manière qualitativement différente des autres institutions. Et les valeurs de l'institution exprimées dans ces dimensions refléteront les perspectives de l'EAT.

Les dirigeants institutionnels doivent être attentifs à tout décalage entre les valeurs déclarées de l'école et les valeurs réelles démontrées dans sa culture. Considérons les « valeurs de fonctionnement » dans les scénarios suivants :

- Les professeurs déplorent que les étudiants ne participent pas pleinement aux activités de formation sur le campus (cultes communautaires, journées de prière, etc.). Mais on découvre que si la charge de travail déclarée des étudiants à temps plein est de 15 heures-crédits par semestre, près d'un quart des étudiants sont autorisés à faire jusqu'à 19 heures-crédits par semestre.
- Un enseignant s'attend à ce que les étudiants reviennent sur le campus un samedi pour assister à des cours de rattrapage, afin de compenser les cours manqués pendant la journée de prière et de réflexion communautaire, qui a lieu une fois par semestre.

---

plutôt une orientation beaucoup plus holistique, liée à la probabilité que les personnes/institutions agissent de certaines façons.

30. John WESTERHOFF, « Hidden Curriculum in the Classroom », *Church Teachers* 21, n°1, 1993, p. 45-47.

- La lettre de nouvelles de l'école met régulièrement en avant les publications des membres du corps enseignant et leurs interventions lors de conférences à l'étranger, mais il est rare qu'elle mentionne des enseignants qui collaborent étroitement et régulièrement avec les étudiants dans le cadre de l'évangélisation, de l'implantation d'églises et d'événements de partenariat communautaire.

Pour les institutions de formation, déclarer leurs valeurs est étroitement lié au processus de développement d'une solide théologie de formation théologique[31]. La plupart de ces institutions ont un énoncé écrit de leurs valeurs. Ces énoncés méritent d'être revus régulièrement afin de vérifier la « forme » de la culture de l'institution dans son engagement envers les perspectives d'apprentissage EAT. Ces bilans seront effectués à l'échelle du programme d'études et de la communauté et pourront être basés sur ces trois questions[32] :

- Quelles sont les valeurs et caractéristiques clés que nous voulons voir reflétées dans les différentes dimensions de notre culture institutionnelle (et pourquoi) ?
- Quelles sont les valeurs et les caractéristiques qui sont réellement exprimées dans les différentes dimensions de notre vie institutionnelle ?
- Quelles sont les actions nécessaires pour remodeler la culture de l'école et la rapprocher d'une culture plus affirmée en matière d'EAT ?

4. Les responsables académiques renforcent la collégialité pour l'EAT

Pour qu'une approche EAT s'enracine profondément dans l'institution, il faut encourager des niveaux plus élevés de collégialité au sein du corps

31. Six valeurs théologiques semblent être particulièrement importantes dans le contexte de l'ET qui reflète la culture EAT :
    - Nous valorisons la variété créative de Dieu ;
    - Nous valorisons la valeur des personnes ;
    - Nous valorisons l'interaction entre l'amour de Dieu et le discernement ;
    - Nous valorisons la formation/l'habilitation du peuple de Dieu pour la transformation ;
    - Nous valorisons la collaboration communautaire ;
    - Nous valorisons l'éducation/la formation dans une optique missionnelle.

Ces six valeurs sont développées en détail dans Allan Harkness, « Assessment », p. 183-201.

32. Adapté de Peg Neuhauser, cité dans http://www.askmar.com/Exit/Strategies/Merging/Cultures.pdf ; consulté le 2 mai 2015.

enseignant – et, là encore, les responsables académiques seront les principaux artisans du processus.

Trop souvent, les professeurs d'institutions de formation ont tendance à s'isoler de leurs collègues dans deux dimensions qui ont un impact sur l'efficacité de l'EAT :

- La mentalité du « silo » qu'ils apportent à leur enseignement : ils conduisent leurs cours comme des unités d'étude indépendantes (ou avec peu, voire aucune référence au contenu et à l'orientation des autres aspects du programme).
- L'indépendance dans les processus pédagogiques : ils ne communiquent pas avec les autres membres du corps enseignant sur la façon dont ils s'acquittent de leurs responsabilités d'enseignement (que ce soit en classe ou dans le cadre de la supervision de la recherche) et sur l'animation d'autres activités d'apprentissage.

Ces deux aspects sont des indicateurs sûrs pour identifier des dissonances significatives dans les valeurs adoptées par rapport aux valeurs opérationnelles de l'institution. La mise en œuvre efficace de l'EAT nécessite moins d'individualisme et plus de collégialité : des relations qui renforcent le sentiment d'intégration entre les éléments du programme d'études, et la nécessité d'une compréhension commune des principes et des pratiques qui optimisent l'EAT.

La collégialité peut être définie comme « une relation entre les professeurs qui se caractérise par la confiance, l'ouverture, le soutien et la collaboration dans leur enseignement et leur apprentissage et qui se développe comme une expression de communauté[33] ». Il s'agit d'une responsabilité partagée et de rendre compte de ses activités. La collégialité n'est pas la même chose que la convivialité :

> Dans de nombreuses [institutions de formation], les enseignants ont des relations amicales et cordiales avec leurs collègues, apprécient la compagnie de chacun dans la salle des professeurs et se respectent mutuellement en tant que personnes. Cependant, de bonnes relations personnelles, aussi importantes soient-elles, ne garantissent pas la collégialité. Au contraire, la convivialité peut permettre aux enseignants de sentir que, parce qu'ils s'entendent bien, ils sont d'accord sur l'orientation fondamentale de leur enseignement, même si

33. Adapté de Robert Koole, « Strengthening Teaching through Collegiality », dans *Educating Christian Teachers for Responsive Discipleship*, sous dir. P. de Boer, Lanham, MD, University Press of America, 1993, p. 100.

> leur enseignement proprement dit se fait isolément et trop souvent en contradiction les uns avec les autres[34].

Quatre moyens de renforcer la collégialité sont proposés ci-après[35] :

- *Raconter ses expériences* : lorsqu'ils ont l'occasion de raconter leurs expériences – et d'écouter celles de leurs collègues – les membres du corps professoral sont susceptibles de sentir qu'ils ne sont pas seuls face à leurs défis et à leurs frustrations, et ont l'occasion d'être affirmés et encouragés dans leurs joies et leurs succès.
- *Partager les ressources et les méthodes utilisées* : la plupart des membres du corps enseignant reconnaissent qu'ils sont mal préparés pour leur rôle de transformateurs et donc vulnérables. La collégialité consiste à partager avec d'autres (et à recevoir de leur part) des ressources qui les soutiendront dans leur enseignement : il peut s'agir de contenu (en suggérant des articles thématiques, des livres, des sites web, des personnes ressources) ou de processus (méthodes et outils pour un enseignement efficace).
- *S'engager dans un travail commun* : l'interdépendance peut s'exprimer par l'engagement actif des membres du corps professoral avec leurs collègues pour faciliter l'EAT. Par exemple, des possibilités d'enseignement en équipe peuvent être offertes – si ce n'est pas pour un semestre entier, cela peut certainement avoir lieu à l'occasion d'un cours en particulier (par exemple lorsque des collègues ayant des points forts ou des perspectives particulières sont invités à contribuer) ; et les membres du corps professoral peuvent également travailler ensemble à l'élaboration de travaux de cours interdisciplinaires.
- *Réfléchir ensemble aux plans pédagogique et théologique* : La collégialité s'exprime lorsque les membres du corps professoral prennent du recul et réfléchissent ensemble à leur expérience en matière d'EAT. La pratique réflexive[36] offre la possibilité de faire du méta-apprentissage, ou « d'apprendre à apprendre » – et dans ce cas, apprendre à devenir

34. *Ibid.*
35. Adapté de Koole, « Strengthening Teaching ».
36. C'est un élément également développé par Argris et Schön. Voir la note 21 de ce chapitre.

> des facilitateurs plus efficaces de l'apprentissage transformateur dans les institutions de formation[37].

Exprimer la collégialité de cette manière sera bénéfique pour le développement d'une culture EAT (voir p. 166-167) en renforçant l'engagement de l'équipe professorale en tant que « communauté de pratique » : « Un groupe de personnes qui partagent une préoccupation, un ensemble de problèmes ou une passion pour un sujet, et qui approfondissent leurs connaissances et leur expertise dans ce domaine en interagissant de manière continue[38]. »

L'expérience préalable de l'enseignement supérieur et de l'ET que les membres du corps enseignant ont vécue peut les amener à ne pas exprimer intuitivement des niveaux élevés de collégialité. Mais à mesure que les attentes sont suscitées – et incarnées – par leurs dirigeants, il est plus probable que cela devienne une réalité normative au sein de l'école. Les exemples suivants montrent comment la collégialité peut être encouragée par le doyen et le directeur académique :

- *Formellement* : les réunions des professeurs, les retraites pour enseignants et les réunions de département sont mises à profit pour renforcer la collégialité selon les quatre façons décrites plus tôt.
- *Non formellement* : les membres de la faculté sont encouragés à inviter un collègue à observer un cours ou une activité d'apprentissage en tant qu'« ami critique » (une personne qui soutient le processus et jette un regard critique sur la dynamique de l'activité). Ensuite, autour d'un thé ou d'un café, l'ami critique identifie deux ou trois aspects positifs du processus d'activité, et deux ou trois aspects qui auraient pu être améliorés. Aucun rapport officiel n'est établi. À prévoir environ une fois par semestre.
- *Informellement* : des occasions spontanées sont utilisées pour discuter avec les membres du corps enseignant de certains aspects de leur enseignement et de l'animation des activités d'apprentissage.

Un autre effet positif des efforts déployés pour renforcer l'interaction collégiale est que lorsque des problèmes surgissent (comme ce sera inévitablement

37. Pour le concept de méta-apprentissage (« apprendre à apprendre »), voir Norman JACKSON, « Exploring the Concept of Metalearning », document présenté lors d'un colloque sur le méta-apprentissage, Middlesex University, 2004.

38. Etienne WENGER, Richard MCDERMOTT, et William SNYDER, *Cultivating Communities of Practice: A Guide to Managing Knowledge*, Boston, University of Harvard Press, 2002, p. 4. Le concept de « communités de pratique » a un riche potentiel pour la formation théologique.

le cas), ils sont traités dans une atmosphère de confiance, d'amitié et de respect croissants, et les problèmes ont plus de chances d'être résolus de manière satisfaisante. Par exemple, les évaluations des professeurs portant sur des préoccupations concernant la présence d'un membre du corps professoral en classe peuvent être gênantes s'il y a eu peu de contacts collégiaux avec le directeur académique durant l'année. Ou si des malentendus surviennent – notamment interculturels – qu'un doyen doit aborder avec un membre du corps enseignant, ceux-ci seront mieux traités s'ils sont soulevés entre collègues plutôt qu'entre un « patron » et un membre du personnel avec lequel il n'a pas eu d'interaction significative au cours de l'année.

Je parle des membres du corps enseignant comme de collègues. Le doyen et le directeur académique peuvent également encourager les expressions de collégialité avec et parmi le personnel administratif, pour refléter le fait que l'éthique de l'EAT est systémique à travers l'institution de formation.

5. Les responsables académiques doivent encourager, encourager, encourager

Considérez comment les initiatives de Joshua auraient pu porter leurs fruits s'il y avait eu un soutien explicite – envers lui et le corps enseignant – de la part de son doyen ; ou si le directeur académique avait répondu plus attentivement à la liste de ressources imprimée par Joshua pour le corps enseignant.

Beaucoup de choses peuvent se dresser contre l'efficacité de l'EAT dans une institution de formation, et le découragement risque de freiner l'enthousiasme pour sa mise en œuvre. L'antidote ? Des doses généreuses d'affirmation et d'encouragement pour aller dans la bonne direction en matière de conception et de mise en œuvre de l'enseignement-apprentissage transformateurs, tant à titre individuel qu'à l'intention du corps enseignant et du personnel dans leur ensemble.

Les responsables académiques sont ceux qui ont le plus besoin d'être surnommés « Barnabas » (« fils de l'encouragement »), et qui deviennent très appréciés quand ils suivent l'exhortation de Paul : « encouragez-vous les uns les autres et édifiez-vous mutuellement » (1 Th 5.11), recherchent « ce qui contribue à entretenir la paix et à nous faire grandir mutuellement dans la foi » (Rm 14.19), et s'encourager « les uns les autres chaque jour » (Hé 3.13).

Les manières appropriées d'exprimer l'encouragement et l'affirmation varient grandement selon les cultures et les personnalités. Mais les exemples d'initiatives suivantes prises par le doyen et le directeur académique peuvent nous inspirer :

- *mots d'encouragement* : il peut s'agir d'expressions formelles de gratitude, ou même informelles. Il peut s'agir d'un bref courriel, d'un texto ou d'un tweet. Ils peuvent être adressés directement à un membre du corps professoral, ou exprimer la gratitude envers diverses parties prenantes pour ce que le membre du corps professoral a fait pour améliorer l'EAT.
- *répartition du temps de travail* : lorsqu'un membre du corps enseignant ou du personnel doit consacrer beaucoup de temps au développement de certains aspects de l'EAT, ne vous attendez pas à ce que les efforts de cette personne s'ajoutent simplement à un emploi du temps déjà bien rempli. Quelle responsabilité pourrait être confiée à quelqu'un d'autre, pour permettre au membre enseignant de bien se concentrer sur la tâche d'EAT ?
- *ressources financières* : veiller à ce que des fonds suffisants soient alloués au développement et au perfectionnement des initiatives de l'EAT.
- *développement professionnel* : encourager le corps enseignant et le personnel à entreprendre des formations à l'EAT, et fournir (ou subventionner généreusement) les fonds nécessaires. La formation peut être spécifiquement liée à l'ET ou à l'acquisition de compétences en matière d'enseignement transformateur générique (par exemple, en suivant un cours à l'institut d'enseignement local), ce qui peut ensuite être adapté à l'approche EAT de l'institution.
- *rappeler aux professeurs leur premier amour* : Graham Cheesman, un mentor respecté dans la formation théologique, propose ce défi :

  > L'ET n'est pas seulement une question de réflexion. Il s'agit aussi de ressentir et de s'engager, d'aimer [...] Alors, où l'amour entre-t-il dans la formation théologique ? [...] les trois grands amours du professeur de théologie ne sont-ils pas : les gens, le sujet et Dieu ? [...] Si nous n'aimons pas les étudiants, nous ne devrions pas être dans le métier... Si nous n'aimons pas notre matière, nous n'enseignons pas dans le bon domaine... Si nous n'aimons pas le Dieu que nous servons, quel est l'intérêt de tout cela[39] ? [...] L'amour guide

39. Perry SHAW suggère que « l'amour de l'enseignement » soit ajouté à ces trois. Voir son commentaire sur le blog de Cheesman, 2 mai 2015.

> nos programmes de développement du personnel. Ils doivent être axés sur le rétablissement et le développement de l'amour tout comme sur le savoir. *Les doyens et les directeurs académiques ont une responsabilité dans ce domaine*[40].

6. Les responsables académiques permettent des « oups » sur le parcours EAT

Pour encourager, il faut savoir habiliter. Mais, comme dans toute entreprise où l'on trace la carte d'un nouveau territoire, la conception et la mise en œuvre d'un projet d'EAT peuvent ne pas se dérouler comme prévu. Ceux qui ont des tâches diverses peuvent ne pas les accomplir correctement. Il peut y avoir des accrocs assez importants en cours de route – et des *errreurs* évidentes. *Oups* !

« *Oups !* » est « ce que nous disons quand nous faisons une erreur involontaire et choisissons de l'admettre. Oups est un mot très important dans le vocabulaire de l'apprenant. C'est peut-être l'un des premiers qu'il devrait apprendre[41] ! » Oups ! peut surgir pour diverses raisons et avec des valeurs différentes. Quatre catégories peuvent être identifiées[42] :

- Les *oups stupides* : « des accidents stupides qui peuvent se produire. » Par exemple, un membre du personnel jette négligemment le dossier qui contient les originaux des directives de cours de l'institution de formation pour les cinq dernières années précédentes.
- Les *oups simples* : « des erreurs évitables rendues inévitables par l'enchaînement de décisions. » Ces erreurs peuvent être dues à un malentendu. Par exemple, l'EAT apparaît régulièrement vers la fin de l'ordre du jour des réunions du corps enseignant, et le plus souvent, la discussion doit être reportée par manque de temps.
- Les *oups paresseux* : « des erreurs qui sont comprises mais qui nécessitent un effort de prévention. » L'exemple de la page 167 sur la participation limitée des étudiants aux activités de formation des institutions de formation entre dans cette catégorie.

---

40. Graham CHEESMAN, « Love », *Teaching Theology* (blog), consulté le 1er mai 2015, italiques ajoutés, http://teachingtheology.org/2015/05/01/love.
41. « OOPS! The Place of Mistakes in Learning ». Un article de Donald N. LARSON, 1981. Source inconnue.
42. Adapté de Scott BERKUN, « How to Identify and Learn from Your Mistakes », *Lifehacker* (blog), 29 novembre 2011, consulté le 4 mai 2015, http://lifehacker.com/5863490/how-tolearn-from-your-mistakes.

- Les *oups complexes* : « des erreurs dont les causes sont complexes et qu'il n'est pas évident d'éviter par la suite. » Ces erreurs peuvent être dues à un manque de connaissances techniques ou à l'incapacité d'adapter ce qui a fonctionné dans d'autres contextes ; par exemple, la décision d'exclure du programme de Master 1 un cours visant à aider les étudiants à apprécier la vision du monde de la religion non chrétienne dominante de leur nation.

Que doivent faire les responsables des institutions théologiques pour prévenir les « oups ! » dans le processus d'EAT ? « C'est une erreur de ne pas utiliser les erreurs dans le cadre du processus d'apprentissage[43]. » Il convient de les utiliser de manière positive, comme un tremplin vers une meilleure pratique. Les *oups !* stupides et simples sont relativement faciles à traiter ; les *oups ! paresseux* sont un peu plus difficiles – d'abord à reconnaître, puis à traiter efficacement. Il faut de la sagesse pour discerner un problème, puis pour élaborer des stratégies permettant de résoudre le problème, ce qui peut nécessiter une intervention systémique.

Si vous avez repéré des « errreurs » à la fin du premier paragraphe de cette section, comment avez-vous réagi ? (Oui, c'était intentionnel.) Les responsables académiques peuvent réagir aux différents « *oups !* » de manière positive ou négative. Une réponse négative serait de se précipiter pour signaler l'erreur (peut-être publiquement) et de réassigner immédiatement la responsabilité à une autre personne. Une réponse plus positive pourrait être de parler de ce qui s'est passé, de déterminer pourquoi, de discuter des mesures à prendre pour faire face aux répercussions de l'erreur, et de suggérer des stratégies pour remettre l'entreprise EAT sur les rails.

Faire face aux *oups !* de manière productive est un corollaire d'affirmation et d'encouragement. Le sentiment est différent lorsque les erreurs sont identifiées et traitées dans un environnement d'affirmation et d'encouragement, comparé à un cadre dans lequel la perception commune serait « vous n'êtes convoqué par le doyen (ou le directeur académique) que lorsqu'il a une plainte à formuler ».

43. C'est le titre d'un article de Richard Curwin, *Edutopia* (blog), 28 octobre 2014, consulté le 3 mai 2015, http://www.edutopia.org/blog/use-mistakes-in-learning-process-richard-curwin.

7. Les responsables académiques influencent le processus d'accréditation

D'un point de vue missionnel-ecclésial, les responsables d'institutions de formation peuvent intuitivement sentir qu'un processus d'EAT est la voie à suivre, mais une question ne manquera pas de se poser : « Si nous continuons à progresser sur la voie de l'EAT, façonnée par une approche transformatrice, comment cela affectera-t-il l'accréditation de nos programmes ? » C'est une préoccupation importante.

La plupart des institutions de formation font partie d'une association théologique régionale (p. ex. l'Asia Theological Association [ATA] compte environ 300 membres ; l'Association for Christian Theological Education in Africa [ACTEA] en compte environ 150). Outre les possibilités de se constituer un réseau, de « services à valeur ajoutée » et de partage des ressources, ces associations fournissent généralement une accréditation pour les programmes de leurs membres : un contrôle de la qualité qui compare les programmes à des normes largement acceptées et clairement énoncées. Cette fonction d'accréditation est particulièrement précieuse dans les pays dont les gouvernements ne reconnaissent pas directement les institutions de formation comme établissements d'enseignement.

Gardons à l'esprit que l'association d'accréditation est « notre » agence – elle est en fait « détenue » par les institutions membres – et leur fournit des occasions de soulever des questions. Ainsi, s'il existe un soutien suffisant pour que les processus d'EAT soient considérés comme des expressions valables d'ET, il devrait être possible de les offrir, élaborés de manière professionnelle, dans le cadre de l'accréditation.

Les responsables académiques de nos institutions chercheront à assurer la reconnaissance au niveau de l'agence d'accréditation, car ils sont généralement les représentants institutionnels auprès de l'association et ont des liens avec les responsables d'autres écoles. Ce rôle plus large de plaidoyer est important car la confiance et l'enthousiasme des membres du corps professoral à l'égard de l'EAT augmenteront à mesure qu'ils verront que leurs efforts sont acceptés comme étant honorables par leurs pairs du milieu académique.

Une autre expression de la collégialité inter-institutionnelle apparaît lorsque le processus EAT est promu au niveau régional : les responsables d'autres écoles sont susceptibles d'être amenés à considérer le potentiel de l'EAT pour leur propre situation lorsqu'ils prennent conscience de sa valeur et des avantages explicités par leurs confrères de l'enseignement théologique.

8. Les responsables académiques gèrent le changement en vue d'un EAT avantageux pour tous

Être convaincu de la nécessité du changement et de sa valeur est une chose, mais être un agent de changement efficace en est une autre. Lorsque les responsables académiques proposent des approches d'EAT, les éléments clés pour la gestion du changement seront sans doute les suivants[44] :

a. Prier

Priez pour savoir si vous devez ou non proposer ces changements. Si vous décidez d'aller de l'avant, priez pour une bonne attitude. Il est facile de devenir un agent de changement virulent. L'amour et la grâce devraient tout diriger, même si c'est le genre d'amour dur dont Jésus a fait preuve.

b. Effectuer vos recherches

Assurez-vous de bien connaître la situation actuelle. Par exemple, si vous voulez proposer que les cours de théologie soient davantage enseignés dans une perspective d'EAT, informez-vous sur la manière dont ils sont enseignés actuellement : lisez attentivement les programmes des cours actuels, assistez éventuellement à plusieurs cours et discutez avec les professeurs des raisons pour lesquelles ils enseignent les cours comme ils le font.

c. Encourager d'autres personnes à vous rejoindre

Discutez avec les professeurs et les autres parties prenantes de l'orientation que vous pensez que votre institution de formation pourrait prendre en matière d'EAT. S'entretenir individuellement avec chaque personne est bénéfique, car :

- Vous gagnez en pratique en exprimant votre vision ;
- Vous pouvez corriger ce que les gens ne comprennent pas ou comprennent mal ;
- Vous donnez aux gens la possibilité de réfléchir à vos idées à leur propre rythme ;
- Vous pouvez commencer dans un cadre public (par exemple, une réunion de professeurs ou de conseil d'administration) augmentera la probabilité de confrontation.

---

44. Adapté de Ron Buckland (Australie), communication personnelle, basée sur les ateliers de formation au leadership qu'il a animés. Voir aussi Eguizabal, « Les directeurs académiques en tant qu'agents de changement ».

Dans la vie des organisations, certaines personnes ont plus d'influence que d'autres. Rencontrez personnellement les leaders d'opinion – cela vous aidera pour les quatre raisons ci-dessus ; et l'influence que les faiseurs d'opinion ont lors des réunions de prise de décision est probablement essentielle à l'adoption réussie de votre vision.

d. Vous concentrer sur les enjeux

Bien que vous partagiez votre vision à titre personnel, essayez toujours de vous concentrer sur les enjeux et non sur les personnalités concernées. Soyez particulièrement sensible à ceux qui sont de « la vieille école ». Personne n'aime perdre la face en public. Priez pour que vous puissiez obtenir le soutien de ces personnes dans le processus de changement.

e. Partager la propriété de l'EAT

Les résultats ont plus de chances de réussir lorsque les personnes concernées ont le sentiment que le changement proposé est « notre objectif ». Lorsque vous discuterez de votre vision de l'EAT, vous devrez probablement modifier certaines de vos idées. Acceptez cette réalité. Un agent de changement à l'esprit fermé est un triste spectacle – et nous n'avons pas le droit de soumettre les autres à un processus auquel nous ne sommes pas prêts à nous soumettre.

f. Suivre le temps de Dieu

Déterminez le moment approprié pour le(s) changement(s). Il vaut mieux réaliser le changement sur une période plus longue plutôt que de se précipiter. Si les personnes sont poussées à changer, elles résisteront souvent, juste pour survivre. Gardez de grands rêves, mais un objectif modeste.

g. Trouver un point d'entrée

Lors de vos discussions avec les autres, détectez quel est le domaine de changement sur lequel il y a accord. Par exemple, les Églises ont exprimé le souhait que les diplômés du Calvary Seminary puissent prêcher de manière plus « pertinente ». On aurait pu utiliser cet argument pour faire connaître aux enseignants les dimensions d'une prédication efficace et les modifications à apporter aux programmes d'études pour les améliorer auprès des étudiants.

h. Diviser les tâches à accomplir en étapes gérables

N'essayez pas d'accomplir tout en même temps. Si cela devient « tout ou rien », il y a de fortes chances que vous n'arriviez à rien. Réfléchissez aux étapes qui vous mèneront à votre vision, puis travaillez sur celles qui comptent le plus. Si vous avez plusieurs étapes, vous pouvez échouer dans certaines d'entre elles sans tout perdre.

i. Miser sur le succès

« Rien ne réussit mieux que le succès. » Faites votre première recommandation de changement dans un domaine dont vous savez que vous obtiendrez un résultat évident et que plusieurs parties prenantes souhaitent voir se concrétiser. Laissez les gens prendre plaisir à réussir ensemble et il est plus probable qu'ils seront ouverts à d'autres changements.

j. Réévaluer régulièrement la situation

Évaluez et vérifiez en planifiant et en exécutant chaque étape du processus. Identifier les défis, les problèmes et les opportunités. Posez des questions telles que « pouvons-nous aller plus vite ? » ; « devons-nous ralentir ? » ; « qui doit être impliqué davantage ? »

Conclusion

Le défi que doivent relever les institutions de formation est d'avoir « une raison d'éprouver encore plus de fierté en Jésus-Christ » (Ph 1.26), et cela demande :

- des fidèles, des dirigeants et des formateurs qui lisent et vivent les Écritures. Fidèles. Rigoureux. Centrés sur le Christ.
- des fidèles, des dirigeants et des formateurs qui comprennent et vivent bien leur propre vie. Ayant du caractère. De la sagesse. De la maturité.
- des fidèles, des dirigeants et des formateurs qui comprennent et vivent bien dans leurs Églises et leurs mondes. Perspicaces. Clairvoyants. Compatissants. Courageux. Compétents[45].

Il y a trois manières courantes de chercher à provoquer un changement :

- *révolution* : supprimer l'ancien et reconstruire complètement.
- *réforme* : ce qui a été fait dans le passé ne convient pas et il faut donc procéder à une refonte.

45. Adapté de Mark STROM, ancien chef d'établissement, Laidlaw College, Nouvelle Zélande (n.d.). Source d'origine inconnue.

- *innovation* : il s'agit de faire face à l'avenir, qui sera différent, en tirant le meilleur du passé et en trouvant de nouveaux moyens d'atteindre des objectifs valables.

Le dernier point porte sur l'enseignement et l'apprentissage transformateurs dans les institutions théologiques, et ce que cela signifie. Les responsables académiques de ces institutions sont placés dans leurs rôles de novateurs efficaces afin de réaliser cette vision du royaume de Dieu – et ils peuvent aller de l'avant, confiants que le Dieu trinitaire qui les a appelés à leurs rôles fournira également les ressources nécessaires.

Points de réflexion et d'action

1. Qui sont vos dirigeants académiques et vos parties prenantes ?

Qui occupe les fonctions de doyen (ou de chef d'établissement) et de directeur académique dans votre institution ? Qui les soutient étroitement dans leur rôle de direction académique ? Qui sont les parties prenantes de votre institution de formation ? Gardez ces personnes à l'esprit lorsque vous repensez à ce chapitre. Prenez le temps maintenant de prier pour eux et de les confier à Dieu dans la prière.

2. Formation théologique transformatrice

Méditez sur la prière « que ton règne vienne, que ta volonté soit faite » dans le contexte du pays et de la région du monde où se situe votre institution de formation. Où et comment voyez-vous l'évidence du règne de Dieu, et l'accomplissement de sa volonté, à travers les cinq aspects de Matthieu 6.10 mentionnés au début du chapitre ? Où et comment voyez-vous l'opposition à son règne et à sa volonté ?

Rassemblez vos réflexions sur la « forme » actuelle de l'expérience de formation offerte par votre institution de formation au moyen d'une analyse SOAR[46] :

46. N.D.T. : *to soar* en anglais, signifie "monter en flèche", "grimper". Cet outil, complémentaire d'une analyse SWOT, permet de visualiser aisément le contexte d'un projet. C'est un exercice qui se pratique généralement collectivement, impliquant tous les acteurs – internes et externes, de tous niveaux hiérarchiques – d'un projet quelconque. L'acronyme signifie par ailleurs : S pour "Strengths" – forces ; O pour "Opportunities" – opportunités ; A pour "Aspirations" – aspirations ; R pour "Results" – résultats. » Raphaëlle Granger, « Le SOAR, complément du SWOT », 8 juillet 2022, https://www.manager-go.com/gestion-de-projet/dossiers-methodes/soar.

- *forces* : « que faisons-nous de bien (y compris les atouts, les capacités et les réalisations) ?
- *opportunités* : « quelles sont nos meilleures opportunités (y compris les besoins non satisfaits et les possibilités) ? »
- *aspirations* : « que pourrions-nous aspirer à être (y compris ce pour quoi nous souhaitons être connus) ? »
- *résultats* : « quels sont les résultats mesurables qui indiqueront que nous réalisons notre vision de l'avenir ? »

Vous trouverez peut-être utile de faire évaluer et valider vos idées par certains de vos collègues et des parties prenantes de l'institution de formation.

3. Concevoir un enseignement et un apprentissage transformateurs

a. Pensez à un ou deux cours dont vous êtes responsable.

- Parcourir les plans de cours écrits. Évaluer l'orientation des objectifs du cours par rapport aux sept domaines d'apprentissage pour les chrétiens énumérés à la page 148. Que remarquez-vous ?
- Passer en revue les sept éléments du cycle du programme d'études (figure 9). Dans lesquels de ces éléments investissez-vous le plus de temps et d'efforts dans vos cours ? Dans lesquels investissez-vous le moins de temps et d'efforts ? Que suggèrent vos réponses ?

b. Dresser une liste de toutes les activités auxquelles les étudiants sont censés participer au sein de votre institution de formation.

- Quelles sont les activités explicitement identifiées comme « des expériences d'apprentissage intentionnelles planifiées par l'institution de formation pour ses étudiants » ?
- Comment la participation à ces activités est-elle reconnue ? (p. ex. sur le relevé de notes de l'étudiant diplômé, la lettre de recommandation, etc.)
- Quelles sont les activités obligatoires mais non mentionnées sur les documents des étudiants diplômés ?
- Suggérer comment ces activités (ou des éléments de celles-ci) pourraient devenir des activités d'apprentissage plus intentionnelles contribuant explicitement aux profils des diplômés.

4. *Valeurs*

Utilisez les conditions-cadre (tableau 2) comme base de discussion avec vos pairs sur les valeurs distinctives qui doivent être reconnaissables dans la conception du programme de votre institution de formation. Comparez-les avec les valeurs énoncées (imprimées) de votre école. Où y a-t-il des chevauchements ? Où sentez-vous une dissonance ? Qu'est-ce qui gagnerait à être reformulé ?

Trois courts scénarios de la vie de l'institution de formation ont été présentés dans la section « Les responsables académiques facilitent une culture EAT ». Quelle valeur opérationnelle vous semble être proposée dans chacun d'eux ? Pensez à des exemples dans votre vie institutionnelle où il semble y avoir un décalage entre les valeurs déclarées et les valeurs réelles qui interviennent dans les pratiques. Proposez des exemples dans plusieurs des huit dimensions suggérées sous la rubrique « Les responsables académiques facilitent une culture EAT » qui façonnent et soutiennent la culture d'une communauté.

5. *Les profils des diplômés*

Votre institution de formation a-t-elle établi des profils de diplômés ?

- Si oui, examinez-les pour déterminer s'ils conviennent à un programme d'études basé sur le processus EAT.
- Si non, réfléchissez à une possibilité de les concevoir.

6. *Concevoir des cours pour l'EAT*

Pensez à un cours que vous dispensez (ou que l'on vous a demandé de dispenser) et au profil du diplômé du programme dans lequel ce cours s'inscrit (ayez le profil du diplômé sous la main).

a. Réfléchir...

- Quels sont les principaux résultats escomptés dans la vie des étudiants du fait qu'ils ont suivi ce cours ?
- Quelles sont les trois choses les plus importantes que les étudiants sont capables de faire grâce à ce cours ? Pourquoi ces choses sont-elles si importantes ?
- Quelles sont les deux ou trois choses qui peuvent « mal tourner » si un étudiant ne suit pas ce cours ?

b. Analyser...

À partir de vos conclusions, analysez, regroupez et résumez. Sélectionnez les idées les plus significatives.

c. Créer...

Rédigez trois ou quatre énoncés de résultats d'apprentissage, chacun d'eux commençant par la phrase : « À la fin de ce cours, on espère que les étudiants... »

d. Vérifier...

Posez ces questions sur les résultats d'apprentissage que vous proposez :

- Ces résultats contribuent-ils à la réalisation des objectifs et de la vision de notre institution de formation sur l'EAT ?
- Comprennent-ils une gamme de secteurs pertinents ?

7. Renforcer l'environnement en vue de l'EAT

Une section importante de ce chapitre a identifié huit domaines dans lesquels les responsables académiques d'une institution de formation ont un rôle à jouer dans le développement d'une écologie EAT.

- Parmi les huit domaines, lesquels sont bien développés et observés dans votre institution de formation ? Quelles sont les dynamiques à l'œuvre qui vous permettent de donner votre aval ? Remerciez Dieu pour cela.
- Quels sont les domaines faibles ou non observés ? Demandez-vous « comment pouvons-nous améliorer ces domaines ? » Qui doit être impliqué dans ce processus ? Priez pour trouver l'occasion de faire part de vos préoccupations aux personnes concernées.

8. La collégialité pour l'EAT

Quels sont les mots qui décrivent le mieux les relations entre les membres du corps enseignant et du personnel de votre institution de formation ? Qu'est-ce que cela montre en termes de niveau de collégialité ?

En gardant à l'esprit la différence entre « collégialité » et « convivialité », suggérer des moyens de développer davantage les quatre moyens de renforcer la collégialité.

9. L'encouragement

Demandez à Dieu d'identifier un membre du corps professoral et un membre du personnel de votre école qui ont besoin d'encouragement, et de vous inciter par un moyen créatif et culturellement acceptable d'offrir des encouragements (par exemple, une carte, un cadeau, un courriel, un repas à emporter, etc.). Et à présent, faites-le !

10. Le traitement des « Oups ! » lors du parcours EAT

Comment les erreurs sont-elles généralement traitées dans votre institution de formation ? Comment pourraient-elles être traitées différemment (de manière culturellement appropriée) ?

11. Bien gérer le changement pour le processus EAT

Parmi les dix éléments de gestion du changement énumérés précédemment, lesquels semblent avoir fait défaut au Calvary Seminary ? Imaginez que vous êtes le nouveau doyen du Calvary Seminary. Énumérez les objectifs que vous vous fixeriez pour la première année pour améliorer l'EAT dans votre institution, et le processus de gestion du changement que vous adopteriez pour atteindre ces objectifs.

Considérez-vous comme un agent de changement au sein de votre école pour quelque chose de spécifique relatif au développement EAT. Quels sont les éléments auxquels vous devrez accorder une attention particulière ? Notez, tout en priant, une proposition d'action limitée dans le temps. Notez les dates clés dans votre agenda, afin de pouvoir ensuite vérifier vos progrès.

Selon vous, quelles parties prenantes de votre institution ont besoin d'être convaincues de l'approche EAT ? Mentionnez-les à Dieu, et priez pour un moyen opportun d'interagir avec elles.

Pour aller plus loin

AMBROSE Susan, BRIDGES Michael, DIPETRO Michelle, LOVETT Marsha C., NORMAN Marie K., *How Learning Works: Seven Research-Based Principles for Smart Teaching,* San Francisco, Jossey-Bass, 2010.

CANNELL Linda, *Theological Education Matters: Leadership Education for the Church*, Newburgh, IN, EDCOT, 2006.

EDGAR Brian, « The Theology of Theological Education », *Evangelical Review of Theology* 29, n°3, 2005, p. 208-217, https://theology.worldea.org/wp-content/uploads/2020/12/ERT-29-3.pdf.

ESTEP James, Roger WHITE, Karen ESTEP, Mapping Out Curriculum in Your Church: Cartography for Christian Pilgrims, Nashville, TN, B & H, 2012.

HARKNESS Allan, « An Educator's Questions for Bible Teachers in Theological Schools », *MBTS Theological Journal* 4, 2014, p. 133-152.

HARKNESS Allan, « Assessment in Theological Education: Do Our Theological Values Matter? » *Journal of Adult Theological Education* 5, n°2, 2008, p. 183-201.

HARKNESS Allan, « De-Schooling the Theological Seminary: An Appropriate Paradigm for Effective Ministerial Formation », dans *Tending the Seedbeds: Educational Perspectives on Theological Education in Asia*, sous dir. Allan Harkness, Manille, Asia Theological Association, 2010, p. 103-128.

HARKNESS Allan, « Learning Approaches in Theological Education Institutions: Faculty and Student Expectations in a South East Asian Seminary », *Journal of Adult Theological Education* 9, n°2, 2012, p. 139-157.

HILL Brian V., *Beyond the Transfer of Knowledge: Spirituality in Theological Education*, Auckland, Impetus Publications, 1998.

HILL Brian V., « Do Theological Studies Foster Spirituality? » *Journal of Christian Education* 44, n°3, 2001, p. 33-42.

ICETE, « Manifeste pour le renouveau de l'enseignement théologique évangélique », consulté le 23 mai 2022, https://icete.info/wp-content/uploads/2019/04/Manifesto_ICETE_FR.pdf.

Lausanne Movement, « L'Engagement du Cap », 2011 (voir en particulier II.F.4.), https://lausanne.org/fr/mediatheque/ctc/engagement-du-cap.

SHAW Perry, *Transformer la formation théologique : un manuel pratique pour un apprentissage intégral et contextuel*, trad. Celia Evenson, Carlisle, Langham Global Library, 2015.

WILHOIT Jim, « Spiritual Formation in Community », *Common Ground Journal* 7, n°1, 2009, p. 71-84.

Sites Web

http://www.icete-edu.org/resources. Articles de l'ICETE international consultations qui traitent d'une série de questions contextuelles et de liens entre l'Église et l'enseignement théologique. Les consultations ont eu lieu en 2003

(Royaume-Uni) ; 2006 (Thaïlande) ; 2009 (Hongrie) ; 2010 (Afrique du Sud) ; et 2012 (Kenya).

http://theologicaleducation.net. « Un centre de ressources gratuit et un forum sur la formation théologique évangélique parrainé par l'Overseas Council International et par l'Association européenne d'accréditation des évangéliques. »

http://theologicaleducation.org. Ce site est mis à jour par Graham Cheesman, directeur du Centre for Theological Education (sous l'égide du Belfast Bible College, Irelande du Nord) pendant la durée de vie du Centre (2005-2010) en tant que centre de recherche et d'enseignement de troisième cycle pour la formation théologique. « Ce site est conçu pour préserver le travail effectué à cette époque, développer l'étude de la formation théologique et mettre les matériaux à la disposition de tous ceux qui travaillent dans ce domaine. »

7

Évaluer l'apprentissage lors de l'élaboration du programme d'études

Charles de Jongh

Planter le décor : un cheminement personnel

J'ai travaillé dans l'enseignement supérieur privé pendant plus de quinze ans, d'abord comme professeur dans une institution théologique chrétienne en Afrique du Sud, et plus récemment en Australie. Lorsque j'ai commencé à donner des cours, le corps étudiant était assez homogène, la majorité des étudiants étaient des hommes blancs cultivés qui se formaient pour être pasteurs dans des Églises. Au cours des années suivantes, la composition de la population étudiante s'est considérablement modifiée et est devenue hétérogène en termes d'âge, de culture, d'éducation et de sexe. Dans l'ensemble, la tranche d'âge s'est étendue aux 18-60 ans, la composition culturelle est devenue plus représentative de la société sud-africaine, le niveau d'éducation allait d'une scolarité limitée à des diplômes professionnels de troisième cycle et le nombre d'étudiantes a augmenté.

Le fait d'enseigner à un groupe homogène qui avait généralement reçu une éducation de qualité a perpétué l'approche de l'éducation que j'avais connue, à savoir que l'expérience d'apprentissage était constituée de deux éléments principaux : les cours magistraux et l'évaluation, principalement des devoirs écrits et des examens. La plupart des étudiants avaient un niveau raisonnable, mais cela ne signifiait pas pour autant qu'ils appréciaient l'approche de l'évaluation en place. En général, l'évaluation se caractérisait par la reproduction de matériel sous forme écrite – essentiellement des devoirs, des essais, des examens et des tests. Cela signifie que l'expérience de nombreux étudiants était conforme aux critiques de Brown, Race et Rust :

> La critique la plus virulente que l'on puisse adresser aux approches traditionnelles de l'évaluation est peut-être que les notes ou les classements des étudiants dépendent trop d'un ensemble limité d'aptitudes, notamment :
>
> - leur aptitude à passer des examens écrits en temps et en heure ;
> - leur capacité à « garder leur sang-froid » sous la pression du temps et dans un environnement hostile ;
> - leur aptitude à rédiger avec style, sans compter le contenu à proprement parler[1].

Dans de nombreux domaines d'études, il est rare que les étudiants soient évalués d'une autre manière. Sternberg décrit la situation en racontant ses propres expériences dans un cours d'introduction à la psychologie en première année : « Le principal moyen d'enseignement était le cours magistral, et la principale évaluation de l'apprentissage consistait en une série d'examens qui évaluait notre mémoire et notre compréhension de base des faits enseignés dans le cours[2]. » Personnellement, j'ai commencé à ressentir une certaine frustration quant à ma manière d'enseigner et d'évaluer les étudiants, ces deux aspects étant influencés par la manière dont j'avais été moi-même évalué, mais je n'avais aucune idée de la façon dont je pourrais changer ma pratique.

Cependant, cela a commencé à changer à mesure que le corps étudiant est devenu plus hétérogène. L'évolution de la situation m'a amené à remettre en question ma façon d'évaluer, qui avait consisté à me concentrer sur le contenu brut et sur la reproduction écrite de celui-ci par les étudiants. Parmi les étudiants, trois groupes se détachaient et peuvent être décrits comme étant les *étudiants dont la langue maternelle n'est pas l'anglais*, les *étudiants « académiques »* et les *étudiants « non académiques »*. Les étudiants dont l'anglais n'est pas la première langue sont ceux qui étudient en anglais, qui est la langue d'instruction de l'école, mais pour qui l'anglais est au mieux une deuxième langue. Les étudiants « *académiques* » sont ceux qui trouvaient les exigences académiques faciles à

1. Sally Brown, Phil Race et Chris Rust, « Using and Experiencing Assessment », dans *Assessment for Learning in Higher Education*, sous dir. Peter Knight, Londres, Kogan Page, p. 83-84.
2. Robert J. Sternberg, « Assessing What Matters », *Educational Leadership* 65, n°4, 2007, p. 20.

maîtriser et à satisfaire ; tandis que les étudiants « *non académiques* » trouvaient généralement les exigences difficiles, et souvent ne parvenaient pas à obtenir la moyenne (note minimale requise pour réussir un examen). Bien que les caractéristiques des étudiants de ces groupes puissent se chevaucher, les trois grands descripteurs restent valables pour mon contexte particulier. En examinant ces groupes, et en reconnaissant que le contenu essentiel des études académiques au niveau de l'enseignement supérieur ne peut pas changer, j'ai commencé à me demander si des changements pouvaient être apportés en ce qui concerne l'évaluation de l'apprentissage.

Il m'a semblé que les étudiants non anglophones avaient parfois simplement besoin d'espace et de temps pour s'adapter aux exigences des études en anglais. Cependant, ils n'ont jamais eu ce temps car la plupart des éléments d'évaluation exigeaient dès le départ un haut niveau de compétence en anglais. Les étudiants « académiques », tout en répondant avec une relative facilité aux exigences typiques de l'enseignement supérieur, semblaient souvent s'ennuyer lors de leur évaluation ; pour certains, remplir les conditions requises était presque trop facile. Enfin, les étudiants « non académiques » étaient souvent ceux qui étudiaient parce que leur Église ou leur confession l'exigeait, mais ils n'étaient pas toujours en mesure de répondre de manière adéquate aux exigences académiques d'un établissement d'enseignement supérieur. C'est ce dernier groupe qui m'a incité à repenser l'évaluation de l'apprentissage. Parmi ces étudiants non académiques, j'ai découvert d'autres aptitudes (par exemple, des aptitudes musicales et pratiques) qui m'ont conduit à une première expérimentation d'autres formes d'évaluation, notamment l'utilisation du théâtre, de la musique et de modèles. J'ai également expérimenté des jeux de rôle, des travaux pratiques et la rédaction de rapports sur des visites de lieux d'intérêt à des fins d'évaluation.

En plus de mon expérience personnelle en classe, j'ai également été attiré par le contexte éducatif sud-africain plus large, car j'ai dû contribuer à la réponse de l'école aux changements dans le paysage éducatif sud-africain. Le nouveau régime politique, qui faisait suite aux premières élections démocratiques en Afrique du Sud en 1994, a connu un certain nombre de développements importants dans le domaine de l'éducation, y compris l'enseignement supérieur. L'un des principaux développements a été l'introduction intentionnelle de « l'éducation basée sur les résultats » (*OBE*, ou *Outcomes-Based Education*) en tant qu'approche philosophique et pratique essentielle pour toute l'éducation en Afrique du Sud. En conséquence, les établissements privés d'enseignement supérieur ont été tenus de régler leur enseignement sur l'approche OBE et de présenter des preuves documentées des programmes d'études, qualifications et cours dans un format

OBE. Ce processus a été significatif dans la mesure où il a confirmé certains aspects de mes premières réflexions et idées sur l'évaluation, tout en m'obligeant à évoluer dans ces processus.

L'un des aspects clés de l'OBE est l'accent mis sur des *résultats d'apprentissage* clairs et délibérés que les étudiants sont censés maîtriser afin de satisfaire aux exigences minimales pour une unité d'étude donnée. L'OBE a donc un impact direct sur l'évaluation de l'apprentissage, puisque l'objectif de l'évaluation à l'OBE est de déterminer dans quelle mesure les étudiants ont obtenu le résultat donné. Malan avance l'argument selon lequel « le mot clé de l'évaluation [OBE], [...] est la démonstration. Par [cette démonstration] ... il appartient aux apprenants [...] de démontrer leurs connaissances, leurs capacités, leurs compétences ou leurs aptitudes, et il appartient aux évaluateurs de juger de la qualité de cette démonstration[3] ». À ce titre, l'OBE a pour objectif déclaré d'évaluer les résultats ; toutefois, l'approche de l'évaluation reste limitée aux formes traditionnelles d'évaluation basées sur *la lecture et l'écriture*. Par conséquent, non seulement de nombreux étudiants sont évalués en fonction d'un ou de plusieurs résultats prédéfinis, mais ils sont également évalués, bien qu'indirectement et involontairement, sur leur capacité de lecture et de rédaction car cela a une incidence sur la qualité de leurs résultats d'évaluation. Cela signifie que les étudiants qui ne sont pas *bons* ou *excellents* en lecture et en écriture sont désavantagés par le moyen par lequel ils doivent démontrer leur maîtrise. Il est donc nécessaire de développer des stratégies d'évaluation qui se concentrent au maximum sur les résultats préétablis, tout en reconnaissant que l'impact de la forme d'évaluation ne peut être complètement supprimé.

Définir les termes

Pour avancer, il est nécessaire de définir deux concepts clés – *évaluation de l'apprentissage* et *éducation axée sur les résultats* – car ils sont directement liés à la question traitée dans ce chapitre, à savoir comment concevoir l'évaluation de l'apprentissage lors de l'élaboration des programmes.

Évaluation de l'apprentissage

La plupart des références à l'évaluation de l'apprentissage se résument au terme *évaluation* ; mais si la signification de l'*évaluation* est généralement

3. Beverly Malan, *Excellence through Outcomes*, Le Cap, Kagiso, 1997, p. 30.

comprise, une définition de base est nécessaire pour plus de clarté. L'évaluation est le moyen par lequel l'enseignant s'efforcera de mesurer l'apprentissage des étudiants. En général, l'accent est mis sur la capacité des étudiants à reproduire, sous forme écrite, le contenu de ce qui leur a été enseigné, afin de pouvoir donner une note ou un score. Décrivant cette approche de l'évaluation, Sternberg commente que « notre système éducatif est mis en place pour reconnaître et récompenser les individus qui excellent dans des compétences telles que la mémorisation par cœur. Il récompense également les étudiants qui sont forts en matière d'analyse et d'argumentation[4] ». La méthode d'évaluation la plus courante est celle de la *restitution des connaissances* ou de l'*examen*, ce qui signifie que la plupart des éléments d'évaluation sont présentés sous forme écrite et se voient attribuer une note ou un score.

Cependant, d'autres vont au-delà de cette compréhension et considèrent l'évaluation comme le moyen par lequel l'enseignant peut non seulement acquérir une connaissance plus approfondie de la compréhension de ses élèves, mais aussi utiliser cette connaissance pour améliorer son propre enseignement et l'apprentissage des élèves. Ramsden définit l'évaluation comme contribuant à « une manière d'enseigner plus efficacement en comprenant ce que les étudiants savent et ne savent pas[5] ». Par conséquent, l'accent passe de ce que les élèves savent ou ne savent pas à la manière dont l'enseignant peut mieux enseigner en se basant sur une appréciation de ce que les élèves ont maîtrisé. Walvoord et Anderson définissent l'évaluation comme « la collecte et l'analyse systématiques d'informations visant à améliorer l'apprentissage des élèves[6] ». Cela fait allusion au double potentiel de l'évaluation, à savoir l'évaluation des progrès des étudiants et l'amélioration des pratiques d'enseignement et d'apprentissage. Il semble évident que l'évaluation doit être axée à la fois sur le développement des étudiants et sur l'amélioration de l'enseignement. Par conséquent, l'évaluation comporte un élément objectif (les éléments d'évaluation) et un élément subjectif (le développement des étudiants.) Les informations et les points de vue recueillis lors de l'évaluation peuvent ensuite être utilisés à la fois pour le développement de l'étudiant et l'amélioration de l'enseignement, ce qui signifie que l'évaluation est plus qu'une simple considération mécanique des éléments auxquels on attribue une note.

---

4. Robert STERNBERG, « Examining Intelligence », *BizEd* 5, n°2, 2006, p. 22.
5. Paul RAMSDEN, *Learning to Teach in Higher Education*, Londres, RoutledgeFalmer, 2003, p. 177.
6. Barbara E. WALVOORD et Virginia JOHNSHON ANDERSON, *Effective Grading: A Tool for Learning and Assessment in College*, San Francisco, Jossey-Bass, 1998, p. 2.

Cependant, dans la plupart des contextes, l'évaluation se concentre sur l'achèvement d'une unité d'étude donnée. Par conséquent, la définition optimale de base pour ce chapitre est la suivante : *L'évaluation de l'apprentissage est définie comme le processus par lequel l'enseignant s'efforce d'évaluer dans quelle mesure un étudiant a maîtrisé, ou ne maîtrise pas, un ou plusieurs résultats d'apprentissage.*

L'éducation axée sur les résultats (OBE)

Spady soutient que l'éducation axée sur les résultats « signifie centrer et organiser un système éducatif autour de *ce qui est essentiel pour que tous les étudiants puissent réussir à la fin de leurs expériences d'apprentissage*[7] ». Comme le souligne l'appellation « éducation axée sur les résultats », les résultats sont la dimension d'orientation essentielle[8]. Par conséquent, *l'OBE exige qu'un ensemble clair de résultats soit établi pour toute unité d'apprentissage, et que tout enseignement soit façonné par ces résultats. Par conséquent, l'éducation axée sur les résultats est une approche de l'éducation qui donne la priorité à l'énoncé intentionnel des résultats d'apprentissage et dans laquelle tout enseignement, apprentissage et évaluation sont façonnés par ces résultats.*

Hager, Gonczi et Athanasou affirment que « l'essentiel pour mener à bien un processus d'évaluation est de décider ce qui doit être évalué[9] ». Ainsi, l'OBE commence et se termine par des résultats : tout l'enseignement est orienté par les résultats et toute évaluation mesure les performances des élèves en fonction des résultats. C'est pourquoi les résultats sont essentiels à chaque aspect de l'évaluation, et la préparation et l'énoncé des résultats sont cruciaux. Sur cette base, l'enseignant doit ensuite déterminer les exigences d'évaluation nécessaires.

Ces résultats sont censés définir :

- qui doit faire preuve du comportement souhaité (p. ex. l'élève) ;
- quel comportement à proprement parler démontrerait l'objectif (p. ex. la rédaction) ;
- le résultat du comportement (p. ex. le produit) ;

---

7. William G. Spady, *Outcomes-Based Education: Critical Issues and Answers*, Arlington, VA, American Association of School Administrators, 1994, p. 24.
8. Ernie Stringer, *Action Research in Education*, 2e éd., Columbus, OH, Pearson, 2008, p. 159.
9. Paul Hager, Andrew Gonczi et James Athanasou, « About Assessing "Competence" », dans *Understanding Outcomes-Based Education: Teaching and Assessment in South Africa – A Reader*, sous dir. John Gultig et al., Le Cap, SAIDE/Oxford, 1998, p. 55.

- les conditions dans lesquelles le comportement serait démontré (p. ex. lors d'un examen de deux heures) ;
- la norme utilisée pour évaluer le succès du produit (p. ex. 70 % de réussite)[10].

Dans le cadre de ce chapitre, nous partirons du principe que le programme d'études élaboré par un établissement comporte des résultats clairement définis, allant des résultats de programmes d'études entiers aux résultats d'unités d'études individuelles. Le reste du chapitre sera axé sur l'évaluation de l'apprentissage et de l'enseignement dans le contexte d'une unité d'étude individuelle ; toutefois, les principes peuvent facilement être appliqués de manière plus générale.

Évaluation de l'apprentissage

Apprentissage et évaluation

Dans l'évaluation axée sur les résultats, « les apprenants sont évalués en fonction de leur capacité ou non à démontrer un résultat[11] ». Cela signifie que le mot clé de l'évaluation basée sur les résultats est la *démonstration*. Autrement dit, les étudiants doivent démontrer leurs connaissances, leurs capacités, leurs compétences ou leurs aptitudes, et les enseignants doivent évaluer la qualité de cette démonstration. Sur la base de leur évaluation, les enseignants décideront ensuite si les performances des candidats pendant la démonstration étaient suffisantes pour leur permettre d'obtenir les crédits nécessaires. Par conséquent, la relation clé dans l'évaluation de l'éducation axée sur les résultats est celle qui existe entre l'élève et les résultats évalués. En tant que tel, l'OBE part du principe que l'évaluation examine une relation directe entre l'étudiant et le résultat d'apprentissage correspondant. Cette relation est illustrée à la page suivante.

10. Vaneeta-marie D'Andrea, « Organizing Teaching and Learning: Outcomes-Based Planning », dans *A handbook or Teaching and Learning in Higher Education*, sous dir. Heather Fry, Steve Ketteridge et Stephanie Marshall, Londres, Kogan Page, 2000, p. 32.
11. Maskew Miller Longman, « OBE Teacher's Manual », consulté le 1er décembre 2005, http://www.mml.co.za.

Cela signifie que la planification de l'évaluation commence par les résultats d'apprentissage, qui doivent être exprimés dans le programme et le matériel d'étude, puis par le choix du type et de la forme d'évaluation appropriés. Toutefois, compte tenu des différences entre les étudiants, il convient d'accorder une attention particulière aux divers types et méthodes d'évaluation (abordés plus loin dans ce chapitre), car l'accent n'est plus mis sur les méthodes d'évaluation, mais plutôt sur la détermination du degré ou de la mesure dans laquelle l'étudiant a maîtrisé les acquis de l'apprentissage.

Évaluation et apprentissage

La plupart des spécialistes s'accordent à dire que l'évaluation de l'apprentissage est l'un des facteurs qui influencent le plus la façon dont les étudiants abordent l'apprentissage[12]. Par conséquent, l'expérience des étudiants en matière d'évaluation et la perception des exigences de l'évaluation auront un impact sur leur apprentissage. Il est évident qu'il y a une influence significative, voire dominante, de l'évaluation sur l'apprentissage, et non l'inverse[13]. Alors que la plupart des enseignants préféreraient voir un processus qui passe de l'apprentissage à l'évaluation, pour la plupart des étudiants, c'est l'inverse qui se produit : de l'évaluation à l'apprentissage. Biggs illustre les deux perspectives comme suit :

12. David Boud, « Assessment and Learning: Contradictory or Complementary? », dans *Assessment for Learning in Higher Education*, sous dir. Peter Knight, Londres, Kogan Page, 1995, p. 37 ; John Bowden et Ference Marton, *The University of Learning: Beyond Quality and Competence*, Londres, RoutledgeFalmer, 1998, p. 61-62 ; Noel Entwistle, « Learning and Studying: Contrasts and Influences », dans *Creating the Future: Perspectives on Educational Change*, sous dir. Dee Dickinson, New Horizons for Learning, 2002, consulté le 16 juin 2017, http://education.jhu.edu/PD/newhorizons/future/creating_the_future/index.html ; Catherine Haines, *Assessing Students' Written Work*, Londres, RoutledgeFalmer, 2004, p. 3.

13. George Madaus, « The Influence of Testing on the Curriculum », dans *Understanding Outcomes-Based Education*, p. 40.

Enseignant : objectifs → activités éducatives → *évaluation*
Étudiant : *évaluation* → activités d'apprentissage → résultats[14]

Ainsi, les étudiants vont d'abord examiner les exigences de l'évaluation et ensuite, sur la base de l'évaluation, prendre une décision concernant l'apprentissage. Par conséquent, les enseignants doivent comprendre que les pratiques et les exigences en matière d'évaluation détermineront généralement l'approche des élèves en matière d'apprentissage.

Boud soutient que les exigences d'évaluation donnent « un message aux étudiants sur ce qu'ils devraient apprendre et comment ils devraient s'y prendre. Le message est codé, n'est pas facile à comprendre et est souvent lu diversement et avec des accents différents par le personnel et les étudiants[15] ».

Compte tenu du point de vue des élèves sur l'évaluation, il devient évident que l'enseignant doit exercer un *contrôle* prudent et judicieux sur l'évaluation, notamment dans la manière dont les exigences en matière d'évaluation sont construites. Le danger d'utiliser des méthodes et des types d'évaluation inappropriés ou inadaptés est particulièrement important, car il en résulte une évaluation qui ne contribuera guère à orienter et à encourager les élèves vers un apprentissage constructif. Ramsden suggère fortement que « c'est notre évaluation, et non l'élève, qui est la cause du problème[16] ». En revanche, une approche réfléchie et concertée de l'évaluation aura un impact positif sur la manière dont les élèves abordent l'apprentissage[17].

Il convient de faire preuve de prudence en partant du principe que l'utilisation de certaines méthodes et de certains types d'évaluation produit automatiquement certains types d'apprentissage. Il est plus probable que ce soit la manière dont une méthode ou un type d'évaluation sont utilisés qui soit déterminante, plutôt que le type ou la méthode en soi. Une autre mise en garde s'impose : certains sujets et contenus peuvent ne pas être ouverts à un choix d'approche d'apprentissage. Par exemple, il y a des moments où les étudiants doivent simplement maîtriser certains contenus de base, ce qui est souvent applicable au début des études ou aux stades initiaux, quand un apprentissage par cœur peut être nécessaire. Une dernière mise en garde : la perception et la réaction des étudiants à une tâche d'évaluation sont également influencées par la qualité de

14. John BIGGS, *Teaching for Quality Learning at University*, 2e éd., Maidenhead, Open University, 2003, p. 140-141.
15. BOUD, « Assessment and Learning », p. 37.
16. RAMSDEN, *Learning to Teach*, p. 68.
17. Denise CHALMERS et Richard FULLER, *Teaching for Learning at University*, Londres, Kogan Page, 1996, p. 38-39.

l'enseignement qui s'y rapporte. En résumé, indépendamment de ces mises en garde, il est généralement admis que l'évaluation est le principal facteur déterminant de l'approche de l'apprentissage par les étudiants[18].

Objectifs de l'évaluation

Pourquoi évaluer l'apprentissage ? Sans une bonne compréhension des objectifs de l'évaluation, l'enseignant n'aura généralement pas la motivation nécessaire pour fournir un enseignement de qualité. Les propositions relatives aux objectifs de l'évaluation peuvent être résumées comme suit : mesurer les résultats, motiver l'apprentissage, suivre les progrès et soutenir l'apprentissage.

Mesurer les résultats

L'objectif le plus courant de l'évaluation de l'apprentissage est de mesurer les résultats[19]. L'intention est de donner une note aux travaux des étudiants dans le but de mesurer et de classer la maîtrise d'un ou de plusieurs résultats par les étudiants. L'expérience de nombreux étudiants montre que l'évaluation est exclusivement destinée à remplir ce rôle : on attend des étudiants qu'ils maîtrisent l'ensemble du contenu pour qu'ils soient ensuite évalués *à la fin* pour déterminer leurs résultats. Cet objectif est probablement le plus souvent vécu par les étudiants comme une expérience négative, car, pour de nombreux étudiants, l'examen est également une évaluation de leur capacité à écrire rapidement, à régurgiter des faits et à être concis[20]. On peut se demander si ces pratiques permettent de mesurer correctement les résultats lorsque, par exemple, l'évaluation d'une unité d'étude entière se termine par un examen final qui peut représenter jusqu'à 100 % de la note finale de l'étudiant.

Motiver l'apprentissage

Un deuxième objectif consiste à s'éloigner progressivement de l'idée selon laquelle l'évaluation n'est qu'un moyen de mesurer les résultats. Cela permet

18. Peggy Nightingale, « Accessing and Managing Information », dans *Assessing Learning in Universities*, sous dir. Peggy Nightingale et al., Sydney, University of New South Wales, 1996, p. 125.
19. Stringer, *Action Research*, p. 159.
20. D. Logan, « Students' Views on Assessment », dans *Conference on Assessment of Learning, Courses and Teaching*, sous dir. ULIE, Londres, ULIE, 1971, p. 9.

de comprendre qu'un autre objectif de l'évaluation – que d'aucuns considèrent comme primordial – est de motiver l'apprentissage[21]. Siebörger et Macintosh affirment que « l'évaluation qui ne motive pas les élèves à apprendre ni ne leur indique comment s'améliorer ne remplit pas son objectif éducatif[22] ». Il s'agit d'une avancée significative pour les étudiants et les enseignants, dans la mesure où l'évaluation inclut intentionnellement la dimension subjective de la motivation des étudiants à apprendre. L'une des conséquences potentielles de cet objectif-là est que les élèves seront moins guidés par les résultats et plus motivés à apprendre grâce à l'utilisation de méthodes et de stratégies d'évaluation appropriées. Toutefois, comme nous l'avons déjà mentionné, la plupart des étudiants n'ont pas une expérience positive de l'évaluation et seraient sans doute réticents à reconnaître que cela les a motivés à apprendre. Beaucoup d'étudiants affirmeraient probablement que la seule motivation que leur donne l'évaluation est d'atteindre leurs propres objectifs scolaires, allant de la simple réussite à l'obtention de la meilleure note possible, soit personnellement, soit en général.

Suivre les progrès

Un autre objectif de l'évaluation est de suivre les progrès dans un but formatif et sommatif : « Fournir des informations sur le niveau des résultats des élèves [ou étudiants] à certains moments durant les études et en fin d'études[23]. » L'intention est d'aider les étudiants dans le processus d'apprentissage par le biais d'un retour d'information régulier et délibéré. Pour de nombreux étudiants, le manque de retour d'information, tant formel qu'informel, est l'un des aspects les plus décourageants de l'expérience d'apprentissage. Gardner souligne l'importance de cet objectif en insistant : « Il incombe à l'évaluateur de fournir à l'étudiant un retour d'information qui lui sera utile pour identifier les points forts et les points faibles, recevoir des suggestions sur ce qu'il faut étudier ou travailler, identifier les habitudes qui sont productives et celles qui ne le sont pas, mieux comprendre ce que l'on peut attendre de la manière dont l'évaluation sera effectuée à l'avenir, et ainsi de suite[24]. » En d'autres termes, pour que l'éva-

21. Robert L. Ebel, « The "Essentials" of Educational Measurement », dans *Understanding Outcomes-Based Education*, p. 46 ; Howard Gardner, *Multiple Intelligences: The Theory in Practice – A Reader*, New York, Basic, 1993, p. 178.
22. Rob Siebörger et Henry Macintosh, *Transforming Assessment*, Le Cap, Juta, 2004, p. 6.
23. David Lambert et David Lines, *Understanding Assessment: Purposes, Perceptions, Practice*, Londres, RoutledgeFalmer, 2000, p. 4.
24. Gardner, *Multiple Intelligences*, p. 178.

luation puisse suivre les progrès d'apprentissage de manière significative, elle doit répondre aux besoins de l'enseignant et de l'élève. Cela est particulièrement difficile dans des contextes où le nombre d'étudiants est très élevé ou lorsque les enseignants sont mis sous pression en raison du poids de leurs responsabilités générales. Dans de tels contextes, la pression pour terminer l'enseignement du matériel de cours et la notation des éléments d'évaluation est suffisamment forte, sans introduire en plus l'objectif de suivre les progrès.

Soutenir l'apprentissage

Soutenir l'apprentissage vient s'ajouter à l'objectif précédent de suivi des progrès[25]. Dans cette optique, l'évaluation peut être considérée comme un retour dans le processus d'apprentissage de l'étudiant, ainsi que l'a proposé la South African Qualifications Authority[26], « Les objectifs de l'évaluation [...] sont de plus en plus considérés comme ayant pour fonction première de soutenir l'apprentissage ». En d'autres termes, comme pour le suivi des progrès, le soutien aux étudiants devrait indiquer que l'évaluation n'est pas une fin en soi, mais un rouage essentiel dans la dynamique du développement et de l'encouragement de l'apprentissage en cours[27]. L'intention est de développer l'étudiant en tant qu'apprenant, plutôt que d'utiliser l'évaluation comme un outil pour mettre en évidence les échecs et les lacunes. Ce développement peut inclure l'identification précoce des lacunes techniques (par exemple, dans la rédaction des devoirs ou la technique d'examen) et la reconnaissance du fait que les étudiants peuvent ne pas avoir saisi ou compris une matière particulière (par exemple, lorsqu'un grand nombre d'étudiants semblent avoir de la difficulté dans un test).

En réfléchissant aux objectifs de l'évaluation, je conclurais que dans de nombreux cas, seul le premier objectif (mesurer les résultats) est commun à tous les contextes et à toutes les pratiques. Les trois autres objectifs sont probablement l'exception dans la plupart des cas.

---

25. Siebörger et Macintosh, *Transforming Assessment*, p. 6 ; Walvoord et Anderson, *Effective Grading*, p. 17.
26. South African Qualifications Authority, « NQF Objectives and What Does Our NQF Look Like? », consulté le 17 novembre 2005, http://www.saqa.co.za/show.asp?-main=about/nqfobjectives.htm.
27. David Lazear, *Multiple Intelligence Approaches to Assessment: Solving the Assessment Conundrum*, éd. rev., Chicago, Zephyr, 1999, p. 81 ; George R. Taylor, *Informal Classroom Assessment Strategies for Teachers*, Lanham, MD, Scarecrow, 2003, p. 42.

Exigences de l'évaluation

Cette section répondra à cette question importante : « Quelles sont les principales exigences de qualité que l'on devrait retrouver dans toutes les pratiques d'évaluation ? » En résumé, on peut affirmer que les quatre principales exigences de l'évaluation sont la validité, la fiabilité, l'équité et la faisabilité.

Validité

La validité de l'évaluation a été définie de diverses manières ; cependant, la validité est essentiellement le degré dans lequel un élément d'évaluation *mesure ce qu'il est censé mesurer*[28]. En d'autres termes, la validité examine si un élément d'évaluation évalue ce qu'il prétend évaluer. Appliquant ce principe, Walvoord et Anderson ont fait valoir que, pour la validité, l'enseignant doit « choisir [des éléments d'évaluation] susceptibles de susciter chez les élèves les types d'apprentissage que [l'enseignant] veut mesurer[29] ». Développant ce point, Luckett et Sutherland soulignent que la validité « est liée à la fois à la question de l'"adéquation *de* l'objectif" (évaluons-nous les bonnes choses ?) et à la question de l'"adéquation *à l'égard de* l'objectif" (évaluons-nous les choses correctement ?)[30] ».

Dans le cadre de la demande générale de validité, cinq dimensions ont été proposées[31] : la construction, le contenu, la face, l'impact et la validité liée à des critères. La validité de construction se rapporte à la qualité de l'évaluation par rapport aux constructions plus larges de ce qui est évalué, tandis que la validité de contenu se rapporte à la qualité de l'évaluation par rapport au domaine ou à l'élément spécifique évalué. La validité de face considère si l'évaluation est appropriée pour les étudiants et le niveau en question, et se rapporte à la validité d'impact, qui considère si l'évaluation a l'impact souhaité sur les étudiants. Le

28. Haines, *Assessing*, p. 32 ; Lambert et Lines, *Understanding Assessment*, p. 7 ; Siebörger et Macintosh, *Transforming Assessment*, p. 11 ; Pearl G. Solomon, *The Assessment Bridge*, Thousand Oaks, CA, Corwin, 2002, p. 67.
29. Walvoord et Anderson, *Effective Grading*, p. 22.
30. Kathy Luckett et Lee Sutherland, « Assessment Practices That Improve Teaching and Learning », dans *Improving Teaching and Learning in Higher Education: A Handbook for Southern Africa*, sous dir. Sinfree Makoni Johannesbourg, WITS University, 2000, p. 106.
31. Brown, Race et Rust, « Using and Experiencing », p. 82 ; Richard Wakeford, « Principles of Student Assessment », dans *Handbook for Teaching and Learning*, p. 44 ; Peggy Nightingale et al., « Assessment Project Glossary », dans *Assessing Learning in Universities*, sous dir. Peggy Nightingale et al., Sydney, University of New South Wales, 1996, p. 273-274.

dernier aspect est celui de la validité liée aux critères, qui porte sur la mesure dans laquelle l'évaluation est un indicateur raisonnable des performances futures.

Fiabilité

La fiabilité fait référence à la cohérence des résultats de l'évaluation et à la mesure dans laquelle l'évaluation donne des résultats similaires dans des circonstances différentes[32]. La question de la fiabilité consiste à savoir si la même évaluation appliquée dans un ou plusieurs contextes différents produira des résultats identiques ou similaires. La différence de contexte peut inclure différents cadres, situations, étudiants, occasions et évaluateurs[33].

Aux exigences de fiabilité est associée l'anticipation d'une cohérence des résultats. Comme l'indique Ramsden, « plus le résultat d'apprentissage mesuré est prévisible, cerné et conventionnel, plus il est probable que l'évaluation produise des résultats cohérents[34] ». Compte tenu de la manière dont la fiabilité peut être considérée comme *limitant* les caractéristiques de l'évaluation, une question clé qui se pose est celle de la relation entre la validité et la fiabilité.

Pour illustrer ce point, Siebörger et Macintosh indiquent que la rédaction d'une dissertation est un moyen valable d'évaluer si un étudiant peut écrire un long texte[35]. Toutefois, compte tenu de la nature de l'évaluation de la rédaction, la fiabilité est rarement élevée. La question à examiner est de savoir ce qui, de la validité ou de la fiabilité, est plus important. Il est généralement admis qu'aucune évaluation ne peut être totalement valide et totalement fiable. En outre, il est généralement admis que la validité est plus importante que la fiabilité, car « si un test [ou un élément d'évaluation] ne nous dit rien d'utile et d'utilisable sur l'individu [l'étudiant]... quel est l'intérêt de [l'évaluation] ?[36] ».

32. Nightingale et al., « Assessment Project Glossary », p. 271 ; Siebörger et Macintosh, *Transforming Assessment*, p. 12 ; Andrzej Wojtczak, « Evaluation of Learning Outcomes (Rev.) », consulté le 8 décembre 2009, http://www.iime.org/documents/elo.htm.

33. Haines, *Assessing*, p. 32 ; Lambert et Lines, *Understanding Assessment*, p. 11 ; Luckett et Sutherland, « Assessment Practices », p. 107.

34. Ramsden, *Learning to Teach*, p. 185.

35. Siebörger et Macintosh, *Transforming Assessment*, p. 12.

36. Lambert et Lines, *Understanding Assessment*, p. 11-12.

Équité

L'équité fait référence à la nécessité d'être cohérent et d'éviter les préjugés, et s'applique à la fois aux dimensions *techniques* et *subjectives* de l'évaluation. Techniquement, l'exigence d'équité requiert que la forme réelle d'évaluation soit équitable, alors que, subjectivement, elle requiert que tous les étudiants soient traités équitablement. En ce qui concerne la dimension technique de l'équité, on se réfère à la manière dont les éléments d'évaluation sont construits et réalisés. Il s'agit donc de déterminer si la valeur de l'élément d'évaluation est proportionnelle à la matière dans le contexte du cours ; si l'élément et sa forme sont appropriés à la manière dont la matière a été enseignée ; si les critères et les attentes concernant l'élément d'évaluation ont été clairement communiqués ; et si la notation est aussi objective que possible[37].

En ce qui concerne la dimension subjective de l'équité, l'accent est mis en particulier sur l'expérience des étudiants en matière d'évaluation et comprend les éléments suivants :

- aider les étudiants à comprendre les exigences ;
- créer un environnement d'apprentissage favorable ;
- ne favoriser aucun groupe (par exemple, les hommes par rapport aux femmes) ;
- lutter contre les préjugés dans le choix de la forme et du type ;
- prendre en compte les éventuels préjugés culturels, économiques ou sociaux ;
- traiter les questions de langue ;
- et lutter contre les préjugés des correcteurs à l'encontre ou en faveur de certains étudiants[38].

En résumé, l'essence de l'équité est que, dans la mesure du possible, toute forme de préjugé ou de discrimination soit minimisée ou supprimée de l'évaluation.

Concernant l'exigence d'équité, on peut faire valoir qu'elle n'est pas automatiquement satisfaite dans le cadre de l'évaluation traditionnelle basée sur la *lecture* et la *rédaction*. À un niveau fondamental, on peut se demander, par exemple, s'il est juste d'accorder aux rédacteurs rapides et lents la même période pour un examen écrit. Selon ma propre expérience, la question de la capacité physique d'un étudiant à écrire a été mise en avant ; comme un nombre croissant

37. Haines, *Assessing*, p. 32-33 ; Siebörger et Macintosh, *Transforming Assessment*, p. 13.
38. Haines, *Assessing*, p. 32-33, 38 ; Lambert et Lines, *Understanding Assessment*, p. 18, 173 ; Siebörger et Macintosh, *Transforming Assessment*, p. 13.

d'étudiants utilisent exclusivement des ordinateurs pour prendre des notes, un nombre croissant d'entre eux sont tout simplement incapables d'effectuer l'acte physique d'écrire, sans parler d'écrire efficacement et rapidement. En outre, il y a les défis plus larges à l'équité qui sont liés à la vision du monde, au genre et à la culture, par exemple. Il convient de se demander si, à la lumière de toutes ces différences, il est juste d'utiliser une approche commune de l'évaluation pour tous les étudiants.

Faisabilité

La dernière exigence de l'évaluation est celle de la faisabilité, qui renvoie à la nécessité que l'évaluation soit pratique et réaliste. La faisabilité se présente généralement dans des contextes de surévaluation, de manque de ressources, de volume excessif et d'exigences déraisonnables[39]. Du point de vue de l'enseignant, des problèmes se posent souvent en ce qui concerne les exigences de la direction académique ; il s'agit notamment du temps nécessaire à l'administration de l'évaluation et à sa mise en œuvre pratique. Comme le font remarquer Lambert et Lines, « une évaluation gérable signifie simplement que la tâche d'évaluation ne doit pas prendre un temps administratif excessif, de sorte que les coûts, au sens le plus large, ne dépassent pas les avantages[40] ». En cherchant à résoudre ces problèmes, Geyser a proposé un certain nombre de solutions : des installations et des ressources appropriées, un complément en personnel adéquat, des délais de soumission échelonnés, un calendrier d'évaluation coordonné, des systèmes administratifs adéquats et une évaluation suffisamment simplifiée[41].

Je reconnais les défis que la faisabilité introduit dans l'évaluation, en particulier dans des contextes de grand nombre d'étudiants, mais la considération première dans l'éducation est l'étudiant, et que tout ce qui a un impact négatif sur l'expérience d'apprentissage, en particulier l'évaluation, doit être abordé. La plus importante des influences négatives est peut-être la tendance à utiliser une approche écrite plus uniforme de l'évaluation, qui est plus facile à gérer mais moins utile pour l'étudiant. Si je reconnais qu'il peut être nécessaire de s'écarter d'une approche uniforme de l'évaluation, je me rends compte que cela sera plus exigeant pour les enseignants et les systèmes. Toutefois, j'ajouterais que certains domaines de l'enseignement supérieur ont montré qu'au moins certains

39. Hester GEYSER, « Learning from Assessment », dans *Teaching and Learning in Higher Education*, sous dir. Sarah Gravett & Hester Geyser, Prétoria, Van Schaik, 2004, p. 97-98.
40. LAMBERT et LINES, *Understanding Assessment*, p. 18.
41. GEYSER, « Learning from », p. 97-98.

changements sont possibles ; par exemple, dans la formation des médecins, où les niveaux d'études initiaux ont encore tendance à être plus traditionnels, alors que les niveaux ultérieurs tendent vers une évaluation variée, y compris des jeux de rôle et des exigences pratiques[42].

Méthodes d'évaluation

La prise en compte de l'évaluation met en évidence la variété qui est possible pour l'évaluation, qui est mise en parallèle avec la variété des méthodes d'évaluation discutées dans diverses sources, et présentées dans le tableau ci-dessous[43]. La raison de l'inclusion de cette section est de montrer l'incroyable variété de méthodes d'évaluation qui sont disponibles pour l'enseignant, mais dont la plupart n'ont pas été expérimentées par nombre d'étudiants de l'enseignement supérieur. Commentant la valeur d'une telle liste, Ramsden déclare que « les enseignants devraient au moins connaître l'existence d'un assortiment de méthodes dans toutes les matières[44] ». Cette considération de base des types et le bref aperçu des différentes méthodes d'évaluation démontrent le grand potentiel qui existe pour la variété de l'évaluation.

42. Wojtczak, « Evaluation of Learning ».

43. Biggs, *Teaching for Quality*, p. 170-212 ; Haines, *Assessing*, p. 42-44 ; Chris Hughes et Doug Magin, « Demonstrating Knowledge and Understanding », dans *Assessing Learning in Universities*, sous dir. Peggy Nightingale et al., Sydney, University of New South Wales, 1996, p. 149 ; Lambert et Lines, *Understanding Assessment*, p. 131 ; Lazear, *Multiple Intelligence*, p. 142, 148, 158-160 ; Luckett et Sutherland, « Assessment Practices », p. 115-120 ; Nightingale, « Accessing and Managing », p. 269-270 ; Taylor, *Informal Classroom*, p. 45, 118 ; Wakeford, « Principles », p. 46-50 ; Walvoord et Anderson, *Effective Grading*, p. 193-195.

44. Ramsden, *Learning to Teach*, p. 186.

Méthodes orales
Enregistrements audio, débats, dialogues, discussions, discussions de groupe, interviews, écoutes, récits, comptes rendus oraux, examens oraux, présentations, quiz, interrogations, jeux de rôle, mises en situation.
Méthodes écrites
Abstracts, autobiographies, bibliographies annotées, bibliographies, notes d'information, budgets, listes de points, analyses et études de cas, listes de contrôle, essais contemplatifs, comptes rendus d'incidents critiques, définitions, tenue d'un journal, essais, examens, notes de terrain, examens finaux, inventaires, notes de laboratoire, lettres, carnets de bord, questions d'appariement, problèmes mathématiques, questions à choix multiples, articles de journaux, notes, tests objectifs, opinions, pièces de théâtre, poèmes, plans de projets, projets, questionnaires, journaux de réflexion, rapports, documents de recherche, rapports scientifiques, scripts, inventaires d'auto-évaluation, questions à réponse courte, histoires, résumés, rapports techniques, tests, journal de pensées, tests vrai/faux, problèmes de mots, recensions écrites.
Méthodes graphiques
Publicités, brochures, bandes dessinées, diagrammes, cartes ou sites web cognitifs, schémas, dessins, organigrammes, graphiques, cartes, présentations multimédia, superpositions, plans, affiches, présentations PowerPoint, présentations, croquis, présentations de diapositives, tableaux, enregistrements vidéo, environnements d'apprentissage virtuels.
Produits
Architecture, artefacts, travaux artistiques, jeux, exercices en plateau*, travaux de laboratoire, manuels, modèles, musique, performances, photographies, portfolios, travaux pratiques, sculpture, aides visuelles, pages web.

* des évaluations de simulation de travail, qui demandent au candidat d'assumer le rôle d'un employé d'une organisation fictive.

Construction des éléments d'évaluation

Sachant que les éléments d'évaluation peuvent être élaborés de différentes manières et qu'il existe de nombreux types et méthodes d'évaluation, la dernière question à traiter est la construction des éléments d'évaluation. Bien qu'il existe diverses propositions pour la construction des éléments d'évaluation, l'essence du processus est bien illustrée dans les tableaux suivants.

Tableau 3. Résultats d'apprentissage et éléments d'évaluation (Option 1)

Résultats d'apprentissage	**Éléments d'évaluation**
Résultat #1	Élément d'évaluation #1
Résultat #2	Élément d'évaluation #2
Résultat #3	Élément d'évaluation #3
Résultat #4	Élément d'évaluation #4

Toutefois, il est également possible de combiner l'évaluation des résultats en moins d'éléments d'évaluation que le nombre de résultats, comme suit :

Tableau 4. Résultats d'apprentissage et éléments d'évaluation (Option 2)

<table>
<tr><th>Résultats d'apprentissage</th><th>Éléments d'évaluation</th></tr>
<tr><td>Résultat #1</td><td rowspan="2">Élément d'évaluation #1</td></tr>
<tr><td>Résultat #2</td></tr>
<tr><td>Résultat #3</td><td rowspan="2">Élément d'évaluation #2</td></tr>
<tr><td>Résultat #4</td></tr>
</table>

Une approche traditionnelle de l'évaluation des résultats d'apprentissage peut être illustrée comme suit :

Tableau 5. Résultats d'apprentissage et éléments d'évaluation (Option 3)

<table>
<tr><th>Résultats d'apprentissage</th><th>Éléments d'évaluation</th></tr>
<tr><td>Résultat #1 :
Les étudiants comprennent l'impact du contexte historique et culturel du Pentateuque.</td><td rowspan="2">Élément d'évaluation #1 :
Un test qui aborde le contexte et les enjeux initiaux liés au Pentateuque.</td></tr>
<tr><td>Résultat #2 :
Les étudiants comprennent les enjeux initiaux liés au Pentateuque.</td></tr>
<tr><td>Résultat #3 :
Capacité à interpréter le texte biblique du Pentateuque.</td><td>Élément d'évaluation #2 :
Soumettre une exégèse de l'un des passages suivants du Pentateuque :
____________________</td></tr>
</table>

Résultat #4 : Capacité à déduire des thèmes théologiques du texte du Pentateuque.	**Élément d'évaluation #3 :** Soumettre une dissertation qui traite du thème de la création dans Genèse 1-11.

Toutefois, une approche plus variée de l'évaluation des résultats de l'apprentissage est illustrée ici :

Tableau 6. Résultats d'apprentissage et éléments d'évaluation (Option 4)

Résultats d'apprentissage	**Éléments d'évaluation**
Résultat #1 : Les étudiants comprennent l'impact du contexte historique et culturel du Pentateuque.	**Élément d'évaluation #1 :** Les étudiants prépareront une entrée d'encyclopédie biblique qui traitera soit du contexte historique et culturel du Pentateuque, soit des principaux enjeux initiaux liés au Pentateuque.
Résultat #2 : Les étudiants comprennent les enjeux initiaux liés au Pentateuque.	
Résultat #3 : Capacité à interpréter le texte biblique du Pentateuque.	**Élément d'évaluation #2 :** Les étudiants devront prêcher un sermon basé sur l'exégèse solide de l'un des passages suivants du Pentateuque : ____________________
Résultat #4 : Capacité à déduire des thèmes théologiques du texte du Pentateuque.	**Élément d'évaluation #3 :** Soumettre une dissertation qui traite du thème de la création dans Genèse 1-11.

Dans la première illustration, tous les éléments d'évaluation sont fortement basés sur *la lecture et la rédaction*, tandis que la deuxième illustration présente une plus grande variété aux étudiants. Cependant, il est évident que toutes deux sont engagées dans l'évaluation des résultats d'apprentissage énoncés.

Conclusion

En conclusion de ce chapitre, nous rappelons aux lecteurs les points clés suivants :

1. Les résultats de l'apprentissage sont une dimension essentielle du programme et des unités de cours individuelles et doivent être clairement énoncés à l'avance.
2. Les résultats d'apprentissage énoncés sont la considération la plus importante lors de l'élaboration de l'évaluation de l'apprentissage.
3. Les étudiants détermineront leur approche de l'apprentissage en fonction des exigences d'évaluation qu'ils doivent remplir.
4. L'évaluation de l'apprentissage a pour but de déterminer dans quelle mesure un étudiant maîtrise les résultats d'apprentissage énoncés.
5. Il existe diverses méthodes d'évaluation qui devraient être utilisées d'une manière judicieuse, allant au-delà de l'accent habituellement mis sur *la lecture et la rédaction.*

Chacun de ces points clés doit être soigneusement et délibérément pris en compte lors de l'élaboration des éléments d'évaluation car chacun, à sa manière, aura un impact sur le résultat final de l'expérience d'apprentissage des étudiants.

Points de réflexion et d'action

Afin de vous aider à réfléchir et à agir sur les enjeux soulevés dans ce chapitre, trois activités différentes sont présentées ci-dessous.

Évaluez votre situation présente

Il est toujours important de considérer d'abord votre situation actuelle par rapport à l'évaluation de l'apprentissage. Répondez aux questions suivantes :

1. Le programme d'études de votre établissement comporte-t-il des résultats d'apprentissage clairement définis qui indiquent ce que l'on attend des étudiants à l'issue de leur cursus ? Si tel est le cas, comment le personnel est-il censé les traduire dans son évaluation de l'apprentissage ? Si ce n'est pas le cas, réfléchissez à l'impact que cela peut avoir sur votre approche de l'évaluation de l'apprentissage.
2. Chacune de vos unités d'étude a-t-elle des résultats d'apprentissage clairement définis ? Si oui, comment le personnel est-il censé les traduire dans son évaluation de l'apprentissage ? Si ce n'est pas le cas, sur quoi se base l'évaluation ?

3. Si les résultats d'apprentissage sont clairement énoncés pour les unités d'étude, comment sont-ils utilisés dans la construction des éléments d'évaluation ?
4. Vos éléments d'évaluation actuels déterminent-ils bien la mesure dans laquelle les étudiants ont maîtrisé ce qui est attendu d'eux, de préférence tel qu'exprimé dans les résultats d'apprentissage ?
5. Vos éléments d'évaluation actuels favorisent-ils le type d'apprentissage que vous souhaitez ou que vous attendez de vos étudiants ?
6. Dressez la liste des différentes méthodes d'évaluation qui sont utilisées dans votre établissement, puis comparez-la avec les options présentées dans ce chapitre. En quoi vos méthodes sont-elles différentes, notamment en ce qui concerne l'utilisation de la variété ?

Considérez votre avenir

En fonction de vos réponses aux questions précédentes, examinez les points suivants :

1. Comment vous y prendre pour déterminer et présenter des résultats d'apprentissage clairement énoncés pour le/les programme/s d'études de votre établissement ?
2. Si vos unités d'études ne comportent pas de résultats d'apprentissage clairement définis, comment allez-vous procéder pour les développer ?
3. Si les résultats d'apprentissage sont clairement énoncés pour les unités d'étude, comment convient-il de les utiliser pour mieux construire les éléments d'évaluation ?
4. Comment pouvez-vous améliorer la qualité de vos éléments d'évaluation afin qu'ils évaluent correctement la mesure dans laquelle les étudiants ont maîtrisé les résultats d'apprentissage énoncés ?
5. Comment vos éléments d'évaluation actuels peuvent-ils mieux promouvoir le type d'apprentissage que vous souhaitez ou que vous désirez voir chez vos étudiants ?
6. Comment pouvez-vous mieux utiliser les diverses méthodes d'évaluation qui sont disponibles pour l'évaluation de l'apprentissage ?

Pour commencer

Demandez à chaque enseignant de sélectionner une des unités d'étude de votre établissement et d'utiliser le tableau ci-après (voir les tableaux ci-dessus pour plus d'exemples) pour développer les acquis de l'apprentissage, si nécessaire, et les éléments d'évaluation correspondants, en veillant délibérément à ce qu'il ou elle utilise la variété dans l'évaluation de l'apprentissage. Lorsque l'exercice est terminé, réfléchissez à tour de rôle aux propositions de chacun.

Résultats d'apprentissage	**Éléments d'évaluation**
Résultat #1	Élément d'évaluation #1
Résultat #2	Élément d'évaluation #2
Résultat #3	Élément d'évaluation #3
Résultat #4	Élément d'évaluation #4

Pour aller plus loin

ANGELO Thomas A., CROSS Patricia K., *Classroom Assessment Techniques : A Handbook for College Teachers*, San Francisco, Jossey-Bass, 1993.

BIGGS John, *Teaching for Quality Learning at University*, 2e éd., Maidenhead, Open University, 2003.

BOWDEN John, MARTON Ference, *The University of Learning : Beyond Quality and Competence*, Londres, RoutledgeFalmer, 1998.

CHALMERS Denise, FULLER Richard, *Teaching for Learning at University*, Londres, Kogan Page, 1996.

DE JONGH Charles, « Theories of Multiple Intelligences and Learning Assessment for Deep Learning in Higher Education », EdD thesis, University of Johannesburg, 2010.

DRISCOLL Amy, WOOD Swarup, *Developing Outcomes-Based Assessment for Learner-Centred Education : A Faculty Introduction*, Sterling, Stylus, 2007.

FRY Heather, KETTERIDGE Steve, MARSHALL Stephanie, sous dir., *A Handbook for Teaching and Learning in Higher Education*, Londres, Kogan Page, 2003.

GRAVETT Sarah, GEYSER Hester, sous dir., *Teaching and Learning in Higher Education*, Prétoria, Van Schaik, 2004.

GULTIG John, LUBISI Cass, PARKER Ben, sous dir., *Understanding Outcomes-Based Education : Teaching and Assessment in South Africa – A Reader*, Le Cap, SAIDE/Oxford, 1998.

HAINES Catherine, *Assessing Students' Written Work*, Londres, RoutledgeFalmer, 2004.

HEYWOOD John, *Assessment in Higher Education : Student Learning, Teaching, Programmes and Institutions*, Londres, Jessica Kingsley, 2000.

KNIGHT Peter, sous dir., *Assessment for Learning in Higher Education*, Londres, Kogan Page, 1995.

LAMBERT David, LINES David, *Understanding Assessment : Purposes, Perceptions, Practice*, Londres, RoutledgeFalmer, 2000.

LAZEAR David, *Multiple Intelligence Approaches to Assessment : Solving the Assessment Conundrum*, éd. rév., Chicago, Zephyr, 1999.

LEAMNSON Robert, *Thinking About Teaching and Learning*, Sterling, Stylus, 1999.

MAKONI Sinfree, sous dir., *Improving Teaching and Learning in Higher Education : A Handbook for Southern Africa*, Johannesbourg, WITS University, 2000.

MALAN Beverly, *Excellence Through Outcomes*, Le Cap, Kagiso, 1997.

MARTON Ference, HOUNSELL Dai, ENTWISTLE Noel James, sous dir., *The Experience of Learning*, Édimbourg, Scottish Academic, 1984.

NIGHTINGALE Peggy, et al., sous dir., *Assessing Learning in Universities*, Sydney, University of New South Wales, 1996.

PROSSER Michael, TRIGWELL Keith, *Understanding Learning and Teaching : The Experience in Higher Education*, Buckingham, SRHE & Open University, 1999.

RAMSDEN Paul, *Learning to Teach in Higher Education*, 2e éd., Londres, RoutledgeFalmer, 2003.

ROWNTREE Derek, *Assessing Students*, Londres, Harper & Row, 1977.

SIEBÖRGER Rob, MACINTOSH Henry, *Transforming Assessment*, Le Cap, Juta, 2004.

SOLOMON Pearl G., *The Assessment Bridge*, Thousand Oaks, Corwin, 2002.

STERNBERG Robert J., WILLIAMS Wendy M., sous dir., *Intelligence, Instruction, and Assessment : Theory into Practice*, Londres, Lawrence Erlbaum, 1998.

WALVOORD Barbara E., JOHNSON ANDERSON Virginia, *Effective Grading : A Tool for Learning and Assessment in College*, San Francisco, Jossey-Bass, 1998.

8

L'apprentissage hybride

Des programmes conçus pour un apprentissage efficace

Rhonda McEwen

Ce chapitre aborde l'intégration de la technologie pour soutenir et améliorer la formation théologique en mettant l'accent sur les principes et les pratiques d'une conception efficace de l'apprentissage dans un contexte en ligne et hybride. Il commence par une perspective critique de l'influence que la technologie a exercée sur le contexte mondial contemporain de la formation, ainsi que des possibilités qu'elle offre. Ensuite, il explique comment la technologie a relancé l'intérêt pour l'apprentissage, avec des implications particulières pour les contextes éducatifs en ligne et hybrides. Il décrit ensuite les rôles de la communauté et de la culture dans la conception des programmes d'études en ligne, puis il aborde les meilleures pratiques pour améliorer l'apprentissage des étudiants. Enfin, il conclut par des considérations institutionnelles pour la mise en œuvre.

La technologie et l'éducation aujourd'hui

Bienvenue à l'ère du numérique ! L'éducation n'est plus ce qu'elle était dans ce monde en constante évolution où nous vivons. L'apprentissage n'est plus confiné à un espace institutionnel, mais peut être entrepris « à tout moment, en tout lieu et dans n'importe quelle matière[1] ». Jamais auparavant n'avons-nous été aussi poussés à restructurer et à recadrer les moyens de dispenser la formation

1. Qiuyun LIN, sous dir., *Advancement in Online Education: Exploring the Best Practices*, vols. 1 et 2, New York, Nova Science, 2012, p. 12.

que dans notre contexte social actuel. « La technologie a changé les étudiants et les professeurs, la façon dont nous accédons au savoir, la nature de la communauté, les habitudes d'apprentissage, notre compréhension de la patience, et pratiquement tout ce qui concerne notre formation[2]. »

Il est presque impossible d'échapper à l'impact omniprésent que la technologie a sur notre monde aujourd'hui. De Zengotita[3], anthropologue devenu critique culturel, soutient que les médias jouent un rôle quasi divin dans la façon dont ils fractionnent la réalité pour notre consommation quotidienne – en fournissant une interprétation exclusivement humaine sans référence à un Dieu créateur omniscient et omnipotent. Shuurman affirme que « la technologie est chargée de valeurs[4] ». Cela remet en question la source de l'autorité ultime et ce à quoi, ou à qui, nous devons faire confiance. Ce qui préoccupe le plus les formateurs, c'est qu'Internet « nous encourage à "surfer" plutôt qu'à nous plonger dans une lecture réfléchie. Dans un océan d'hyperliens, nous avons tendance à parcourir rapidement des textes et des images et à passer d'un lien à un autre[5] ». Pour citer Carr, « des dizaines d'études réalisées par des psychologues, des neurobiologistes, des éducateurs et des concepteurs de sites web aboutissent à la même conclusion : lorsque nous allons sur Internet, nous entrons dans un environnement qui favorise la lecture superficielle, la réflexion hâtive et distraite et l'apprentissage superficiel[6] ». Bowen déplore que la réflexion soit « une victime de l'ère numérique, et l'un des principaux objectifs de l'enseignement supérieur devrait être de se réapproprier ce temps[7] ».

Outre le fait de décourager la réflexion, une attitude non critique à l'égard de la technologie pour elle-même embrasse une vision mondiale de la technique et de l'efficacité, comme l'a un jour mis en garde Jacques Ellul[8]. Et si des « techniques » améliorées peuvent certainement renforcer et soutenir des stratégies d'enseignement efficaces, une mise en garde s'impose néanmoins, de crainte que le « moyen » ne devienne la « fin » – ce qui n'est peut-être pas sans rappeler

---

2. Jose Antonio BOWEN, *Teaching Naked: How Moving Technology Out of Your College Classroom Will Improve Student Learning*, San Francisco, Jossey-Bass, 2012, p. ix.
3. Thomas DE ZENGOTITA, *Mediated: How the Media Shapes Your World and the Way You Live in It*, New York, Bloomsbury, 2005.
4. Derek C. SHUURMAN, *Shaping a Digital World: Faith, Culture, and Computer Technology*, Downers Grove, IL, InterVarsity Press, 2013, p. 15.
5. *Ibid.*, p. 18.
6. Nicholas Carr, *The Shallows*, New York, W. W. Norton, 2010, p. 115–116, cité dans SHUURMAN, *Shaping*, p. 18.
7. BOWEN, *Teaching*, p. 27.
8. Jacques ELLUL, *La technique ou l'enjeu du siècle*, Paris, Economica, réimp. 2008.

l'avertissement de l'Ecclésiaste, où tout est dénué de sens sans une orientation sur les desseins de Dieu dans ce monde. Comme le conclut Ostrander, « Que doit donc faire un enseignant chrétien au sein de tels changements ? Comment utiliser la technologie sans être utilisé par elle ?[9] »

Thomas et Brown nous rappellent que « le changement nous oblige à *apprendre* différemment[10] » et que le XXIe siècle consiste à accepter le changement – en considérant l'avenir comme « un ensemble de nouvelles possibilités plutôt que quelque chose qui nous oblige à nous adapter[11] ». Alors que nous envisageons la formation théologique au XXIe siècle à la lumière d'un monde en mutation rapide, quels changements devrions-nous apporter à notre compréhension de l'apprentissage ? Quelles stratégies pouvons-nous employer pour gérer les liens sociaux accrus avec les autres que la technologie permet ? Quelles sont les implications pour le développement des programmes d'études ? Comment la technologie informe-t-elle et même modifie-t-elle notre compréhension de l'enseignement et du rôle du professeur ? Comment former le corps enseignant ? Comment former les étudiants ? Comment les modalités d'apprentissage hybride et en ligne peuvent-elles servir à favoriser l'impact transformateur auquel nous aspirons en servant l'Église dans sa mission envers le monde ? Ce chapitre nous invite à nous pencher sur ces questions.

Les nouveaux enjeux et possibilités

L'introduction de modalités d'apprentissage hybrides, en ligne et en présentiel, offre de nouvelles possibilités à ceux qui sont engagés dans la formation théologique mondiale, qu'ils soient responsables administratifs ou professeurs. « L'enseignement théologique en ligne se développe dans le monde entier, et les communautés multiculturelles en ligne ont un impact transformateur sur les étudiants[12]. » Le potentiel d'un accès accru peut ouvrir des portes pour la diffusion, l'accessibilité financière et la constitution d'un réseau comme jamais

9. Dr Rick Ostrander, « Christian Learning in the Digital Age », *The Colossian Forum*, 15 novembre 2012, consulté le 6 décembre 2016, http://www.colossianforum.org/2012/11/15/article-christian-learning-in-the-digital-age/.

10. Douglas Thomas et John Seely Brown, *A New Culture of Learning: Cultivating the Imagination in a World of Constant Change,* Lexington, KY, CreateSpace, 2011, p. 43.

11. *Ibid.*

12. Melinda Thompson et Meri MacLeod, « To the Ends of the Earth: Cultural Considerations for Global Online Theological Education », *Theological Education* 49, n°2, 2015, p. 113-125, ici p. 124.

auparavant ; cependant, certains érudits suggèrent de faire preuve de discernement dans notre utilisation de la technologie.

Dans l'ouvrage qu'il a dirigé sur la formation en ligne en Asie, en Europe, en Amérique du Nord, en Afrique et en Australie/Nouvelle-Zélande, Carr-Chellman affirme qu'« en ouvrant l'accès [à la formation en ligne] à des populations qui n'y accédaient pas en raison de leur situation géographique, de leur statut professionnel ou d'un handicap physique, la rhétorique de l'éducation en ligne suggère que cette nouvelle technologie va démocratiser l'éducation, en abattant les murs élitistes de la tour d'ivoire[13] ». Pourtant, d'un point de vue mondial, tout le monde n'a pas la même possibilité de bénéficier de ces avancées. Et nombreux sont ceux qui restent sceptiques quant à savoir si le simple fait de fournir un « accès ouvert » répond réellement aux besoins des populations qui en ont le plus besoin[14].

En outre, la formation en ligne, en tant qu'importation « universelle », est souvent liée à la mondialisation : « Rendre un seul cours disponible dans le monde entier pour tous ceux qui s'y intéressent est efficace, mais culturellement et contextuellement défaillant[15]. » Même dans la formation théologique, les méthodes occidentales peuvent être considérées comme supérieures – et cette préoccupation est également présente dans l'enseignement en ligne. Loin d'être « neutre sur le plan des valeurs », comme on le prétend souvent, la technologie reflète souvent des conceptions très occidentales du savoir, de la langue, du temps et de l'individu autonome[16], avec peu de considération pour les connaissances indigènes déjà présentes au sein de la communauté. En outre, comme le suggère Selwyn, la technologie éducative peut « renforcer ou remettre en question les croyances mondiales et locales dominantes concernant l'enseignement et l'apprentissage [...] de la langue ou de la religion[17] ». Si l'on ne prête pas attention aux différences culturelles, la technologie éducative peut être considérée, dans le pire des cas, comme « l'imposition d'une culture dominante – qu'il s'agisse d'une culture homogène "mondiale", commerciale ou "américanisée"[18] ».

Néanmoins, les formateurs chrétiens ont maintenant la possibilité d'apprendre les uns des autres dans un contexte mondial plus large. Les progrès

13. Alison A. Carr-Chellman, sous dir., *Global Perspectives on E-Learning: Rhetoric and Reality*, Thousand Oaks, CA, Sage, 2005, p. 1.
14. *Ibid.*, p. 9.
15. *Ibid.*
16. *Ibid.*
17. Neil Selwyn, *Education in a Digital World: Global Perspectives on Technology and Education*, New York, Routledge, 2013, p. 20.
18. *Ibid.*

technologiques offrent de plus grandes possibilités d'échanges interculturels et d'exploration de moyens nouveaux et innovants pour cultiver les environnements éducatifs les plus propices à un apprentissage à la fois formateur et transformateur. Loin de favoriser un « enseignement désincarné », l'utilisation de la technologie dans des contextes d'apprentissage en ligne et hybride peut en réalité servir à approfondir et à enrichir la qualité de l'apprentissage en favorisant le dialogue et la collaboration au sein des communautés d'apprentissage.

L'apprentissage hybride

Un environnement d'apprentissage hybride, ou mixte, rappelle l'expression « avoir le meilleur des deux mondes », en utilisant à la fois des modalités en présentiel et en ligne. Il soutient la valeur d'une communauté en présentiel, tout en offrant flexibilité et accessibilité – et en poursuivant l'apprentissage d'une manière que la rigidité de la structure de la classe ne peut pas accomplir. « L'enseignement hybride ne menace pas les rôles d'enseignement établis ni l'autorité de l'enseignant de la classe. Il peut intégrer des ressources et des pratiques qui se sont avérées efficaces dans des applications entièrement en ligne tout en laissant aux formateurs la possibilité de faire ce qu'ils font le mieux[19]. »

Morrison observe que le temps réduit que les étudiants passent dans la salle de cours traditionnelle peut profiter aux établissements en favorisant une plus grande efficacité dans la gestion des ressources pédagogiques et des installations. De plus, les étudiants peuvent bénéficier de la commodité et de la flexibilité de l'apprentissage en ligne, ce qui leur permet de consacrer plus de temps à leur ministère et aux responsabilités familiales[20].

L'enseignement hybride respecte une variété de styles d'apprentissage – y compris ceux des cultures orales, qui peuvent trouver particulièrement difficile une modalité en ligne dépendant uniquement du texte. Les discussions en classe peuvent être limitées par « des contraintes de temps, un trop grand nombre de personnes en classe en même temps et la domination de quelques étudiants qui participent beaucoup au détriment des personnes plus silencieuses et plus

19. Barbara MEANS, Marianne BAKIA et Robert MURPH, *Learning Online: What Research Tells Us about Whether, When and How*, New York, Routledge, 2014, p. 180.

20. Debbie MORRISON, « Is Blended Learning the Best of Both Worlds? », Online Learning Insights, 17 janvier 2013, consulté le 24 juillet 2015, https://onlinelearninginsights.wordpress.com/2013/01/17/is-blended-learning-the-best-of-both-worlds/.

réfléchies[21] ». L'apprentissage hybride peut donc favoriser l'engagement de l'apprenant en prolongeant l'apprentissage en dehors de la salle de cours dans un environnement en ligne. Le format en ligne peut permettre une plus grande personnalisation, un rythme varié, un temps de préparation supplémentaire et une plus grande participation de tous les étudiants[22]. Il permet également d'accéder à une plus grande variété de contenus et de supports pédagogiques. Au lieu d'être consacré à une écoute passive, le temps de classe peut être utilisé pour un engagement plus actif, en analysant et en synthétisant le contenu dans un environnement d'apprentissage délibérément transformateur[23]. Des études ont montré que les cours hybrides améliorent à la fois les performances et la mémorisation des étudiants par rapport aux cours entièrement en ligne ou entièrement en présentiel[24].

L'adaptation à un mode d'enseignement à apprentissage hybride peut être un peu déconcertante au début car elle exige une plus grande interaction avec les apprenants et entre eux. Elle peut même devenir une expérience transformatrice pour les formateurs, car ils se débarrassent de méthodes d'enseignement bien ancrées, voire isolées, et adoptent un paradigme plus collaboratif axé sur l'apprentissage[25]. La discussion qui suit s'applique à la fois aux modalités hybrides (une combinaison de modalités en ligne et en présentiel) et aux modalités entièrement en ligne.

Apprendre à nouveau

À la faveur de toutes les discussions sur la technologie et l'enseignement supérieur, l'accent renouvelé mis sur l'apprentissage représente une évolution passionnante. Une orientation centrée sur l'apprentissage permet aux établissements de s'adapter et de réagir au paysage en constante évolution de l'enseignement supérieur et des réalités mondiales. Comme le prévoyait Cannell il y a près de dix ans, « le passage d'un paradigme d'enseignement à un paradigme d'apprentissage pourrait être la prochaine vague de changement dans le développement

21. Michelle D. Miller, *Minds Online: Teaching Effectively with Technology*, Cambridge, MA, Harvard University Press, 2014, p. 144.
22. Jared Stein et Charles R. Graham, *Essentials for Blended Learning: A Standards-Based Guide*, New York, Routledge, 2014, p. 61.
23. Ce thème est au cœur de la réflexion de Bowen.
24. *Blended Learning*, EDUCAUSE Center for Applied Research.
25. Sheryl Nussbaum-Beach et Lani Ritter Hall, *The Connected Educator: Leading and Learning in a Digital Age*, Bloomington, IN, Solution Tree, 2012.

historique de la formation théologique[26] ». Plutôt que de simplement « intégrer la technologie dans les méthodes d'enseignement traditionnelles », le temps est venu de reconsidérer notre façon de comprendre et de pratiquer la formation[27]. En d'autres termes, comment cultiver les environnements les plus propices à l'apprentissage – que ce soit en ligne ou en présentiel ? Si l'accent mis sur l'apprentissage peut sembler relever du « bon sens » pour les formateurs, il n'en reste pas moins que ce nouvel accent a de profondes implications pour l'enseignement supérieur.

L'apprentissage est bien plus que technique. L'apprentissage engage la pensée, l'âme, l'esprit et le corps ; il implique des connaissances, des émotions, des compétences, des dispositions et une attitude. Et même si les outils, les stratégies et même les contextes d'enseignement peuvent sembler différents en cette ère numérique, l'accent sur l'apprentissage reste néanmoins plus que jamais nécessaire. Comme l'affirmait Dewey il y a un siècle, « à mesure que les sociétés deviennent plus complexes en termes de structure et de ressources, le besoin d'un enseignement et d'un apprentissage formels ou intentionnels augmente[28] ».

Dans leurs travaux novateurs, Thomas et Brown suggèrent qu'un nouveau type d'apprentissage est nécessaire pour faire face aux profonds changements que la technologie a apportés au XXIe siècle[29]. Alors que « l'approche fondée sur l'enseignement vise à nous enseigner *sur* le monde [...] la nouvelle culture de l'apprentissage se concentre sur l'apprentissage par l'engagement *dans* le monde[30] ». Ce point de vue sous-entend une compréhension plus « constructive » de l'apprentissage comme « un processus culturel et social d'engagement avec le monde en constante évolution qui nous entoure[31] ».

D'un point de vue chrétien, une orientation d'apprentissage reconnaît que, en tant qu'apprenants créés à l'image de Dieu, nous sommes continuellement en voyage de découverte – cherchant à mieux comprendre l'œuvre de Dieu dans et à travers le monde. L'apprentissage n'est pas seulement ce qui se passe dans la tête d'une personne – c'est un processus qui est profondément ancré dans le

26. Linda CANNELL, *Theological Education Matters: Leadership Education for the Church*, Newburgh, IN, EDCOT, 2006, p. 271.
27. Linda HARASIM, *Learning Theory and Online Technologies*, New York, Routledge, 2012, p. 2.
28. John Dewey, *Democracy and Education*, New York, MacMillan, 1990, p. 255 ; cité dans Louise Starkey, *Teaching and Learning in the Digital Age*, New York, Routledge, 2012, p. 10.
29. THOMAS et BROWN, *A New Culture*, p. 17.
30. *Ibid.*, p. 38.
31. *Ibid.*, p. 47.

contexte socioculturel des apprenants. De plus, l'apprentissage est profondément relationnel. C'est par le dialogue et l'interaction avec d'autres apprenants que l'on peut découvrir de nouvelles idées, actions et façons d'être dans le monde de Dieu. Une approche centrée sur l'apprentissage implique une responsabilité mutuelle : l'enseignant et les apprenants, et les apprenants entre eux.

Bowen suggère que « le travail des professeurs doit se concentrer davantage sur la conception des expériences d'apprentissage et l'interaction avec les étudiants [...] Maintenant que la technologie a créé un moyen moins coûteux de diffuser du contenu, les professeurs devraient passer plus de temps à trouver le bon point d'entrée, à créer un environnement favorable, à communiquer des normes élevées et à guider l'apprentissage des étudiants[32] ».

Les sciences cognitives peuvent contribuer à la compréhension des pratiques efficaces en matière d'enseignement et d'apprentissage en ligne – en d'autres termes, elles « alignent notre enseignement sur le mode de fonctionnement de l'esprit[33] ». Miller suggère que la technologie peut faciliter un certain nombre de moyens pour encourager un apprentissage efficace, bien qu'elle souligne que la technologie ne favorise pas l'apprentissage simplement « par sa simple présence [...] Au contraire, ce que la technologie nous permet de faire, c'est d'amplifier et d'élargir le répertoire de techniques que les enseignants efficaces utilisent pour susciter l'attention, l'effort et l'engagement qui sont à la base de l'apprentissage[34] ». Les méthodes d'enseignement qui utilisent la résolution de problèmes, la collaboration, la création de produits numériques, les études de cas, l'apprentissage adaptatif et même les jeux utilisent les deux hémisphères du cerveau, et les résultats de l'apprentissage devraient donc refléter cette approche holistique de l'enseignement[35].

La diversité croissante des moyens d'apprentissage a incité certains chercheurs à suggérer que nous avons besoin d'une nouvelle théorie de l'apprentissage[36]. Les théories traditionnelles de l'apprentissage situent l'apprentissage uniquement dans les neurosciences, mais même avec l'ajout de théories plus psychosociales de l'apprentissage, la plupart d'entre elles sont encore très individualistes. Une approche holistique de l'apprentissage fait intervenir tous les

32. BOWEN, *Teaching*, p. 246.
33. MILLER, *Minds*, p. xii.
34. *Ibid.*
35. Rosemary LEHMAN et Simone CONCEICAO, *Motivating and Retaining Online Students: Research-Based Strategies That Work,* San Francisco, Jossey-Bass, 2014.
36. Par exemple, Carolyn HAYTHORNTHWAITE et Richard N. ANDREWS, *E-Learning Theory and Practice*, Thousand Oaks, CA, Sage, 2011.

domaines d'apprentissage : cognitif, psychomoteur et affectif. En outre, cette approche considère l'apprentissage comme étant ancré dans les communautés et « l'interrelation de ces communautés » avec le potentiel de transformation tant au niveau individuel qu'au niveau de l'entreprise (c.-à-d. social et politique)[37]. Les personnes apprennent, et de nouvelles connaissances sont générées, par leur interaction les uns avec les autres dans le contexte de la communauté.

L'accent sur la communauté

Avec l'introduction de la technologie, l'apprentissage devient plus que jamais une démarche profondément sociale, et la technologie peut servir à renforcer la nature collective et collaborative de l'apprentissage. Des concepts tels que l'apprentissage collaboratif, les communautés d'enquête et les communautés de pratique sont au premier plan des discussions contemporaines sur les programmes d'études. Plutôt que d'être définie, et donc limitée, par la situation géographique, la technologie peut au contraire soutenir et étendre l'apprentissage communautaire[38].

Par exemple, les *communautés de pratique*[39] peuvent être utilisées non seulement parmi les apprenants, mais aussi parmi les collègues du corps enseignant, afin de favoriser le dialogue interdisciplinaire autour de questions urgentes et de pratiques innovantes. « Le potentiel de formation de réseaux d'apprenants en ligne a à peine été exploité. Les communautés d'apprentissage en ligne ont le potentiel de transformer l'apprentissage professionnel pour produire du progrès et de l'innovation pour nos étudiants et pour nous-mêmes[40]. » En outre, l'utilisation de communautés de pratique dans des contextes plus formels, comme la formation théologique, peut favoriser le dialogue interdisciplinaire, la recherche collaborative et l'innovation en matière d'enseignement. Une telle approche requiert des compétences tant interpersonnelles qu'interculturelles. « Une discussion sur les communautés d'apprentissage en ligne implique que pour devenir un bon apprenant en ligne, il faut être capable de se déplacer entre différents types de communautés avec une facilité technique, avec aisance sociale et assurance[41]. »

37. *Ibid.*, p. 224.
38. Etienne Wenger, Nancy White et John D. Smith, *Digital Habitats: Stewarding Technology for Communities*, Portland, OR, CP Square, 2009.
39. Voir Wenger, White, et Smith, *Digital.*
40. Nussbaum-Beach et Hall, *The Connected*, p. 4.
41. Haythornthwaite et Andrews, *E-Learning*, p. 200.

Néanmoins, pour de nombreux étudiants et professeurs dans la formation théologique, l'interaction et la collaboration ne sont pas nécessairement des compétences intuitives – d'autant plus que beaucoup d'entre nous proviennent de modèles d'éducation compétitifs qui mettaient l'accent sur la réussite individuelle[42]. Par conséquent, une compétence essentielle pour les formateurs dans l'utilisation de l'apprentissage en ligne et hybride est celle de la facilitation : aider les étudiants à tisser des liens, à collaborer et à interagir les uns avec les autres dans le but d'apprendre. Le corps enseignant peut promouvoir les liens entre l'expérience des étudiants et les connaissances extérieures, entre les étudiants eux-mêmes, avec d'autres apprenants, avec des spécialistes du sujet et au sein de communautés locales, mondiales et en ligne[43].

Un environnement d'apprentissage hybride peut marier le virtuel et le réel. Les relations qui se forment dans une salle de cours en présentiel peuvent être renforcées par la suite par des discussions dans une communauté en ligne. Ostrander explique :

> Après une discussion particulièrement animée en classe, je peux envoyer un courriel sur Blackboard pour prolonger la discussion. La classe peut utiliser le réseau social pour créer des groupes d'étude et partager des idées sur les tâches à accomplir. Un/e professeur/e peut mettre au point un cours en ligne que ses étudiants pourront suivre pendant l'été afin de continuer à progresser vers leur diplôme. Voici quelques-uns des précieux moyens par lesquels la technologie peut renforcer le processus d'apprentissage[44].

Le rôle essentiel de la communauté d'apprentissage dans les environnements en ligne et hybrides reflète la conviction théologique selon laquelle, en tant qu'êtres humains créés à l'image de Dieu – des femmes et des hommes de toutes les cultures et ethnies – nous sommes des êtres relationnels. En outre, notre appréhension personnelle de la révélation de Dieu sera toujours partielle et limitée, et profondément influencée par nos perspectives épistémologiques, culturelles et notre vision du monde. Ainsi, nous avons besoin d'autres porteurs d'images pour fournir une vision clarifiée afin d'acquérir une compréhension plus riche et plus vraie de l'œuvre de Dieu dans et pour le monde. Et lorsque cette communauté est composée d'apprenants et de formateurs divers, issus de

---

42. Rita-Marie Conrad et J. Ana Donaldson, *Engaging the Online Learner: Activities and Resources for Creative Instruction*, San Francisco, Jossey-Bass, 2011, p. 6.

43. Starkey, *Teaching*.

44. Ostrander, « Christian Learning ».

perspectives mondiales variées, elle peut servir à approfondir et à enrichir le processus de découverte.

L'accent sur la culture

L'apprentissage implique des personnes et des relations entre le formateur et les apprenants, ainsi qu'au sein de la communauté d'apprentissage. Et les apprenants sont différents. Ces différences sont accentuées lorsque l'apprentissage se fait en communauté, en utilisant des méthodes de collaboration et de coopération dans des contextes en ligne. Les environnements d'apprentissage virtuel sont dépourvus des repères visuels dont nous dépendons habituellement pour faciliter la communication. Les questions interculturelles sont souvent amplifiées dans un environnement d'apprentissage en ligne « parce que le manque de proximité physique dans l'apprentissage en ligne dépend davantage de la communication visuelle verbale et bidimensionnelle (images, fixes ou en mouvement, mais pas sculpturales, plus le son) et donc plus susceptible d'être mal interprétée et mal comprise, car la communication n'a pas la tridimensionnalité de la communication physique et des gestes, du contexte local et des autres indices qui favorisent la compréhension mutuelle[45] ».

En outre, dans nos réseaux personnels de plus en plus interconnectés, « il est tout à fait naturel que d'importantes questions et tensions sociales et culturelles soient transférées de la société en général vers les environnements en ligne[46] ». Dans les environnements d'apprentissage multiculturels que l'on trouve souvent dans les classes en ligne, Haythornthwaite et Andrews suggèrent que « devenir un bon apprenant en ligne dans un monde de cultures diverses signifie être capable de comprendre et de s'adapter à différentes cultures d'apprentissage, et en particulier aux différentes façons dont les communautés électroniques servent de médiateurs avec les communautés du monde réel dans des contextes spécifiques[47] ».

Bien que la technologie ait éliminé les obstacles et ouvert l'accès à l'apprentissage de manière inédite, elle est elle-même loin d'être neutre en termes de valeur, comme l'indique l'introduction de ce chapitre. Les différences culturelles se manifestent lorsque des systèmes d'éducation entiers, tels qu'un programme d'études en ligne conçu dans un pays en particulier, sont « imposés de manière

45. Haythornthwaite et Andrews, *E-Learning*, p. 192.

46. Kjeli Erik Rudestam et Judith Schoenholtz-Read, sous dir., *Handbook of Online Learning*, 2e éd., Thousand Oaks, CA, Sage, 2010, p. 67.

47. Haythornthwaite et Andrews, *E-Learning*, p. 201.

inappropriée » dans un autre pays : « Ce qui est considéré comme une "solution globale" à l'apprentissage pourrait bien imposer aux cultures un modèle d'apprentissage inapproprié[48]. » Ainsi, l'intégration de la technologie dans les milieux pédagogiques exige que les éducateurs soient sensibles à la diversité représentée par les valeurs culturelles et « même aux hypothèses culturelles inscrites dans le programme scolaire[49] ».

Afin d'élaborer des stratégies pour relever les défis qui découlent des différences culturelles, les formateurs doivent d'abord connaître les influences et l'impact de la culture tels qu'ils se reflètent dans la conception des cours, les interactions entre les étudiants et l'instructeur, et les origines variées des étudiants. Ces facteurs peuvent contribuer à des attentes divergentes et ajouter « une complexité substantielle à la formation en ligne[50] ». Par exemple, « les étudiants d'autres cultures ou systèmes éducatifs apportent des idées différentes sur le fonctionnement de l'apprentissage, sur le moment où il est approprié de parler à l'enseignant et sur ce qui constitue un contenu de cours adéquat[51] ». Carroll fait référence à trois facettes liées à la diversité et susceptibles d'influencer l'enseignement et l'apprentissage dans des contextes hybrides : la mobilité éducative (mouvement au-delà des frontières nationales) ; la variation pédagogique (valeurs, croyances et préférences différentes en matière d'apprentissage) ; et l'apprentissage en anglais[52]. En outre, la dynamique des pouvoirs, le curriculum implicite et les différentes idées préconçues concernant la participation aux cours et l'évaluation peuvent être source de frustration pour les instructeurs et les étudiants si ces différences ne sont pas prises en compte dans la conception du curriculum pour les contextes d'apprentissage hybrides et en ligne.

Les formateurs dans un environnement entièrement en ligne devront fournir un effort supplémentaire pour connaître leurs étudiants, en reconnaissant que les variations de sexe, d'âge, d'origine ethnique, de contexte socioculturel, d'expérience en ligne antérieure et d'affiliation religieuse informeront et façonneront les hypothèses des étudiants sur l'apprentissage, et auront également un impact sur leurs interactions avec la communauté d'apprentissage et leur contribution

48. *Ibid.*, p. 205. Voir aussi THOMPSON et MACLEOD, « To the Ends ».
49. Colin LATCHEM, « Towards Borderless Virtual Learning in Higher Education », dans *Global Perspectives on E-Learning: Rhetoric and Reality*, sous dir. Alison A. Carr-Chellman, Thousand Oaks, CA, Sage, 2005, p. 52-65.
50. THOMPSON et MACLEOD, « To the Ends », p. 116.
51. BOWEN, *Teaching*, p. 235.
52. Jude CARROLL, *Tools for Teaching in an Educationally Mobile World*, New York, Routledge, 2015, p. 17.

à celle-ci. Les enseignants peuvent jouer un rôle important de médiateur[53] entre ces variantes en fournissant des lignes directrices explicites pour l'interaction, en participant activement et en facilitant la discussion en ligne, et en offrant un espace d'apprentissage accueillant et inclusif où toutes les contributions sont les bienvenues. Thompson et MacLeod suggèrent que le modèle de conception de cours de la Communauté de recherche (*Community of Inquiry* – COI) peut être productif dans les environnements d'enseignement en ligne multiculturels et mondiaux dans son utilisation en trois volets de la présence sociale, de la présence cognitive et de la présence d'enseignement[54].

Bien que les modèles de valeurs culturelles diffèrent, et compte tenu du fait que les cultures évoluent rapidement, il conviendrait d'identifier les types de dimensions qui existent, même implicitement, chez les apprenants et les enseignants. Ces dimensions sont les suivantes[55] :

- hiérarchie/égalité ;
- communauté/concurrence ;
- engagement/détachement ;
- dépendance/indépendance ;
- prise de risque/évitement du risque ;
- masculin/féminin ;
- émotivité/neutralité émotionnelle ;
- orientation à court terme/long terme ;
- universalisme/particularisme ;
- majorité/minorité ;
- orientation vers les tâches/orientation vers les processus ;
- auto-divulgation/dissimulation ;
- structure/manque de structure.

La formation dans des contextes culturels divers, et avec des apprenants et des formateurs de cultures diverses, exige un engagement profond en faveur de l'apprentissage. En outre, apprendre avec ceux qui peuvent avoir des points de vue différents et grâce à eux, exige de la patience, de l'authenticité, du respect et de l'humilité dans nos interactions. Pourtant, l'effort supplémentaire pour cultiver des environnements d'apprentissage attrayants et accueillants pour tous les apprenants vaut la peine d'être investi. Comme notre compréhension

53. *Ibid.*
54. THOMPSON et MACLEOD, « To the Ends », p. 123 ; voir D. R. GARRISON, « Online Community of Inquiry Review: Social, Cognitive, and Teaching Presence Issues », http://files.eric.ed.gov/fulltext/EJ842688.pdf.
55. Adapté de RUDESTAM et SCHOENHOLTZ-READ, *Handbook*, p. 65.

individuelle de la révélation de Dieu sera toujours partielle, limitée et profondément influencée par nos perspectives épistémologiques, culturelles et notre vision du monde, nous avons besoin d'une communauté herméneutique afin d'acquérir une compréhension plus riche et plus vraie de l'œuvre de Dieu dans le monde et pour le monde.

Ainsi, les formations en ligne offrent la possibilité de s'engager avec un groupe d'apprenants de plus en plus diversifié dans notre contexte mondial en mutation constante. La section suivante aborde certains principes et pratiques clés pour favoriser la participation des étudiants.

Pratiques d'excellence pour favoriser l'apprentissage des étudiants

Une condition préalable essentielle à un enseignement fructueux est la mise au point d'un programme d'études qui cultive intentionnellement l'apprentissage des étudiants. L'accent étant mis sur l'apprentissage, les instructeurs ne sont plus les principaux diffuseurs de contenu, mais plutôt les « concepteurs d'expériences d'apprentissage[56] ». Plutôt que de compter sur des cours magistraux pour diffuser l'information, avec l'avènement d'Internet et la richesse des connaissances qui peuvent être glanées auprès de diverses sources, il incombe désormais aux éducateurs d'utiliser diverses techniques et pratiques pour éveiller l'intérêt des étudiants pour le contenu. « C'est la pédagogie, et non la technologie, qui est essentielle à la réussite d'un cours en ligne[57]. »

L'implication des étudiants est un indicateur essentiel de l'apprentissage. La conception d'un programme qui facilite l'implication des apprenants exige que les formateurs envisagent la manière dont ils vont intégrer à la fois l'apprentissage en classe et l'apprentissage sur ordinateur, dans le cas d'un cours hybride, ou si le cours se déroulera entièrement en ligne. Dans les deux cas, l'organisation, la planification et la préparation sont essentielles – il est plus difficile de laisser le programme d'études « émerger » dans des contextes en ligne. « Déterminez la vision et envisagez le processus[58]. » Les meilleures pratiques en matière de conception sont notamment les suivantes :

56. Miller, *Minds*, p. 87.

57. Rena M. Palloff et Keith Pratt, *Lessons from the Virtual Classroom: The Realities of Online Teaching*, 2e éd., San Francisco, Jossey-Bass, 2013, p. 190. Voir aussi Stein et Graham, *Essentials*, p. 1-3.

58. Judith V. Boettcher et Rita Conrad, *Online Teaching Survival Guide: Simple and Practical Pedagogical Tips*, San Francisco, Jossey-Bass, 2010 ; Palloff et Pratt, *Lessons*.

- Variez les devoirs et tâches à accomplir : utilisez un mélange de travail intensif et moins intensif, de réflexion personnelle et de tâches plus scientifiques.
- Appuyez-vous sur l'interaction et pas seulement sur le contenu.
- Trouvez et utilisez une variété de ressources, d'applications, de liens vers des événements actuels et des exemples facilement accessibles à partir des ordinateurs des apprenants.
- Combinez l'apprentissage des concepts de base avec un apprentissage personnalisé et sur mesure.
- Prévoyez une bonne activité de clôture et de conclusion (c.-à-d. un « devoir de signature[59] » bien ciblé)[60].

Quelle que soit la modalité, les pratiques d'excellence qui favorisent l'implication des étudiants comprennent l'interaction entre pairs, l'accent mis sur la pratique/l'application, la variété, des connaissances de base solides et l'accent mis sur les processus de réflexion supérieure[61]. Avec la dépendance aux textes écrits, un contexte en ligne exige que les étudiants jouent un rôle plus actif et interactif dans l'apprentissage, plutôt que d'absorber passivement la philosophie de l'enseignant. En retour, le rôle du formateur peut exiger une attitude plus animatrice que directive, en renonçant à un certain contrôle afin de favoriser une communauté d'apprentissage[62]. Le ton, le *timing* et la totalité des interactions contribuent tous à un environnement d'apprentissage collaboratif.

Les experts de la formation en ligne Palloff et Pratt recommandent que pour maximiser la participation des étudiants, les formateurs doivent :

- formuler des attentes claires concernant le temps nécessaire à la formation ;
- montrer l'exemple concernant l'implication en se connectant fréquemment et en contribuant à la discussion ;
- pousser la discussion plus loin en s'appuyant sur les messages des étudiants et en posant des questions approfondies ;
- réorienter la discussion si elle s'écarte du sujet ;
- créer une atmosphère chaleureuse et accueillante en incluant des informations complémentaires adaptées afin de personnaliser

59. Un « devoir de signature » est le devoir ou l'examen qui démontre le mieux les connaissances ou les compétences essentielles aux objectifs d'un cours. D'autres travaux de cours devraient s'appuyer sur l'achèvement du travail de « signature » du cours.
60. Boettcher et Conrad, *Online* ; Palloff et Pratt, *Lessons*.
61. Miller, *Minds*, p. 20-24.
62. Palloff et Pratt, *Lessons*, p. 24.

> l'apprentissage – telles que des vidéos, des photos et autres ressources, ainsi que des exemples de la vie réelle qui peuvent être pertinents et utiles pour le groupe particulier d'apprenants[63].

L'apprentissage est dans la pratique – dans l'engagement actif avec le contenu grâce à l'interaction au sein d'une communauté d'apprentissage.

Les forums de discussion sont un exercice pratique d'apprentissage en communauté. Les formateurs peuvent concevoir des activités d'apprentissage qui favorisent l'interaction et font le lien avec l'expérience de la vie en préparant des pistes de discussion qui invitent aux questions, aux réponses et à la réflexion. La participation des étudiants peut être intégrée à l'évaluation et à la notation en s'appuyant sur les messages postés par les étudiants. Les travaux de groupe et le dialogue en ligne peuvent favoriser l'apprentissage collaboratif, tout comme le retour d'information des pairs sur les travaux. Et la discussion peut se faire à la fois de manière synchrone et asynchrone[64]. Une bonne discussion permet aux apprenants de prendre l'initiative : « Le succès des travaux collaboratifs dans un cours en ligne repose sur la volonté du formateur de donner aux étudiants les moyens d'entreprendre le travail avec des attentes claires quant à sa réalisation et ensuite de se retirer[65]. »

Le concept de « présence sociale » fait référence à « la capacité à bien se présenter à l'écrit[66] ». Sans les indices non verbaux habituels tels que les gestes, les expressions faciales, le ton de la voix ou la posture physique, une communication fréquente est d'une importance capitale dans un contexte éducatif en ligne. Même dans un environnement virtuel, les formateurs peuvent offrir des « heures de bureau », ce qui permet d'avoir des discussions simultanées via WhatsApp, Skype, Zoom, Microsoft Teams ou d'autres moyens.

Il est utile de définir des attentes claires, non seulement pour l'évaluation des résultats des cours, mais aussi pour guider l'interaction et le processus d'apprentissage, tant dans les contextes d'apprentissage en présentiel qu'en ligne ; cependant, cela est particulièrement important au début d'un cours en ligne. « Les lignes directrices peuvent être le premier temps de discussion dans une

---

63. *Ibid.* ; cf. Bowen, *Teaching.*

64. Adapté de Palloff et Pratt, *Lessons*, p. 43-44 ; Mark A. Maddix, James R. Estep, et Mary Lowe, sous dir., *Best Practices of Online Education: A Guide for Christian Higher Education,* Charlotte, NC, Information Age, 2012, p. 35-36 ; Boettcher et Conrad, *Online* ; et Tisha Bender, *Discussion-Based Online Teaching to Enhance Student Learning: Theory, Practice, and Assessment,* Sterling, VA, Stylus Publishing, 2012.

65. Palloff et Pratt, *Lessons*, p. 99.

66. Bowen, *Teaching*, p. 192.

nouvelle classe. Cela permet aux étudiants de décider de la manière dont ils s'impliqueront dans le cours, dont ils s'impliqueront les uns avec les autres, et cela sert à promouvoir la collaboration dans le processus d'apprentissage[67]. » Des lignes directrices et l'utilisation de rubriques donnent des paramètres à la discussion, ce qui fournit une structure tout en restant flexible.

Palloff et Pratt suggèrent que pour être opérant dans un environnement en ligne, un enseignant doit faire preuve de visibilité, de compassion, de communication, d'implication et d'organisation[68], comme en témoignent les pratiques d'excellence ci-dessous. Les formateurs en ligne efficaces devront :

- comprendre les *différences* entre le présentiel et le cours en ligne ;
- établir une *présence* dès le début du cours et encourager les étudiants à faire de même ;
- comprendre l'importance de la *création d'une communauté* et y consacrer du temps au début du cours ;
- promouvoir l'*interaction* entre les étudiants par l'élaboration de bonnes pistes de discussion qui suscitent leur intérêt et les encouragent à chercher eux-mêmes des éléments de réponse ;
- intégrer le *travail collaboratif* dans la conception et la mise en place d'une classe en ligne ;
- respecter les *étudiants en tant que partenaires* dans le processus d'apprentissage ;
- être *actif et impliqué* tout au long du cours, en fournissant un retour d'information constructif et en temps utile ;
- être *ouvert, flexible, compatissant et réactif*, et donner l'exemple.

À bien des égards, ces qualités devraient caractériser tout formateur, mais dans un environnement en ligne, ces pratiques doivent être exécutées par l'utilisation de la technologie[69].

Ainsi, si l'enseignement hybride ou en ligne peut sembler être une option intéressante pour réduire les dépenses d'un établissement, du point de vue des programmes, ces modalités d'apprentissage exigent à la fois de l'intentionnalité et de la planification pour être bien faites. Étant donné l'abondance de contenu dans un monde saturé d'informations, les formateurs doivent développer des

67. Palloff et Pratt, *Lessons*, p. 35.
68. Rena M. Palloff et Keith Pratt, *The Excellent Online Instructor: Strategies for Professional Development*, San Francisco, Jossey-Bass, 2011, p. 19.
69. *Ibid.*

compétences d'animation pour favoriser l'interaction avec le contenu et sa mise en pratique, en particulier dans un environnement en ligne.

Incidences sur les institutions de formation

Il ressort clairement de la discussion précédente que le passage d'un programme d'études résidentiel traditionnel à un programme d'études intégrant des modalités d'apprentissage en ligne et hybrides nécessite une réflexion et une planification minutieuses. Comme nous le rappelle Latchem, « une telle vision exige un encadrement, une vision organisationnelle et une réflexion stratégique, la conception et la mise en œuvre de cours qui forment, favorisent et respectent la diversité culturelle et la recherche de l'excellence[70] ».

Pour l'institution, il peut s'agir d'un projet de grande envergure, et pour réussir, elle nécessite l'implication de diverses parties prenantes[71]. Ainsi, il peut être judicieux de commencer à petite échelle, avec un seul programme ou un regroupement de cours qui commencent à intégrer la technologie pour faciliter l'apprentissage des étudiants. De cette manière, cela laisse du temps pour les changements infrastructurels qui sont nécessaires lors de la transition d'un programme d'enseignement entièrement en présentiel à un programme d'enseignement entièrement en ligne ou combinant les deux. Ces changements peuvent nécessiter « plus de collaboration, d'innovation, [et] une plus grande attention à l'encadrement des étudiants », et les « cours et matières peuvent évoluer vers un format modulaire » afin de développer une « plus grande capacité à accepter différents types d'apprenants[72] ». Et, bien qu'elle ne soit pas exempte de défis et d'ajustements, une telle transition peut ouvrir de nouvelles possibilités pour les institutions théologiques dans leur action auprès des laïcs, tant au niveau local que mondial. En outre, elle peut également offrir une plus grande flexibilité dans les programmes visant l'homologation du clergé et des étudiants qui poursuivent une certification de ministère professionnel.

Il est également essentiel de prendre en compte le point de vue des professeurs – en reconnaissant que pour beaucoup, cela représente un changement radical de leurs conceptions de l'enseignement et de l'apprentissage. Les

70. LATCHEM, « Towards Borderless », p. 195.

71. Elliot KING et Neil ALPERSTEIN, *Best Practices in Online Program Development: Teaching and Learning in Higher Education,* New York, Routledge, 2015, p. 131.

72. Clayton M. CHRISTENSEN et Henry J. EYRING, *The Innovative University: Changing the DNA of Higher Education from the Inside Out,* San Francisco, Jossey-Bass, 2011, p. 386-387.

dirigeants des établissements, y compris les directeurs académiques, peuvent incarner le nouvel accent mis sur l'apprentissage, tel que facilité par les modalités hybrides et en ligne, en créant du temps et de l'espace pour la formation des professeurs. Les stratégies peuvent inclure : la promotion de la recherche sur l'enseignement et l'apprentissage ; l'amélioration des résultats d'apprentissage ; l'exigence d'une pédagogie fondée sur des données probantes ; la création d'évaluations de l'enseignement solides ; la mise en place de programme de motivation telles que des subventions et la reconfiguration du temps ; et la création d'un centre de ressources pour l'excellence de l'enseignement[73].

Palloff et Pratt suggèrent qu'en plus de la formation, le corps enseignant devrait pouvoir exprimer « une opinion dans la sélection des technologies et dans l'élaboration des politiques concernant l'appropriation des cours, la gouvernance, la rémunération, les charges de cours et la taille des classes, ainsi que la propriété intellectuelle[74] ». En outre, ils recommandent que le plan stratégique d'un établissement inclue les besoins en infrastructure pour soutenir l'enseignement en ligne, tels que « le développement de cours, l'achat de technologie, la rémunération des professeurs pour le développement et la prestation de cours, et la formation[75] ».

Ces suggestions ne sont pas toujours toutes réalisables pour une seule institution, mais il existe un grand potentiel de partage des ressources et de collaboration entre des institutions partageant les mêmes idées, telles que les membres de l'ICETE. Le développement de communautés de pratique et de communautés d'enquête au sein de la formation théologique mondiale peut offrir des possibilités d'entrer en contact et de dialoguer avec des collègues d'autres institutions dans le monde entier.

Les institutions théologiques dans le monde varient dans la mesure où elles adoptent la technologie dans les programmes d'études par le biais de l'apprentissage en ligne et hybride. Toutefois, les responsables académiques ne doivent pas se sentir isolés dans cette tâche. Grâce à l'ère informatique dans laquelle nous vivons, il existe une abondance croissante de ressources, y compris les pratiques et stratégies d'excellence fondées sur la recherche, dont les administrateurs et le corps enseignant peuvent tirer parti dans leurs plans de mise en œuvre (à titre d'exemple, consulter la section sur les ressources à la fin du chapitre).

73. Adapté de BOWEN, *Teaching*, p. 247-252.

74. PALLOFF et PRATT, *Lessons*, p. 202.

75. *Ibid.*

Conclusion

Si elle se fonde sur des programmes d'études et des méthodes d'enseignement bien conçus qui encouragent le dialogue et la pensée critique, l'utilisation de la technologie dans les environnements éducatifs peut promouvoir un apprentissage en profondeur pour les étudiants et les professeurs. En outre, elle peut offrir aux formateurs théologiques des occasions d'établir des liens pour apprendre et partager des perspectives en collaboration avec d'autres institutions éducatives, communautés et individus qu'ils ne rencontreraient peut-être jamais dans un mode d'éducation traditionnel plus localisé. Ces nouveaux modes d'apprentissage « peuvent être un moyen de former des réseaux et des partenariats internationaux, d'internationaliser les programmes d'études, de promouvoir la mobilité du personnel et des étudiants en ligne et, d'une manière générale, d'encourager l'enseignement supérieur à s'internationaliser davantage[76] ».

En cette ère de mondialisation croissante, Dieu a ouvert les portes de la possibilité d'étendre la portée de la formation théologique internationale grâce à la technologie. En tenant compte des rôles de la culture et de la communauté, ainsi que des pratiques d'excellence en matière d'implication du corps enseignant et des établissements, les modalités d'apprentissage en ligne et hybrides peuvent susciter de nouvelles perspectives d'apprentissage dans le cadre de la formation théologique internationale.

Points de réflexion et d'action

1. Pourquoi les communautés d'apprentissage en ligne sont-elles importantes pour les établissements d'enseignement supérieur chrétiens ? Quelles en sont les caractéristiques essentielles ? Comment peuvent-elles contribuer à la formation chrétienne[77] ?
2. Comment déterminer si une interaction fructueuse a lieu dans un cours en ligne ? Dans un cours en présentiel ? Quelles sont les pratiques essentielles nécessaires pour assurer la présence du corps enseignant dans un cours en ligne ? De quelle manière l'enseignant peut-il favoriser une communauté d'apprentissage dans un cours en ligne[78] ?

---

76. Latchem, « Towards Borderless », p. 179.
77. Adapté de Maddix, Estep et Lowe, *Best Practices*, p. 39.
78. *Ibid.*

3. Dans votre propre institution, qu'est-ce qui fonctionne bien dans votre mise en œuvre de la technologie dans le cadre du programme d'études ? En quel domaine devez-vous vous perfectionner ?
4. Quelles sont les compétences les plus essentielles que doit posséder un apprenant dans un cours hybride/en ligne (c.-à-d. ce que l'apprenant doit savoir, faire, être) ?
5. Quelles sont les compétences les plus essentielles qu'un instructeur doit posséder dans un environnement d'apprentissage hybride/en ligne (c.-à-d. connaissances, compétences, attitudes) ? À quoi devrait ressembler le développement professionnel ?
6. Comment faciliter l'innovation et l'apprentissage au sein de votre institution ? Examinez les politiques/procédures qui contribuent à encourager/renforcer l'innovation (comme l'utilisation de la technologie dans les programmes d'études) par opposition à celles qui l'entravent. Comment pouvez-vous concevoir des systèmes qui facilitent davantage un apprentissage efficace ?

Pour aller plus loin

BATES Tony, SANGRA Albert, *Managing Technology in Higher Education: Strategies for Transforming Teaching and Learning*, San Francisco, Jossey-Bass, 2011.

BENDER Tisha, *Discussion-Based Online Teaching to Enhance Student Learning: Theory, Practice, and Assessment*, Sterling, VA, Stylus, 2012.

BOETTCHER Judith, « Ten Best Practices for Teaching », *Designing for Learning*, consulté le 24 juillet 2015. http://www.designingforlearning.info/services/writing/ecoach/tenbest.html.

BOETTCHER Judith V., CONRAD Rita, *Online Teaching Survival Guide: Simple and Practical Pedagogical Tips*, San Francisco, Jossey-Bass, 2010.

BONK Curtis J., GRAHAM Charles R., *The Handbook of Blended Learning: Global Perspectives, Local Designs*, San Francisco, Wiley, 2006.

BOWEN Jose Antonio, *Teaching Naked: How Moving Technology Out of Your College Classroom Will Improve Student Learning*, San Francisco, Jossey-Bass, 2012.

CANNELL Linda, *Theological Education Matters: Leadership Education for the Church*, Newburgh, IN, Edcot, 2006.

CARR Nicholas, *The Shallows*, New York, W. W. Norton, 2010.

CARR-CHELLMAN Alison A., sous dir. *Global Perspectives on E-Learning: Rhetoric and Reality*, Thousand Oaks, CA, Sage, 2005.

CARROLL Jude, *Tools for Teaching in an Educationally Mobile World*, New York, Routledge, 2015.

CAVANAGH Thomas, « The Blended Learning Toolkit: Improving Student Performance and Retention », *Educause Review,* 15 décembre 2011, consulté le 24 juillet 2015. http://www.educause.edu/ero/article/blended-learning-toolkitimproving-student-performance-and-retention.

CHRISTENSEN Clayton M., EYRING Henry J., *The Innovative University: Changing the DNA of Higher Education from the Inside Out*, San Francisco, JosseyBass, 2011.

CONRAD Rita-Marie, DONALDSON Ana J., *Engaging the Online Learner: Activities and Resources for Creative Instruction*, San Francisco, Jossey-Bass, 2011.

DEWEY John, *Democracy and Education*, New York, MacMillan, réimp. 1990.

EDELSTEIN Susan, EDWARDS Jason, « If You Build It, They Will Come: Building Learning Communities through Threaded Discussions », *Online Journal of Distance Learning Administration,* consulté le 24 juillet 2015. http://www.westga.edu/~distance/ojdla/spring51/edelstein51.html.

ELLUL Jacques, *La technique ou l'enjeu du siècle*, Paris, Economica, réimp. 2008.

HARASIM Linda, *Learning Theory and Online Technologies*, New York, Routledge, 2012.

HAYTHORNTHWAITE Carolyn, ANDREWS Richard N., *E-Learning Theory and Practice,* Thousand Oaks, CA, Sage, 2011.

IFENTHALER Dirk, GOSPER Maree, *Curriculum Models for the 21st Century: Using Learning Technologies in Higher Education*, New York, Springer, 2013.

JUNG Joanne, *Character Formation in Online Education: A Guide for Instructors, Administrators, and Accrediting Agencies*, Nashville, TN, Zondervan, 2015.

KING Elliot, ALPERSTEIN Neil, *Best Practices in Online Program Development: Teaching and Learning in Higher Education*, New York, Routledge, 2015.

LATCHEM Colin, « Towards Borderless Virtual Learning in Higher Education », dans *Global Perspectives on E-Learning: Rhetoric and Reality*, sous dir. Alison A. Carr-Chellman, Thousand Oaks, CA, Sage, 2005, p. 52-65.

LEHMAN Rosemary, CONCEICAO Simone, *Motivating and Retaining Online Students: Research-Based Strategies That Work*, San Francisco, JosseyBass, 2014.

LIN Qiuyun, sous dir., *Advancement in Online Education: Exploring the Best Practices*, vol. 1 et 2, New York, Nova Science, 2012.

MADDIX, Mark A., ESTEP James R., LOWE Mary, sous dir., *Best Practices of Online Education: A Guide for Christian Higher Education*, Charlotte, NC, Information Age, 2012.

MEANS Barbara, BAKIA Marianne, MURPHY Robert, *Learning Online: What Research Tells Us About Whether, When and How*, New York, Routledge, 2014.

MILLER Michelle D., *Minds Online: Teaching Effectively with Technology*, Cambridge, MA, Harvard University Press, 2014.

MORRISON Debbie, « Is Blended Learning the Best of Both Worlds? » *Online Learning Insights.* 17 janvier 2013, consulté le 24 juillet 2015, https://onlinelearninginsights.wordpress.com/2013/01/17/is-blended-learning-the-best-of-both-worlds/.

NUSSBAUM-BEACH Sheryl, RITTER HALL Lani, *The Connected Educator: Leading and Learning in a Digital Age*, Bloomington, IN, Solution Tree, 2012.

OSTRANDER Rick, « Christian Learning in the Digital Age », *The Colossian Forum*, 15 novembre 2012, http://www.colossianforum.org/2012/11/15/article-christianlearning-in-the-digital-age/.

PALLOFF Rena M., PRATT Keith, *Building Online Learning Communities: Effective Strategies for the Virtual Classroom*, San Francisco, Jossey-Bass, 2007.

PALLOFF Rena M., PRATT Keith, *The Excellent Online Instructor: Strategies for Professional Development*, San Francisco, Jossey-Bass, 2011.

PALLOFF Rena M., PRATT Keith, *Lessons from the Virtual Classroom: The Realities of Online Teaching*, 2e éd. San Francisco, Jossey-Bass, 2013.

RUDESTAM KJELI Erik, SCHOENHOLTZ-READ Judith, sous dir., *Handbook of Online Learning*, 2e éd. Thousand Oaks, CA, Sage, 2010.

SELWYN Neil, *Education in a Digital World: Global Perspectives on Technology and Education*, New York, Routledge, 2013.

SHUURMAN Derek C., *Shaping a Digital World: Faith, Culture, and Computer Technology*, Downers Grove, IL, InterVarsity Press, 2013.

SMITH Robin M., *Conquering the Content: A Blueprint for Online Course Design and Development*, 2e éd., San Francisco, Jossey-Bass, 2014.

STARKEY Louise, *Teaching and Learning in the Digital Age*, New York, Routledge, 2012.

STEIN Jared, GRAHAM Charles R., *Essentials for Blended Learning: A StandardsBased Guide*, New York, Routledge, 2014.

THOMAS Douglas, SEELY BROWN John, *A New Culture of Learning: Cultivating the Imagination in a World of Constant Change*, Lexington, KY, Create Space, 2011.

THOMPSON Melinda, MACLEOD Meri, « To the Ends of the Earth: Cultural Considerations for Global Online Theological Education », *Theological Education* 49, n°2, 2015, p. 113-125.

TOBIN Thomas, MANDERNACH B. Jean, TAYLOR Ann T., *Evaluating Online Teaching: Implementing Best Practices*, San Francisco, Jossey-Bass, 2015.

VAI Marjorie, SOSULSKI Kristen, *Essentials of Online Course Design: A StandardsBased Guide*, New York, Routledge, 2011.

WENGER Etienne, WHITE Nancy, SMITH John D., *Digital Habitats: Stewarding Technology for Communities*, Portland, OR, CP Square, 2009.

DE ZENGOTITA Thomas, *Mediated: How the Media Shapes Your World and the Way You Live in It*, New York, Bloomsbury, 2005.

Troisième partie

Créer des communautés d'apprentissage

9

Développer une communauté d'apprentissage en formation théologique

Fritz Deininger

Développer des communautés d'apprentissage est une tâche difficile pour le responsable académique. Après avoir préparé le meilleur programme d'études possible, le responsable académique doit veiller à la bonne mise en œuvre du plan d'études. Il s'agit notamment de transformer l'institution de formation et les programmes d'études en communautés d'apprentissage. Même si les institutions de formation théologique ne constituent pas la principale communauté des étudiants, elles jouent un rôle important dans la formation de leur vie. Quelle que soit la façon dont se déroule la formation théologique (en présentiel, à distance, en assistant à des cours du soir, en suivant des cours modulaires), les responsables académiques et les enseignants doivent trouver des moyens de développer l'esprit d'une communauté d'apprentissage. Les étudiants doivent sentir qu'ils font partie de cette communauté d'apprentissage. Comment les responsables académiques, le corps enseignant, le personnel et les étudiants peuvent-ils s'unir ensemble pour la construire ?

Dans ce chapitre, nous explorerons certains éléments qui contribuent au développement de communautés où l'enseignement et l'apprentissage deviennent partie intégrante de la formation de vie pour le ministère. Plusieurs questions se posent : comment définir une communauté d'apprentissage ? Quel sera son impact sur la vie des étudiants ? Comment peut-on développer la culture institutionnelle pour qu'elle contribue à la formation des étudiants ? Comment le responsable académique peut-il faire du corps enseignant une communauté d'apprentissage ? Quel rôle l'interaction en classe joue-t-elle dans le processus d'enseignement et d'apprentissage ? Quels sont les défis à relever pour développer une communauté d'apprentissage ? Les responsables académiques jouent un rôle essentiel dans la transformation de l'institution de formation et des programmes d'études en communautés d'apprentissage.

Définir la notion de « communauté d'apprentissage »

L'institution de formation est une communauté qui existe dans un certain but et qui rassemble les étudiants pendant une période limitée. Le corps enseignant et les étudiants partagent des objectifs communs. Ensemble, ils explorent la sagesse biblique et étudient la théologie, ainsi que d'autres domaines pertinents pour le ministère. Ils mettent en pratique leurs compétences pour le ministère et développent la vie chrétienne. Ils cheminent et mûrissent ensemble au cours du processus d'enseignement et d'apprentissage.

La signification du terme « communauté d'apprentissage » varie en fonction des différents contextes culturels. Les responsables académiques et le corps enseignant (qui peut également comprendre le personnel, et bénéficier des contributions des étudiants) doivent définir cette notion dans leur contexte. Certaines images peuvent être utiles pour formuler une définition.

Quelques images décrivant une communauté d'apprentissage

Nous avons sélectionné quelques images ci-après, d'autres pourraient y être ajoutées. Les responsables académiques et le corps enseignant pourraient réfléchir ensemble à la question suivante : quelle est l'image qui décrit le mieux notre communauté d'apprentissage ? Cela pourrait être l'occasion de proposer d'autres images concernant votre institution.

L'image de la ***création*** d'une communauté d'apprentissage suppose que la communauté n'existe pas encore et doit être générée. Les parties concernées travaillent ensemble pour qu'une communauté d'apprentissage résulte de leurs efforts. Cette communauté met l'accent sur la contribution du corps enseignant, du personnel et des étudiants à la création d'un environnement qui favorise l'enseignement et l'apprentissage communautaires. Les contributions individuelles sont importantes. L'apôtre Paul exprime bien cet aspect lorsqu'il écrit à l'Église de Rome, au sujet de sa visite : « Je désire en effet vous voir pour vous communiquer un don spirituel afin que vous soyez affermis, ou plutôt afin que nous soyons encouragés ensemble chez vous par la foi qui nous est commune, à vous et à moi » (Rm 1.11-12). En appliquant cela à la formation théologique, nous apprenons de Paul que la réciprocité est un aspect important dans la création d'une communauté d'apprentissage.

*L'image de la **formation*** d'une communauté d'apprentissage suggère que les différentes parties sont réunies comme les pièces d'un puzzle. Chaque pièce est importante pour compléter l'image. Dans la formation théologique, tout peut contribuer à la formation de cette communauté : les enseignants et le personnel, ainsi que les programmes d'études. Les responsables académiques jouent un rôle essentiel dans la formation d'une communauté d'apprentissage qui crée une atmosphère propisce à l'enseignement, l'apprentissage et la transformation des vies et des relations. « Former » suggère également qu'il faut faire un effort, et faire preuve de créativité, pour rassembler toutes les parties afin qu'elles se complètent les unes les autres.

*L'image de la **culture*** d'une communauté d'apprentissage est une représentation agricole. Elle transmet l'idée que l'agriculteur travaille dur pour récolter le fruit. Paul utilise cette image pour faire référence à son propre travail et à celui d'Apollos. Chacun avait une tâche à accomplir assignée par Dieu : Paul appelle cela « planter » et « arroser ». Le plus important pour lui, c'est que « Dieu l'a fait grandir » (1 Co 3.5-6). Si l'on applique cela à la culture d'une communauté d'apprentissage, il est évident qu'au cours des études, l'on attend de voir des fruits. Il faut cultiver intentionnellement une telle communauté pour que les fruits puissent pousser.

*L'image du **développement*** d'une communauté d'apprentissage suppose qu'il existe une base à partir de laquelle on peut travailler et sur laquelle on peut s'appuyer. Pour l'étudiant, cela peut être la volonté d'apprendre pour sa vie personnelle et pour le ministère. Il peut également s'agir de professeurs qui sont prêts, non seulement à partager leurs connaissances, mais aussi à partager leurs vies et leurs ressources. Ils apprennent et progressent ensemble, ce qui s'accompagne d'un effort commun.

Toutes ces images sont riches de sens car chacune d'entre elles met en évidence un aspect d'une communauté d'apprentissage. Ensemble, elles forment une vision globale de la tâche à laquelle sont confrontés les responsables académiques et le corps enseignant. Il convient d'utiliser ces images avec les professeurs et les étudiants pour faire prendre conscience de l'importance de l'étude de la théologie en communauté.

Vers une définition de la « communauté d'apprentissage »

La définition d'une communauté d'apprentissage peut être une déclaration générique de ce que l'institution représente, ou peut inclure la situation spécifique d'un programme d'études. En réalité, nous devons parler de « communautés d'apprentissage » au pluriel en raison des différentes méthodes d'étude. Il n'y a pas qu'un seul modèle ni même qu'un seul schéma directeur qui puisse être adopté.

Une communauté d'apprentissage peut être définie comme *un lieu où le corps enseignant, les étudiants et le personnel partagent des objectifs communs et travaillent ensemble pour renforcer l'enseignement et l'apprentissage dans le contexte d'une culture et d'une tradition institutionnelle communes*. L'accent est mis sur la formation afin que le résultat soit adapté à un ministère qui plaise à Dieu et à sa gloire.

Les enseignants et les étudiants qui sont rassemblés par des objectifs communs dans le cadre de la formation théologique forment une communauté d'apprentissage pour se préparer au ministère de manière holistique. Ils travaillent ensemble pour renforcer le processus d'enseignement et d'apprentissage, et pour développer les capacités des étudiants. Ils grandissent ensemble sur le plan spirituel et académique, soutenus par la culture institutionnelle qui encourage la croissance personnelle ainsi que le soutien mutuel dans le développement spirituel et académique.

La communauté d'apprentissage d'une institution de formation ne remplace pas la communauté chrétienne de l'Église. Elles sont complémentaires. Les étudiants devraient être bien intégrés dans une communauté ecclésiale locale qui les soutient pendant leurs études. Ce soutien peut comprendre un soutien moral, des encouragements pendant les moments difficiles et les expériences éprouvantes, des conseils pastoraux, des corrections si nécessaire et parfois un soutien financier. Les responsables d'églises doivent se sentir responsable du membre qui se prépare au ministère ou qui étudie pour sa croissance personnelle. L'étudiant devrait s'engager à rendre compte de ses progrès, afin que l'étude de la théologie ne devienne pas une simple entreprise personnelle.

Dans le même temps, les étudiants sont intégrés dans une communauté d'apprentissage lorsqu'ils sont admis dans un programme d'études. Ils doivent être initiés à la vie en communauté afin qu'en tant qu'individus, ils apprécient la possibilité de contribuer à atteindre l'objectif et grandir dans le processus d'apprentissage. L'institution de formation doit travailler en étroite collaboration avec l'Église pour compléter le rôle de l'Église dans le développement d'un étudiant.

L'importance de la communauté d'apprentissage

L'importance de la vie communautaire dans la formation théologique est reflétée dans le « Manifeste pour le renouveau de l'enseignement théologique évangélique » de l'ICETE. Celui-ci démontre que l'étude de la théologie va au-delà de la production de diplômés puisque l'ensemble de l'institution se transforme en une communauté d'apprentissage :

> Nos programmes d'enseignement théologique devraient donner 1'exemple de la vie en communauté. Nous reconnaissons que, trop souvent, nos institutions semblent se limiter à des « fabriques de diplôme ». D'après la Bible, nos institutions doivent être des communautés d'édification chrétienne, guidées par des principes bibliques de vie communautaire et appropriés à la culture correspondante. Pour parvenir à cet objectif, il est indispensable que toute la communauté – personnel et étudiants – non seulement étudie ensemble, mais vive ensemble une vraie communion au quotidien qui inclue aussi la vie spirituelle, la détente, le service et le souci des autres. Voilà ce que nous devons accomplir par la grâce de Dieu[1].

Cette déclaration peut fournir un point de départ pour discuter du rôle des responsables académiques, des enseignants et du personnel dans leur développement de l'institution de formation en une communauté. En réalité, la question n'est pas de savoir si nous voulons devenir une communauté d'apprentissage, mais plutôt comment nous pouvons faire de l'institution de formation un lieu d'enseignement et d'apprentissage féconds où les étudiants font l'expérience d'un développement holistique pour la vie et le ministère.

L'évolution des méthodes d'étude de la théologie complique la tâche du responsable académique pour créer des communautés d'apprentissage. Vivre ensemble dans des institutions résidentielles offre de nombreuses possibilités de vie en commun et d'interaction. Cependant, de nombreux programmes sont enseignés en cours du soir, en cours modulaires ou en ligne. De nouveaux moyens d'interaction et de communication sont nécessaires pour créer une communauté d'apprentissage, même pour une période limitée.

Qu'est-ce qui différencie la formation théologique des autres domaines d'études ? Les domaines d'études ne requièrent pas tous un développement de la vie holistique. Les étudiants acquièrent des connaissances, passent des examens

---

1. ICETE, « Manifeste pour le renouveau de l'enseignement théologique évangélique », p. 4, consulté le 23 mai 2022, https://icete.info/wp-content/uploads/2019/04/Manifesto_ICETE_FR.pdf.

et obtiennent leur diplôme sans tenir compte de la manière dont ils vivent leur vie. L'étude de la théologie diffère parce que les connaissances académiques, le développement de la vie personnelle, les compétences pratiques, le développement du potentiel de direction et les compétences relationnelles font tous partie de la formation pour le ministère. Dans bien des institutions, la manière de vivre fait partie de l'évaluation finale avant l'obtention du diplôme.

L'importance du développement des communautés d'apprentissage sera mise en évidence dans trois domaines. Tout d'abord, dans une communauté d'apprentissage, nous voulons contrebalancer les tendances de la société. Ensuite, nous voulons examiner l'impact de la société sur la vie chrétienne. Enfin, nous voulons nous pencher sur certains principes bibliques à vivre et à mettre en pratique dans la vie.

Contrebalancer les tendances de la société

La formation théologique s'inscrit dans le cadre d'une certaine culture et société laïques. Une communauté d'apprentissage théologique sera influencée par les tendances de la philosophie de vie et des modèles d'éducation qui l'entourent. De nombreuses idées nouvelles dans le domaine de la pédagogie et de l'andragogie, des méthodes d'enseignement et des processus d'enseignement et d'apprentissage transformateurs ont ouvert de nouveaux aspects pour une formation et un développement fructueux des étudiants. Les responsables académiques et les professeurs de théologie doivent être attentifs aux nouvelles découvertes et adopter ce qui est pertinent pour la formation théologique.

Dans le même temps, certaines tendances sociétales doivent être contrebalancées. Dans de nombreuses régions du monde, l'individualisme est devenu partie intégrante de la société moderne, même dans les cultures relationnelles. Cela influence également la formation théologique. Joy Oyco-Bunyi a observé une évolution qui doit être prise en compte dans le plan d'études : « Le mode de vie moderne est tel que l'on peut exister sans la moindre forme de vie communautaire. Avec l'avènement de la formation via Internet, il est concevable que l'on puisse obtenir un diplôme sans aucune expérience de la communauté[2] ! » Comment peut-on surmonter la tendance à l'individualisme dans le programme d'études et dans la salle de cours ?

2. Joy Oyco-Bunyi, *Beyond Accreditation: Value Commitments and Asian Seminaries*, Bangalore, Theological Book Trust, 2001, p. 59.

Une autre tendance de la société moderne consiste à se concentrer sur la réalisation d'objectifs personnels individualistes. Il s'agit de l'enjeu de rivaliser avec les autres étudiants plutôt que de se préoccuper du progrès des autres. Les institutions de formation théologique sont appelées à corriger cette approche individualiste de la vie et de l'apprentissage. Comment les enseignants peuvent-ils aider les étudiants à atteindre leurs objectifs personnels, tout en les encourageant à se soucier des autres et de leurs progrès ? Par exemple, dans l'un de mes cours de grec, un étudiant progressait plus vite que les autres dans la connaissance de la langue. Il a pris le temps de revoir avec certains élèves plus faibles ce qu'ils avaient appris en classe. Cet apprentissage commun a eu un impact sur leur vie ensemble.

Les responsables académiques et le corps enseignant doivent discerner et évaluer les tendances de la société et du domaine de l'éducation. Quelles sont les tendances dans leur contexte ? À quelles tendances l'institution théologique doit-elle réagir ? Dans quelle mesure les questions de société doivent-elles être prises en compte dans la conception des programmes et dans l'enseignement et l'apprentissage ?

L'impact sur la vie chrétienne

Mon cheminement personnel dans l'étude de la théologie et la préparation au ministère a été une expérience enrichissante. Il confirme l'importance de développer une communauté d'apprentissage. Le programme résidentiel de l'institution de formation auquel j'ai participé m'a offert une possibilité de formation holistique. En tant qu'étudiants, nous avons vécu, étudié et travaillé ensemble. Quel impact cette formation en tant que communauté d'apprentissage a-t-elle eu sur ma vie ? Tout d'abord, j'en ai retiré de précieuses leçons pour mon développement personnel. J'ai dû m'adapter à la vie en communauté. Les conseils de mes camarades m'ont fait réagir et m'ont permis de mieux me connaître. J'ai pris confiance en moi et j'ai appris à accepter la critique. En tant que personne timide, j'ai développé mes compétences relationnelles. Ensuite, sur le plan académique, nous avons eu l'occasion d'apprendre ensemble au-delà de la salle de cours grâce à des discussions en petits groupes sur des questions théologiques. Nous nous sommes préparés aux examens ensemble. Ma confiance dans la compréhension de la Bible et de la théologie est devenue le fondement de mon ministère. Les moments de culte et de prière ont également contribué à ma croissance spirituelle. L'interaction étroite avec les enseignants, leur témoignage de leur parcours spirituel personnel et de leur vie exemplaire ont été des expériences précieuses.

Enfin, le fait de travailler et d'exercer un ministère ensemble a permis de tester les attitudes personnelles et l'aptitude à travailler avec les autres. La liste pourrait être plus longue. Je suis très reconnaissant d'avoir fait partie d'une communauté d'apprentissage qui m'a formé et permis de grandir.

Les connaissances académiques font partie des fondements d'une vie chrétienne authentique et réelle. Dans l'étude de la théologie, le défi consiste à relier les connaissances académiques et bibliques à la vie réelle de l'étudiant, afin qu'elles fassent partie de son être. Robert Clinton, qui a étudié la vie de nombreux dirigeants chrétiens, conclut : « Un ministère fructueux découle de l'être, et Dieu s'intéresse à notre être. Il le forme[3]. » Il sait également que dans la formation théologique, « notre plus grand défi en tant que dirigeants est de développer un caractère pieux[4] ».

L'accent mis sur le développement du caractère dans la formation théologique est en accord avec ce que Paul enseigne sur les anciens et les diacres en 1 Timothée 3.1-13 et Tite 1.5-9. Dans les deux passages, Paul suggère des valeurs morales élevées pour ceux qui sont choisis pour servir l'Église en tant que responsables. Il ne soutient pas l'idée que les connaissances académiques ou les compétences pratiques sont moins importantes. Cependant, il connaît d'expérience la valeur d'une vie exemplaire dans le ministère, et il encourage également les chrétiens à suivre son exemple : « Ce que vous avez appris, reçu et entendu de moi et ce que vous avez vu en moi, mettez-le en pratique » (Ph 4.9).

Une communauté d'apprentissage est un lieu dans lequel au moins trois éléments font partie du développement holistique et de la préparation au ministère : l'inculturation, la socialisation et l'éducation. Ces trois éléments sont présentés ici brièvement afin de stimuler la discussion entre les responsables académiques et le corps professoral quant à leur compréhension de leur contexte.

L'inculturation

Joy Oyco-Bunyi encourage une institution de formation à être une communauté qui « intègre son peuple dans la culture et dans une vision chrétienne du monde ». Elle poursuit en expliquant que « l'inculturation peut être définie comme la formation des individus aux habitudes, normes et croyances d'une communauté. Nous devons prendre conscience du pouvoir de l'école dans la formation de l'identité des étudiants[5] ».

---

3. J. R. Clinton, *The Making of a Leader*, Colorado Springs, CO, NavPress, 1988, p. 13.
4. *Ibid.*, p. 57.
5. Oyco-Bunyi, *Beyond Accreditation*, p. 58.

Les étudiants doivent intérioriser la vision chrétienne du monde, les normes et standards de la vie chrétienne, et l'enseignement biblique qui soutient leur foi. Ils ont besoin de développer leur identité chrétienne afin de pouvoir bien gérer leur vie personnelle. En tant que communauté d'apprentissage, l'institution de formation favorise l'apprentissage tout au long de la vie afin que les esprits et les caractères des étudiants soient transformés conformément à l'enseignement biblique. Les étudiants doivent apprendre à faire la distinction entre un mode de pensée chrétien et séculier de penser et d'aborder le ministère. Blamires souligne que « l'une des principales marques de l'esprit chrétien est qu'il cultive la perspective éternelle[6] ». Il oppose la pensée séculière et la pensée chrétienne : « Penser de manière séculière, c'est penser dans un cadre de référence restreint par les limites de notre vie sur terre : c'est garder ses calculs ancrés dans les critères de ce monde. Penser de manière chrétienne, c'est accepter par l'esprit que toutes choses sont liées, directement ou indirectement, à la destinée éternelle de l'homme en tant qu'enfant de Dieu racheté et choisi[7]. »

C'est pourquoi Joy Oyco-Bunyi lance ce défi au responsable académique et au corps enseignant : « Esprit et mode de vie chrétiens – nos programmes doivent démontrer un modèle de pensée holistique centré sur la vérité biblique comme noyau intégrateur de la vie et de la réalité. La vie théologiquement intégrée doit être vécue pour montrer que la théologie est importante[8]. »

L'enseignement de Paul soutient la transformation de la vision séculière du monde en une façon de penser chrétienne. Il encourage les chrétiens de Rome : « Ne vous conformez pas au monde actuel, mais soyez transformés par le renouvellement de l'intelligence afin de discerner quelle est la volonté de Dieu, ce qui est bon, agréable et parfait » (Rm 12.2). L'esprit renouvelé est la base pour discerner la volonté de Dieu. Dans la prière de Paul pour les chrétiens de Colosses, il demande à Dieu de les remplir de la connaissance de sa volonté « en toutes sagesse et intelligence spirituelles » (Col 1.9). La connaissance accrue de la volonté de Dieu produit des fruits qui conduisent à (1) un mode de vie qui plaît à Dieu, (2) une vie fructueuse dans l'accomplissement d'œuvres bonnes, (3) une compréhension plus profonde de Dieu, et (4) une endurance personnelle malgré la pression (Col 1.9-11). Pierre confirme également que le développement spirituel personnel mène à une vie productive (2 P 1.5-8).

6. Harry Blamires, *The Christian Mind: How Should a Christian Think?* c.1963, Vancouver, Regent College, 2005, p. 67.
7. *Ibid.*, p. 44.
8. Oyco-Bunyi, *Beyond Accreditation*, p. 12.

En tant que responsables académiques et professeurs, nous devons nous attendre à une transformation dans la vie des étudiants. L'enculturation des valeurs chrétiennes ne se fait certainement pas uniquement par le biais d'un cours de formation spirituelle. Elle doit être intégrée de manière intentionnelle dans le plan des cours et dans le processus d'enseignement et d'apprentissage. À mesure que la vie chrétienne devient de plus en plus une réalité dans la vie des étudiants, on peut s'attendre à ce que certains problèmes disparaissent, tel le plagiat.

La socialisation

Le ministère chrétien est très relationnel, que l'on soit pasteur dans une Église ou équipier dans une association chrétienne. Les relations avec les membres de l'Église ou de l'équipe pastorale et avec les personnes occupant des postes de direction créent de nombreuses situations difficiles. Les étudiants qui n'ont pas eu d'expérience sociale suffisante dans leur jeunesse auront du mal à établir des relations avec d'autres personnes. Un autre facteur important est le tissu communautaire. Certains modèles culturels de relations dans la société sont aujourd'hui remis en question. Comment enseigner aux étudiants de manière qu'ils s'intègrent dans la société moderne tout en étant capables de comprendre les personnes d'horizons différents ? La vie communautaire à l'institution de formation doit permettre aux étudiants de développer leurs compétences relationnelles.

« La théologie doit être étudiée en communauté » est une déclaration courante et stimulante. Pourquoi la communauté joue-t-elle un rôle si important dans l'étude de la théologie ? Parce que l'échange d'idées et d'informations et la discussion de certaines thématiques font partie du processus de construction de convictions théologiques personnelles et pour discuter des enjeux dans le ministère. En outre, la vie chrétienne est vécue en communauté. Les étudiants doivent faire l'expérience de la vie en communauté afin d'édifier des Églises dans des communautés chrétiennes qui ont un impact sur la société. Je partage la conviction de Joy Oyco-Bunyi selon laquelle « la socialisation et l'éducation doivent aller de pair[9] ».

L'éducation

L'éducation peut être comprise comme la totalité de ce que la société transmet d'une génération à l'autre et qui est valorisé dans la vie sociale des gens, la

9. *Ibid.*, p. 59.

réflexion intellectuelle, la part de la religion dans l'établissement des normes et des valeurs, et le patrimoine culturel et historique des personnes. Une partie du processus éducatif se déroule de manière informelle à la maison et au sein de la société. Une éducation plus formelle introduit la compréhension du fonctionnement de la société, du langage et des arts, de la science, ainsi qu'une compréhension plus approfondie des pratiques de foi et de religion.

Dans la formation théologique, une autre composante est ajoutée. L'étudiant n'apprend pas uniquement pour son avancement personnel, mais il est également encouragé à apprendre et à grandir avec les autres. Les étudiants apprennent à conjuguer foi et pratique. Ils apprennent à adopter des valeurs basées sur la Bible. On leur enseigne des stratégies d'apprentissage pour intégrer la foi et la pratique.

Dykstra est convaincu que « dans le contexte culturel actuel, les formateurs chrétiens doivent réfléchir à la manière d'amener les gens à dépasser la dépendance à l'égard des "actes de bonté aléatoires" pour adopter des modèles de vie communs qui s'inspirent des connaissances les plus profondes de nos traditions, et à la manière d'amener les gens à dépasser les sphères spirituelles privées pour participer de manière plus réfléchie à l'activité de Dieu dans le monde[10] ». Il souligne également que dans la formation théologique, il est nécessaire de pratiquer et de mettre en œuvre l'enseignement biblique de manière communautaire :

> Les pratiques sont ces activités humaines coopératives grâce auxquelles nous, en tant qu'individus et en tant que communautés, grandissons et nous développons en caractère moral et en substance. Elles se sont accumulées au fil du temps et, grâce à l'expérience et aux épreuves, ont développé des modèles d'attentes réciproques entre les participants. Ce sont des façons de faire-ensemble, dans et par lesquelles la vie humaine reçoit une direction, un sens et de l'importance, et par lesquelles nos capacités propres à bien faire les choses sont amplifiées. Et parce qu'elles sont partagées, démontrées et poursuivies, elles peuvent être enseignées. Nous pouvons nous montrer les uns aux autres comment y participer. Nous pouvons les transmettre d'une génération à l'autre[11].

Il faut s'attendre à un impact sur la vie chrétienne de l'étudiant pendant le processus d'enseignement et d'apprentissage en préparation au ministère. Les enseignants doivent savoir comment ils peuvent faciliter le développement

---

10. Craig R. Dykstra, *Growing in the Life of Faith: Education and Christian Practices*, 2e éd., Louisville, KY Westminster John Knox, 2005, p. 67.
11. *Ibid.*, p. 69-70.

personnel et spirituel des étudiants. Ces derniers doivent être incités à adopter un mode de vie conforme à l'enseignement biblique.

Mise en pratique des principes bibliques

Les étudiants ont besoin de faire l'expérience de la vie communautaire afin de pouvoir exercer un ministère fécond au sein de la communauté chrétienne. Joy Oyco-Bunyi déclare que « le christianisme est vécu en communauté. Dieu avait prévu que l'homme soit en communauté, et il y a des choses qui ne peuvent jamais être apprises en dehors de celle-ci. Notre identité, notre système de valeurs et notre vision du monde sont tous façonnés par la communauté ». Oyco-Bunyi est convaincue que « nos écoles doivent montrer la nature de la communauté biblique[12] ».

L'élément central de l'enseignement du Nouveau Testament est de montrer comment les croyants font partie du corps du Christ. Les chrétiens sont interdépendants et devraient développer une communauté dans laquelle chaque membre grandit et entretient de bonnes relations avec les autres. L'institution est un lieu de formation où les principes bibliques sont appliqués à la vie et vécus dans la communauté. Elle devrait être une communauté de foi pratiquante. Nous examinerons certains domaines qui devraient stimuler l'imagination quant à la manière dont ces principes bibliques peuvent être pratiqués et vécus dans le contexte de l'institution de formation.

Dans Éphésiens 4.11-16, Paul décrit les chrétiens qui grandissent ensemble jusqu'à la pleine connaissance du Christ et qui s'édifient mutuellement dans la foi, afin de devenir mûrs en Christ. Chacun d'eux sait comment contribuer à la croissance de la communauté chrétienne, afin qu'ensemble ils puissent résister aux faux enseignements.

Apprendre à s'aimer et à s'accepter les uns les autres (Rm 15.7 ; 1 Jn 4.7, 11, 12 ; Jn 13.34) est une qualité de vie importante dont les responsables ont besoin dans tout ministère, car ils rencontrent des personnes issues de divers horizons, ayant leurs convictions personnelles ou une compréhension différente de la manière dont les choses doivent être faites. Apprendre à gérer les personnes difficiles peut commencer à l'institution de formation. Cela inclut la façon dont nous nous traitons les uns les autres lorsque les choses ne se passent pas comme prévu ; la façon dont nous critiquons ou jugeons les autres (Rm 2.1 ; 13.14 ; Mt 7.1-5), ou la façon dont nous parlons des autres (« Ne dites pas du mal les

12. Oyco-Bunyi, *Beyond Accreditation*, p. 58.

uns des autres », Jc 4.11 ; « Ne vous plaignez pas les uns des autres », Jc 5.9). Apprendre à établir des relations avec les autres et ce qu'il faut dire à leur sujet contribue à renforcer la communauté chrétienne.

Pratiquer la vie en communauté est la meilleure préparation au ministère : apprendre à servir avec humilité et à se soumettre aux autres (Ga 5.13 ; Ep 5.21 ; 1 P 5.5) ; encourager les autres dans leur vie chrétienne (Hé 10.24-25) ; pratiquer le pardon (Col 3.13) ; développer des compétences relationnelles par l'hospitalité (1 P 4.9) ; ou s'intéresser aux autres (1 P 5.14 ; Rm 16.16 ; 1 Co 16.20 ; 2 Co 13.12).

Développer le caractère personnel, les attitudes, l'identité chrétienne ou la confiance en soi sous divers aspects est un autre domaine difficile, comme l'écrit Paul : « En toute humilité et douceur, avec patience, supportez-vous les uns les autres dans l'amour » (Ep 4.2). Après avoir décrit les relations au sein de la communauté chrétienne (Ph 2.1-4), Paul conclut que chaque chrétien devrait avoir « une attitude identique à celle de Jésus-Christ » (Ph 2.5). Il poursuit en montrant que Jésus était prêt à mettre de côté son ambition personnelle, voulant obéir au Père même si cela signifiait souffrir sur la croix (Ph 2.6-11).

Je n'ai mis en évidence que quelques principes bibliques qui doivent être observés dans la vie de ceux qui servent Dieu dans différents ministères. La formation théologique doit amener les étudiants à pratiquer leur foi, afin qu'ils soient capables de construire une solide communauté de croyants.

Pendant la Seconde Geurre mondiale, Dietrich Bonhoeffer, théologien allemand, organisa la formation des pasteurs dans des circonstances difficiles et avec des restrictions. Il était persuadé que « le travail théologique, tout comme la véritable communion pastorale, ne peuvent se développer que dans une vie régie par le rassemblement autour de la Parole matin et soir et par des temps de prière fixes[13] ». Deux raisons principales ont incité Bonhoeffer à mettre l'accent sur une vie de piété dans la formation théologique. Tout d'abord, il ne se contentait pas d'enseigner la prière, mais sa vie de prière était un exemple pour les étudiants. Il voulait montrer que la prière est essentielle et fait partie de la vie d'un pasteur. Dans ses méditations matinales avec les étudiants, il priait de longues prières. Ses étudiants témoignèrent qu'ils avaient le sentiment que les prières de Bonhoeffer dans les méditations du matin et du soir provenaient d'un amour profond pour le Seigneur et pour la communauté chrétienne. Deuxièmement, Bonhoeffer estimait que les étudiants devraient apprendre que « la vie de prière et de communion avec Jésus doit être au centre. Tout le ministère d'une personne

13. Eric Metaxas, *Bonhoeffer: Pastor, Martyr, Prophet, Spy*, Nashville, TN, Thomas Nelson, 2010, p. 271.

en découle[14] ». Dans son livre *De la vie communautaire*, Bonhoeffer expose en détail sa compréhension de la communauté chrétienne dans la formation théologique. Cette étude peut inspirer les responsables académiques et le corps enseignant d'aujourd'hui[15].

Cultiver la culture institutionnelle en tant que communauté d'apprentissage

Chaque institution développe sa propre culture. Parfois, elle est héritée, et il faut sensibiliser tous les niveaux de l'administration au fait que tous les employés de l'institution jouent un rôle important dans le développement de la culture d'apprentissage.

L'importance du rôle du responsable académique

Outre l'élaboration des programmes d'études, les responsables académiques jouent également un rôle important dans la création d'une communauté d'apprentissage. Ils rassemblent non seulement les étudiants pour apprendre, mais aussi le conseil d'administration, le corps professoral, le personnel et les parties prenantes en grandissant tous ensemble. Diriger l'institution depuis son « centre » offre une occasion et une responsabilité uniques de contribuer à la vie des membres du corps enseignant et du personnel, comme le fait remarquer Jeanne McLean :

> Au sein des écoles, les directeurs des études ont la responsabilité administrative première des programmes académiques et du personnel dont dépendent ces objectifs éducatifs. Dans leur rôle de responsables, les directeurs des études favorisent la compréhension et l'engagement envers la mission et travaillent avec les administrateurs, le corps enseignant et d'autres groupes constituants pour développer le programme d'études, renforcer le corps enseignant, consolider l'enseignement, l'apprentissage et l'érudition et nourrir la vie en communauté[16].

14. *Ibid.*, p. 273.
15. Dietrich Bonhoeffer, *De la vie communautaire*, Paris, Labor et Fides, 1997.
16. Jeanne P. McLean, *Leading from the Center: The Emerging Role of the Chief Academic Officer in Theological Schools*, Scholars Press Studies in Theological Education, Atlanta, GA, Scholars Press, 1999, p. 4-5.

Le rôle du personnel administratif

Constituer une équipe administrative compétente est un élément important de la création d'une communauté d'apprentissage. Les membres de l'équipe administrative doivent comprendre qu'ils font partie du processus d'enseignement et d'apprentissage de l'établissement. Ainsi, à titre d'exemple, les bibliothécaires soutiennent les étudiants dans leurs recherches, et pas seulement dans la supervision de l'emprunt des livres. Robert Banks souligne l'importance du personnel administratif dans le développement de la communauté d'apprentissage :

> Le personnel non enseignant qualifié en théologie devrait également avoir la possibilité de s'impliquer dans l'encadrement des étudiants, ou de rejoindre les enseignants et les apprenants « sur place » lorsqu'ils s'impliquent dans un ministère commun. La communauté se développera de façon plus dynamique lorsque le personnel soutenant le corps enseignant formera des équipes de ministère et participera aux mêmes groupes ecclésiastiques, que ce soit sur le campus ou en dehors du campus, ou encore dans le cadre d'un mode de vie communautaire[17].

Le responsable académique peut assurément encourager le personnel administratif dans son rôle au sein de l'institution, afin que ce dernier comprenne qu'il contribue au développement des étudiants. Je sais d'expérience que les étudiants se sentent libres d'échanger avec les employés administratifs sur des questions personnelles ainsi que sur des domaines liés à leurs études. L'apport du personnel administratif dans la vie des étudiants contribue à leur développement personnel. Les réunions et conversations informelles entre les étudiants et le personnel sont des moments précieux d'apprentissage.

La créativité dans les activités de l'institution

Chaque institution de formation propose des activités qui font partie intégrante du programme d'études. L'aspect social ne doit pas être sous-estimé dans le cadre du développement holistique des étudiants. Les activités qui peuvent rassembler les enseignants, le personnel et les étudiants comprennent le culte et la prière, les sorties communautaires, les festivals sportifs ou les activités de ministère de l'institution de formation. Le responsable académique encourage les enseignants et le personnel à prendre part aux activités de l'institution.

17. Robert J. Banks, *Reenvisioning Theological Education: Exploring a Missional Alternative to Current Models*, Grand Rapids, MI, Eerdmans, 1999, p. 207.

À Bangkok où nous travaillions, les étudiants s'intéressaient à nos vies de professeurs, à l'aménagement de nos appartements et à notre quotidien. Nous les avons donc invités dans l'appartement où nous vivions et nous l'avons appelé « maison ouverte ». Les étudiants diplômés pouvaient venir s'ils le souhaitaient. En général, nous mangions ensemble des aliments apportés par les étudiants ou préparés ensemble chez nous. Le programme informel consistait à partager des expériences ou des témoignages personnels, à discuter de questions liées à l'institution de formation ou à la théologie, à jouer à des jeux, ou encore à permettre aux étudiants de nous poser des questions sur notre vie et notre ministère. Ces moments passés ensemble ont constitué des moments phares durant la période académique. Nous avons réalisé que ces moments informels de camaraderie avaient impacté nos relations bien après leur passage à l'institution.

Cultiver le corps professoral en tant que communauté d'apprentissage

Chaque institution théologique a développé une vocation institutionnelle qui s'inscrit dans la vision fondatrice originale et qui est vécue à plusieurs niveaux : dans les schémas de vie communautaire de l'institution, dans les valeurs reflétées dans l'enseignement et la recherche, dans les processus de prise de décision et dans la gouvernance. Cela se reflète également dans les programmes d'études. Les enseignants jouent un rôle important dans le développement de la culture institutionnelle et la culture d'une communauté d'apprentissage. Les responsables académiques font en sorte que le corps professoral devienne une équipe d'enseignement opérante ou une communauté d'apprentissage. Nous aborderons deux aspects de base utiles pour la création d'un corps enseignant fonctionnant comme une communauté d'apprentissage.

La vocation corporative du corps professoral

Notons d'abord que la vocation ou l'appel individuel d'un membre du corps enseignant est la base du développement d'une relation d'apprentissage entre les enseignants. Jones résume l'étendue de la vocation d'un enseignant : « La vocation à une vie académique, comprise comme englobant l'enseignement et l'apprentissage théologiques, la recherche et l'érudition, le service et l'engagement, est entreprise par des personnes dont la connaissance et l'amour de Dieu seront enrichis par les disciplines d'étude[18]. »

Pourquoi la vocation à la vie académique ou à l'enseignement théologique est-elle importante ? Parce qu'elle façonne la vie d'enseignant : l'engagement à enseigner, à apprendre et à s'investir dans l'institution. Elle détermine ce que nous faisons et ce que nous voulons accomplir. En outre, chaque membre du corps enseignant fait partie de la communauté, comme l'explique Gordon Smith :

> L'une des façons les plus utiles de penser aux écoles de théologie est de considérer la question de la vocation communautaire ou corporative. L'hypothèse qui sous-tend une telle suggestion est que, d'un point de vue théologique, on ne peut parler de la vocation individuelle si ce n'est au niveau de la communauté. Toutes les vocations se réalisent en solidarité avec les autres ; chaque personne réalise une vocation individuelle en partenariat avec une autre[19].

Smith souligne également que « notre potentiel individuel est réalisé en collaboration et en partenariat avec les autres, qu'il s'agisse de notre potentiel de transformation personnelle ou de notre potentiel à faire une différence dans le monde[20] ».

Par conséquent, la vocation ou l'appel de chaque membre du corps enseignant à l'institution, à l'enseignement et à l'apprentissage, est la base du développement d'une communauté d'apprentissage parmi les enseignants. En retour, cela a un effet sur l'ensemble de l'institution et sur le corps étudiant.

Les enseignants apprenant tous ensemble

Les responsables académiques jouent un rôle essentiel en rassemblant le corps enseignant en une équipe et en développant une communauté d'apprentissage. Quelques aspects pratiques sont mentionnés ci-après. Ils peuvent être développés davantage et adaptés au contexte culturel de l'institution.

---

18. Gregory L. Jones, « Negotiating the Tensions of Vocation », dans *The Scope of Our Art: The Vocation of the Theological Teacher*, sous dir. Gregory L. Jones et Stephanie Paulsell, Grand Rapids, MI/Cambridge, Eerdmans, 2001, p. 213.

19. Gordon T. Smith, « Attending to the Collective Vocation », dans *The Scope of Our Art: The Vocation of the Theological Teacher*, sous dir. Gregory L. Jones et Stephanie Paulsell, Grand Rapids, MI/Cambridge, Eerdmans, 2001, p. 242.

20. *Ibid.*, p. 241.

Les relations personnelles des enseignants

Cultiver une communauté d'apprentissage commence par se connaître les uns les autres et connaître les besoins de l'enseignant ou de la famille. L'appréciation mutuelle se développe à partir d'une relation personnelle. Les repas en communauté peuvent être des moments où l'on apprend à se connaître les uns les autres ou à approfondir des amitiés. Le responsable académique doit trouver des moyens de favoriser l'ouverture au partage d'expériences parmi les enseignants. Les membres du corps professoral doivent être encouragés à planifier des activités ensemble, et l'institution doit prévoir des événements réguliers pour les enseignants.

Les réunions des enseignants

L'ordre du jour des réunions d'enseignants doit comprendre non seulement des discussions sur les étudiants ou les affaires courantes, mais aussi des temps de partage sur des questions liées à l'enseignement et à l'apprentissage en salle de cours. Les membres du corps enseignant sont-ils confrontés à des situations difficiles dans l'un de leurs cours ? Y a-t-il du temps pour prier les uns pour les autres ? Une planification intentionnelle et créative de la part du responsable académique pour les réunions des professeurs est essentielle si tous les enseignants sont disposés à grandir ensemble. Le responsable académique pourrait désigner des enseignants pour participer aux réunions régulières, et prévoir du temps pour la discussion et la prière. Une autre solution consisterait à organiser les réunions des enseignants de telle sorte qu'elles alternent entre les réunions ayant un ordre du jour professionnel et celles qui abordent les problèmes liés à la salle de cours.

Apprendre les uns des autres

Cela pourrait inclure le partage d'expériences pendant l'enseignement et l'apprentissage. Les enseignants qui ont exercé pendant de nombreuses années pourraient partager leurs expériences et expliquer comment ils ont développé leur enseignement durant cette période. Des techniques d'enseignement peuvent émerger. Qu'est-ce qui a marché, qu'est-ce qui n'a pas fonctionné ? L'échange d'idées sur la manière de développer ou d'améliorer un programme d'études pourrait constituer un domaine d'action potentiel. Cela pourrait même se faire dans le cadre d'un atelier, où les enseignants présenteraient le programme d'un cursus en cours de discussion. Cet exercice n'est évidemment utile que lorsque les professeurs ont établi une relation personnelle.

Les exercices académiques

Les enseignants pourraient lire un livre ensemble et en évaluer le contenu. Ils pourraient se voir assigner des sujets de recherche qui sont pertinents pour l'institution. Les résultats seraient présentés dans un article adressé au corps enseignant. Je me souviens d'une institution dans laquelle un enseignant avait rédigé un document sur la formation spirituelle qui devait être discuté spécifiquement par les enseignants. Dans une autre institution, les professeurs ont discuté des chapitres d'un livre qui les a incités à réfléchir à l'excellence dans la formation théologique. Les exercices académiques peuvent être liés à des questions pratiques ou à des sujets théologiques. Certes, ces discussions permettent de prendre conscience des différences de points de vue, mais elles renforcent également la confiance et la compréhension au sein du corps enseignant.

Le responsable académique et le corps enseignant doivent discerner ce qui est pertinent pour leur propre développement. Le défi consiste à savoir si les enseignants sont résolus à participer au développement et s'ils peuvent trouver le temps et les capacités nécessaires pour le faire.

Cultiver la salle de cours en tant que communauté d'apprentissage

En matière de formation théologique, la salle de cours, qu'elle soit *in situ* ou virtuelle, joue un rôle important dans l'enseignement et l'apprentissage. Par conséquent, l'interaction entre le professeur et l'étudiant offre des possibilités uniques. L'efficacité de l'enseignement et de l'apprentissage dépend de l'attitude de l'étudiant, ainsi que de la performance du professeur. M.-A. Winkelmes souligne l'importance de l'apprentissage formatif en classe : « Le seul endroit et le seul moment où les enseignants peuvent s'assurer qu'une communauté d'apprentissage formateur se développe à l'institution de formation est dans leur propre salle de cours. Ce lieu est sans doute l'endroit le plus propice à la formation progressive, intellectuelle et spirituelle qui semble s'être produit au sein des communautés résidentielles et solidaires des institutions des générations précédentes[21]. »

Des manières de transformer la classe en une communauté d'apprentissage seront proposées dans deux domaines : comment transformer la classe en une

21. Mary-Ann WINKELMES, « Formative Learning in the Classroom », dans *Practical Wisdom: On Theological Teaching and Learning*, sous dir. Malcolm L. Warford, New York, Peter Lang, 2004, p. 162-163.

communauté d'apprentissage, et comment développer une culture de l'apprentissage en salle de cours.

Favoriser une communauté d'apprentissage parmi les étudiants

Yau-Man Siew nous donne des pistes utiles tirées de sa propre expérience dans la promotion d'une communauté d'apprentissage en classe. Son approche personnelle ouvre la voie à un partage ouvert entre les étudiants. Après avoir invité les étudiants à se présenter, il expose le cours et ses exigences. Cette phase d'introduction est importante pour lui : « Avant même de présenter un cours, je raconte une anecdote, un récit personnel sur la façon dont ce cours et ses idées principales ont influencé ma vie et mon ministère[22]. »

Pour encourager une communauté d'apprentissage, il utilise la métaphore d'une communauté d'apprenants en voyage de découverte. Il est important pour lui d'établir des relations entre les étudiants car il est convaincu que la communauté n'existera que grâce à un effort conscient et délibéré pour planifier le calendrier et les événements de l'enseignement et de l'apprentissage. Il encourage également les rencontres en dehors des salles de classe pour favoriser les interactions. Il cherche à cultiver l'écoute active chez les étudiants et à leur apprendre à discuter et à réfléchir sur les textes ou les articles qu'ils lisent. Il les incite également à être attentifs les uns aux autres. Siew observe que les étudiants apprécient la discussion parce que les lectures qui leur sont requises sont ainsi prises en compte. En créant une communauté d'apprentissage, Siew encourage les « partenariats collaboratifs » entre les étudiants lors de la rédaction de leurs projets finaux. Il conclut : « Une communauté d'apprentissage est impossible sans un respect mutuel entre les membres de la classe. J'encourage les étudiants à faire preuve de respect en écoutant activement et en respectant les règles de la classe[23]. »

Les quelques exemples tirés de l'expérience de Siew montrent clairement qu'il est possible de favoriser une communauté d'apprentissage dans la salle de cours. Le professeur joue un rôle important et doit délibérément former les étudiants à devenir une communauté. Il joue un rôle essentiel dans l'orientation

22. Yau-Man Siew, « Fostering Community and a Culture of Learning in Seminary Classrooms: A Personal Journey », *Christian Education Journal* 3, n°1, 2006, p. 80.

23. *Ibid.*, p. 83.

des étudiants et dans la création en classe d'une atmosphère propice à l'enseignement et à l'apprentissage.

Favoriser une culture d'apprentissage dans la salle de cours

La promotion de la culture de l'apprentissage implique à la fois le professeur et les étudiants. Leur compréhension et leurs attentes ont un impact sur le processus d'enseignement et d'apprentissage. Ils ont des valeurs et des convictions différentes sur ce qui devrait se passer en classe. Il est donc essentiel que chacun comprenne le rôle et les attentes de l'autre.

Dans sa réflexion personnelle sur l'enseignement, Siew estime qu'une « excellente métaphore » pour l'enseignant est celle d'un « guide ou d'un compagnon de pèlerinage dans un voyage d'apprentissage ». Il fait de son mieux pour se préparer au cours, et partage durant son analyse comment certaines des théories ont été significatives pour lui : « Ce partage peut être un excellent modèle de praxis réflexive (réflexion active et action réfléchie), une valeur fondamentale de ma pédagogie[24]. »

Les étudiants savent ce que Siew attend d'eux. Il encourage également les « étudiants à lire leurs documents avec un esprit ouvert » et à valoriser le concept selon lequel « toute vérité est la vérité de Dieu ». Afin d'encourager la pratique réflexive, il les incite à écrire un journal bihebdomadaire d'une page « dans lequel les étudiants détaillent comment les lectures et l'apprentissage en classe remettent en question les perspectives actuelles et/ou construisent de nouveaux cadres de vie et de ministère[25] ».

En conclusion, Siew déclare : « Les professeurs peuvent faire une différence significative dans le parcours d'apprentissage d'un étudiant en entretenant la communauté et une culture de l'apprentissage. Cela nécessite un véritable partenariat avec les apprenants et une analyse ouverte et honnête des valeurs pédagogiques communes[26]. »

24. *Ibid.*, p. 85-89. Ici, p. 85.
25. *Ibid.*, p. 86.
26. *Ibid.*, p. 89-90.

Les défis liés au développement d'une communauté d'apprentissage

Les responsables académiques, le corps enseignant et les étudiants doivent relever de nombreux défis pour développer une communauté d'apprentissage. Chaque groupe doit réfléchir à ces défis, évaluer sa contribution individuelle et procéder à des ajustements si nécessaire. Devenir une communauté d'apprentissage est un processus qui ne se produit pas automatiquement, mais qui nécessite un effort délibéré de toutes les parties concernées.

Les défis de la direction académique

Le poste d'un responsable académique est exigeant, avec une variété de rôles et de responsabilités, comme le décrit Jeanne McLean dans son étude sur le décanat :

> Dans l'exercice de ces fonctions, le directeur académique travaille avec le corps enseignant, le doyen et les cadres supérieurs, le personnel académique, les étudiants, les membres du conseil d'administration, les responsables d'églises et les organisations académiques. Chacun de ces groupes compte de nombreux membres qui ont des attentes variées, parfois contradictoires, à l'égard du personnel académique. En travaillant avec ces personnes et ces groupes, le directeur académique est appelé à jouer un rôle de gestionnaire, de responsable et de pasteur auprès de la communauté académique[27].

Être au centre des opérations de l'institution donne au responsable académique une occasion unique de développer la culture institutionnelle en une communauté d'apprentissage. Le processus commence par la formation d'une équipe de professeurs et l'initiation des nouveaux enseignants à l'éthique et aux valeurs de l'institution. Il comprend également la conception d'un programme d'études et une culture de l'enseignement et de l'apprentissage qui contribue à la vie de la communauté. Le défi que doit relever le responsable académique est l'immense tâche de réunir les personnes, les programmes, la direction institutionnelle et les étudiants, afin que l'institution soit un lieu de formation fécond pour le ministère.

Les responsables académiques renseignent les parties prenantes sur le développement global des étudiants. La réputation de l'établissement en tant

27. McLean, *Leading*, p. 4.

que communauté d'apprentissage sera un atout précieux qui attirera les étudiants appelés au ministère. De plus, les parties prenantes verront l'intérêt de faire partie de la communauté d'apprentissage grâce à leur soutien. Ils recevront également les diplômés avec joie et reconnaissance.

Le développement d'une communauté d'apprentissage est devenu plus complexe qu'à l'époque où la plupart des formations théologiques se déroulaient dans des programmes résidentiels. Le responsable académique est confronté à la diversité des modes d'études. Les étudiants suivent des cours modulaires, en cours du soir ou en ligne. Ils participent à des formations données dans des centres d'extension. Il est donc difficile de les intégrer dans une communauté dont les membres prennent soin les uns des autres. Les responsables académiques ont besoin de sagesse et d'imagination pour trouver de nouveaux moyens de soutenir la vie de la communauté. Ils doivent également impliquer les membres du corps enseignant pour développer de nouvelles stratégies de construction de communautés d'apprentissage.

Les défis des enseignants

De nombreux établissements disposent de ressources financières limitées pour recruter des professeurs à temps plein. Ils comptent sur des professeurs qui assument d'autres responsabilités pour gagner leur vie. Les professeurs viennent et enseignent, et n'ont pas beaucoup de temps pour interagir avec les étudiants. Souvent, ils ne peuvent pas non plus prendre part aux activités de l'institution ou aux réunions du corps enseignant et du personnel. Ce défi pourrait être surmonté en partie par le recrutement d'une personne pour enseigner. L'institution doit exprimer très clairement ses attentes. Les conditions pourraient également être précisées dans un accord écrit.

Les enseignants sont des exemples en matière d'acquisition de connaissances dans leur domaine d'enseignement, de croissance personnelle, de recherche et d'étude personnelle. Savoir que les étudiants apprennent de qui nous sommes est certes un grand défi. Paul dit à Timothée : « De ton côté, tu as suivi de près mon enseignement, ma conduite, mes projets, ma foi, ma patience, mon amour, ma persévérance » (2 Tm 3.10). Timothée était également au courant de la souffrance de Paul. L'exemple de Paul avait été très marquant, de sorte que Paul pouvait dire à Timothée : « Quant à toi, tiens ferme dans ce que tu as appris et reconnu comme certain, sachant de qui tu l'as appris » (2 Tm 3.14). Timothée avait entendu l'enseignement de Paul et avait été témoin de sa manière de vivre.

Il a appris les valeurs chrétiennes à partir de la vie de Paul. Paul a enseigné à Timothée dans des contextes de vie pratique.

Comme mentionné précédemment, Dietrich Bonhoeffer était un théologien réputé qui avait à cœur de former des pasteurs. Il prenait la prédication au sérieux. Il comprenait qu'un sermon était un moyen par lequel Dieu parlerait à son peuple. Il voulait que les étudiants voient que la prédication n'était pas seulement un exercice intellectuel, mais une occasion d'entendre ce que Dieu avait à dire par l'intermédiaire du prédicateur. Il connaissait le défi d'être un exemple pour les étudiants, ainsi que l'explique Eric Metaxas :

> Bonhoeffer savait que la meilleure façon de communiquer ce qu'il pensait et ressentait à propos de l'homilétique était de le faire. Prêcher un vrai sermon lors d'un culte était infiniment mieux que de donner une conférence sur l'homilétique. Les étudiants doivent voir en lui quelqu'un qui a vécu ce qu'il voulait leur enseigner, tout comme Jésus l'a fait. L'enseignement et la vie doivent être les deux faces d'une même médaille[28].

En tant qu'enseignant, Dietrich Bonhoeffer savait que son exemple était une partie importante du processus d'enseignement et d'apprentissage des pasteurs. En même temps, son intention était de montrer aux étudiants ce qu'il croyait : « Il souhaitait faire comprendre à ses étudiants que lorsqu'on présente vraiment la Parole de Dieu, celle-ci a le pouvoir inné de les aider à voir leur propre besoin et elle donne la réponse à ce besoin d'une manière qui n'est pas écrasée par la “religion” ou la fausse piété. La grâce de Dieu, sans filtre ni explication, toucherait les gens[29]. » Dietrich Bonhoeffer savait que les étudiants n'apprennent pas seulement par ce qu'ils entendent en classe, mais aussi par l'exemple du professeur. Il mettait en pratique ce qu'il enseignait. Il a également formé les étudiants en une communauté d'apprentissage. Ils pratiquaient ensemble les disciplines spirituelles dans leur vie communautaire. Ils étudiaient et exerçaient leur ministère ensemble.

Robert Banks résume très bien le défi pour les enseignants lorsqu'il écrit :

> La formation personnelle ne se développe pas en premier lieu par des programmes spécifiques, ni même par un culte régulier à la chapelle ; elle se fait surtout grâce à l'effet de levier que constitue l'exemple personnel des enseignants et autres personnalités

---

28. Metaxas, *Bonhoeffer*, p. 272.
29. *Ibid.*

(y compris les administrateurs en chef et les responsables des étudiants), avec la culture et la mission plus larges de l'institution, et avec toute une série de groupes d'activités parascolaires disponibles[30].

Les défis des étudiants

Les étudiants des institutions théologiques sont souvent obligés de travailler en parallèle à leurs études pour subvenir aux besoins de leur famille et payer leurs frais de scolarité. Il ne leur est pas facile de gérer en même temps leurs études, leur ministère et leur vie de famille. Dans les programmes résidentiels, les étudiants sont appelés à travailler et à vivre avec leurs camarades, souvent d'origines ethniques différentes. De quelles manières l'établissement peut-il soutenir les étudiants afin qu'ils aient le sentiment d'être bien entourés ?

Le niveau élevé de la formation théologique liée à l'accréditation et aux exigences internationales peut pousser les étudiants à choisir entre négliger leurs études et être totalement absorbés par les activités de leur ministère. Cela peut également inclure les activités sociales qui font partie de la construction de la communauté d'apprentissage. Comment les responsables académiques et les enseignants peuvent-ils aider les étudiants à gérer leur vie quotidienne ?

Un défi personnel pour les étudiants est l'engagement à mener une vie qui leur permette de mieux connaître Dieu, de grandir dans la sagesse de Dieu, de répondre à l'appel à une vie sainte et sacrificielle, et de développer une qualité de vie spirituelle qui honore Dieu tout en poursuivant leurs études. Leur engagement à apprendre aura une incidence sur le résultat de leurs études.

Un défi commun pour les étudiants est de mettre en pratique ce que Paul décrit dans Philippiens 2.1-5 : « Que chacun de vous, au lieu de regarder à ses propres intérêts, regarde aussi à ceux des autres » (v. 4). C'est une préparation précieuse pour tout ministère. Un exemple tiré de ma propre expérience l'illustre. Une de nos étudiantes avait appris à gérer son quotidien et son temps bien avant de venir à l'institution. Elle arrivait à finir les tâches avant la date prévue. Elle profitait de son temps libre pour aider d'autres étudiants qui rencontraient des difficultés à utiliser les ordinateurs ou dans tout autre domaine. Après avoir obtenu son diplôme, elle s'est engagée dans un ministère fructueux au sein d'une Église.

30. Banks, *Reenvisioning*, p. 201.

Un autre défi pour les étudiants est d'apprendre à établir des relations avec les autres alors qu'ils se préparent au ministère. Cela implique souvent d'établir des relations avec des personnes d'un autre milieu culturel. Dans de nombreuses institutions, le corps étudiant est diversifié, ce qui donne d'excellentes occasions de pratiquer en vue de l'avenir. Samuel Escobar souligne ce point, en disant : « Un ministère engagé dans la *koinonia* devra prendre en compte la diversité culturelle. Un tel ministère exigera de ses praticiens qu'ils examinent leurs propres préjugés culturels, qu'ils soient ouverts aux différences culturelles, et rester désireux et capables de renforcer les engagements fondamentaux de l'Église[31]. »

Les étudiants doivent relever de nombreux défis pour contribuer à une communauté d'apprentissage à l'institution. Les responsables académiques et le corps enseignant doivent faire prendre conscience aux étudiants qu'ils jouent un rôle important dans le développement d'une communauté d'apprentissage.

Conclusion

Le développement d'une communauté d'apprentissage dans le cadre de la formation théologique n'est pas une option mais une nécessité pour une bonne préparation au ministère. Les responsables académiques sont appelés à trouver des moyens créatifs pour développer des communautés propices à l'apprentissage et au développement holistique des étudiants. La tâche est devenue plus difficile en raison de l'évolution des modes d'éducation. Les responsables académiques, les enseignants et le personnel doivent tous trouver des moyens créatifs dans cette entreprise passionnante qu'est la facilitation de communautés d'apprentissage pour la gloire de Dieu.

Points de réflexion et d'action

1. Rédiger une description d'une communauté d'apprentissage. Si votre établissement ne dispose pas d'une définition de la communauté d'apprentissage, rédigez un énoncé qui décrit la communauté de votre établissement.
2. Les enseignants jouent un rôle important dans le développement d'une communauté d'apprentissage. Que fait votre établissement

31. Samuel Escobar, « What Is the Ministry toward Which We Teach? », dans *Practical Wisdom: On Theological Teaching and Learning*, sous dir. Malcolm L. Warford, New York, Peter Lang, 2004, p. 148.

pour cultiver une communauté d'apprentissage au sein du corps enseignant ?

3. De quelle manière le personnel non enseignant de votre institution pourrait-il être associé à la création d'une communauté d'apprentissage ?
4. Utilisez le Manifeste de l'ICETE[32] comme base de discussion avec le corps enseignant. Quels sont les enjeux de cette déclaration ? Comment certaines de ses suggestions peuvent-elles être mises en œuvre dans votre établissement ?
5. Quels sont les défis que vous devez relever en tant que responsable académique pour créer une communauté d'apprentissage ? Comment surmonter les obstacles ?
6. Les étudiants doivent comprendre leur rôle dans le développement d'une communauté d'apprentissage. Comment pouvez-vous les sensibiliser à leur part de responsabilité ?

Pour aller plus loin

BLAMIRES Harry, *The Christian Mind: How Should a Christian Think?* c. 1963, Vancouver, Regent College, 2005.

BONHOEFFER Dietrich, *De la vie communautaire*, Paris, Labor et Fides, 1997.

DEININGER Fritz, HERRING Richard, « The Challenges and Blessings of Spiritual Formation in Theological Education », dans *Educating for Tomorrow: Theological Leadership for the Asian Context*, sous dir. Manfred W. Kohl et A. N. L. Senanayake, Bangalore, SAIACS, Indianapolis, Overseas Council International, 2002, p. 113-126.

DYKSTRA Craig R., *Growing in the Life of Faith: Education and Christian Practices*, 2e éd., Louisville, KY, Westminster John Knox, 2005.

ESCOBAR Samuel, « What Is the Ministry toward Which We Teach? », dans *Practical Wisdom: On Theological Teaching and Learning*, sous dir. Malcolm L. Warford, New York, Peter Lang, 2004, p. 143-157.

JONES Gregory L, « Negotiating the Tensions of Vocation », dans *The Scope of Our Art: The Vocation of the Theological Teacher*, sous dir. Gregory L. Jones

32. ICETE, « Manifeste pour le renouveau de l'enseignement théologique évangélique », https://icete.info/wp-content/uploads/2019/04/Manifesto_ICETE_FR.pdf.

et Stephanie Paulsell, Grand Rapids, MI/Cambridge, Eerdmans, 2001, p. 208-224.

KLIMOSKI Victor, « Evolving Dynamics of Formation », dans *Practical Wisdom: On Theological Teaching and Learning*, sous dir. Malcolm L. Warford, New York, Peter Lang, 2004, p. 29-48.

LINGENFELTER Sherwood G., « In Pursuit of a Community That Does Diversity Well », dans *C(H)AOS Theory: Reflections of Chief Academic Officers in Theological Education*, sous dir. Kathleen D. Billman et Bruce C. Birch, Grand Rapids, MI, Eerdmans, 2011, p. 220-231.

METAXAS Eric, *Bonhoeffer: Pastor, Martyr, Prophet, Spy*, Nashville, TN, Thomas Nelson, 2010.

OYCO-BUNYI Joy, *Beyond Accreditation: Value Commitments and Asian Seminaries*, Bangalore, Theological Book Trust, 2001.

SIEW Yau-Man, « Fostering Community and a Culture of Learning in Seminary Classrooms: A Personal Journey », *Christian Education Journal* 3, n°1, 2006, p. 79-91.

SMITH Gordon T., « Attending to the Collective Vocation », dans *The Scope of Our Art: The Vocation of the Theological Teacher*, sous dir. Gregory L. Jones et Stephanie Paulsell, Grand Rapids, MI/Cambridge, Eerdmans, 2001, p. 240-261.

WINKELMES Mary-Ann, « Formative Learning in the Classroom », dans *Practical Wisdom: On Theological Teaching and Learning*, sous dir. Malcolm L. Warford, New York, Peter Lang, 2004, p. 161-179.

10

L'impact du programme implicite sur l'enseignement, l'apprentissage et le développement spirituel

John Kpaleh Jusu

Un jeune diplômé en théologie a pris l'initiative d'organiser un cours d'étude biblique pour adultes. Un dimanche, il a annoncé : « La classe d'étude biblique pour adultes de ce trimestre commencera par le sujet de l'herméneutique. Veuillez récupérer vos devoirs de pré-classe auprès du secrétaire. La classe se réunira dans la salle 111. Je serai le conférencier. »

La date de début du cours est arrivée, l'heure s'est écoulée, mais personne ne s'est inscrit. Le jeune diplômé était frustré et se plaignit que personne à l'Église ne s'intéressait à l'étude de la Bible pour adultes. Mais d'où lui est venue l'idée que toute occasion éducative doit se produire dans une salle de cours avec un conférencier ? Où a-t-il appris que l'étude de la Bible commence par le sujet de l'herméneutique ? Où a-t-il appris que les cours commencent par des devoirs à faire en amont du cours ? L'institution de formation n'enseignait pas explicitement ces choses à l'étudiant, mais il les a pourtant apprises. C'est le pouvoir du programme implicite, ou caché – le programme qui enseigne ce qui n'est pas explicitement enseigné.

Définitions du programme implicite

Plusieurs définitions du programme d'études tentent de faire une distinction critique entre les diverses attentes et interactions qui se produisent dans le système scolaire formel. Glatthorn identifie six types de programmes d'études :

1. Le programme d'études recommandé ou idéal (proposé par un comité d'experts et de professionnels du domaine) ;
2. Le programme d'études écrit ou officiel (proposé par les organismes d'accréditation ou de réglementation) ;
3. Le programme d'enseignement (ce que les enseignants enseignent réellement en classe) ;
4. Le programme d'études bénéficiant d'un soutien (ressources pour soutenir l'enseignement et l'apprentissage) ;
5. Le programme d'études testé ou mesuré (celui qui est examiné dans les devoirs) ;
6. Le programme d'études appris (ce que les élèves apprennent réellement)[1].

Les cinq premiers types de programmes de la taxonomie de Glatthorn considèrent les programmes d'études comme des expériences planifiées. Différentes parties prenantes planifient les expériences que les étudiants rencontrent dans le cadre de leur apprentissage. Le sixième type de programme définit le programme comme la somme des expériences réelles vécues par les étudiants dans le système scolaire formel. Les distinctions essentielles entre les éléments du processus éducatif montrent le décalage entre ce que les écoles prétendent enseigner et ce qu'elles enseignent réellement. Glatthorn a affirmé que le programme d'études le plus important contient ce que les étudiants apprennent réellement. Durkheim a indiqué que les enseignements et les apprentissages sont plus nombreux à l'école que dans les manuels. Cette différence entre ce qui est enseigné et ce qui réellement appris a donné lieu au concept de « programme implicite »[2].

Le programme didactique comprend des activités d'apprentissage et d'enseignement explicites, consciemment planifiées et exécutées avec des résultats prédéterminés. Cependant, au cours du processus éducatif, consciemment ou non, l'école expose l'étudiant, le corps enseignant et les administrateurs à des expériences non écrites, épisodiques et caractérisées par leur caractère informel

1. Alan A. Glatthorn, *Curriculum Renewal,* Alexandria, VA, ASCD, 1987, p. 3-4.
2. Emile Durkheim, *Moral Education*, New York, Free Press, 1961, p. 148.

et leur manque de planification consciente. C'est le « curriculum implicite », également décrit comme « apprentissage collatéral[3] » et « sous-produit de l'apprentissage[4] ». La description de l'apprentissage collatéral du programme implicite a divisé les spécialistes. L'une des perspectives proposées par Émile Durkheim reconnaît que le programme implicite est la boussole morale de la société[5], tandis qu'Ivan Illich, avec une perspective influencée par le marxisme, suggère que le programme implicite est malveillant et préjudiciable – opprimant les étudiants pour les soumettre ou les cantonner dans des rôles sociaux et économiques limités et prédéfinis au sein de la société[6].

Quelle que soit la perspective, il existe un consensus sur le fait que le curriculum implicite est constitué de valeurs et de dispositions non écrites, non officielles et non intentionnelles que les personnes impliquées dans le processus éducatif apprennent. Ainsi, une évaluation du programme implicite aide à comprendre les rôles sociaux et les relations d'autorité qui affectent l'apprentissage au sein des cultures et des structures d'une école. Dans ce chapitre, la nature du programme d'études implicite est examinée en vue de suggérer des moyens par lesquels l'influence de ce programme peut renforcer le programme d'études explicite.

La nature du programme d'études implicite

Le terme « curriculum implicite » est apparu pour la première fois dans le livre de Philip Jackson, *Life in Classrooms*. Cependant, le concept remonte à John Dewey, qui l'a appelé « apprentissage collatéral[7] ». Depuis l'époque de Dewey, les sociologues des sciences de l'éducation ont cherché à définir le concept « implicite ». Le terme soulève des questions telles que : Pourquoi l'apprentissage devrait-il être implicite ? Qui l'a rendu implicite, et dans quel but ? Que pouvons-nous en faire si nous le trouvons ? Est-il intentionnellement implicite ? Ou alors, est-il implicite parce que le programme d'études lui-même n'a pas encore

3. Daniel TANNER et Laurel N. TANNER, *Curriculum Development: Theory into Practice*, New York, Macmillan, 1980, p. 38-40.
4. Elizabeth VALLANCE, « Hiding the Hidden Curriculum: An Interpretation of the Language of Justification in Nineteenth-Century Educational Reform », *Curriculum Theory Network* 4, n°1, 1973, p. 5-21.
5. Emile DURKHEIM, *Education and Sociology*, New York, Free Press, 1956.
6. Ivan ILLICH, *Deschooling Society*, Londres/New York, Marion Boyars, 1994, p. 32-33.
7. John DEWEY, *Experience and Education: The 60th Anniversary Edition*, West Lafayette, IN, Kappa Delta Pi, 1998, p. 49.

été examiné, car personne ne l'a remarqué ou reconnu[8] ? Ce chapitre aborde certaines de ces questions, étant entendu que l'accent peut être mis non pas tant sur le contenu du programme que sur la structure de la formation, l'environnement d'apprentissage et les processus d'apprentissage. Ainsi, lorsque nous parlons du curriculum implicite, il ne s'agit pas de « quelque chose » que l'on décrit dans nos brochures, mais plutôt d'hypothèses et de systèmes sous-jacents sur la façon dont l'apprentissage et l'enseignement se déroulent. Il s'agit des traits de caractère, des valeurs et des attitudes qui sont appris dans un système scolaire formel, mais qui ne sont pas officiellement inclus dans la brochure de l'institution.

Qu'est-ce qui est « implicite » dans le programme ? Enquête sur les idéologies

Les opinions d'une personne sur le rôle de l'enseignement dans la société peuvent fournir une réponse à la question de savoir ce qui est « dissimulé » dans le programme d'études implicite. Ceux qui ont une *vision fonctionnaliste* de l'enseignement utilisent la *théorie du consensus* pour expliquer le rôle de l'éducation en tant que transmission de vérités et de valeurs éternelles d'une génération à l'autre afin d'assurer l'homogénéité et la continuité. Ces vérités et valeurs qui se trouvent dans le programme d'études implicite permettent aux individus de fonctionner efficacement dans la société. Durkheim, principal partisan de cette opinion, aurait déclaré : « La société ne peut survivre que s'il existe entre ses membres un degré important d'homogénéité. L'éducation, par conséquent, perpétue et renforce cette homogénéité en fixant chez l'enfant, dès le début, les similitudes essentielles que la vie collective exige[9]. » La société, étant « extérieure » et « supérieure » aux individus, doit déterminer quelles sont ces valeurs et ces cultures collectives. Ainsi, le programme d'études, par des mécanismes implicites, transmet ces valeurs. Durkheim a observé :

> Il existe tout un système de règles à l'école qui prédéterminent la conduite de l'enfant. Il doit venir en classe régulièrement ; il doit arriver à une heure précise avec un comportement et une attitude appropriés. Il ne doit pas perturber le déroulement de la classe. Il

---

8. Pour une étude de ces questions et quelques définitions du « programme implicite », voir Eric MARGOLIS et al., « Peekaboo: Hiding and Outing the Curriculum », dans *The Hidden Curriculum in Higher Education*, sous dir. Eric Margolis, New York/Londres, Routledge, 2001, p. 1-19.

9. Steven LUKES, *Emile Durkheim: His Life and Work – A Historical and Critical Study*, Stanford, CA, Stanford University Press, 1973, p. 203.

> doit avoir appris ses leçons, fait ses devoirs et les avoir bien faits, etc. Il y a donc une multitude d'obligations que l'enfant doit assumer. Ensemble, elles constituent la discipline de l'école. C'est par la pratique de la discipline scolaire que nous pouvons inculquer l'esprit de discipline à l'enfant[10].

On ne peut pas passer à côté du rôle du programme d'études implicite dans la transmission des valeurs de la société. Par exemple, c'est à travers les codes vestimentaires et les uniformes scolaires (le cas échéant) que nous enseignons aux élèves comment avoir une apparence soignée dans la vie. En sanctionnant les retards, les écoles enseignent la ponctualité et soulignent sa valeur dans la société. L'emploi du temps à suivre enseigne l'art de l'obéissance et l'importance de respecter les horaires. La collaboration et la coopération sont enseignées dans les écoles par le travail de groupe. Le respect de l'autorité, la tolérance et la patience sont également enseignés par le biais du programme implicite.

Beaucoup ont remarqué que, si ces exigences de conformité sont répandues dans notre système scolaire formel, elles n'ont souvent que peu ou pas de rapport avec les objectifs éducatifs explicites des systèmes d'apprentissage formels, mais elles transmettent indirectement un message aux étudiants sur les valeurs adoptées par la société. Dans l'ensemble, les fonctionnalistes maintiennent une vision positive du curriculum implicite en termes de préparation des élèves à une vie d'adulte responsable.

L'analyse marxiste de l'éducation a fourni une autre perspective sur ce qui est « implicite ». Utilisant la *théorie de la correspondance*, elle explique l'école comme un microcosme de la superstructure de la société dans lequel le programme d'études implicite reproduit et applique ce qui se passe dans la société au sens large[11]. La théorie de la correspondance proposée par Samuel Bowles et Herbert Gintis affirme que le système éducatif est injuste et sert à contraindre les gens à accepter leurs rôles prédéfinis dans une société hiérarchique et inégalitaire[12]. Contrairement à la perception populaire selon laquelle les écoles existent pour promouvoir la réforme sociale et la mobilité sociale, la fonction implicite de l'école est de produire une main-d'œuvre soumise, obéissante et disciplinée. L'argument décisif est qu'il existe une certaine adéquation entre les systèmes scolaires et les systèmes politiques et économiques. Dans le système scolaire, par exemple,

10. Durkheim, *Moral Education*, p. 148.
11. Louis Althusser, « Idéologie et appareils idéologiques d'État », *La Pensée*, n°151, juin 1970, disponible sur : http://gesd.free.fr/althu70.pdf, consulté le 3 août 2022.
12. Samuel Bowles et Herbert Gintis, *Schooling in Capitalist America: Educational Reform and the Contradictions of Economic Life*, New York, Basic, 1976.

les élèves renoncent à leur individualité, n'ont aucun contrôle sur le programme d'études et ses systèmes de récompense et ne retirent que peu ou pas de satisfaction intrinsèque du travail. Ces anomalies, diraient les marxistes, correspondent aux futures positions des étudiants dans la vie active, dans laquelle ils n'ont aucun contrôle sur le travail et sa rémunération, et dans laquelle ils éprouvent peu de satisfaction intrinsèque. *Par conséquent, selon cette perspective, le curriculum implicite dans les établissements d'enseignement prépare les étudiants à leurs futurs rôles prédéfinis, étant un instrument ou un outil pour préparer les individus au travail et à leur groupe social dans la société*[13].

Les partisans de la perspective marxiste peuvent en outre soutenir que les règles de l'école, les punitions et les récompenses fonctionnent de manière extrinsèque pour apprendre aux gens à se conformer à la société, qu'ils le veuillent ou non. Par exemple, la différenciation des rôles et les stéréotypes intégrés dans les manuels scolaires et les tâches d'apprentissage enseignent aux élèves à accepter leur position dans la société comme naturelle. Suivre les instructions des enseignants sans poser de questions équivaut à suivre les ordres des patrons sans poser de questions. La ponctualité à l'école est encouragée car le temps n'appartient pas vraiment à l'élève ; il appartient à l'école/à l'enseignant de la même manière que le temps des élèves appartiendra bientôt à leurs futurs patrons.

Ces deux grandes théories (fonctionnaliste et marxiste) s'accordent sur le fait que le programme d'études implicite transmet des valeurs et des attitudes, mais elles sont en profond désaccord sur la signification et les objectifs de ces valeurs et attitudes.

Normalement, les chrétiens théologiquement conservateurs évitent de parler des perspectives marxistes sur l'éducation en raison des penchants négatifs du marxisme envers l'école et le capitalisme. Cependant, alors que l'injustice sociale envahit notre communauté mondiale, nous ne pouvons plus ignorer cette perspective de l'éducation. En outre, à mesure que de plus en plus d'institutions théologiques évangéliques et conservatrices deviennent des universités à part entière, et que les écoles de théologie sont aux prises avec les réglementations gouvernementales, nos établissements d'enseignement supérieur chrétiens deviendront bientôt un champ de bataille d'idéologies, et le marxisme sous ses diverses formes aura son mot à dire. Kellner fait valoir :

13. Frank M. HOWELL et Lynn W. MCBROOM, « Social Relations at Home and at School: An Analysis of the correspondence Principle », *Sociology of Education* 55, n°1, *American Sociological Association*, 1982, p. 40-52.

> Les théories néo-marxistes ont cherché à dépasser un accent trop limité mis sur la classe et l'économie en soulignant l'importance de développer des théories axées sur l'action et la résistance et d'incorporer les dimensions de genre, de race, de sexualité et d'autres dans une notion élargie d'éducation multiculturelle, de démocratisation et de justice sociale. Elles ont également élaboré un large éventail de propositions pour la reconstruction de l'éducation et le développement de pédagogies et de pratiques éducatives alternatives. Ces positions néo-marxistes sont cependant farouchement contestées par les positions conservatrices, et le domaine de l'éducation reste aujourd'hui un terrain contesté où les positions néo-marxistes font partie de la force de l'opposition[14].

Le terrain disputé est le programme implicite. Les administrateurs ont commencé à être confrontés à des questions inédites que leurs élèves n'avaient jamais posées auparavant, telles que : « Pourquoi n'y a-t-il pas de femmes parmi les professeurs du département d'études théologiques ? » ; « Pourquoi l'administration est-elle principalement composée d'une ethnie ou d'une race et non d'autres ? » ; « Pourquoi ne pouvons-nous pas nous mettre d'accord sur la date de début des cours ? » ; « Pourquoi devrions-nous faire ce cours en premier lieu ? » ; « Pourquoi l'aumônier ne permet-il pas aux étudiants d'autres confessions de prêcher lors du culte communautaire ? » ; « Pourquoi le culte communautaire devrait-il être obligatoire ? » De telles questions font partie des problèmes auxquels sont confrontées les écoles théologiques traditionnelles. Nombreuses sont les écoles évangéliques et ecclésiastiques ponctuelles qui ont perdu la bataille du programme implicite et ont dû aujourd'hui se reconvertir.

Le programme implicite est donc « une force extrêmement puissante qui a un impact sur les élèves, positif ou négatif selon les circonstances qui leur sont propres. Et pourtant, cette force est largement ignorée par les administrateurs, les enseignants, les parents, les étudiants et les établissements d'enseignement, y compris les éditeurs de manuels scolaires[15] ».

Les deux perspectives (les théories de consensus et de correspondance) tendent à présenter les étudiants comme des entités passives qui sont contrôlées

---

14. Douglas Kellner, « Marxian Perspectives on Educational Philosophy: From Classical Marxism to Critical Pedagogy », consulté le 29 décembre 2014, https://pages.gseis.ucla.edu/faculty/kellner/essays/marxianperspectivesoneducation.pdf.
15. Byron G. Massialas, « The Hidden Curriculum and Social Studies », dans *Crucial Issues in Teaching Social Studies, K-12*, sous dir. Byron G. Massialas, Belmont, CA, Wadsworth 1996, p. 119-137.

par la société ou les intérêts des groupes dominants. La *théorie de la résistance*[16], également en vogue, postule que le programme d'études implicite est un flux d'intérêts et de cultures contradictoires dans lequel les étudiants et les enseignants ne sont pas de simples spectateurs ou des destinataires passifs des idéologies dominantes, mais sont actifs pour négocier, accommoder, rejeter et souvent détourner le programme de socialisation. La théorie de la résistance permet d'expliquer certains comportements officiellement désapprouvés, tels que la fraude et le plagiat académiques, la flagornerie bien machinée et dirigée (flatterie académique), les méthodes pour « contourner le système » (surtout en ce qui concerne l'évaluation), la résistance des étudiants, les livres de bibliothèque volés, les pages découpées dans les livres de bibliothèque, l'obsession des notes et plusieurs autres malversations constatées dans nos institutions théologiques. Ces comportements invalident complètement ce que les écoles prétendent faire dans le cadre du programme explicite.

Les très nombreuses études[17] qui ont permis de comprendre les conséquences du programme d'études implicite soulignent la nécessité de le prendre au sérieux. Les enseignants et les administrateurs qui ignorent ces conséquences et vivent dans l'illusion qu'ils ont le contrôle du programme implicite, et que cela jouera toujours en leur faveur, rendront un très mauvais service à leur profession et aux élèves qu'ils sont censés former.

La dernière perspective sur ce qui est « implicite » est la *perspective chrétienne*. Cette perspective s'oppose à toute pratique et pensée qui traite le programme implicite comme un moyen d'endoctrinement, de dépersonnalisation et de manipulation. Elle considère l'ensemble de la communauté d'apprentissage comme une communauté caractérisée par la grâce orientée vers le service. Les étudiants qui sortent de cette communauté ne se contentent pas de prendre la place qui leur est assignée dans la société ou de se conformer à l'ordre social ; ils sortent plutôt en tant qu'individus transformés en vue de transformer la société. Le programme d'études implicite a donc un programme de transformation qui incarne les vertus du fruit de l'Esprit : « Mais le fruit de l'Esprit, c'est l'amour, la joie, la paix, la patience, la bonté, la bienveillance, la foi, la douceur, la maîtrise de soi » (Ga 5.22). Étant donné que les étudiants absorbent à l'école des leçons qui peuvent ou non être liées à l'objectif de la scolarisation, et que les enseignants peuvent transmettre des informations sans le savoir, le rôle du Saint-Esprit dans le processus d'apprentissage devient crucial. Le programme d'études implicite

16. Michael W. Apple, *Education and Power*, Boston, Routledge & Kegan Paul, 1982, p. 13.
17. See Margolis et al., « Peekaboo », p. 1-21.

constitue la base du partenariat entre l'enseignant, l'étudiant et le Saint-Esprit, en particulier lorsque nous avons établi que ce programme d'études implicite peut avoir un impact positif ou négatif.

Où se cache le « programme d'études implicite » ?

L'éducation est un processus d'enculturation par lequel la société transmet ses valeurs, ses compétences et ses attitudes d'une génération à l'autre. Dans l'enseignement formel, le programme d'études implicite joue un rôle essentiel de transmission. Le *Glossary of Education Reform*[18] a identifié plusieurs domaines et activités qui incarnent le programme implicite. Vous trouverez ci-dessous un résumé des domaines dans lesquels le programme d'études est « implicite ».

Dans l'orientation culturelle

Les habitudes et les dispositions institutionnelles présentent une culture qui incarne les idéologies éducatives. Les attentes culturelles concernant les résultats académiques peuvent envoyer des messages très forts aux étudiants. Les enseignants, par exemple, qui ont des attentes élevées à l'égard de tous leurs étudiants finiront par aliéner les élèves des communautés faibles et dépossédées. Ces enseignants peuvent promouvoir les vertus de l'excellence aux dépens des élèves faibles sans même le savoir. Les étudiants pourraient même ne pas s'inscrire à des cours dont les professeurs ont des attentes très élevées et des délais stricts. En outre, les activités que notre culture récompense et celles qu'elle sanctionne envoient des messages aux étudiants sur ce qui est acceptable et ce qui est inacceptable dans la société. Dans un établissement multiculturel, ou même dans des institutions théologiques aux multiples confessions religieuses, les schémas d'intégration feront que l'étudiant se sentira soit accepté, soit marginalisé au sein de l'institution.

Dans les matières du programme d'études

Les sujets ou matières que nous choisissons d'enseigner et d'évaluer apportent une autre dimension au programme d'études implicite. En général, il y a des sujets et des matières que nous n'enseignons pas du tout dans notre système scolaire. Eisner a appelé cela le programme d'études « non retenu » (*null curriculum*). Par exemple, un étudiant m'a dit qu'il n'est pas pertinent d'étudier

18. « Hidden Curriculum », *The Glossary of Education Reform: For Journalists, Parents, and Community Members*, consulté le 29 décembre 2014, http://edglossary.org/hidden-curriculum.

l'anthropologie, le comportement humain et la gestion financière dans des institutions théologiques parce que ces matières traitent de choses qui n'ont pas de valeur éternelle. Notre choix quant à ce qu'il faut enseigner et ce qu'il faut laisser de côté indique aux étudiants ce qui est le plus important dans la vie. Même lorsqu'un cours est enseigné, ce qui est examiné ou ce qui ne l'est pas indique également aux étudiants ce qu'il est important d'apprendre.

Les stratégies d'enseignement

Par leur façon d'enseigner, les enseignants transmettent aux élèves des messages mixtes. Les méthodes d'enseignement sont profondément ancrées dans les philosophies éducatives qui socialisent l'étudiant dans différentes directions. Par exemple, les valeurs promues dans une classe constructiviste, qui incluent la pensée indépendante, la résolution de problèmes, la persistance, la débrouillardise et l'auto-motivation, peuvent être entièrement différentes de celles projetées par la classe positiviste, qui sont la dépendance, la conformité, la reproduction et la passivité. Les étudiants *s'imprègnent* de ces caractéristiques dominantes de l'enseignement et peuvent les reproduire lorsqu'ils obtiennent leur diplôme.

Les règles institutionnelles

Les écoles, comme la plupart des organisations, ont des règles, des politiques et des procédures. Ces règles peuvent envoyer des messages forts et souvent négatifs aux étudiants. Les politiques concernant le paiement des frais de scolarité, les conditions d'obtention du diplôme, les codes vestimentaires et les procédures disciplinaires, par exemple, envoient des messages involontaires relatifs à la bonne volonté et à l'amour chrétiens. Alors que l'intention des règles et politiques de l'école est d'indiquer la manière dont les étudiants doivent se comporter et de souligner la responsabilité chrétienne, elles indiquent également à la personne qui ne peut pas venir étudier en raison des frais de scolarité, que seuls les riches seront éduqués. Elles peuvent signifier à l'étudiant qui a un dossier parfait en matière de ministère pratique et qui ne peut pas obtenir son diplôme à cause d'une différence de 0,02 dans sa moyenne, que les études sont plus importantes que tout. L'application d'un code vestimentaire peut indiquer que l'on est jugé sur son apparence à l'école et en dehors de l'école.

Comment le programme implicite est-il transmis ?

La scolarisation offre aux étudiants l'espace nécessaire pour développer certaines hypothèses culturelles qui affectent leur apprentissage. Les enseignants apportent leurs préjugés et leurs perceptions culturels en classe, et ils tendent à récompenser les étudiants qui reproduisent ou imitent ces tendances. Étant donné que les préconceptions introduites par les enseignants dans le contexte scolaire peuvent avoir transmis des messages cachés à l'intention des étudiants, ceux-ci doivent examiner de manière critique ces perceptions culturelles.

L'un des moyens par lesquels les enseignants transmettent des valeurs implicites est le *langage* qu'ils utilisent. Des théoriciens comme Dewey[19], Taylor[20] et Sager[21] ont indiqué que les leçons involontaires sont enseignées et apprises non pas tant par ce que les gens disent ou font, mais par la manière dont ils les transmettent. Les mots ont le pouvoir de créer la réalité, et le pouvoir créatif des mots ne réside pas dans la façon dont ils sont prononcés, mais dans la façon dont ils sont utilisés inconsciemment par le biais de métaphores, d'improvisations et de slogans.

La métaphore courante utilisée pour décrire les objectifs et les activités éducatifs est celle de l'usine. L'expression « nous produisons » et ses variantes sont courantes dans la plupart des énoncés de mission des institutions de formation. Sterling décrit les écoles comme des lieux où « les jeunes et les qualifications sont "produites" ; il y a des buts et des objectifs précis ; le programme d'études fournit des directives pour chaque étape de la production, et les enseignants sont des techniciens et sont donc substituables et les travailleurs ne sont pas tenus de trop réfléchir[22] ». Les étudiants sont la matière première à transformer. Un technicien après l'autre donne aux étudiants une dose de son expertise, sans tenir compte des autres techniciens. Les étudiants en cours de production sont passifs et, après évaluation, passent à la chaîne de production suivante jusqu'à ce qu'ils en ressortent « bien préparés ». Ils deviennent à leur tour les techniciens qui reproduisent le processus. Le travail en usine est routinier, tout comme le processus d'enseignement dans lequel enseignants et élèves sont détachés du processus de production.

Cette perception culturelle qui sous-tend notre enseignement a des implications désagréables. Elle ne permet pas à l'étudiant d'intégrer la vie, la foi

19. John DEWEY, *Democracy and Education*, Mineola, NY, Courier Dover Publications, 2004, p. 23-40.
20. K. B. TAYLOR, « Mapping the Intricacies of Young Adults' Developmental Journey from Socially Prescribed to Internally Defined Identities, Relationships, and Beliefs », *Journal of College Student Development* 49, n°3, 2008, p. 215-234.
21. Michelle SAGER, « Understanding the Hidden Curriculum: Connecting Teachers to Themselves, Their Students and the Earth », Portland University, 2013, p. 9.
22. S. STERLING, *Sustainable Education: Re-visioning Learning and Change*, Schumacher Society Briefing n°6, Dartington, Green Books, 2001.

et l'apprentissage ; elle pousse les étudiants à toujours chercher les « bonnes réponses » et leur présente un modèle d'enseignement et d'apprentissage qui est contraire à la façon dont les adultes apprennent. Elle présente le système scolaire comme un processus mécanique dans lequel il suffit de faire et de dire les bonnes choses, et tout ira bien.

En plus de la métaphore de l'usine, les mots utilisés pour décrire l'ethos institutionnel sont souvent chargés de valeurs et produisent un certain type de culture. Les devises et slogans de l'école transmettent des valeurs implicites qui tendent à façonner les étudiants. Des slogans qui utilisent les termes « apprendre à servir » et « service » produisent une perspective de service chez les étudiants. D'autre part, les slogans résumés dans le concept d'« excellence » sont susceptibles de créer chez les étudiants une culture d'excellence académique, généralement dépourvue de service chrétien. Lorsque ces slogans sont continuellement énoncés et répétés, ils entrent dans le subconscient des étudiants et des professeurs, au point d'affecter leur comportement au sein de la communauté académique.

L'infrastructure physique et l'espace de l'établissement communiquent également des messages que les étudiants utilisent pour construire le programme d'études implicite. L'enseignement se déroule dans un environnement artificiel – la salle de cours. La manière dont le corps enseignant et les administrateurs organisent et utilisent l'espace communique aux étudiants ce qui est le plus important et ce qui est intrinsèquement considéré comme le meilleur environnement d'apprentissage. Sager[23], en référence à Orr[24], a évoqué ce que je décrirais comme l'obsession de l'école pour les « formes rectangulaires ». Il dit : « Les élèves passent une grande partie de leur journée dans une salle de cours rectangulaire, assis à un bureau rectangulaire, à regarder un tableau rectangulaire ou un écran d'ordinateur rectangulaire. » Le message est que sans formes rectangulaires, l'apprentissage n'a pas lieu. Toute expérience en dehors de la structure rectangulaire n'est pas un apprentissage ; c'est une activité « extrascolaire ». Si les enseignants ne disposent pas les sièges dans une formation rectangulaire en rangées faisant face au tableau rectangulaire ou à un mur rectangulaire pour une projection PowerPoint qui a également des dimensions rectangulaires, l'apprentissage n'aura pas lieu.

---

23. SAGER, « Understanding », p. 14.
24. D. W. ORR, « The Liberal Arts, the Campus, and the Biosphere », *Harvard Educational Review* 60, n°2, 1990, p. 205-216.

Le message est que d'autres manières de disposer les sièges, comme en cercle, ne favorisent pas l'apprentissage profond ; l'apprentissage authentique ne se fait pas sous un arbre ou lors d'excursions ou de visites de la nature. En outre, les expériences de vie des étudiants ne sont pas importantes dans l'apprentissage parce qu'elles n'ont pas été obtenues dans un cadre ou un matériau rectangulaire (le livre). Selon Shaw, de tels arrangements indiquent subtilement la position de l'étudiant (un récipient à remplir) et la position de l'enseignant (le gourou qui est là pour dispenser la connaissance). Le message général est que l'apprentissage par l'expérience n'est pas valable et ne devrait donc pas faire partie de l'expérience de la salle de cours. Shaw reconnaît qu'« une distance émotionnelle subconsciente est créée par la disposition de la salle de cours, qui limite l'impression d'une liberté à avoir son opinion et à en discuter[25] ». La vertu intellectuelle de la réflexion sur l'expérience est encore contrecarrée, creusant le fossé entre la vie réelle et les expériences en classe.

L'importance et la structure de l'apprentissage permettent également de communiquer des valeurs implicites. L'obsession de l'école pour les examens et la standardisation peut faire passer le message que la chose la plus importante dans l'éducation est celle que les enseignants évaluent. Les attributs non évaluables comme les attitudes ne sont pas importants. L'évaluation fait de l'éducation un exercice de précision dont le but est de produire les bonnes réponses. La culture de la précision fait que les étudiants insistent pour recevoir des conseils pour les aider à réussir l'examen ; ils insistent pour que les enseignants donnent les « bonnes » réponses et interprétations des événements, afin qu'ils les reproduisent exactement dans un examen.

L'obsession de la « justesse » testée lors des examens montre aux étudiants que la chose la plus importante dans l'éducation est d'entrer dans l'esprit du professeur et de le reproduire quand c'est nécessaire. Freire appelle cela « la conception bancaire de l'éducation[26] » qui tue l'initiative, la créativité, le courage, la résilience, et qui est intolérant et punitif face à l'erreur humaine. Il crée une concurrence malsaine, désengage l'apprentissage et promeut l'image du « gourou », du « rabbin » ou du « super-savant ». Il éloigne les étudiants de leurs propres expériences et de leur intelligence, car les enseignants effectuent les recherches et servent les réponses aux étudiants sur un plateau lors du cours. Les étudiants ne font rien d'autre que d'absorber soigneusement et fidèlement

25. Perry Shaw, *Transformer la formation théologique : un manuel pratique pour un apprentissage intégral et contextuel*, trad. Célia Evenson, Carlisle, Langham Global Library, 2015, p. 88.

26. Paulo Freire, *La pédagogie des opprimés*, Marseille, Agone, 2021, chapitre 2.

le matériel déjà traité. Cela tue l'apprentissage transformateur. L'obsession de la standardisation et des examens envoie un message simple : l'intelligence intellectuelle (démontrée par la mesure dans laquelle les matériaux sont reproduits) est plus importante que les modes de connaissance naturels, créatifs et relationnels.

La dichotomie entre théorie et pratique promue dans les processus éducatifs contemporains communique également une valeur cachée de ce qui est le plus important dans l'apprentissage. La théorie et la pratique sont présentées de manière linéaire et séquentielle.

Les étudiants apprennent les principes théoriques de la prédication, par exemple, et ne prêchent jamais un sermon pendant la classe. Les enseignants disent aux étudiants de mettre de côté leurs engagements ministériels jusqu'à ce qu'ils aient terminé leurs travaux académiques. Le message est une « absence de lien » entre les deux. Dewey, en revanche, insiste sur le fait que tous les principes (théories) sont par eux-mêmes abstraits ; ils ne deviennent concrets que dans les conséquences qui résultent de leur application. Il dit :

> Une once d'expérience vaut mieux qu'une tonne de théorie, simplement parce que c'est seulement dans l'expérience que toute théorie a une importance vitale et vérifiable. Une seule expérience, même très modeste, est capable de générer et de véhiculer n'importe quelle quantité de théorie (ou de contenu intellectuel), mais une théorie en dehors d'une expérience ne peut être vraiment appréhendée, même en tant que théorie. Elle tend à devenir une simple formule verbale, un ensemble de mots-clés qui rendra la pensée, ou la véritable théorisation, inutile et impossible[27].

Le programmes d'études implicite et la formation spirituelle

Nous avons exposé jusqu'ici la nature du programme d'études implicite. Nous avons abordé d'une manière générale les caractéristiques du programme implicite, ce qui y est « caché » et comment ce qui est caché est transmis. Dans cette section, nous aborderons ces tendances générales dans le contexte spécifique de la formation spirituelle et pratique des étudiants.

Le programme d'études implicite est un élément dissuasif essentiel pour la formation spirituelle des étudiants. Les messages que nous envoyons aux

27. John DEWEY, *Democracy and Education: An Introduction to the Philosophy of Education*, New York, Free Press, 1916, p. 144.

étudiants en termes de notation des heures de crédit, de règles de fréquentation des cultes communautaires et de semaine centrée sur la spiritualité peuvent dévaloriser le statut de la spiritualité dans l'école. Par exemple, l'attribution d'une seule unité de valeur ou d'un simple résultat positif/négatif pour les ministères de terrain ou pour la formation spirituelle dans un établissement qui utilise des « unités de valeur » diminue l'importance de ce cours. Souvent, dans notre programme, nous traitons la formation spirituelle comme une information spirituelle : nous permettons aux étudiants de lire les disciplines spirituelles comme des concepts piétistes, et nous leur demandons de reproduire ces concepts au cours d'un examen. Comme la plupart des choses que nous évaluons dans les « examens écrits », une fois l'examen terminé, l'étudiant les oublie. Je suis d'avis que la formation spirituelle ne peut être enseignée entièrement dans le cadre du programme explicite. Sa place est dans le programme implicite[28].

Dans leur série d'ateliers destinés aux membres du corps professoral du monde entier, les associés et seniors du Global Associates for Transformational Education (GATE) insistent sur le fait que la vie spirituelle qui affecte les attitudes et le caractère peut difficilement être enseignée ; elle peut seulement être démontrée par l'exemple. Nos étudiants sont très désireux de voir la réalité de la nature de Dieu et de sa providence dans la vie des personnes qu'ils estiment tant – leurs professeurs ; ils ont besoin de voir (et pas seulement de lire) à quoi ressemble une foi authentique ; ils ont besoin de voir l'intégration de la spiritualité et de l'académique. Ils doivent voir de leurs propres yeux que les questions de foi, de vie et d'apprentissage ne sont pas seulement des concepts que nous associons par commodité, mais que les trois sont censés être ensemble à tout moment. Ils ont le désir de voir, d'apprendre et d'imiter. Jésus a dit à ses auditeurs : « Laissez-vous instruire par moi » (Mt 11.29), et Paul a dit à ses disciples : « Soyez mes imitateurs comme je le suis moi-même de Christ » (1 Co 11.1). Jésus, et plus tard Paul, ont forgé un partenariat entre ce que nous appelons aujourd'hui le programme officiel et le programme implicite afin de favoriser le développement spirituel et moral de leurs disciples. Glatthorn estime que le programme implicite correspond aux « aspects de la scolarité autres que le programme intentionnel qui semblent produire des changements dans la perception des valeurs et le comportement des étudiants[29] ». Il est important de rappeler que « l'atmosphère, le caractère et les valeurs d'une école, qui se reflètent tout au long de la vie scolaire, sont

28. F. C. Power et L. Kohlberg, « Moral Development: Transforming the Hidden Curriculum », *Curriculum Review* 26, 1986, p. 14-17.

29. Alan A. Glatthorn, *Curriculum Leadership*, Glenview, IL, Scott Foresman, 1987, p. 20.

essentiels pour la formation de la spiritualité, du caractère et des valeurs. Un programme d'études implicite qui crée un environnement spirituellement et moralement stimulant et qui reflète et appuie les leçons du programme d'études explicite, peut éduquer nos étudiants à la croissance et au sérieux religieux[30] ».

L'insistance à utiliser le programme d'études implicite pour aider les étudiants à grandir dans leur relation avec le Christ ne diminue pas pour autant l'importance des résultats académiques. Tout exercice de formation spirituelle au sein de l'académie doit être soumis à des normes académiques élevées et rigoureuses. En fait, White estime que des normes académiques élevées sont plus importantes. Elle déclare : « La véritable éducation n'ignore pas les valeurs de la connaissance scientifique ou des acquis littéraires ; mais au-delà de l'information, elle valorise le pouvoir ; au-dessus du pouvoir, la bonté ; et au-dessus des exigences intellectuelles, le caractère[31]. » Ainsi, toute entreprise académique devrait être un pas vers la piété et la ressemblance avec le Christ. Pour White, le but ultime de l'éducation est « d'élever et d'ennoblir le caractère de l'homme pour qu'il puisse à nouveau refléter l'image du créateur[32] ». L'argument de White donne un aspect rédempteur à l'ensemble du processus éducatif : l'éducation n'est pas centrée sur le professeur, ni sur l'étudiant, ni sur les tests, elle est centrée sur le Christ. Une éducation christocentrique dont le but est de former des responsables à l'image du Christ constitue le pivot de l'intégration en ce sens que l'initiative fait du Christ le Seigneur de tout (Col 1.15-18).

Les écoles ne peuvent donc pas limiter la formation spirituelle à un cours ou un sujet d'étude, ou à des groupes particuliers et au culte communautaire. La vie et le caractère spirituels qui glorifient Dieu doivent imprégner tous les recoins de l'institution. Penser comme le Christ doit caractériser nos engagements et nos relations. Le programme d'études implicite joue donc un rôle essentiel dans la formation spirituelle.

Le programme implicite et la formation au ministère

Le programme d'études implicite n'est pas seulement essentiel à la formation spirituelle, il joue également un rôle dans la formation au ministère qui exige le développement de compétences relationnelles. Une fois encore, les GATE

30. Yoel FINKELMAN, *The Hidden Curriculum and Mahshevet Yisrael Education*, Jerusalem, Academy for Torah Initiatives and Directions, 2006, p. 3.
31. Ellen G. WHITE, *Education*, Nampa, ID: Pacific, 2002, p. 25.
32. Ellen G. WHITE, *Counsels to Parents, Teachers and Students*, Nampa, ID, Pacific, 2011, p. 52.

Associates nous rappellent que nous encadrons et guidons les compétences ; nous ne pouvons pas les enseigner efficacement dans le cadre du programme explicite. Les compétences spécialisées sont principalement les compétences techniques dont on a besoin pour effectuer un type de travail particulier, tandis que les compétences relationnelles, souvent connues sous le nom d'intelligence émotionnelle, sont les compétences intrapersonnelles et interpersonnelles[33] qui caractérisent nos relations avec nous-mêmes et avec les autres. Nous ne devons pas tenir pour acquis que les personnes ayant des compétences techniques ont forcément des compétences générales relationnelles élevées. Au sein de l'Église, peu de problèmes pastoraux surgissent en raison du manque de compétences techniques ; la plupart des problèmes rencontrés par les dirigeants se situent dans le domaine des compétences relationnelles. Pourtant, aussi importantes que soient ces compétences, elles ne retiennent guère l'attention du programme d'études explicite.

Schulz[34] plaide en faveur de l'intégration des compétences relationnelles dans les cours de formation professionnelle. Il déclare : « Intégrer la formation aux compétences non techniques dans les cours de compétences spécialisées est une méthode très efficace et performante pour parvenir à la fois à une manière attrayante d'enseigner un contenu particulier et à un renforcement des compétences non techniques. » La définition et la perception de Schulz des compétences non techniques comprennent les catégories de choses qui manquent à l'enseignement formel. En suggérant que ces traits ou talents, comme il les appelle, soient intégrés dans les compétences techniques, il suggère en fait une intégration des programmes d'études implicite et explicite. Des compétences et des traits de caractère qui étaient autrefois cachés et pour lesquels les étudiants n'étaient pas tenus de rendre compte sont maintenant mis en avant.

Quand les enseignants suivent la recommandation d'intégrer des compétences relationnelles aux compétences techniques dans la formation spirituelle et au ministère, ils dévoilent le programme implicite. Ils commencent à demander aux étudiants de rendre compte de compétences et d'attitudes qui, au fil des ans, se sont accumulées de manière irréfléchie. Ces compétences et attitudes deviennent désormais une partie importante du programme d'études officiel. Cela peut se faire de plusieurs manières, mais un modèle de programme d'études

33. Prasanta K. Padhi, « Soft Skills: Education Beyond Academics », *IOSR Journal of Humanities and Social Science* 19, n°5, Ver. 6, mai 2014, p. 1-3 ; consulté le 11 février 2016, www.iosrjournals.org.

34. Bernd Schulz, « The Importance of Soft Skills: Education Beyond Academic Knowledge », *NAWA: Journal of Language and Communication,* juin 2008, p. 146-154.

en Afrique appelé « *More Than a Mile Deep*[35] » [plus d'un kilomètre de profondeur] présente une manière très innovante de fusionner les compétences générales et les compétences spécifiques dans une situation d'apprentissage. Il commence par identifier tout ce dont l'étudiant a besoin pour exercer une certaine compétence ; ensuite, il identifie tout ce qu'il faut pour que l'étudiant puisse exercer cette compétence avec excellence. Il identifie en fait les compétences nécessaires pour effectuer le travail, ainsi que les attitudes requises, les valeurs à démontrer, les relations à privilégier et les connaissances de base requises pour accomplir la tâche. Il intègre tout cela dans une activité que l'étudiant effectue réellement. Après l'activité, les étudiants doivent réfléchir à leurs performances, c'est-à-dire à ce qu'ils ont fait de bien ou de mal et comment ils expliquent leurs résultats. Les concepteurs du modèle estiment que c'est la boucle Action-Réflexion-Action (ARA) qui permet aux compétences non techniques de s'intégrer sans heurts aux compétences techniques pour améliorer la formation ministérielle. Le modèle exige l'activité avant la théorie. Dans nos institutions de formation, c'est l'inverse qui se produit. Les étudiants reçoivent toute la théorie nécessaire avant de pratiquer. Dans ce cas, les étudiants sont préparés au ministère, mais pas *en* ministère.

Quand les programmes implicite et explicites sont intégrés ensemble, il est probable que les effets néfastes soient atténués. Démontrer la vie spirituelle dans tout ce que nous faisons dans le milieu académique et coacher ou encadrer les compétences non techniques exposera invariablement le programme d'études implicite, lequel deviendra par conséquent un outil très productif entre les mains des institutions et des enseignants qui s'efforcent de transformer les gens de manière holistique et qui deviennent finalement des agents de transformation.

Les questions d'intégration

Nous avons examiné la nature cachée du programme d'études « implicite », où il est susceptible d'être caché et comment il est transmis. Nous avons également vu comment il influence les efforts de formation spirituelle et au ministère. Dans cette section, nous allons explorer les effets de la relation entre les programmes implicite et explicite sur l'apprentissage.

Le programme d'études implicite est souvent parallèle au programme d'études explicite ou officiel. La relation entre les deux peut être soit cordiale, soit de soutien mutuel, soit conflictuelle et contradictoire. Que faisons-nous dans

35. Le « More Than a Mile Deep – Global Curriculum » est une réponse africaine à la formation au ministère de base. Il peut être consulté à l'adresse suivante : www.entrust4.org.

les écoles qui rendent le programme implicite hostile ou favorable au programme formel ?

Discordance

Il y a souvent une discordance entre ce que nous disons dans notre programme, ce que nous prétendons enseigner et évaluer et ce que les étudiants apprennent réellement en classe. Il y a disparité entre les objectifs de l'éducation et les processus utilisés pour atteindre ces objectifs. Par exemple, il est courant de voir des écoles affirmant produire des dirigeants transformateurs pour la société en utilisant des méthodologies « conformatrices ». Elles imposent la soumission, l'inflexibilité et la conformité par le biais du curriculum implicite, tout en déclarant explicitement qu'elles produisent des agents de transformation. Castellana explique cette incohérence dans son étude sur la construction de la paix. Elle indique que les écoles restreignent la liberté des étudiants en promettant qu'elles « préparent [les étudiants] à la liberté plus tard et ailleurs ». Elle a fait remarquer que l'asservissement est la marque de fabrique du programme de ces écoles. Cette méthodologie, poursuit-elle, porte atteinte à la paix car en leur « imposant la soumission, les étudiants ne peuvent pas apprendre comment surmonter un conflit sans violence[36] ». Un programme d'études sur la construction de la paix et en rapport avec le leadership transformateur devrait créer un espace pour que les étudiants puissent partager et analyser des idées opposées, pour leur permettre de participer de manière démocratique aux processus de prise de décision et pour promouvoir l'équité et la justice. Au lieu de cela, dans de nombreuses salles de cours, le silence est une vertu, la reproduction est d'or et la conformité est un succès.

La promotion des valeurs familiales est un autre exemple de la façon dont le programme implicite contredit le programme explicite. Une famille stable et pérenne est appréciée dans la plupart des institutions théologiques. Par conséquent, les écoles construisent des résidences pour les étudiants mariés et encouragent les étudiants à venir avec leur conjoint – très bonnes intentions du programme explicite – mais dès le début des cours, l'époux ou l'épouse inscrit(e) cesse d'habiter dans ces bâtiments. Il ou elle passe la plus grande partie de son

36. Elizabeth Castellana, « Prophylactic Peace Education: How the Hidden Curriculum in Public Schools Prevents Rather Than Promotes Building Capacities for Peace », 2004, p. 6 ; citée dans Ananda Mahto, « The Potential Negative Effects of a Hidden Curriculum », *Ananda Mahto* (blog), 10 juillet 2006, consulté le 5 février 2016, http://www.anandamahto.wordpress.com.

temps en classe ou à la bibliothèque. Un jour, mon professeur m'a conseillé de « renoncer à mon lit » si je voulais réussir son cours. Ces deux années furent les plus angoissantes pour ma famille, et pourtant la cohésion familiale est une vertu dans cette institution. D'autres domaines dans lesquels le programme implicite annule le programme explicite sont la création d'une communauté, la formation spirituelle, les notes et le système de notation. Les exigences du programme d'études détruisent souvent les idéaux des processus éducatifs.

Perry Shaw a également identifié plusieurs exemples de la façon dont le programme implicite contredit le programme explicite. Il s'inquiète du contenu que les professeurs enseignent au sujet de Dieu et de la prière. Bien que le catalogue et la rhétorique de l'institution tiennent ces sujets en haute estime, Perry Shaw déplore que « trop de professeurs enseignent sans prier ni reconnaître la nécessité de la direction du Saint-Esprit dans l'enseignement théologique. Ce faisant, nous courons le danger de communiquer à nos étudiants que Dieu ne s'intéresse pas à ce que nous enseignons, ou bien même qu'il n'est pas présent dans nos cours de niveau universitaire[37] ».

Shaw reconnaît d'autres domaines de discordance. Celle-ci existe aussi lorsqu'elle présente le ministère comme une arène de coopération, mais fait de l'éducation une compétition ; lorsque nous indiquons que l'individu est holistique, mais que nous promouvons l'idée que l'esprit est la partie la plus importante de la personnalité humaine ; lorsque nous prêchons l'idée d'une direction servante mais que nous présentons l'enseignant comme la personne qui contrôle et par qui « tout existe et tout finit » ; et lorsque nous disons que chaque élève est unique mais que nous donnons aux élèves un « programme d'études à taille unique[38] ».

Le programme d'études implicite peut éroder et annuler systématiquement une grande partie des objectifs du programme d'études explicite. Ce qui est problématique, c'est que le corps enseignant et les responsables de l'école pensent que le programme implicite agit dans l'intérêt des étudiants. Certains pensent même que le programme d'études implicite ne relève pas de leur responsabilité, et ne veulent donc pas y toucher. Selon eux, en accordant trop d'attention au programme d'études implicite, on prive les étudiants d'un temps « précieux » par rapport aux exigences du programme d'études.

---

37. Perry W. H. Shaw, « Training to Failure, Training to Success: The Hidden Curriculum of Seminary Education », *Theological Reflections* 7, 2006, p. 84-100.

38. Shaw, *Transformer la formation théologique*, chapitre 5.

Rétablir l'harmonie

Lorsqu'ils sont confrontés à l'incongruité du programme scolaire explicite et implicite, la plupart des enseignants ont en horreur la nature de cette relation. La plupart s'accordent à dire que cet état de choses ne devrait pas exister, ou du moins devrait être atténué. Le programme informel, ou implicite, peut toutefois soutenir le programme formel afin de favoriser un apprentissage sain.

Seddon reconnaît que le curriculum informel implique l'apprentissage d'attitudes, de normes, de croyances, de valeurs et d'hypothèses souvent exprimées en règles, rituels, et règlements, qui sont rarement remis en question[39]. Le jugement sur le caractère positif ou négatif d'un programme implicite dépend de la position de valeur de la personne concernée. Cette observation renforce l'idée selon laquelle la relation hostile entre les deux programmes n'est pas naturelle ; les enseignants et les administrateurs créent des expériences et des conditions que les étudiants traduisent en un programme implicite. Il est important pour nous de noter que les étudiants ne réagissent pas au programme implicite ; ils le construisent plutôt à travers leurs interprétations, leurs perceptions et leurs actions. Pour harmoniser le programme implicite et le programme formel, nous devons analyser les éléments qui ont pu apporter les fausses notes, puis voir comment rétablir l'harmonie.

Ignorer le pouvoir du programme implicite

La plupart des enseignants que j'ai rencontrés ne prennent pas le programme implicite au sérieux. Soit ils ne sont pas conscients de ses conséquences sur l'apprentissage des étudiants, soit ils pensent qu'il ne leur appartient pas de s'immiscer dans ce domaine puisque leur responsabilité est d'enseigner le programme explicite (comme indiqué dans leurs contrats de travail). Blumberg et Blumberg[40] semblent soutenir cette hypothèse lorsqu'ils indiquent que le programme d'études implicite est en fait un sous-produit du système éducatif. Ils concluent que les écoles et les enseignants devraient se concentrer sur le programme explicite et ne pas être impliqués dans les sous-produits. Cependant, là où, dans d'autres situations, les sous-produits et les produits prennent des voies différentes, ce n'est pas le cas ici : l'apprenant doit vivre avec les deux. Pour combler le fossé entre les deux types d'expériences d'apprentissage, les enseignants et les administrateurs ne doivent pas ignorer le pouvoir du programme

39. T. Seddon, « The Hidden Curriculum: An Overview », *Curriculum Perspectives* 3, n°1, janvier 1981, p. 1-6.
40. Blumberg et Blumberg, *Unwritten Curriculum*, p. 5-21.

implicite ; ils doivent être conscients de son potentiel à défaire ce qu'ils tentent assidûment de faire. L'enseignement n'est pas aussi simpliste que la plupart le pensent ; il s'agit en fait d'une dynamique complexe entre des variables culturelles, sociales, psychologiques et physiques qui interagissent souvent de manière désagréable. Si les enseignants ignorent les forces cachées qui pourraient militer contre leurs bonnes intentions, ils peuvent implicitement utiliser des méthodes d'enseignement et des théories qui peuvent être nuisibles[41].

Croire que les étudiants apprennent ce que nous enseignons

Les enseignants croient à tort que l'apprentissage se fait parce qu'ils ont enseigné, et que les étudiants accepteront complètement les dictats du programme implicite. Jusu a découvert que les étudiants pouvaient restituer directement ce que le professeur leur donne pour passer les examens, mais qu'ils s'opposaient néanmoins totalement aux leçons implicites du programme d'études[42]. Leurs actions et leurs systèmes de croyance annulent ce qu'ils présentent réellement dans un examen. Les professeurs doivent donc être tout aussi attentifs à ce qu'ils enseignent qu'à ce que les étudiants apprennent. Leur responsabilité devrait être orientée vers la stimulation de la réflexion de leurs étudiants plutôt que de leur farcir le crâne d'informations non évaluées de manière critique.

Ne pas juger nos perceptions d'un œil critique

Les enseignants et les responsables d'institutions de formation doivent se poser des questions critiques sur les préjugés qu'ils apportent dans le domaine de l'apprentissage et de l'enseignement. Ces croyances, valeurs et perceptions, qu'ils considèrent comme étant incontestablement vraies, doivent être au centre des discussions et faire l'objet d'un examen critique. Les membres du corps enseignant doivent s'efforcer de donner des raisons pédagogiques acceptables pour les décisions qu'ils prennent en matière de conception, de prestation et d'évaluation des cours. Souvent, les enseignants prennent ces décisions pour des raisons de commodité et de tradition – « nous avons toujours fait comme ça ». Les enseignants doivent déconstruire le paradigme d'enseignement dominant dans

41. M. Parr, « Knowing Is Not Enough: We Must Do! Teaching Development through Engagement in Learning Opportunities », *International Journal of Learning* 12, n°6, 2005, p. 135-140.

42. John K. Jusu, « Patterns of Epistemological Frameworks amongst Master of Divinity Students at the Nairobi Evangelical Graduate School of Theology », Thèse de doctorat, Trinity International University, 2008, p. 174.

l'éducation et changer l'habitude systémique de ne pas remettre en question des perceptions culturelles non vérifiées.

Une vision limitée de notre responsabilité

Les professeurs limitent souvent leurs responsabilités envers les étudiants à l'interaction en salle de cours ou aux interactions qui concernent les cours qu'ils enseignent. Ils ne sont pas intéressés par les diverses expériences que les étudiants acquièrent auprès d'autres membres du corps enseignant et de l'administration. En tant que professionnels, les professeurs devraient être conscients de la façon dont les autres membres du corps enseignant forment les étudiants. Ils devraient avoir une perspective systémique et être capables de voir l'ensemble du processus éducatif comme une unité dont les parties s'imbriquent les unes dans les autres. Ils gagneront à considérer chaque étudiant comme une « personne complète », unique et portant l'image de Dieu, et à le traiter comme tel. Il convient d'encourager la collaboration et le travail d'équipe à tous les niveaux de l'élaboration, de la mise en œuvre et de l'évaluation des programmes d'études.

Croire que l'enseignant est séparé du programme

L'adage « fais ce que je dis et non ce que je fais » est très présent dans la philosophie de la plupart des enseignants. Ils se tiennent quittes des valeurs et des dispositions implicites requises par leur enseignement. Alors qu'ils admonestent les étudiants et les encouragent à faire une chose, ils continuent à faire le contraire. L'équité, la justice et la démocratie sont des choses qu'ils enseignent en classe, mais qu'ils ne mettent pas en pratique. Pour éviter cette dichotomie et cette hypocrisie, Robert Ferris, associé senior de Global Associates for Transformational Education (GATE), insiste, lors de ses ateliers de développement du corps enseignant, sur le fait que « le corps enseignant EST le programme[43] ». La vie de l'enseignant est le programme d'études à partir duquel les élèves apprennent (2 Co 3.2-3). Les étudiants tirent des leçons durables du caractère, de la disposition et des valeurs que l'enseignant dépeint. Les enseignants doivent donc compléter le programme explicite par leurs propres dispositions de caractère.

43. Pour découvrir les travaux, la philosophie et les ateliers de GATE, voir www.gateglobal.org.

Penser que toute la matière à apprendre peut être enseigné dans le programme explicite

Penser que les écoles ont des réponses à tous les problèmes ne contribue pas à combler le fossé entre le programme implicite et explicite. Lorsque les institutions, par exemple, veulent aider les étudiants dans leur formation spirituelle, elles élaborent un cours et le dispensent en tant que programme d'études officiel. Les enseignants ignorent le fait que lorsqu'ils s'adressent aux étudiants, ils influencent la tête (informations), le cœur (attitudes et valeurs) et les mains (compétences). Par conséquent, ils utilisent une méthode standard adaptée à un seul domaine (la tête) pour agir sur les autres. Les enseignants peuvent utiliser le programme explicite pour l'information (connaissances), mais ils doivent également encadrer les compétences et démontrer les valeurs. Il existe ainsi plusieurs méthodes pour développer des compétences critiques et modeler des valeurs et des attitudes sans le faire par l'enseignement du programme explicite.

Pour utiliser correctement le programme implicite, les enseignants devraient être conscients que ce programme existe et qu'il a un grand potentiel, soit pour renforcer le programme explicite, soit pour militer contre lui. Ils devraient être convaincus que les étudiants apprennent bien plus de choses que ce qu'ils pensent avoir enseigné. Ils gagneront à examiner de manière critique les hypothèses qu'ils apportent dans la profession, à se percevoir eux-mêmes comme faisant partie intégrante du programme d'études et à adopter d'autres paradigmes pour transmettre des aptitudes et des attitudes.

Exploiter le pouvoir du curriculum implicite

L'institution en tant qu'entité doit également fournir l'environnement qui permettra de renforcer l'harmonisation des programmes d'études formel et implicite. Je suggère ce qui suit :

1. L'institution devrait avoir un énoncé de mission qui est bien connu des parties prenantes. Si le programme explicite dit une chose et que le programme implicite en dit une autre, il est très probable que la mission et les valeurs de l'institution soient mal comprises ou ignorées. En plus de la mission, l'école devrait avoir un slogan ou une devise autour desquels les membres de la communauté peuvent se rallier. Cette devise devrait être affichée dans les salles de classe et les lieux publics. Les devises et les slogans ont le potentiel de rallier les gens autour d'un parcours digne d'intérêt.

2. L'institution devrait organiser des cérémonies périodiques et des rituels académiques qui rassemblent la communauté pour célébrer les succès, les réalisations d'excellence dans toutes les dimensions, y compris les études, la piété personnelle, l'évangélisation, la formation de disciples, le rôle de responsable dans l'implantation d'églises, et les activités extra-muros, athlétiques, artistiques et autres. L'institution devrait accorder de la valeur à ces choses.
3. L'institution devrait promouvoir l'apprentissage sur place. La philosophie de l'apprentissage en contexte local est que l'institution devrait, dans une certaine mesure, décentraliser l'éducation : sortir l'éducation du rectangle – la salle de cours exiguë et étouffante – qui a rarement son mot à dire sur les choses qui concernent l'apprentissage[44] dans des contextes de vie réelle. Souvent, les temps en salle de cours ne permet pas les expériences et les sentiments que nous pouvons vouloir susciter chez les étudiants, et elles étouffent souvent l'engagement critique à l'égard des questions réelles qui comptent pour eux. Freire indique que « la réflexion authentique ne considère ni l'homme abstrait ni le monde sans les gens, mais les gens dans leur relation avec le monde[45] ». Lorsque l'apprentissage se déroule dans une situation concrète, il est plus facile pour l'apprenant de comprendre le contexte et d'être motivé pour faire quelque chose à ce sujet. Une telle approche peut promouvoir l'apprentissage expérientiel, construire l'apprentissage autour des questions cruciales et amener l'apprentissage du domaine de la fourniture de réponses correctes à celui du dialogue collaboratif et de la participation collective.
4. L'institution gagnerait à mettre en place un système d'évaluation holistique qui prenne en considération la formation de l'esprit et du caractère avec le même sérieux qu'elle accorde aux efforts scolaires. Le système de récompense devrait prendre en considération une bonne discipline, la contribution à la vie de la communauté, le service à l'école, l'esprit sportif et le respect des autres. Ces quelques éléments pourraient bien créer un environnement permettant aux étudiants de construire des expériences d'apprentissage positives qui renforceront le programme explicite. Shaw suggère que nous devrions limiter le

44. SAGER, « Understanding », p. 25.
45. Paulo FREIRE, *Pedagogy of the Oppressed*, Harmondsworth, Penguin, 1972 ; New York, Continuum, 1993, p. 7.

nombre de tâches qui sont notées numériquement[46]. Nous devrions fixer certains objectifs de compétences et ne pas permettre aux étudiants de passer à autre chose avant d'avoir atteint ces compétences.

Conclusion

La puissante influence du programme implicite en fait une question controversée dans les processus éducatifs formels. Étant donné que le programme implicite n'est pas une chose à laquelle les étudiants réagissent concrètement, mais qu'il représente une création des étudiants, influencée par leurs propres expériences – et celles qu'ils reçoivent du simple fait d'être à l'école – les possibilités que le programme implicite soit négatif ou positif abondent. Le programme d'études implicite et le programme d'études formel sont tous deux actifs. Ils peuvent se compléter ou s'opposer l'un à l'autre. Nombre des objectifs les plus profonds et les plus souhaitables de l'éducation peuvent être transmis dans le programme d'études implicite. Si l'équité, la justice, le respect et le travail acharné pénètrent toutes les facettes de la scolarité, les étudiants apprendront à être justes, équitables et assidus. Grâce au travail et au service des enseignants et des administrateurs, les étudiants apprendront à servir ; des normes élevées créeront l'habitude de l'excellence dans toutes leurs activités.

Ce chapitre a démontré les connotations à la fois négatives et positives du programme d'études implicite grâce à l'étude des théories qui tentent d'expliquer le programme d'études. L'impact du programme d'études implicite, quel que soit le contexte dans lequel il s'inscrit, est déterminé par le niveau d'attention que les enseignants et les responsables de l'école lui accordent et par la mesure dans laquelle ils l'intègrent au programme d'études officiel.

Points de réflexion et d'action

1. En considérant votre vie d'étudiant, discutez des façons dont vous pensez que le curriculum implicite a influencé (a) négativement et (b) positivement votre apprentissage. Comment minimiser le négatif et promouvoir le positif dans votre propre enseignement ?
2. Comment réagissez-vous à la thèse selon laquelle les enseignants ont une énorme responsabilité pour dispenser le programme officiel et

46. Shaw, *Transformer la formation théologique*, p. 105.

ne devraient donc pas se préoccuper des questions relatives au programme implicite ?

3. Considérez votre propre école – son utilisation de l'espace, son infrastructure, sa hiérarchie, ses relations, ses processus de formation, etc. Quels messages implicites pensez-vous que ces éléments transmettent aux (a) étudiants, (b) au corps enseignant et au personnel, et (c) aux autres parties prenantes ?
4. Quels sont les intérêts que le programme d'études implicite sert dans votre contexte ? Quel est le lien entre votre institution et ce groupe d'intérêt ?
5. Cornbleth[47] décrit les éléments suivants comme étant essentiels à la diffusion des valeurs inscrites dans le programme d'études implicite :
   - Organisation du temps, des installations, du matériel et des examens ;
   - Compartimentation des programmes scolaires en sujets séparés et fragmentation subséquente des connaissances ;
   - Manuels scolaires considérés comme les sources de connaissances les plus fiables ;
   - Systèmes de notation.

   Examinez votre institution de manière critique à la lumière de ces éléments et commentez les types de valeurs qu'ils promeuvent dans votre institution. Suggérez des moyens d'utiliser ces éléments de manière très positive pour mettre en valeur les aspects positifs du programme d'études implicite.
6. Comment votre conscience du pouvoir du programme implicite influencera-t-elle la sélection des professeurs et des manuels dans votre établissement ?
7. Que pensez-vous de la thèse selon laquelle le programme d'études implicite est contraire au programme d'études officiel ? Justifiez votre position.
8. De quelle manière pensez-vous que les réglementations gouvernementales ou les normes d'accréditation éloignent davantage le programme

47. C. CORNBLETH, « Curriculum In and Out of Context », *Journal of Curriculum and Supervision* 3, n°2, 1988, p. 85-96, consulté le 1er février 2016, http://www.ascd.org.

d'études implicite du programme d'études explicite ? Discutez de la manière dont vous pourriez vouloir traiter cette question.

9. Classez par ordre de priorité les stratégies dont vous pourriez convaincre vos collègues de la faculté pour détourner l'impact négatif du programme d'études implicite. Comment utiliser le concept de programme implicite en cas de changement d'école ?

Pour aller plus loin

EISNER Elliot W., *The Educational Imagination: On the Design and Evaluation of School Programs*, 3e éd. New Jersey, Prentice Hall, 1994, ch. 3 et 4.

MAHTO Ananda, « The Potential Negative Effects of a Hidden Curriculum », *Ananda Mahto* (blog), 10 juillet 2006, http://www.anandamahto.wordpress.com.

MARGOLIS Eric, et al., « Peekaboo: Hiding and Outing the Curriculum », dans *The Hidden Curriculum in Higher Education*, sous dir. Eric Margolis, New York/Londres, Routledge, 2001, p. 1-19.

SHAW Perry, « Training to Failure, Training to Success: The Hidden Curriculum of Seminary Education », *Theological Reflections* 7, 2006, p. 84-100.

SHAW Perry , *Transformer la formation théologique : un manuel pratique pour un apprentissage intégral et contextuel*, trad. Célia Evenson, Carlisle, Langham Global Library, 2015, ch. 5.

11

Un programme d'études conçu pour intégrer le développement holistique[1] de l'étudiant

Vera Brock

J'aime les maisons qui ont été bien conçues et bien construites, qui sont belles et confortables. Certaines maisons sont froides car elles reflètent des plans architecturaux qui ne sont pas chaleureux et accueillants. À mon avis, un programme d'études bien planifié est semblable à une maison qui a été bien conçue. Tout s'enchaîne avec des explications claires sur les raisons pour lesquelles les choses sont comme elles sont. Le résultat est attrayant et satisfaisant. C'est pourquoi la conception d'un programme d'études est une activité créative stimulante. C'est un thème d'une grande pertinence pour tous ceux qui sont impliqués dans la formation théologique. Il est nécessaire de réfléchir et de repenser constamment la tâche du programme d'études afin de la maintenir dynamique. Nous ne pouvons pas nous contenter de simplement maintenir le programme d'études existant.

Ce chapitre propose des lignes directrices qui contribueront à l'élaboration d'un programme d'études répondant aux préoccupations de la communauté servie par les diplômés d'une école théologique. Plus que jamais, l'Église a besoin d'ouvriers qui savent trouver le juste milieu entre une théologie saine et

1. « Holistique », qui promeut une formation de la personne tout entière. Pour une définition plus complète de ce terme, voir la section « La finalité de notre travail : le développement holistique des étudiants » plus loin dans ce chapitre.

une vie chrétienne personnelle exemplaire, qui peuvent apporter des réponses bibliques profondes et cohérentes aux grandes questions d'aujourd'hui. Un programme d'études holistique, qui inclut les connaissances, la vie et l'action, sera un excellent outil dans la vie des étudiants qui le suivront.

Commençons par quelques définitions. Elles seront la base d'un programme d'études opérant et intégré, dans lequel toutes les activités contribuent à l'objectif souhaité : le développement holistique des étudiants.

Principes de construction des programmes d'études : les fondements de la planification des programmes

Par où commence-t-on pour construire une belle résidence ou un immeuble de bureaux très fonctionnel ? Par les fondations, bien sûr ! Il ne s'agit pas seulement de fondations matérielles, mais aussi de principes fondateurs qui constituent la base sur laquelle toutes les décisions seront prises.

À un moment de ma vie, je souhaitais vraiment posséder ma propre maison. J'en ai parlé avec une amie architecte, je lui ai montré les types de maisons que j'aimais et je lui ai demandé de concevoir quelque chose pour moi. Mais à sa toute première question, je n'avais pas de réponse. Elle a demandé : « Où cette maison sera-t-elle construite ? » J'ai répondu : « Je ne sais pas, mais quand je trouverai un terrain, j'aurai au moins un plan de construction. » Elle a répondu : « Ce n'est pas ainsi qu'on conçoit une maison. D'abord, il faut avoir un terrain afin de voir, par exemple, de quel côté viendra la lumière du soleil. » Quand j'ai fini par trouver un terrain pour ma maison, elle a dessiné un plan qui a plu à tout le monde. Lorsque la maison a été construite, elle est devenue pour moi une merveilleuse demeure. Mais pour arriver à une conclusion apparemment simple, il a fallu que la planificatrice elle-même ait eu des années d'études architecturales où les bons fondements théoriques étaient fermement établies. La conception du projet (ma maison !) est devenue une réalité grâce à ses vastes connaissances.

De même, il n'est pas possible de commencer un plan de cours sans savoir où le programme sera réalisé. En outre, la conception des programmes s'appuie sur une riche accumulation de connaissances et d'expériences. Lorsqu'un plan de programme est présenté, il n'est que le résultat visible d'un long processus de planification qui a nécessité beaucoup de travail. Chaque décision prise dans la conception du programme d'études doit être basée sur les connaissances pédagogiques, l'expérience et les études dans le domaine en question. Ce plan s'appuiera également sur la recherche et l'observation de ce qui se fait dans d'autres institutions, soit positivement, lorsqu'on espère adapter les idées des programmes de formation qui ont obtenu de grands résultats, soit négativement, lorsqu'on essaie d'éviter les erreurs commises dans des programmes qui ne doivent pas être imités.

Pour la plupart des personnes qui travaillent dans le domaine de la formation théologique, leur parcours professionnel a commencé par une préparation biblique et théologique, et seulement une préparation minimale (dans le meilleur des cas) dans l'art de l'enseignement. Lorsque nous devons prendre des décisions concernant les études ou les programmes d'études, que faisons-nous ? Nous nous inspirons de ce que nous avons vu nous-mêmes, en ajoutant des éléments tirés de notre propre expérience pédagogique en tant qu'étudiants ou enseignants. Notre point de repère est généralement l'école où nous avons étudié, avec des idées complémentaires provenant d'autres modèles éducatifs que nous avons observés au fil des ans.

Dans un article sur les problèmes dans l'architecture des programmes d'études, Emílio Núñez décrit les différents types de programmes que les écoles ont tendance à utiliser, en particulier les plus récentes d'entre elles. Il est important de réfléchir à ces modèles afin de ne pas reproduire les mêmes problèmes. Parmi les types présentés par le Dr Núñez, deux semblent être particulièrement fréquents dans les pays émergents. Le premier est *le programme d'études sous forme de bateau à voile*, un programme sans objectifs définis, à tel point qu'il va partout où souffle le vent. Il s'agit d'un mélange de matières qui ne mènent pas vraiment l'étudiant dans une direction particulière. Il a été développé en fonction de la disponibilité et des intérêts des enseignants, et le résultat en est le chaos ! Ensuite, il y a *le programme d'études importé*. Ce programme est une imitation de ce qui est utilisé dans d'autres parties du monde. S'il fonctionne ailleurs, copions-le ! Le danger d'élaborer des programmes d'études de cette manière est de ne pas tenir compte de la réalité culturelle, sociale et ecclésiastique de notre propre contexte[2].

Thomas H. Groome suggère que nous devrions considérer le passé, le présent et l'avenir comme éléments fondamentaux pour la planification d'un programme éducatif et d'un cursus.

2. Emílio A. Núñez, « El problema del currículo », dans *Nuevas Alternativas de Educación Teológica*, sous dir. C. René Padilla, Miami, Nueva Creación, 1986, p. 59-70.

Le passé

Nous sommes les produits de la communauté et de la culture dans lesquelles nous vivons et travaillons. Les connaissances accumulées sont les bases sur lesquelles se construisent les nouvelles connaissances. Il n'est pas nécessaire de laisser chaque génération « réinventer la roue ». De nombreuses connaissances bibliques et historiques font partie de notre héritage chrétien et constituent un point de départ important pour développer l'apprentissage. En ce sens, un programme intégré de formation théologique devrait essayer de préserver et d'offrir la richesse accumulée des connaissances et des traditions au profit des générations actuelles et futures. Noelliste écrit que l'un des objectifs de la formation théologique est de maintenir l'intégrité de la foi chrétienne qui est la nôtre depuis l'enseignement apostolique. Les disciplines académiques, telles que les connaissances bibliques et théologiques, sont des piliers importants à partir desquels d'autres apprentissages peuvent être développés[3]. Cependant, si nous ne restons que dans le passé, nous risquons de mettre un accent exagéré sur le contenu et négliger le contexte. Ce type de programme encourage l'apprentissage passif et une méthodologie éducative qui risque de ne récompenser que la mémorisation.

Le présent

Cette dimension est celle d'aujourd'hui. Nous nous interrogeons ici sur les thèmes et les questions qui doivent être pris en compte dans l'élaboration d'un programme d'études. Les étudiants disposent déjà de nombreuses informations sur le monde dans lequel ils vivent. Notre travail consiste à les aider à lire, à discerner et à évaluer ce qu'ils étudient. Le présent ajoute de nouvelles connaissances à ce qui était connu auparavant. Il apporte au processus pédagogique des disciplines éducatives contemporaines. Cela exige que les étudiants participent activement à leur apprentissage par l'utilisation d'études de cas et d'autres activités pratiques qui les aident à réfléchir au présent. Le contenu utilisé dans les matières enseignées en classe n'est pas seulement destiné à la mémorisation, mais à amener les étudiants à la compréhension et au développement de l'analyse. Une réflexion à la fois sur le contenu et sur la situation actuelle les

---

3. Dieumeme Noelliste, « Économe de la maisonnée de Dieu : fondements bibliques de la formation théologique », dans *La direction académique dans la formation théologique, vol. 1, les fondements*, sous dir. Fritz Deininger et Orbelina Eguizabal, Carlisle, Langham Global Library, 2021, p. 29-30.

aidera à proposer des idées et des solutions bibliques aux situations auxquelles ils sont confrontés.

L'avenir

L'avenir est ce qui est considéré comme le domaine du « pas encore » dans le développement des programmes d'études. Les étudiants ne sont pas encore totalement immergés dans l'exercice du ministère. Cependant, lorsqu'ils en arriveront là, lorsqu'ils seront engagés dans un ministère, ce qu'ils auront appris deviendra fondateur pour eux. Les étudiants doivent être bien préparés aux changements qui se produiront dans le futur. L'avenir est un espace ouvert largement inconnu. Si nous voulons que les étudiants soient féconds dans leur ministère futur, nous devons les y préparer dès maintenant.

La sagesse accumulée qui doit être enseignée, l'expérience actuelle des étudiants et le zèle pour l'avenir ne sont pas en concurrence les uns avec les autres. Ce sont trois sources qui doivent être consultées de la même manière, et équilibrées dans une tension éducative saine et fructueuse. L'avenir naît de l'héritage du passé et de la créativité du présent, mais avec une nouveauté qui dépasse à la fois le passé et le présent. Les activités éducatives devraient s'intéresser à ces trois dimensions du temps : le passé, le présent et l'avenir[4].

La nature de l'enseignement

De nombreux formateurs ne sont malheureusement pas conscients de la philosophie de l'éducation qu'ils défendent, mais les questions relatives aux programmes sont étroitement liées à une philosophie de l'éducation. Un programme d'études pose des questions simples telles que : Qui voulons-nous former ? Pour qui et pour quoi voulons-nous les former ? Comment voulons-nous les former ? La première question concerne les étudiants eux-mêmes ; la deuxième porte sur les vocations et les compétences dont ils auront besoin pour répondre à leur contexte ; et la troisième question porte sur les formes que prend l'éducation.

Un pasteur avait été choisi pour être le directeur du programme de formation théologique de son union d'églises. Sans avoir d'autre expérience pédagogique que ses années d'étudiant, il est venu me demander : « Quelles nouvelles matières d'enseignement proposeriez-vous dans cette école ? Vous venez d'une grande

4. Thomas H. Groome, *Educação Religiosa Cristã: Compartilhando Nosso Caso e Visão*, São Paulo, Paulinas, 1985.

institution, et puisque vous avez déterminé qu'il y avait des cours qui devaient être enseignés, je veux enseigner ces mêmes cours ici, dans notre école également. » Le pauvre homme était perdu dans son nouvel emploi.

Que peut-on faire d'autre que d'imiter ce que font les autres ? Cette petite école existait pour la formation de *ses propres pasteurs*, avec leurs croyances et pratiques particulières. Mais peu après avoir pris ses nouvelles fonctions, ce directeur a découvert que la plupart des pasteurs de sa confession ne voulaient pas être enseignants dans l'école. Peut-être était-ce leur manque de connaissances, leur manque de diplômes universitaires ou leur manque de temps pour enseigner tout en étant pasteur. Le directeur avait un problème très difficile sur les bras : faire fonctionner l'école avec les résultats attendus, mais sans la coopération de l'union d'églises.

Il chercha des professeurs qui étaient prêts à enseigner et qui avaient les qualifications académiques requises. Il en résulta une équipe d'enseignants aux convictions doctrinales très diverses. Les cours dispensés reflétaient la disponibilité de ceux qui voulaient enseigner, sans aucune logique cohérente quant aux matières proposées. Lorsque les étudiants ont obtenu leur diplôme, ils avaient appris à voir le monde avec un esprit beaucoup plus ouvert que ne le voulait l'union. Pour cette raison même, les diplômés étaient inaptes à servir comme pasteurs des églises de l'union. Quelques années plus tard, l'école a définitivement fermé ses portes. Peut-être était-ce mieux ainsi !

Ce genre d'expérience est beaucoup plus courant que nous ne voudrions l'imaginer. Il est possible que ce soit la raison principale pour laquelle de nombreuses institutions théologiques deviennent indépendantes des Églises et des unions d'églises qui les ont créées. Au lieu de travailler ensemble comme des partenaires, elles deviennent presque des rivales, entrant en compétition les unes avec les autres.

Le fondement d'un bon plan d'études est qu'il repose sur une solide philosophie de l'éducation. Les valeurs éducatives d'un programme influenceront ses cursus de manière significative. La planification des programmes révèle inévitablement la théorie pédagogique d'une personne, sa façon de comprendre l'enseignement et l'apprentissage.

La finalité de l'enseignement

Que signifie former ? Pourquoi, et à quelles fins, formons-nous les gens ? Les réponses que nous apportons à ces questions sont-elles adaptées au monde contemporain ? Les enseignants et les systèmes éducatifs sont confrontés à de nombreux défis. Une bonne école qui offre un programme complet pour la formation holistique des élèves répondra bien aux défis éducatifs : apprentissage qui reproduit v/s apprentissage qui transforme ; apprentissage qui informe v/s apprentissage qui forme ; et apprentissage qui dépend des autres v/s autonomie dans l'apprentissage. Un bon équilibre entre ces différentes perceptions de l'apprentissage nous aidera à atteindre les objectifs éducatifs que nous nous sommes fixés.

Apprentissage qui reproduit ou apprentissage qui transforme

Certaines écoles ne fonctionnent que pour maintenir le *statu quo*. Elles existent pour préparer des personnes qui assumeront un rôle ou une responsabilité particulière, que ce soit au sein de l'Église, de la communauté ou dans un autre lieu. Nous appelons cela un apprentissage qui reproduit. Il est nécessaire de reproduire pour que la société continue à bien fonctionner de génération en génération, conformément à la vision que chacun s'est formée. En revanche, l'apprentissage qui transforme aide l'individu, sur la base de principes fondamentaux solides, à analyser le monde, à évaluer les idées et les propositions de changements nécessaires, puis à travailler à la transformation de situations multiples.

Apprentissage informateur ou apprentissage formateur

L'apprentissage qui informe est une autre façon de décrire ce que Paulo Freire a appelé « la banque éducative ». L'étudiant n'est vu que comme un récepteur, une tête, dans laquelle le professeur verse ou dépose des informations. Plus tard, au moment de l'évaluation, ce que l'on veut, c'est un retrait de ce qui a été déposé, avec, espérons-le, des intérêts. On espère que les étudiants pourront utiliser et transmettre le contenu qui a été déposé dans leur tête en réponse à de nouvelles situations[5]. L'apprentissage formateur, d'autre part, vise à la formation holistique de la personne. Sa vision est qu'il est important de créer chez l'étudiant le type de connaissances qui produira des attitudes, des capacités et des aptitudes qui lui permettront de s'adapter à toutes les nouvelles situations qu'il ou elle pourrait rencontrer.

Apprentissage qui dépend des autres ou autonomie dans l'apprentissage

L'apprentissage qui dépend d'autrui ne parvient pas à créer chez l'étudiant une capacité à penser par lui-même. En toute chose, il lui faut un maître,

5. Paulo Freire, *Educação e Mudança*, Rio de Janeiro, Paz e Terra, 1983, p. 38.

essentiellement considéré comme un gourou. Dans le cas de la formation théologique, au lieu d'étudier la Bible directement, ce qui est étudié est principalement la pensée théologique d'auteurs particuliers. La recherche se limite à la compréhension des idées de personnes soigneusement choisies par l'institution. L'alternative est un apprentissage qui aide l'étudiant à prendre sa propre position théologique ou biblique. Cela se produit lorsque les étudiants ont la possibilité d'étudier la pensée d'une variété d'auteurs afin de percevoir et d'évaluer la façon dont les autres pensent, et de comprendre les conséquences de leurs opinions au sein d'une théologie biblique. Certes, lorsqu'il s'agit de la vérité de la Bible, nous ne voulons pas encourager l'indépendance spirituelle ou la rébellion contre le Seigneur. Ce que nous voulons, c'est que la formation offerte par nos institutions forme nos étudiants de telle manière qu'ils soient capables d'interagir avec les situations qu'ils rencontreront dans leurs ministères. Nous voulons des diplômés ayant des bases bibliques et théologiques solides. Nous voulons qu'ils développent des compétences en matière de connaissance, d'analyse et d'évaluation, afin qu'ils soient en mesure de prendre position sur les conclusions auxquelles ils sont eux-mêmes parvenus et de défendre de manière cohérente ce qu'ils croient.

Nous vivons avec d'innombrables défis dans le domaine de l'enseignement. Il en va de même pour la formation théologique. L'un de ces défis est ce que l'on appelle le « monde numérique ». Pour beaucoup d'entre nous, c'est comme une toute nouvelle culture. Pour certains enseignants, toute avancée technologique représente une menace, tandis que pour d'autres, c'est un rêve merveilleux qui se réalise. Cependant, peu savent comment tirer pleinement parti des nouvelles technologies afin de mettre à profit le processus d'enseignement/apprentissage des programmes de formation existants. La tâche à laquelle les enseignants d'aujourd'hui sont confrontés est complexe. Pour que les institutions théologiques puissent bénéficier de ce qui se passe dans le monde académique laïque, il est nécessaire de disposer d'une équipe d'enseignants spécialisés et bien qualifiés, et toujours bien informés des nouvelles technologies et des avancées dans leur domaine. Selon Buarque, les universités, dans un monde qui se transforme, doivent créer une structure ou un centre de formation de haut niveau afin d'offrir une formation continue à leurs enseignants[6].

6. Cristovam Buarque, *A aventura da universidade,* Rio de Janeiro, Paz e Terra, 1994, p. 48.

Apprendre à apprendre

L'activité éducative doit découler d'une philosophie cohérente de l'éducation. Une bonne philosophie de l'éducation aide les enseignants à faire ressortir la théorie grâce à la pratique, et vice versa. Elle permet une réflexion sur les processus d'enseignement et d'apprentissage afin de les comprendre. L'enseignement est dynamique. L'enseignant doit tenter de comprendre ces phénomènes afin de donner une meilleure orientation à sa propre pratique. Afin de répondre aux défis posés à nos étudiants par le monde et la société qui les entoure, il devient nécessaire de développer un concept d'éducation qui permette d'*apprendre à apprendre*[7]. Cette idée conduit l'apprenant vers l'autonomie. L'acte d'enseigner prend le sens d'aider l'étudiant à apprendre comment apprendre. L'apprentissage devient actif, et non plus simplement passif. Il est important que les étudiants participent activement à leur propre apprentissage, en développant leur propre capacité de compréhension. En sachant comment apprendre et en possédant les outils, les étudiants qui ont appris à apprendre poursuivront le processus de construction de leur propre compréhension pour le reste de leur vie. De cette façon, les étudiants seront impliqués dans un processus de formation continue. Apprendre à apprendre met l'accent sur le processus d'apprentissage, stimule et encourage la découverte par l'individu et aide à établir les compétences de la réflexion critique. Toutefois, compte tenu de la diversité des étudiants, il sera nécessaire de fournir une structure souple et raisonnable, sans leur imposer des idées ou des processus auxquels ils ne pourront pas faire face.

Il est important de noter que les étudiants auront besoin de connaissances multidisciplinaires pour faire face aux problèmes de leur vie professionnelle, que ce soit dans le cadre du ministère chrétien ou dans d'autres domaines de travail. L'étude multidisciplinaire est difficile à réaliser dans les écoles où l'accent est mis sur des matières individuelles ou sur des spécialisations. Dans le monde d'aujourd'hui, la connaissance est comprise comme quelque chose qui se construit continuellement. Elle exige du diplômé un processus continu d'apprentissage,

7. Les meilleures stratégies afin que nous puissions entrer dans un processus de compréhension de ce que nous ne comprenions pas auparavant. Pour cette raison, cela devient un processus réflexif qui exige une certaine compréhension de soi ainsi que la perception de la façon dont on pense (métacognition), la perception de la façon dont on sait et dont on apprend, et la compréhension de ce qu'il faut faire pour apprendre. Lorsque c'est le cas, pour que le processus d'apprentissage se produise, nous devons développer nos perceptions autour de ce que nous voulons vraiment : motivations, volonté, besoins, ambitions, etc. Il est clair que tout cela influencera notre façon unique de « découvrir » et donc d'apprendre. Voir Barbara Santos, http://www.aprendaaaprender.com.br/o-que-e-aprender-a-aprender-BárbaraSantos-PsicopedagogaClínicaeInstitucional, 20 octobre 2014.

de développement des compétences et de compréhension approfondie. Cela requiert une disposition à l'apprentissage la vie durant. Cet esprit de recherche et d'apprentissage, de se tenir informé, est quelque chose qui doit être cultivé chez les étudiants pendant leurs études. C'est l'un des piliers du programme d'études pour le développement holistique de l'étudiant.

Une formation théologique qui considère que son rôle principal est de s'accrocher à ce qui est connu et de le reproduire découvrira qu'au fond, elle ne parle qu'à elle-même, fuyant le monde réel et les appels au changement émanant tant de l'Église que de la société. Buarque affirme que rien n'entrave plus la croissance des étudiants que les enseignants dont les classes deviennent des PowerPoints remarquables et efficaces, ou des documents, conçus pour aider les étudiants à réussir leurs examens[8]. Encore plus qu'un bon professeur, ce qui aide les étudiants à grandir, c'est un mode de fonctionnement dans lequel ils sont formés à poser les bonnes questions. Cela les pousse ensuite à découvrir eux-mêmes les réponses. En réfléchissant au type de formation dispensée aux enseignants, Paulo Freire a estimé qu'il était fondamental que les enseignants soient ouverts aux questions qui viennent de leurs étudiants, qu'ils fassent eux-mêmes preuve de curiosité et qu'ils posent leurs propres questions[9].

Ainsi, nous constatons qu'un enseignement qui conduit les étudiants à apprendre, qui recherche pour eux un développement holistique, ne peut pas être un processus qui leur parachute un ensemble de connaissances qui ont déjà été traitées par d'autres. Pour être honnête, cette quantité de faits et de conclusions ne pourra que conduire les étudiants au naufrage. Il faut amener les étudiants à faire leurs propres recherches, à proposer leurs propres solutions aux problèmes qui leur sont présentés et, surtout, à mettre en pratique ce qu'ils prêchent, en étant cohérents dans ce qu'ils disent et ce qu'ils font.

La finalité de la formation théologique

Alors que nous poursuivons notre cheminement dans la planification d'un programme d'études holistique, il convient de se poser cette question : en fin de compte, quel est le but de la formation théologique ? Notre but est-il de perpétuer la direction ecclésiastique selon un modèle qui nous plaît, en particulier pour une institution au service d'une union d'églises particulière ? Ou souhaitons-nous

8. Buarque, *A aventura*, p. 76.

9. Freire, *Pedagogia da Autonomia: Saberes Necessários à Prática Educativa*, São Paulo, Paz e Terra, 1996, p. 52.

devenir un centre d'étude biblique, examinant des thèmes contemporains pertinents et intéressants pour le monde évangélique ? Ou bien y a-t-il d'autres objectifs qui nous intéressent ?

Pour la formation théologique, à l'heure actuelle, et surtout en Amérique latine, nous constatons une crise d'identité des institutions de formation. De multiples pressions contribuent à rendre la tâche difficile. Il s'agit notamment de pressions extérieures, comme la nécessité de disposer d'un personnel correctement préparé et accrédité, ou la nécessité d'offrir le « produit » que l'Église souhaite. Il y a également des pressions internes, comme les finances, ou le besoin d'un nombre adéquat d'étudiants ou d'enseignants. Emílio Núñez, dans un discours prononcé en 1991 lors d'une des premières conférences de l'AETAL, a fait remarquer que nous savons ce qui n'est *pas* le but de la formation théologique. Ce n'est pas simplement imiter ce que font les autres, ce n'est pas offrir une forme alternative d'enseignement supérieur, ce n'est pas satisfaire avant tout l'appétit intellectuel de ceux qui veulent apprendre des choses sans prendre au sérieux ce que la Parole de Dieu dit sur la vie et le ministère chrétiens.

Le professeur Núñez a évoqué une dernière préoccupation : le danger de rechercher l'excellence académique comme une fin en soi, ce qui pourrait conduire à la professionnalisation de la formation théologique. Le résultat pourrait être la formation de « professionnels de la foi », des personnes qui ne percevraient pas leur propre péché, et encore moins les péchés de ceux qui sont membres de leurs Églises ; des personnes qui ne sauraient pas comment amener le peuple de Dieu à marcher plus près de Dieu[10].

Il existe de nombreuses façons légitimes d'exprimer l'objectif de la formation théologique, pour autant qu'elles convergent toutes dans la même direction. L'un des objectifs importants de la formation théologique est de former des responsables de ministères qui ne se lassent jamais dans leur recherche de la sainteté et qui pratiquent ce qu'ils font avec grâce et justice. Cela implique la formation du caractère. La formation théologique est le lieu de développement de responsables qui ont reçus des dons du Saint-Esprit pour des fonctions spécifiques de l'Église (Ep 4.11) : apôtres, prophètes, évangélistes, enseignants-pasteurs. Toutes ces personnes ont besoin d'une formation, et le bon endroit pour faire cette formation est une institution de formation théologie ou une école biblique. Cependant, lorsque nous défendons un objectif ou une mission particulière, nous

10. Emílio A. Núñez, « Palestra apresentada na Conferência da AETAL », Águas de São Pedro, São Paulo, Brésil, juillet 1991.

devons clairement nous rappeler que la Bible doit être fondamentale. Si la Bible n'est pas notre autorité finale, l'enseignement théologique perd sa raison d'être.

La finalité de l'institution

Un autre point important à considérer dans la planification et le développement des programmes d'études est la vocation particulière de l'institution. Nous ne pouvons pas être tout à tous. Il sera important pour l'équipe de planification des programmes d'études d'examiner les domaines spécifiques qui peuvent être abordés avec excellence. Autrement dit, quelle devrait être la contribution unique de cette institution au royaume de Dieu ? S'agit-il de mettre l'accent sur la théologie, sur les missions, sur l'étude des langues bibliques ? Si nous ne définissons pas notre propre identité, nous courons le risque que toutes les institutions théologiques soient identiques. En concourant les uns avec les autres, nous diminuons nos contributions uniques au royaume.

Dans des pays comme le Brésil ou d'autres pays du monde émergent, nous avons assisté ces dernières années à une explosion de programmes théologiques. L'enseignement supérieur est certes un besoin. Mais la plupart des écoles qui sont apparues ne disposent pas d'infrastructures adéquates ni d'un personnel qualifié pour faire réellement ce qu'elles proposent. Il y a peu de fluidité ou de cohérence entre les différentes matières proposées. Les cours sont dispensés par des enseignants diplômés qui sont libres d'offrir leur temps. Les cours sont aussi bons (ou aussi mauvais) que les enseignants qui les dispensent. Le but de beaucoup de ces programmes n'est pas tant de préparer les étudiants à des ministères spécifiques, mais d'offrir un diplôme de niveau supérieur à la fin de la formation. Le résultat peut être un programme d'études si peu ciblé que presque toutes les matières peuvent y être intégrées. Lorsque les cours modulaires ne sont pas conçus correctement, ils peuvent malheureusement encourager cette ruée vers les diplômes de niveau supérieur.

Un jour, j'ai eu une conversation sur un programme organisé en modules. Quelqu'un a dit : « C'est la seule façon d'avoir suffisamment de professeurs ! Il nous faut juste découvrir qui est disponible, ou trouver quelqu'un ayant un doctorat et qui se trouve dans le pays. Il s'agit simplement de trouver le bon moment sur le calendrier pour caser ce cours. Notre programme sera alors réputé pour sa liste impressionnante d'enseignants. De plus, nos coûts sont réduits car nous partageons les enseignants entre différents programmes de formation. » J'ai alors demandé : « Et quel résultat scolaire attendez-vous ? » Sa réponse était : « Ah, nous proposons des études de niveau master. Beaucoup de personnes veulent s'inscrire pour pouvoir recevoir nos diplômes de niveau supérieur ! » Est-ce de cette façon qu'un programme d'études devrait être élaboré ? De mon point de vue, cette planification des programmes d'études pèche par deux aspects. Le premier consiste à ne pas se demander quel est le résultat final attendu à la fin du programme de formation. Le niveau du programme proposé est moins important que le résultat attendu. Quelle est la réalité que nous voulons voir dans la vie de nos étudiants à la fin de leur formation ?

Le deuxième point essentiel de la planification des programmes d'études qui fait défaut ici est la prise en compte du fait qu'un programme d'études n'est pas simplement une liste de matières à enseigner par des enseignants qualifiés. Les matières et les enseignants font effectivement partie du programme d'études, mais c'est insuffisant. Un programme d'études intégré conçu pour produire des étudiants formés de manière holistique doit s'appuyer sur l'environnement et les activités de l'ensemble de l'institution. Qu'entendons-nous par-là ? Nous voulons dire que toutes les personnalités (personnel, enseignants et étudiants), ainsi que les activités (y compris les cours) et l'environnement d'apprentissage lui-même, contribuent à atteindre les résultats souhaités.

Le programme d'études est plus qu'une liste de matières à proposer dans un cursus. C'est une « série d'événements planifiés qui ont pour but de provoquer l'apprentissage chez un ou plusieurs étudiants[11] ».

Selon Gilberto Teixeira, un programme d'études doit être fonctionnel. Il devrait non seulement promouvoir l'apprentissage de contenus et la maîtrise de compétences spécifiques, mais aussi fournir des conditions favorables à l'application et à l'intégration de ces faits et compétences. Pour cela, il convient d'utiliser ou de créer des situations favorisant le développement de la capacité des étudiants à résoudre des problèmes[12].

Choisir les moyens pour construire notre programme d'études : les ressources humaines – enseignants et étudiants

Il est tout à fait possible d'élaborer un beau plan architectural. Cependant, si l'on ne fait pas attention au choix des matériaux de construction, le produit final sera peu satisfaisant. Il en va de même pour la planification des programmes

11. Izes Calheiros, Curriculum Planning Course, AETAL, ca. 1990.
12. Gilberto Teixeira, « Planejamento educacional e planejamento de ensino », consulté le 15 juillet 2010, www.serprofessoruniversitario.pro.br.

d'études. Il faut trouver les meilleures ressources humaines : des enseignants doués et qualifiés, ainsi que des étudiants engagés et désireux d'apprendre. Ce sont les ressources humaines qui donneront vie au plan de développement holistique.

Certains éléments d'un programme d'études ne sont pas forcément évidents mais transmettent ou confirment pourtant la plupart des vérités transmises dans un programme de formation. Les enseignants qualifient ces éléments de *programmes implicites ou invisibles* – des expériences que les étudiants ont vécues et qui ont un impact sur leurs émotions ou leur être. La formation d'un étudiant va bien au-delà de l'étude en classe et des devoirs. Chaque personne passe par une variété d'expériences au cours de ses années d'études. Ainsi, au sein de tous les éléments qui composent la vie académique des étudiants, on peut se demander : l'environnement de l'établissement contribue-t-il à sa vocation ? Les enseignants démontrent-ils dans leur vie ce qu'ils enseignent ? Un programme implicite est « l'ensemble des attitudes, des valeurs et des comportements qui ne font pas explicitement partie du programme, mais qui sont implicitement enseignés par le biais des relations sociales, des rituels, du comportement des autres dans l'exercice de leurs fonctions et de l'utilisation de l'espace et du temps au sein de l'école[13] ». Un programme d'études intégré garantira la cohérence entre l'objectif de l'établissement et ce qui se passe dans la vie quotidienne de l'école.

L'équipe enseignante

Pour être opérants, les enseignants devraient adhérer à la vision et à l'objectif communs d'un programme d'études qui soit biblique, fondé sur une solide philosophie de l'apprentissage, et qui soit spirituel, éducatif et personnel. Il est important que tous les membres de l'équipe travaillent dans le même esprit. Il ne suffit pas d'avoir des enseignants aux titres reconnus montrant qu'ils ont fait des études supérieures. Il faut des personnes dont la vie et les ministères sont exemplaires. Les qualifications de tous les enseignants devraient être examinées avec soin. Faire des exceptions peut mettre en danger l'ensemble du plan éducatif.

Qualifications personnelles

Dans un programme d'enseignement théologique sérieux visant à avoir un impact sur l'Église, l'enseignant doit être un modèle que les étudiants sont

13. Amélia HAMZE, « O currículo e a aprendizagem », consulté le 15 juillet 2010, http://educador.brasilescola.uol.com.br/trabalho-docente/o-curriculo-aprendizagem.htm.

susceptibles d'imiter. Dans la mesure du possible, ce devrait être quelqu'un qui puisse dire avec l'apôtre Paul : « Soyez mes imitateurs, comme je suis moi-même l'exemple de Christ » (1 Co 11.1). Les qualifications personnelles comprennent la vie publique et ecclésiastique, ainsi que la vie privée et familiale. Tout dans la vie d'un enseignant doit être en accord avec ce qu'il ou elle enseigne. Son engagement envers le Seigneur et sa relation avec lui doivent être réels et authentiques. Il ne suffit pas de prétendre être un croyant chrétien ; il est important de prendre la vie chrétienne au sérieux, afin que les étudiants puissent imiter ce qu'ils voient chez leurs professeurs. Les enseignants doivent grandir en foi. Ils devraient essayer de mettre en pratique les vérités transformatrices de leur nouvelle vie en Christ. Un enseignant doit donc prendre au sérieux son engagement envers l'Église locale et le royaume. Toutes ces choses auront un impact positif sur les étudiants. Il nous faut absolument une équipe d'enseignants qui résiste à l'examen minutieux du Seigneur et de la société. Rien ne doit être caché. Certes, personne n'est parfait, mais en cherchant ceux qui prennent la sainteté au sérieux, nous voulons des enseignants qui savent se repentir lorsqu'ils ont fait quelque chose de mal, et appliquer les principes bibliques pour obtenir le pardon.

Qualifications professionnelles

Dans un projet de programme d'apprentissage holistique, l'enseignant joue un rôle quelque peu différent. Non seulement il aide les étudiants à bien comprendre les exigences de l'école, mais il les incite aussi à réfléchir aux choix, décisions et actions de leur vie. Il le aide également à utiliser les outils pédagogiques dont ils disposent, à la fois pour leur permettre d'aller au-delà de ce qu'ils comprennent déjà, et pour leur donner les moyens d'appliquer leurs connaissances et leurs aptitudes dans des situations différentes. Cela motivera l'apprentissage autonome des étudiants, plutôt que de perpétuer la dépendance dans un apprentissage où l'école et l'enseignant sont les seules sources de développement intellectuel et personnel.

En général, notre compréhension sur la nature de la formation provient soit de notre propre expérience en tant qu'enseignants ou étudiants, soit de matériels conçus pour la formation des enseignants du cycle élémentaire ou du cycle moyen. Serbino observe que les professeurs de niveau universitaire fondent normalement leurs méthodes d'enseignement sur l'empirisme et la reproduction des modèles traditionnels des anciens maîtres[14]. Cela met l'accent sur le contenu,

14. Raquel V. Serbino, « A educação do educador universitário », *Didática* 5, n°18, jan/déc 1982, p. 27.

réduisant l'enseignant à la fonction d'un simple transmetteur d'informations, une machine à enseigner chargée de livrer un matériel qui n'a pas vraiment fait l'objet d'une réflexion critique. Demo ajoute que, alors qu'un professeur devrait être un créateur irremplaçable de connaissances, il est en réalité souvent réduit à une vieille pièce d'équipement dont la seule fonction est de transmettre[15]. Le manque de préparation didactique ou pédagogique dans la formation des enseignants supérieurs n'est pas un problème spécifique au monde de la formation théologique, c'est un problème récurrent dans la plupart des établissements d'enseignement. En effet, pour devenir professeur, il suffit généralement d'avoir des connaissances sur le sujet, ainsi qu'un peu d'expérience, si possible.

Les enseignants en formation théologique se doivent de se rappeler qu'ils travaillent avec des adultes. Leurs étudiants sont déjà diplômés de l'enseignement secondaire ou supérieur. Un bon enseignant sera donc être capable d'encourager une discussion ouverte entre les étudiants, avec des raisonnements qui respectent leurs diverses opinions. Selon Neusi Berbel, nous ne pouvons pas forcer un étudiant à penser comme nous, mais nous pouvons défendre notre point de vue et encourager l'étudiant à construire sa propre argumentation. Ce qui se passe en cours devrait évoluer vers un échange d'idées entre l'enseignant et les étudiants. Cela conduit à des débats sains et assume la tâche exigeante de création de nouvelles connaissances[16]. L'enseignement sera alors davantage axé sur l'autonomie des étudiants que sur la dépendance intellectuelle et le maintien d'un système éducatif qui alimente cette dépendance.

Chaque enseignant organisera sa méthodologie pour la salle de cours en gardant à l'esprit ce qui est souhaité en matière de participation des étudiants. Si nous voulons que nos étudiants jouent un rôle actif, nous les inciterons à observer, à essayer de nouvelles choses, à comparer, à relier les concepts les uns aux autres, à analyser, à reconfigurer, à écrire, à regrouper des idées, à développer des hypothèses et à préparer une explication ou une argumentation pour étayer leurs raisonnements. La façon dont un enseignant conçoit le processus éducatif se reflètera dans ce qui est réellement fait en classe. La pratique pédagogique n'est pas neutre ; elle se fonde sur des concepts éducatifs particuliers, même si l'enseignant n'est pas toujours conscient de la nature de ces concepts. Savoir enseigner ne consiste pas seulement à savoir à expliquer ce que l'on sait. C'est une tâche complexe qui exige préparation, engagement, participation et responsabilité.

15. Pedro Demo, « Crise dos Paradigmas da Educação Superior », *Educação Brasileira* 16, n°32, janvier 1994, p. 36.

16. Neusi Aparecida N. Berbel, *Metodologia do Ensino Superior: realidade e significado*, Campinas, Brésil, Papirus, 1994, p. 160.

Le corps étudiant

La formation théologique doit-elle être offerte à tous ou seulement à un groupe particulier de personnes ? S'adresse-t-elle uniquement à ceux qui sont appelés et envoyés par leurs Églises, ou s'agit-il d'un projet personnel destiné à tout un chacun ? Les étudiants doivent-ils être croyants avant de commencer leurs études, ou faut-il admettre les candidats qui sont simplement intéressés par l'étude de la Bible ? Comme il existe différentes façons d'imaginer la constitution d'un corps étudiant, les établissements feraient bien de décrire clairement le type d'étudiants qu'ils recherchent. Le niveau d'engagement requis à la fois de l'étudiant et de l'Église ou l'œuvre qui l'envoie doit être clarifié au préalable. L'Église pourra ainsi reconnaître dès le départ la vocation et l'appel de son membre, puis envoyer cette personne en formation. En réalité, l'Église et l'institution de formation participent toutes deux au développement des candidats au ministère de l'Évangile.

Bien que nous n'ayons pas ici l'espace nécessaire pour en discuter de manière détaillée, toutes les questions mentionnées plus haut soulèvent des points très intéressants. Tous ceux qui participent à la prise de décision concernant les étudiants potentiels – qu'il s'agisse d'administrateurs de l'école, de pasteurs ou de donateurs – devraient s'aligner sur les conditions d'admission des étudiants. Et tous ceux qui participent à la réception et au traitement des candidatures des étudiants ont besoin d'être au courant des décisions et des directives données par ceux qui les supervisent. Toute décision concernant les questions d'admission des étudiants aura des conséquences qui, en fin de compte, impacteront la vie de l'Église, le corps du Christ.

La meilleure réponse aux questions mentionnées ci-dessus viendra à mesure que l'on établira le type de profil d'étudiant que l'établissement souhaite former. Toutes les personnes impliquées dans le processus de formation ont besoin d'être convaincues de la pertinence de ce profil. Ce qui peut poser problème, non seulement dans la planification d'un programme d'études, mais aussi dans sa mise en œuvre, c'est le manque d'accord entre la direction d'une école et son équipe d'enseignants sur le profil des étudiants débutants et celui des étudiants sortants. Ces deux profils ont tout à voir avec la nature et l'objectif d'un programme de formation. Ainsi, en général, ceux qui entrent dans un programme de formation théologique doivent montrer des caractéristiques telles que : un amour grandissant pour Dieu et pour les non-croyants ; une capacité à partager l'Évangile et à communiquer clairement l'enseignement des Écritures ; une maturité spirituelle ; une connaissance des dons de l'Esprit et de la façon dont il convient d'utiliser ces dons pour la croissance de l'Église ; et une croissance personnelle et relationnelle saine.

Bien que les étudiants en théologie soient des adultes, ils sont généralement issus d'une génération différente de celle de leurs professeurs. Selon la théorie des générations développée par William Strauss et Neil Howe, historiens sociaux et auteurs du livre *Generations* au début des années 1980, les enseignants d'aujourd'hui travaillent avec des étudiants qui appartiennent aux générations X et Y, et bientôt avec ceux qui viendront de la génération Z. Dans leur ouvrage, les auteurs expliquent la différence entre ces groupes générationnels, en les considérant comme des êtres sociaux distincts ayant des caractéristiques, des traits culturels et des comportements qui leur sont propres.

Génération X

C'est le terme que les auteurs utilisent pour désigner les personnes nées entre 1961 et 1981. Ces personnes vivent dans l'ombre des *baby-boomers*. L'augmentation du nombre de divorces et de mères travaillant à l'extérieur du foyer a obligé ce groupe à mûrir à un âge plus précoce. Le sida est devenu une réalité, en partie en raison de la révolution sexuelle des *baby-boomers*. Ceux qui sont nés dans la génération X ont grandi en période de récession, et sont donc prudents dans leur utilisation de l'argent, tout comme ils ne se laissent pas facilement convaincre par les campagnes publicitaires. Ils valorisent l'honnêteté et ont tendance à être irrévérencieux. Ils sont préoccupés par les questions environnementales. Internet a commencé avec leur génération.

Génération Y

Ce terme est donné aux personnes nées entre 1982 et 1995. Ils sont également connus sous le nom de « génération du millénaire ». Ils se distinguent de leurs prédécesseurs en étant les premiers à grandir dans la révolution technologique, ce qui les rend beaucoup plus compétents en matière de technologie que tous ceux qui les ont précédés. Le monde numérique fait désormais partie de leur vie quotidienne. L'accès facile à des technologies toujours nouvelles a permis à cette génération de développer des compétences et des capacités différentes de celles des générations précédentes.

Génération Z

Cette génération est composée de ceux qui sont nés entre 1995 et 2012. Ce groupe ne fait pas partie de la théorie de Strauss et Howe, mais le terme Z leur a été donné pour assurer la continuité avec les générations précédentes X et Y.

Nous ne savons pas encore ce qui arrivera avec cette génération. Cependant, nous sommes conscients du monde dans lequel ils grandissent. C'est la génération de l'*écran tactile*, qui n'a pas besoin d'utiliser des boutons ou des molettes. Ils sont déjà connectés à des niveaux de technologie élevés dans un environnement informatisé avec des médias sophistiqués permettant d'accéder à des informations vastes et diverses et à des options d'apprentissage personnalisées, le tout avec des chances de réussite accélérées[17].

Un enseignant devrait être conscient du fait que nos étudiants appartiennent à des générations différentes, chacune avec ses propres espoirs et préoccupations. Cela mérite une lecture et une étude plus approfondies dans ce domaine, afin que le programme d'études soit adapté aux étudiants d'aujourd'hui – et non à ceux d'hier ou de demain.

La finalité de notre travail : le développement holistique des étudiants

Que signifie « développement holistique », au-delà de la simple expression agréable que l'on trouve dans les manuels d'initiation de la plupart des institutions théologiques ? Le terme « holistique », ou « intégral », n'est entré en usage dans le domaine pédagogique que dans les années 1990. Certains ont immédiatement adopté ce terme, tandis que d'autres l'ont rejeté d'emblée, estimant qu'il risquait de contaminer le monde de la théologie. Une formation holistique et intégrale suggère que le programme d'études est conçu pour promouvoir la formation de la personne *tout entière*. Pendant de nombreuses années, l'enseignement a été enfermé par la rationalité – l'idée que *savoir* quelque chose était plus important que de le *ressentir* ou de le *faire*. Agir en fonction de ses connaissances importe moins qu'une bonne rhétorique et une démonstration verbale et écrite manifeste de l'acquisition des connaissances.

Parmi les exemples, nous en trouvons plusieurs, particulièrement négatifs, où seule la formation académique ou intellectuelle des étudiants était mise en avant, ignorant les dimensions spirituelles et pastorales de la formation théologique. Ces exemples incluent parfois des étudiants qui rentrent ivres dans leur chambre de dortoir, d'autres qui ont des relations sexuelles en dehors du mariage, ou encore des étudiants dont l'attitude générale est inacceptable pour de véritables croyants. Ceux qui pensent que la formation holistique n'est pas la tâche

---

17. Neil Howe et William Strauss, *Millennials Rising: The Next Great Generation*, New York, Knopf Doubleday, 2000.

d'une école biblique précisent généralement que la responsabilité et le lieu de la formation du caractère de l'étudiant est l'Église locale qui l'a envoyé. Pour ces personnes, le rôle d'une école théologique est avant tout de communiquer la vérité et la connaissance.

On ne peut pas envisager de traiter la Bible comme un livre ordinaire à étudier uniquement à titre d'information. Ce type d'étude ne serait qu'un exercice intellectuel. Mais comment peut-on vraiment étudier la Bible sans que cette étude ait un impact sur les étudiants, ou sans qu'elle provoque des changements dans la vie des individus ? Quelle est la place du respect de la Parole de Dieu dans l'étude de la Bible ? Comment les enseignants devraient-ils comprendre le rôle de la Bible dans la transformation de la vie des enfants de Dieu ?

Un programme d'études qui tient compte du développement holistique des étudiants inclura évidemment ce qui est réalisé dans la sphère académique et intellectuelle. Mais il devra également tenir compte de toutes les activités qui contribuent au développement personnel, social, émotionnel et (surtout) spirituel de la personne. Une vision holistique de l'enseignement et du développement affecte l'environnement éducatif de l'étudiant. Elle affectera donc aussi les conditions matérielles de l'établissement. Lorsque les étudiants se rendent compte qu'ils ont des salles de cours bien meublées, bien adaptées et propres, ils reçoivent un enseignement implicite. Même la manière dont les finances sont gérées par l'école leur apprennent quelque chose, comme c'est le cas dans tous les autres domaines de la vie de l'institution.

Derniers détails : décorer et meubler votre maison – les décisions concernant les événements liés aux programmes d'études

Le projet est terminé et la maison a été construite. Il est maintenant temps de lui donner vie avec des meubles, des décorations, et d'autres détails qui font qu'une maison froide devient une maison chaleureuse et accueillante. Ces objets ne peuvent pas être déposés n'importe où : s'ils ne sont pas placés aux bons endroits, ils perdent leur beauté et leur utilité. Il en va de même pour la planification des programmes d'études. Même les plus petits détails doivent être réfléchis, préparés et structurés pour atteindre les objectifs souhaités. Planifier les programmes est un exercice multidisciplinaire, car il s'agit de concevoir comment toutes les activités menées par les enseignants, sous la direction de l'école, peuvent atteindre ses objectifs éducatifs[18]. Grâce à l'énoncé de ses objectifs généraux, la planification des programmes met en évidence la philosophie pédagogique de l'institution.

Nous avons déjà vu que la planification des programmes d'études est une anticipation globale et systématique de toutes les activités à déployer par l'école – tout ce qui se passera dans l'environnement de l'école. Il ne s'agit pas seulement d'une liste de cours ou de disciplines à proposer. Car même les cours doivent être construits sur le plan directeur de ce que l'école a proposé de faire.

Dans le domaine de la formation théologique, il y a ceux qui veulent spiritualiser le travail avec des réponses simplistes telles que : « Nous n'enseignons que la Parole de Dieu, donc notre programme est parfait tel quel. » Ou bien : « Dieu est souverain ; nous n'avons pas besoin de faire des plans puisque c'est lui qui s'occupe de tout. » Je crois plutôt qu'il faut planifier, tout en comprenant que Dieu est effectivement aux commandes et qu'il transformera ce qui doit l'être au sein du plan. Notre rôle est de planifier avec sagesse et créativité dans la mesure du possible. C'est une responsabilité donnée par Dieu à ceux qui sont impliqués dans la formation théologique.

Arrivés au stade de la planification, il y aura toujours des décisions à prendre tout au long du processus. Mais nous devons au préalable répondre à quelques questions fondamentales concernant les études : Quel niveau d'études proposerons-nous ? Combien de temps faut-il pour exécuter le programme que nous voulons offrir ? Quelle sera la fréquence des cours : toutes les semaines en journée, ou le soir ou encore en fin de semaine ? Les cours se dérouleront-ils sous forme de modules mensuels ou hebdomadaires ? Il existe de nombreux formats d'étude envisageables. Il suffit de se rappeler que des normes internationales de qualité et d'excellence ont été établies par les associations régionales d'accréditation théologique. Ces normes offrent des principes et des directives pour la délivrance de titres et de diplômes[19]. Les normes d'accréditation définissent le nombre de crédits nécessaires ou la durée approximative des cours. Elles permettent également d'établir des équivalences et de transférer des crédits entre les programmes proposés par les différentes écoles. Ces normes nous aiderons à déterminer comment structurer notre programme. Cependant, ne nous limitons pas à l'aspect académique de nos programmes, mais tenons compte également des aspects spirituels, pratiques et sociaux de notre formation.

18. Teixeira, « Planejamento ».

19. Voir les manuels d'accréditation de l'agence ICETE de votre région : ACTEA, AETAL, ABHE, ATA, CETA, ECTE, MENATE.

En fonction de la durée prévue du programme, il nous faut préparer des événements ou une série d'expériences permettant d'engager nos étudiants dans un développement spirituel, émotionnel et personnel. Nous pouvons créer collectivement une liste d'idées et déterminer ensuite lesquelles sont réalisables, et dans quel ordre. Il faut prendre en compte la différence de niveau de maturité entre les étudiants pour bien atteindre les objectifs.

Lorsque nous proposons une formation aux responsables académiques concernant la planification des programmes et que nous mentionnons l'idée d'activités, il nous arrive souvent d'entendre des excuses expliquant pourquoi telle ou telle activité n'est pas faisable. Ces responsables affirment que leurs programmes existent dans un environnement d'apprentissage particulier, qu'ils fonctionnent uniquement le soir ou le week-end, ou qu'ils ne peuvent pas faire perdre du temps à leurs étudiants dans des activités qui ne sont pas exclusivement académiques. Certains mentionnent qu'ils offrent ces activités extrascolaires en mode facultatif à leurs étudiants. Que disent-ils réellement en tenant ces raisonnements ? Essentiellement qu'ils considèrent que ces activités extrascolaires ne sont en réalité qu'un « plus », qu'elles ne font pas véritablement partie du plan global du programme de formation. Mais en disant cela, ils supposent que le processus d'apprentissage se déroule uniquement dans la salle de cours ! Est-ce vraiment le cas ? Nous affirmons que toutes les activités en dehors de la salle de cours, y compris les événements prévus dans le cadre du programme officiel, font partie du programme d'études holistique de l'école. La participation des étudiants ne devrait pas être facultative.

Événements prévus

Les événements prévus comprennent ce qui est fait en cours, comme les exercices, les devoirs, et les activités hors cours. L'objectif n'est pas seulement de remplir le calendrier de la semaine ou de l'année avec des programmes légitimes ou traditionnels. Tous les événements et activités de l'école devraient comporter des objectifs : aider au développement du caractère de l'étudiant, lui permettre d'expérimenter la nouveauté, de mettre en pratique les notions enseignées en cours, de développer un esprit de service envers les autres, et ainsi de suite.

Ces activités ne doivent pas être des digressions ou des idées fortuites qui viennent juste de venir à l'esprit de quelqu'un. Elles doivent être planifiées à l'avance de manière appropriée, qu'il s'agisse d'activités institutionnelles ou liées à un cours en particulier. Comme il s'agit d'événements ou d'activités planifiés, tous les étudiants devraient normalement pouvoir y participer et devraient être tenus de le faire. Ces activités ne sont pas censées être de simples distractions, mais être délibérément planifiées dans le cadre d'un programme d'études holistique.

Un jour, un professeur d'université a fait part de son sentiment de frustration à ce sujet. Il avait demandé à ses étudiants d'effectuer un projet de recherche. Tous les étudiants devaient mettre le projet en œuvre dans un même lieu, sans toutefois qu'il s'agisse d'un projet de groupe. Le professeur avait raison d'essayer de concevoir une activité créative, mais il n'a pas su comprendre ce que ces étudiants étaient réellement capables de faire. Les cours avaient lieu le soir, et presque tous les étudiants travaillaient dans la journée, afin de pouvoir assister aux cours du soir. Beaucoup de ces étudiants venaient d'autres villes, ce qui rendait impossible l'accès au lieu de la recherche. Le professeur m'a parlé d'une étudiante qui l'a approché à plusieurs reprises pour voir s'il serait possible d'effectuer la recherche avec l'un des autres étudiants, car elle n'avait aucun moyen de le faire de la manière requise. Le professeur a refusé de réexaminer la mission qu'il avait confiée aux étudiants. En fin de compte, la plupart d'entre eux n'ont pas réalisé ce devoir. Quel était le but de cette activité ? Si le professeur souhaitait enrichir l'apprentissage de ses étudiants, ce qu'il demandait était en effet frustrant. Il ne s'était tout simplement pas rendu compte que la plupart des étudiants ne pourraient pas bien effectuer en pratique la recherche qu'il leur demandait. Mais en écoutant son histoire, j'ai reconnu là une réaction typique de nombreux professeurs. « Je veux être novateur. Je veux faire des choses nouvelles. Mais les étudiants ne sont pas prêts à me suivre. Ils veulent seulement un moyen facile de réussir mon cours. » De nombreux enseignants n'essaient même pas de développer des activités créatives dans leur domaine d'étude. Ou encore, les étudiants n'essaient pas de réaliser certaines tâches parce qu'ils ont l'impression que ce qu'on leur demande n'a pas de but pédagogique valable, que c'est simplement quelque chose qui remplit leur temps.

Un autre danger dans le domaine des activités est de répéter toujours les mêmes. Certes, cela prend du temps de déterminer si un cours ou une activité particulière est toujours utile ou nécessaire. Néanmoins, de nombreux projets de programmes d'études sont devenus désuets, tant en termes de contenu que la manière dont les cours sont dispensés.

Par exemple, l'une des institutions, dans son programme pour les nouveaux étudiants, avait une activité qui leur permettait de relever un défi personnel. Il s'agissait d'une activité extérieure, dans laquelle les étudiants devaient descendre une pente raide en rappel[20]. Pour la plupart des étudiants, c'était un énorme défi d'être suspendus à une corde, obligés de dépendre de quelqu'un d'autre pour descendre le flanc de la colline. Le but de cette expérience était d'encourager les étudiants à apprendre à vivre dans la dépendance de Dieu. Et cela a fonctionné. Au cours de la troisième année du programme de formation, l'une des étudiantes traversait une période très délicate et devait faire des choix difficiles. Sa réflexion fut la suivante : si le Seigneur a pu me donner la force et l'aide nécessaires pour que j'aie le courage de relever le défi du rappel, il sera avec moi dans cette décision que je dois également prendre.

Mais les années ont passé, le monde a changé, et une activité aussi extrême que la descente en rappel est devenue populaire. Au lieu d'être un défi difficile pour la plupart des jeunes, elle est devenue une simple sortie amusante. Elle ne poussait plus les étudiants à dépendre de Dieu. Afin d'atteindre les objectifs espérés, il a fallu modifier l'activité.

Un autre exemple d'événement est une matinée de silence, sans aucune conversation ni contact avec d'autres personnes (y compris les textos sur un téléphone portable !). Dans le monde d'aujourd'hui, où tout le monde est connecté, il peut être très utile de donner aux étudiants du temps pour la réflexion, la prière, la méditation, et pour simplement « se connecter » avec le Seigneur. Un temps de silence qui était autrefois normal chez les chrétiens doit maintenant devenir une activité planifiée pour encourager les étudiants à expérimenter quelque chose de nouveau.

Sans aucun doute, pour les êtres humains créatifs, presque toutes les activités pourraient faire partie du programme d'études de l'établissement, quel que soit le format du programme proposé. La vraie question est de savoir si nous nous sommes habitués à penser que l'apprentissage se fait uniquement dans une salle de cours et que l'apprentissage nécessite une grande quantité de matériel à étudier, à mémoriser et à faire des exercices. Ce n'est qu'une partie d'un programme d'études. D'autres activités contribuent à l'apprentissage des étudiants, que nous l'ayons envisagé ou non.

Les activités prévues dans le cadre du programme doivent chercher à pousser, provoquer ou stimuler les étudiants à progresser dans tous les domaines. Nombre d'entre elles poussent les étudiants hors de leurs zones de confort. Sans quelque chose ou quelqu'un qui les motivent, ils ne tenteraient même pas ces choses. Ces activités ont pour but d'encourager la croissance de nos étudiants,

20. La descente en rappel est une activité de plein air, pratiquée avec des cordes et avec un équipement adéquat pour escalader ou descendre des murs ou des falaises.

de les mettre à l'épreuve en les plaçant dans des situations similaires à celles qu'ils rencontreront dans la vie réelle du ministère. Lorsque d'anciens élèves de différentes promotions d'une école se réunissent, même s'ils faisaient partie de différentes promotions, ce dont ils se souviennent le plus, ce n'est généralement pas le contenu des cours qu'ils ont suivis. Ainsi, ce dont les anciens élèves se souviennent le plus, ce sont les personnes : leurs professeurs, le personnel de l'école et les autres étudiants. Ils se souviennent des événements qui se sont produits pendant leurs études. Ce qui demeure dans leur être, ce sont les expériences qu'ils ont vécues et les émotions qu'ils ont ressenties, et non seulement les connaissances qui ont été enseignées.

Les attitudes que nous voulons voir chez nos étudiants doivent être incluses dans la vie quotidienne et l'enseignement de l'école. Dans un programme d'études holistique, alors que nous considérons l'importance de l'être et du faire, ce qui laisse un impact profond sur nos étudiants sont les modèles qu'ils voient et la formation informelle dont ils font l'expérience. Beaucoup d'encre a coulé à propos de l'apprentissage qui dure toute la vie. C'est aussi quelque chose que nous recherchons pour nos étudiants : qu'ils voient en nous des personnes qui continuent d'apprendre, dans la manière dont nous perfectionnons nos cours, dans nos lectures contemporaines ou dans les séances de formation auxquelles nous assistons. Lorsque les étudiants nous voient enthousiasmés par ce que nous apprenons, ils comprennent l'importance de travailler de continuer à apprendre de nouvelles choses.

Notre souhait est que nos étudiants apprennent à faire preuve d'un *leadership* qui ne soit pas autoritaire, d'une conduite de troupeau qui suive le modèle de Jésus de service des autres. Cependant, cet apprentissage-là n'aura pas lieu s'ils perçoivent des relations au sein de l'école théologique provenant de dirigeants autoritaires qui ne dialoguent avec personne. Cela crée une dissonance, un manque d'harmonie entre ce qui est enseigné et ce qui est vécu. Nous pouvons en apprendre beaucoup sur la façon dont nous enseignons un esprit de service en créant des équipes pour effectuer des travaux pratiques, des équipes qui comprennent des enseignants et des étudiants. Le calendrier annuel peut consacrer une semaine ou une fin de semaine pour ces travaux pratiques avec des équipes de travail composées d'étudiants et de leurs professeurs. Un étudiant pourrait même être choisi comme chef d'équipe, l'enseignant (et tous les autres) devant suivre l'exemple de l'étudiant. Lorsque nous sortons de notre zone de confort, nous avons tendance à révéler notre caractère profond.

L'une des réalités du monde contemporain est que les gens doivent travailler en équipe, en mettant en œuvre une bonne planification et une utilisation rationnelle des ressources. De même, l'Église d'aujourd'hui et de demain a besoin de dirigeants qui peuvent travailler en équipe sans esprit de concurrence, afin que l'Évangile s'étende dans le monde. Travaillons en équipe avec nos étudiants afin de mieux organiser les programmes de notre établissement. Typiquement, le calendrier des programmes d'études comportera des dates spéciales, comme une conférence théologique ou missionnaire. Laissons les étudiants travailler ensemble en groupes pour organiser de tels événements. Tout en apprenant à planifier et à organiser ces événements, ils apprendront également à travailler en équipe, à s'écouter mutuellement, à se respecter et à soutenir ceux qui éprouvent des difficultés. De nombreuses autres leçons importantes découleront de ces opportunités.

Tous les éléments du programme d'études, ainsi que toutes les zones de votre espace physique, ont une fonction éducative et doivent être mis à profit dans le cadre du concept de programme d'études holistique. Par exemple, si le réfectoire ou la cafétéria a pour but d'encourager la camaraderie, il ne sert à rien d'avoir un espace réservé aux enseignants en tant que « chrétiens d'élite ». J'ai rendu visite à une institution où l'équipe de direction disposait d'une salle spéciale où l'on servait un repas différent de celui donné aux étudiants. Cela enseigne l'importance du statut et du pouvoir. Cela encourage les étudiants à penser « un jour, j'y arriverai aussi », à vouloir être aussi privilégiés et honorés que leurs professeurs l'étaient. Au lieu de cela, prenons le temps d'aller à la cafétéria pour développer des relations et des amitiés avec les étudiants, car l'endroit où nous mangeons et parlons fait également partie de notre espace éducatif.

Un autre lieu où les dirigeants peuvent développer de bonnes attitudes est celui où nous pratiquons du sport. Cela aussi peut faire partie de notre programme d'études holistique. En effet, lorsque nous jouons, nous révélons notre véritable personnalité. Ainsi, si nous organisons des événements sportifs (même un championnat de jeux vidéo si vous n'avez pas de terrains de sport !), cela devrait faire partie du calendrier de l'école, car cela sert de laboratoire d'apprentissage de la vie. Un jour, le directeur d'une institution a demandé publiquement pardon aux étudiants pour s'être mal comporté lors d'un match de football. Quelle leçon importante pour la vie des futurs pasteurs !

Une vie chrétienne saine accordera également de l'importance aux arts. Un programme d'études holistique inclura dans son calendrier ce domaine de la vie, de sorte que les programmes culturels fassent intégralement partie de notre calendrier académique. Une certaine institution théologique organisait un festival artistique annuel au cours duquel les étudiants étaient encouragés à développer et à démontrer leurs talents, que ce soit en musique, en peinture, en sculpture, en poésie ou dans d'autres domaines. Ce festival est devenu l'un des points forts des activités de l'année. Dans cette institution, le professeur qui enseignait les Psaumes composait un « psaume contemporain » et encourageait les étudiants à écrire de la poésie ou à présenter des choses qu'ils avaient dessinées, peintes ou photographiées. Les étudiants étaient ensuite encouragés à présenter leurs travaux à l'ensemble de l'école lors de leur festival artistique annuel. Il y eut beaucoup de célébration et de louange au Seigneur !

Un autre domaine important aujourd'hui est la solidarité sociale. Ce n'est pas quelque chose de nouveau, car les Écritures en parlent beaucoup. L'amour de notre prochain est l'un des signes qui montrent que nous appartenons au Seigneur. Cela peut avoir un impact sur une communauté si l'école participe activement à des projets sociaux, que ce soit de manière occasionnelle ou régulière. Par exemple, emmener un groupe d'étudiants à un programme de garde d'enfants dans une zone défavorisée, et en plus de donner un enseignement biblique dans le cadre d'un programme spécial, passer du temps à nettoyer la garderie, ou construire quelque chose à l'usage récréatif des enfants. Une étudiante qui avait participé à un tel projet a déclaré qu'elle n'avait jamais vu une telle pauvreté auparavant. C'était une période froide de l'année et les enfants n'avaient pas de vêtements chauds pour se protéger du froid. La plupart des enfants n'avaient qu'une alimentation minimale à la maison et mangeaient surtout ce que la garderie pouvait leur offrir. Cette étudiante a dit qu'elle ne pouvait même plus manger le déjeuner qu'elle avait apporté avec elle. Elle a préféré le partager avec les enfants de la garderie. Ce projet a très certainement changé sa vie.

Un domaine dans lequel nos écoles théologiques réussissent bien en général est celui de la pratique des prédications. Les étudiants étudient la théorie sur la façon de préparer, d'organiser et de présenter un sermon. Ils ont ensuite l'occasion de mettre en pratique ce qu'ils ont préparé. Les premiers essais se font généralement dans des cadres de travail avec leurs camarades. Mais les étudiants préparent également leurs sermons pour les délivrer dans leurs Églises. D'autres activités et événements peuvent être planifiés de manière similaire pour de nombreux autres domaines.

La planification des activités concerne également la manière de communiquer une matière ou un domaine d'étude. Le directeur académique a besoin d'une vision globale de ce qui est proposé dans toutes les disciplines. L'ensemble des capacités et des compétences que les étudiants doivent posséder est-il pris en compte comme il se doit ? Peut-être ne met-on l'accent que sur quelques points alors que d'autres domaines importants sont négligés ? Utilise-t-on un seul manuel dans un cours donné, alors que dans d'autres cours, les étudiants sont exposés à une plus grande sélection de littérature, de sorte qu'ils perçoivent la nécessité d'effectuer des recherches, de comparer les pensées de différents auteurs et positions, et même de constituer leur propre bibliothèque personnelle ? Si chacun de nos cours nécessite des examens écrits, quel type d'apprentissage est mis en avant ? Avons-nous le moyen d'évaluer les étudiants sur la base de leurs projets de recherche, des solutions qu'ils présentent pour résoudre un problème ou des rapports sur les activités pratiques auxquelles ils ont participé ? Que voulons-nous au juste voir se développer chez nos étudiants ? Quelles compétences ou quels outils devraient-ils avoir acquis à la fin de leurs études ? Aucun d'entre nous (y compris les étudiants) n'a une idée précise de ce dont l'avenir sera fait. Les étudiants ne savent pas avec précision ce que Dieu a préparé pour leur vie et leur ministère. Conscients de ce que nous ne savons pas encore, faisons ce que nous pouvons pour fournir aux étudiants les outils et les capacités qui leur seront utiles pour faire face aux défis qu'ils auront à relever après leurs études.

Trois questions nous aideront donc à planifier le programme d'études : Quelles sont les *connaissances* que les étudiants doivent acquérir (*savoir*) ? Quelle croissance ou quel *caractère* voulons-nous voir dans leur vie (*être*) ? Et quelles *compétences* et quels outils l'étudiant doit-il avoir pour faire le ministère (*faire*) ? La planification des programmes d'études commence par la prise de conscience de la conclusion. Il nous faut tout d'abord définir clairement les résultats que nous voulons constater à la fin de leurs études. Ce n'est qu'alors que nous pourrons tracer la voie et les étapes nécessaires pour atteindre ce résultat ou cet objectif final. Il nous faut examiner la finalité de tous les cours que nous proposons, en décrivant aussi clairement et objectivement que possible les caractéristiques que nous voulons voir se concrétiser chez nos diplômés en vue de leurs ministères futurs. Pour cette raison, il est important que l'établissement de formation ait une vision très claire de ce qui est attendu des diplômés. Trop souvent, nos réponses ne sont que vagues ou subjectives, par exemple lorsque nous affirmons vouloir que nos diplômés soient de bons pasteurs ou de bons missionnaires interculturels. Nos questions devraient aider à déterminer :

- Que doit *savoir* l'étudiant/e à la fin du programme ?
- Que doit *savoir faire* l'étudiant/e grâce à ses études ?
- Que devrait *être* l'étudiant/e grâce à sa formation ?

La rationalité a influencé et imprégné l'enseignement occidental, de sorte que l'élaboration des programmes d'études a largement porté sur des listes d'informations que l'étudiant doit apprendre. Nous espérons que quelque magie divine transformera tout ce contenu en vie et en pratique pour le ministère. Il existe une meilleure solution. En travaillant avec un programme d'études intégré ou holistique, nous voulons aider l'étudiant à atteindre réellement les objectifs éducatifs que nous envisageons. Afin de constater une transformation chez nos étudiants, l'apprentissage holistique exige que nous utilisions les trois aspects de l'apprentissage mentionnés ci-dessus : cognitif, affectif et comportemental.

Admirer le produit fini

En utilisant une dernière fois la métaphore de la construction d'une maison, nous arrivons à nos dernières pensées. En suivant minutieusement les plans du projet, la maison est construite, et même avec de petits ajustements ici et là, l'idée d'origine a été suivie. La maison est maintenant prête, joliment décorée sans être excessivement luxueuse, et ses habitants y vivent avec joie. C'est une maison qui n'aura pas besoin de grosses réparations ou de gros investissements en termes d'entretien ou de maintenance. Elle démontre qu'elle peut faire face efficacement à la lumière et à la chaleur. Elle durera de nombreuses années.

C'est ainsi qu'il en est avec un programme d'études holistique. Nous ne saurons si le programme que nous avons prévu fonctionnera bien que lorsque nous le mettrons effectivement en pratique. Le moment est venu pour nous de mettre notre réflexion et notre planification à profit. Même avec les meilleurs processus de planification, nous découvrirons que certaines choses doivent être ajustées ou modifiées. L'idéal n'est pas d'imposer d'énormes changements d'un seul coup. Les nouvelles idées de programme peuvent être lancées, petit à petit, avec sagesse. Mais lançons-les ! L'adéquation du programme d'études sera bientôt visible – par l'évaluation des étudiants, par le nombre de diplômés, et par d'autres outils pédagogiques permettant d'en mesurer la productivité. Mais les véritables fruits d'une bonne planification des programmes d'études ne peuvent être observés que dans ce que font les diplômés au fil des ans. C'est dans la pratique du ministère que nos objectifs éducatifs pourront être évalués. C'est particulièrement vrai pour les aspects d'un programme d'études qui sont difficiles à mesurer, comme le fait de rester ferme dans la foi, d'utiliser ses dons spirituels, de pratiquer une vie spirituelle mûre, d'être un meneur au service des autres et de développer de bonnes relations et de bons partenariats. Quelle joie de voir d'anciens élèves exercer un ministère fructueux et performant qui édifie l'Église de notre Seigneur ! Il est satisfaisant de voir qu'ils sont forts dans leur foi, qu'ils sont des modèles personnels et des membres de familles chrétiennes saines, qu'ils participent à la mise en pratique du travail pour lequel ils ont été préparés. L'institution théologique aura été un outil du Seigneur pour la préparation de ses ouvriers.

Certains seront même devenus chevronnés dans ce qu'ils font. En vérité, c'est tout cela qu'un programme d'études holistique souhaite réaliser.

Je suis heureuse de recevoir des nouvelles d'anciens élèves et de leur ministère. Certains ont mis plus de temps que d'autres à mûrir et à développer leurs dons et leurs domaines de ministère, mais ils mettent maintenant en pratique les principes de la Parole de Dieu qu'ils ont appris lorsqu'ils étaient étudiants. Récemment, un de mes anciens étudiants a envoyé une invitation à partager son travail dans le domaine de la formation chrétienne, avec des cours disponibles via Internet. J'étais très heureuse et j'ai loué le Seigneur, car cet élève, au cours de ses études, avait montré un grand intérêt pour le domaine de l'enseignement. Cependant, il manquait de maturité dans sa vie spirituelle et personnelle. Il a traversé de nombreuses difficultés, mais il a persévéré dans sa foi. Il a saisi les opportunités qui se sont présentées à lui, et maintenant qu'il est mature, il a fait ces nouveaux pas en avant.

Si tout va bien, si nos étudiants deviennent des hommes et des femmes que Dieu peut utiliser dans son travail, nous ne faisons en fait rien d'autre que ce que le Seigneur attend de ses serviteurs. En fin de compte, la gloire est celle de Dieu, pas la nôtre. « C'est de lui, par lui et pour lui que sont toutes choses. À lui la gloire dans tous les siècles » (Rm 11.36). C'est ce que nous désirons, et c'est pourquoi nous faisons ce que nous faisons.

Points de réflexion et d'action

1. Décrivez ce que le mot « programme d'études » signifie pour vous.
2. Qualifiez votre expérience en matière de planification des programmes d'études :
   ( ) aucune ( ) avec souffrance ( ) bonne réussite
   Expliquez votre choix.
3. En tant qu'étudiant ou enseignant, avez-vous vu ou fait partie d'un programme d'études qui pourrait être classé comme bon ou excellent ? Expliquez les raisons de votre évaluation.
   De la même manière, si votre expérience d'un programme d'études a été mauvaise et s'il n'a pas répondu à vos attentes, expliquez les raisons de votre ressenti.
4. Sans consulter le manuel de votre institution, écrivez le but pour lequel vos étudiants sont formés.

Maintenant, comparez et évaluez ce que vous avez dit (ou n'avez pas dit) avec ce qui est écrit dans le manuel de votre école. Percevez-vous que cet objectif est bien atteint dans le cadre du programme d'études de votre institution ?

5. Rédigez, avec des exemples, votre compréhension du développement holistique.
6. En évaluant votre lieu de travail, quels sont les domaines qui doivent être améliorés ou modifiés, afin de pouvoir dire que votre programme d'études est holistique ?
7. Si le but ou la mission de votre institution est de développer des « dirigeants au service des autres », qu'est-ce qui existe dans le programme d'études pour provoquer ou encourager l'apprentissage à cette fin ?

Pour aller plus loin

BELLAN Zezina Soares, *Andragogia em Ação*, Santa Bárbara d'Oeste, Brésil, SOCEP, 2005.

BERBEL Neusi Aparecida N., *Metodologia do Ensino Superior: realidade e significado*, Campinas, Brésil, Papirus, 1994.

CARROLL M. Daniel, « La Ética y la Educación Teológica: Fundamentos y Sugerencias », *Vox Scripturae* 10, n°1, décembre 2000, p. 29-41.

DOWNS Perry G., *Ensino e Crescimento: Uma Introdução à Educação* Cristã, São Paulo, Cultura Cristã, 2001.

FERRIS Robert W., *Renewal in Theological Education: Strategies for Change*, Wheaton, IL, Billy Graham Center, 1990.

FREIRE Paulo, *Educação e Mudança.* Rio de Janeiro, Paz e Terra, 1983.

FREIRE Paulo, *Pedagogia da Autonomia: Saberes Necessários à Prática Educativa*, São Paulo, Paz e Terra, 1996.

GROOME Thomas H. *Educação Religiosa Cristã: Compartilhando Nosso Caso e Visão*, São Paulo, Paulinas, 1985.

HARDY Steve, *A Excelência no Ensino Teológico*, Londrina, Brésil, Descoberta, 2007.

HART D. G., MOHLER R. Albert, Jr., sous dir., *Theological Education in the Evangelical Tradition*, Grand Rapids, MI, Baker, 1996.

HOWE Neil, STRAUSS William, *Millennials Rising: The Next Great Generation*, New York, Knopf Doubleday, 2000.

KOHL Manfred W., BARRO Antonio Carlos, sous dir. *Educação Teológica Transformadora*, Londrina, PR, Brésil, Editora Descoberta, 2006.

MAGER Robert F., *Atitudes Favoráveis ao Ensino*, Rio de Janeiro, Editora Globo, 1976.

MAGER Robert F., *O Planejamento de Ensino*. 6e éd., Rio de Janeiro, EditoraGlobo, 1983.

MCKINNEY Larry J., « A Theology of Theological Education: Pedagogical Implications », *Evangelical Review of Theology* 29, n°3, juillet 2005, p. 218-227, https://theology.worldea.org/wp-content/uploads/2020/12/ERT-29-3.pdf.

PADILLA C. René, sous dir., *Nuevas Alternativas de Educación Teológica*, Miami, Nueva Creación, 1986.

PAZMINO Robert W., *Basics of Teaching for Christians: Preparation, Instruction, and Evaluation*, Grand Rapids, MI, Baker, 1998.

SANT'ANNA Flávia M., ENRICONE Délcia, ANDRADE Lenir, TURRA Clodia Maria Godoy, sous dir., *Planejamento de Ensino e Avaliação*, Porto Alegre, Brésil, Sagra Editora, 1986.

SERBINO Raquel V., « A educação do educador universitário », *Didática* 5, n°18, 1982, p. 25–31.

SHEDD Russel, « Fundamentos da EducaçãoTeológica », *Vox Scripturae* 6, n°2, décembre 1996, p. 285-303.

STRAUSS William, HOWE Neil, *Generations: The History of America's Future, 1584 to 2069*, New York, William Morrow, 1992.

VOLF Miroslav, « Dancing for God: Challenges Facing Theological Education Today », *Evangelical Review of Theology* 29, n°3, juillet 2005, p. 197-207.

Annexe A du chapitre 11

Séquence pour le développement du programme d'études (AETAL)

CASE A
Quel est le but de l'enseignement et de la formation théologique ?

CASE B
Quel est le but de la formation théologique propre à cette institution ?

CASE C
Quelles qualités académiques le programme de formation chrétienne de cette institution devrait-il viser à développer ?

CASE D
Quels programmes éducatifs devraient être développés afin d'atteindre ces qualités ?

(Décisions à prendre concernant : le niveau d'étude, l'équipe pédagogique, la sélection des étudiants, le temps et le mode d'étude, le programme proposé)

Matières à proposer	Activités d'apprentissage

Annexe B du chapitre 11

Programme d'études et apprentissage

Amélia Hamze de la Colunista Brasil Escola

L'école n'est pas seulement un espace social d'émancipation ou de libération, c'est aussi un environnement pour la socialisation du changement. Étant donné sa qualité d'environnement social, elle a un double programme, l'un explicite et formel, l'autre implicite et informel. L'impact d'un programme d'études est généralement renforcé dans la vie des élèves lorsqu'il est associé à des messages porteurs de sentiments ou qui s'appuient sur des attitudes et des valeurs. Un programme éducatif représente l'ensemble des connaissances et des valeurs qui caractérisent un processus social. C'est l'objectif sur lequel repose le travail pédagogique des écoles.

Un programme d'études est donc une construction sociale, en ce sens qu'il implique l'acceptation d'être complètement lié à un moment historique, à une société spécifique et à sa relation à ses propres connaissances. En conséquence, l'enseignement et les programmes d'études sont considérés comme étant intimement liés à un processus culturel, en tant que constructeurs d'identités locales et nationales.

Il existe aujourd'hui différentes formes d'enseignement et d'apprentissage. L'une d'entre elles est appelée le programme d'études implicite. Pour Silva, le programme d'études implicite, ou invisible, est « l'ensemble des attitudes, valeurs et comportements qui ne font pas partie du programme d'études explicite, mais qui sont implicitement enseignés par le biais de relations sociales, de rituels, de pratiques et par l'utilisation de l'espace et du temps au sein de l'école[21] ».

21. T. T. da Silva, *Documents of Identity: An Introduction to the Theories of Curriculum*, cité par Amélia Hamze, www.educador.brasilescola.com, 2010.

En considérant les êtres humains comme des êtres historiques, nous réfléchissons à un programme d'études qui réponde à des intérêts spécifiques dans des temps, des espaces et des époques différents. Il existe une différence conceptuelle entre le programme d'études, qui est l'ensemble des actions pédagogiques, et la matrice du programme d'études, qui est la liste des matières énumérées dans le programme.

Le programme d'études n'est pas impartial. Il est défini socialement et culturellement. Il reflète une façon de voir le monde, la société et l'éducation, et il implique des relations de pouvoir étant donné qu'il est le centre de l'activité éducative. Une vision du programme d'études est liée à l'ensemble de toutes les activités développées intentionnellement pour le processus de formation.

Le programme d'études est un instrument politique qui est lié à l'idéologie, aux structures sociales, à la culture et au pouvoir. La culture elle-même est le contenu de l'éducation, son essence et sa défense. Le programme d'études est le moyen par lequel la culture devient visible. Les théories critiques nous disent que les écoles sont conçues par la classe dominante – l'élite, la bourgeoisie – comme des lieux d'assujettissement et de reproduction. Cependant, avec la pluralité culturelle grandissante, un mouvement est apparu pour que les groupes culturels qui ont été dominés luttent pour que leurs racines culturelles soient reconnues et représentées comme faisant partie de la culture nationale. Notre humanité commune nous permet de dépasser nos différences.

Il existe différentes façons d'élaborer un programme d'études, bien que les directives nationales (brésiliennes) en matière de programmes d'études indiquent que les modèles scolaires dominants au Brésil sont multidisciplinaires et marqués par une forte fragmentation. Ils doivent être remplacés, dans la mesure du possible, par une perspective inter- ou transdisciplinaire.

Afin d'élaborer un programme d'études, nous devons tenir compte des facteurs caractérisés par l'ontologie (qui traite de la nature de l'être) ; l'épistémologie (définissant la nature du savoir et le processus de connaissance) ; et l'axiologie (concernant la nature du bien et du mal, y compris l'esthétique). Les sciences nous montrent qu'il ne peut y avoir de développement durable sans capital social, qui est le générateur de l'innovation, de la responsabilité et de la participation civique. La scolarisation est la condition fondamentale de l'accès à la culture, à la compréhension critique, à la participation civique, à la reconnaissance du bien et du beau, et au respect mutuel des uns envers les autres.

12

Passer au paradigme du peuple de Dieu

Une étude de cas : Bangkok Bible Seminary

Natee Tanchanpongs

Les puces peuvent être conditionnées pour vivre dans un bocal ouvert. Lorsque le couvercle est fermé dans un premier temps, les puces sautent et se heurtent au couvercle. Après avoir été conditionnées par la limite du couvercle, elles commencent à sauter plus bas pour éviter de le heurter. Une fois le couvercle ôté, les puces se limitent encore en dessous de la hauteur où se situait le couvercle, car elles ne peuvent pas faire la différence entre les limitations réelles et celles qu'elles s'imposent à elles-mêmes. Nos écoles théologiques auraient-elles pu être conditionnés de la même manière par des paradigmes qui nous ont été imposés il y a longtemps ? Ce chapitre retrace le parcours historique et la raison d'être du changement de paradigme qui a eu lieu au Bangkok Bible Seminary (BBS). Nous espérons présenter ici le compte-rendu d'un mouvement qui a dépassé les limites que nous nous étions imposées afin que notre institution théologique puisse mieux remplir sa mission.

Carnegie Samuel Calian, dans son livre *The Ideal Seminary*, appelle à passer d'un « paradigme clérical », « qui promeut une sagesse théologique dédiée à la formation du clergé », à un « paradigme du peuple de Dieu » qui « promeut un christianisme à classe unique – pour permettre au clergé et aux laïcs de bénéficier à égalité de la formation théologique[1] ». Calian pense que ce changement de paradigme peut aider à résoudre le problème de la pénurie de dirigeants dans les Églises[2]. Cependant, la raison principale de ce changement ne réside pas dans des préoccupations pratiques, mais dans des considérations théologiques. Sa théologie du *leadership* ministériel repose sur le concept de vocation fondée sur la doctrine du sacerdoce de tous les croyants. Il explique :

> Qu'il y ait une pénurie ou un surplus de clergé n'est pas vraiment important : la réalité est qu'il n'y a jamais un nombre suffisant de candidats qui sont vraiment doués pour la tâche et qui écoutent la voix de l'Esprit les exhortant à accepter l'appel de Dieu pour un plus large éventail de ministères servant l'Église et la société. Tout le monde est appelé au ministère, mais nous ne sommes pas tous appelés à la même tâche. Il existe de nombreux autres domaines requérant un témoignage fidèle. Ce fait est parfois difficile à admettre pour les formateurs théologiques eux-mêmes[3].

Pour Calian, les écoles théologiques ne devraient pas essayer de convertir tout le monde en membres du clergé pour s'adapter au « paradigme clérical », mais ils devraient plutôt changer le paradigme pour s'adapter aux différents types de *leadership* ecclésial. Il y a une dizaine d'années, le Bangkok Bible Seminary a opéré ce changement de paradigme. Deux facteurs principaux ont contribué à cette décision : la gestion et les finances.

Le facteur gestion

Avant 1970, il y avait environ 1 500 Églises protestantes en Thaïlande. La plupart d'entre elles n'avaient pas de pasteur thaïlandais local. Le besoin de l'Église thaïlandaise en responsables a été la principale raison de la création du Bangkok Bible Seminary. Le BBS a été fondé en 1971 par des missionnaires de l'Overseas Missionary Fellowship (OMF) et de la Christian and Missionary Alliance (CMA) en coopération avec certains responsables locaux de l'Église thaïlandaise pour former des pasteurs et des ouvriers à plein temps pour les ministères chrétiens. À l'époque, l'école était connue sous le nom de Bangkok Bible College (BBC). Son premier doyen était un missionnaire de l'Overseas Missionary Fellowship, chirurgien qualifié, Henry Breidenthal. En 1971, le BBC a commencé avec cinq étudiants

1. Carnegie Samuel Calian, *The Ideal Seminary: Pursuing Excellence in Theological Education*, Louisville, KY, Westminster John Knox, 2002, p. 11.
2. *Ibid.*, p. 10-12.
3. *Ibid.*, p. 86.

et un professeur à temps plein. À la fin du mandat de Breidenthal, le nombre d'étudiants était passé à une quarantaine. En 1977, Thira Janepiriyaprayoon (également connu sous le nom de Timothy Jeng) a été nommé comme doyen. Il était pasteur, thaïlandais de naissance, et prédicateur doué travaillant dans le cadre de la Christian and Missionary Alliance. Sous la direction de Jeng, le BBC s'est développé pour atteindre environ 80-100 étudiants entre 1977 et 1987, et environ 120-150 étudiants entre 1987 et 1999. L'école a octroyé des diplômés en moyenne à cinq étudiants par an dans les années 1970, avec une augmentation moyenne d'une douzaine d'étudiants par an dans les années 1980, et de vingt-trois étudiants par an dans les années 1990. Avant 2000, 46 % des diplômés étaient entrés dans le pastorat, 9,5 % dans la formation théologique, 10 % dans le ministère de la paroisse, 1,5 % dans les missions étrangères et 6,5 % dans le ministère de l'aumônerie. Il y avait quatre autres grandes institutions en Thaïlande pendant cette période : le Bangkok Institute of Theology (BIT), le McGilvary College of Divinity (MCD), le Payao Bible Seminary (PBS), et la Baptist Theological School (BTS). Chacune d'entre elles pouvait montrer des statistiques similaires.

Depuis 1970, le nombre d'Églises est passé à plus de 5 000, comme le montre la figure 10. À ce rythme, il aurait été difficile pour les écoles fonctionnant sous le « paradigme clérical » d'accomplir leur mission de formation d'un nombre suffisant de dirigeants qualifiés pour l'Église. Face à ce défi en nombre de dirigeants, le BBS a été obligé de chercher des alternatives. Plus précisément, nous avons dû intégrer les dirigeants bi-professionnels dans notre plan de formation.

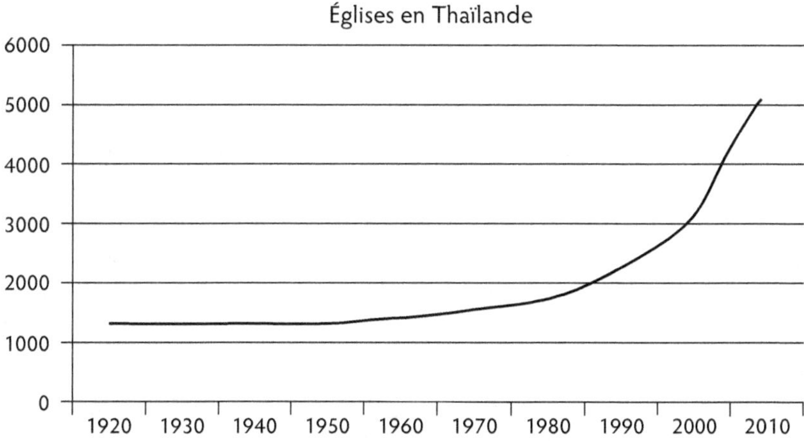

Figure 10. La croissance de l'Église thaïlandaise entre les années 1920 et les années 2010

Le facteur financier

Le Bangkok Bible Seminary a été fondé afin de former des ministres à plein temps pour les Églises. Dans de nombreux endroits comme la Thaïlande, le « paradigme clérical » comporte des défis inhérents qui ne se prêtent pas bien à la stabilité financière et à l'autonomie. Tout d'abord, le coût de production d'un diplômé dans ce paradigme est extrêmement élevé. Le coût de la formation et de l'emploi d'enseignants est excessivement élevé. Les dépenses de fonctionnement telles que les services publics, le logement et la nourriture, les dépenses administratives, etc. s'accumulent très rapidement. Une bibliothèque théologique adéquate est extrêmement coûteuse. De plus, le nombre d'étudiants appelés au ministère à temps plein pouvant effectuer jusqu'à quatre ans de résidence est relativement faible. Enfin, la plupart d'entre eux n'ont pas les moyens financiers de payer la totalité des frais de scolarité et doivent être fortement subventionnés.

Entre 1971 et 1977, seuls 10 % des revenus institutionnels provenaient des frais de scolarité. Les 90 % restants provenaient de partenaires ministériels locaux et internationaux. La situation s'est légèrement améliorée au cours des deux décennies suivantes. Les revenus provenant des frais de scolarité ont atteint un maximum d'environ 40 %. L'école théologique devait encore trouver 60 % de son budget annuel. Forts d'une expérience de trente ans de coûts de production élevés et de faibles revenus provenant des frais de scolarité, nous avons conclu que le paradigme clérical dans la formation théologique n'était pas un modèle financièrement stable ou autonome. Nous avions besoin d'un nouveau paradigme de fonctionnement.

Un nouveau paradigme

Le problème du paradigme clérical était le faible taux de production en nombre des dirigeants et le coût élevé et non viable. Comment une école théologique peut-elle augmenter la production en nombre de diplômés tout en s'autofinançant davantage ? Des efforts furent déployés pour améliorer le paradigme résidentiel trop long, en utilisant des approches non conventionnelles telles que les cours intensifs le week-end, les cours mensuels, les centres satellites, les extensions d'autoformation et les innovations en ligne[4]. Ces approches ont permis des avancées significatives. Cependant, le « paradigme clérical amélioré » n'a pas permis de résoudre le problème de la pénurie de dirigeants et encore moins celui de la viabilité durable auquel nous étions confrontés au BBS. En fin

4. Meri MacLeod, *Unconventional Educational Practices in Majority World Theological Education: A Qualitative Research Study Commissioned by Overseas Council International – A Comprehensive* Report, Overseas Council International, 13 septembre 2013, p. 13.

de compte, il n'y avait tout simplement pas assez de membres du clergé pour servir dans l'Église. Il nous fallait également chercher à former directement des responsables d'église bi-professionnels. Si la formation du clergé fortement subventionnée n'est pas viable, les écoles théologiques doivent également se concentrer sur les leaders bi-professionnels qui peuvent financer leur propre formation théologique et peut-être plus encore.

Les leaders bi-professionnels sont pour la plupart des apprenants adultes qui viennent avec des limitations particulières de temps et de lieu se prêtant bien à des programmes non résidentiels tels que ceux énumérés ci-dessus. Il n'en demeure pas moins que, malgré les nombreux avantages des approches non résidentielles, il ne fallait pas abandonner complètement la formation cléricale résidentielle. Tout d'abord, les programmes résidentiels ont des normes de formation plus élevées. La devise du BBS était *khaum rue dee chee whit den neen kharn rup chai*, qui se traduit par « un bon niveau d'études, une vie distinguée et un ministère ciblé ». Cette approche en trois volets de la formation théologique a toujours fait partie de l'éthique de l'école théologique. Cela permet au BBS d'aiguiser les esprits, de façonner les vies et de perfectionner les compétences dans les ministères de ceux que nous formons. Les programmes résidentiels permettent aux étudiants de disposer de trois à cinq ans de temps ininterrompu et consacré à leurs études, pendant lesquels ils peuvent se concentrer et approfondir leurs connaissances. Ces programmes facilitent également la formation spirituelle. Au BBS, la plupart des membres du corps enseignant vivent sur le campus. La communauté du campus devient un cadre unique pour la formation spirituelle et la prise en charge holistique des étudiants par leurs professeurs. En outre, les étudiants des programmes résidentiels sont tenus de servir dans une Église locale le week-end. Ils sont suivis de près grâce aux commentaires réguliers de leurs mentors de l'Église locale. Toutefois, pour les programmes non résidentiels, notre principal défi est de savoir comment maintenir notre philosophie de formation en trois volets. Sur le plan académique, nous n'avons pas réussi à trouver un moyen efficace d'enseigner les langues bibliques, qui sont indispensables pour une analyse approfondie en matière d'études bibliques. De même, il est difficile d'encadrer quelqu'un et/ou d'avoir une supervision pratique de son ministère sans passer beaucoup de temps avec cette personne. En fin de compte, nous sommes obligés de baisser la norme de formation pour les programmes non résidentiels dans ces trois domaines.

Deuxièmement, nous ne devons pas abandonner complètement le modèle résidentiel traditionnel (le paradigme clérical), car le clergé continuera à jouer un rôle important dans l'Église. Bien que nous ressentions le besoin d'explorer prudemment les innovations et les moyens non conventionnels de faire de la formation théologique, une certaine forme de modèle traditionnel doit être maintenue[5]. Les responsables d'églises bi-professionnels ont des limites, dont la plus importante est le manque de temps. Ils doivent gérer leurs entreprises, travailler dans leurs bureaux, s'occuper de leurs patients ou répondre aux besoins de leurs clients. Ainsi, les responsables bi-professionnels ont moins de temps pour se préparer au ministère de la Parole, pour étudier l'Écriture de manière adéquate, pour mener la réflexion théologique nécessaire et pour s'occuper de leurs tâches pastorales de manière exhaustive.

Troisièmement, on a encore besoin d'académiques théologiques chrétiens pour s'engager dans l'académie. Le paradigme clérical résidentiel fournit une plate-forme pour la formation et la production de personnel pour cette tâche. Un sentiment répandu parmi les écoles théologiques du monde émergent préconise aujourd'hui des programmes de formation théologique plus pratiques et moins académiques. Ceci écarte une idée répandue selon laquelle « plus pratique » signifierait nécessairement « moins académique », et vice versa. C'est une fausse dichotomie. La critique sévère de Mark Noll contre l'anti-intellectualisme de l'Église évangélique américaine il y a vingt ans s'applique toujours à nous aujourd'hui[6]. Aujourd'hui, plus que jamais, les évangéliques du monde entier ont besoin de s'impliquer dans la société. Les institutions académiques sont des lieux d'influence sociétale. Si l'Église cherche à s'engager dans la société et à la transformer, les écoles théologiques ne doivent pas négliger la composante intellectuelle de la population. En fin de compte, le paradigme du « peuple de Dieu » de Calian semble être le plus logique. Mais tout en incluant la formation de dirigeants bi-professionnels, les écoles théologiques ne doivent pas abandonner les programmes de formation traditionnels pour le clergé.

Cette transition vers un nouveau paradigme exige une flexibilité stratégique qui inclut une formation pour une direction à rôles multiples comportant des normes académiques multiples grâce à des modes d'enseignement multiples. Le « Manifeste pour le renouveau de l'enseignement théologique évangélique » de

5. Nous devrions tenir compte de la prudence du manifeste de l'ICETE : « Nous devons être encouragés et stimulés par toutes les bonnes initiatives entreprises et les succès rencontrés. Nous avons aussi tous à l'esprit des situations d'échec, souvent proches de nous : nous les confessions humblement. Parfois, la tradition n'a été préservée que par principe, alors qu'elle n'était pas ou plus adaptée. À l'inverse, certaines réformes peu judicieuses ont été adoptées pour la seule raison qu'elles étaient nouvelles. Tout ceci handicape sérieusement la formation de responsables compétent pour l'Église de Christ ». Voir ICETE, « Manifeste pour le renouveau de l'enseignement théologique évangélique », consulté le 23 mai 2022, https://icete.info/wp-content/uploads/2019/04/Manifesto_ICETE_FR.pdf.

6. Mark A. Noll, *Scandal of the Evangelical Mind*, Grand Rapids, MI, Eerdmans, 1994.

l'ICETE a été rédigé pour « encourager, guider et mettre au défi de façon critique » la poursuite du renouveau parmi les formateurs théologiques évangéliques dans le monde[7]. Le document présente un programme en douze points pour ce renouvellement. Pour notre propos, nous nous concentrerons sur le troisième mandat, « la souplesse stratégique ». Une citation *in extenso* est de rigueur :

> Nos programmes d'enseignement théologique doivent faire preuve d'une plus grande souplesse pour atteindre leur but. Pendant trop longtemps, nous nous sommes contentés de former un seul type de responsable, pour un seul domaine de service dans 1'Église et au moyen d'une seule méthode éducative. Si nous voulons servir pleinement le corps de Christ par la formation de ses dirigeants, nos programmes doivent faire preuve d'une plus grande souplesse sur trois niveaux au moins. Premièrement, nous devons considérer 1'éventail complet des différentes *fonctions* de leadership dont nous avons besoin, et ne pas nous cantonner aux plus courantes ou aux plus indispensables. Par exemple, il n'est pas suffisant de nous limiter à la formation de pasteurs. Nous devons répondre aussi, de manière créative et interdisciplinaire, à la nécessite pour 1'Église d'avoir des dirigeants compétents dans les domaines de 1'instruction chrétienne, du travail parmi les jeunes, de l'évangélisation, du journalisme et de la communication, de l'enseignement théologique décentralisé, de la relation d'aide, de 1'administration des organisations ecclésiales et para-ecclésiales, du personnel des facultés et des écoles bibliques, des comités de développement et des ministères sociaux. Deuxièmement, nos programmes doivent prendre en considération les besoins de tous les *niveaux académiques* auxquels nous devons répondre, et qui ne doivent pas se limiter à servir un seul niveau. Nous ne devons pas considérer a priori que le plus haut degré de formation soit le seul besoin vital, ni inversement que le plus bas niveau soit le seul besoin important. Nous devons délibérément viser divers niveaux dans la formation de nos dirigeants afin de répondre aux besoins de 1'Église à ces différents niveaux. Troisièmement, nous devons rechercher une plus grande souplesse dans les *méthodes* d'enseignement qui nous permettront de répondre aux divers besoins au lieu de limiter notre approche à une seule méthode, qu'elle soit traditionnelle ou

7. ICETE, « Manifeste ».

> innovatrice. Nous devons apprendre à employer, en dialogue avec d'autres disciplines, des programmes résidentiels aussi bien que décentralisés, des approches formelles aussi bien qu' informelles (cours groupés, ateliers, cours du soir, cours itinérants, remise à niveau, formation continue...) Seule une telle souplesse dans nos programmes nous permettra de répondre à 1'eventail complet des besoins de 1'Église concernant les fonctions de dirigeant, et que nous serons nous-mêmes vraiment fidèles à notre vocation. Voilà ce que nous devons accomplir par la grâce de Dieu[8].

En résumé, le mandat de souplesse stratégique du Manifeste de l'ICETE appelle à l'élargissement des axes traditionnels de la formation théologique dans trois domaines, à savoir les rôles des dirigeants d'église, les niveaux des normes académiques et les modes d'enseignement.

La mise en œuvre du nouveau paradigme

Manoch Jangmook est un ancien du BBS qui y a travaillé à divers titres pendant plus de trente ans. Il a occupé divers postes au sein de l'institution – doyen des affaires étudiantes, directeur des études, vice-doyen – et il est l'actuel doyen de l'école théologique depuis 1999. Sous sa direction, le BBS a atteint entre 150 et 200 étudiants entre 1999 et 2005 et entre 400 et 750 depuis 2006. En tant que doyen, M. Jangmook a été à l'écoute des besoins de l'Église et a créé de nouveaux programmes d'études pour y répondre. Il a adopté un nouveau paradigme de fonctionnement doté d'une souplesse stratégique.

La figure 11 montre la croissance de la population étudiante de 1971 à 2013, et la figure 12 indique le nombre de diplômés pendant la même période.

8. ICETE, « Manifeste », mandat 3.

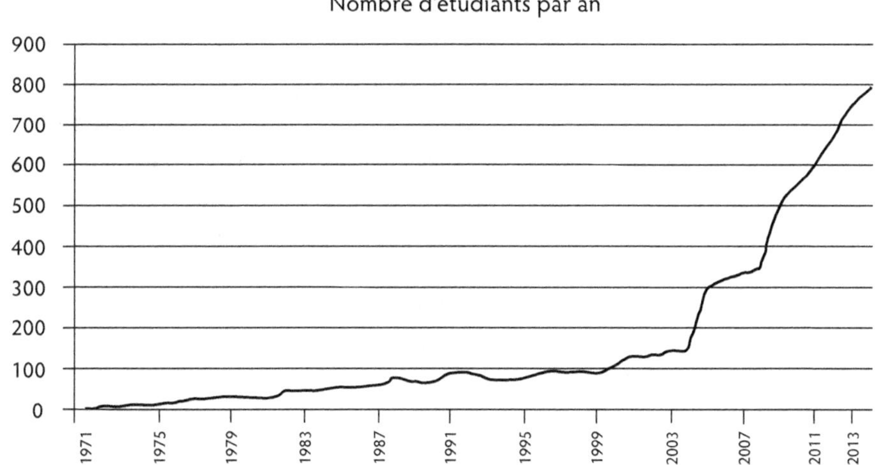

Figure 11. Croissance de la population des étudiants de 1971 à 2013

Figure 12. Nombre de diplômés durant la même période

Lorsque Manoch Jangmook est devenu doyen de l'école théologique, il a hérité du paradigme clérical avec trois programmes résidentiels axés sur la formation de dirigeants à plein temps pour l'Église. La licence de théologie (BTh) est un programme d'études de premier cycle de 144 heures-crédits qui nécessite quatre années de résidence, une année de stage dans une Église entre la troisième et la quatrième année, et un stage de ministère le week-end pendant toute la durée de la résidence. Le Master 1 en théologie (MDiv) et Master ès sciences bibliques (MBS) sont des programmes de 96 et 66 heures-crédits qui nécessitent respectivement trois et deux ans d'études à temps plein. Ces formations comportent également des exigences en matière de stage ministériel de week-end et de stage d'été. Le tableau 7 donne un aperçu de tous les programmes accrédités et non accrédités développés et offerts au BBS entre 1971 et 2015.

Tableau 7. BBS Programmes accrédités et non accrédités

Programme	Accréditation	Début	Cible	Raison	Résumé du programme
BTh	ATA	1971	Clergé	Exhaustif	Résidentiel : 4+1 ans (144 crédits) + comp.
MDiv	ATA	1975	Clergé	Exhaustif	Résidentiel : 3 ans (96 crédits) + comp.
MBS	ATA	1980	Clergé	Temps réduit	Résidentiel : 2 ans (66 crédits) + comp.
MMin [Master 1 en ministère] (sur-site)	ATA	2001	Clergé	Temps réduit Temps dédié	Modulaire sur site : 2 ans (36 crédits) + 30 aperçus de prédications
BCS/ MCS (TEE)		2004	Bi-professionnel	Location	Extension : 3.5 ans (120 crédits) Actuellement interrompu MCS (TEE), remplacé par MCS (en-ligne)
ThM/ DMin PhD (AGST)	ATA	2006	Clergé	Temps dédié	Modulaire sur site/ hors site : divers programmes diplômants

MCS (soir)		2009	Bi-professionnel	Temps flexible	Résidentiel le soir : 2 ans (36 crédits)
MCA		2009	Clergé	Temps réduit Temps dédié	Modulaire sur site : 2 ans (36 crédits) + projet
MMin (en ligne)	ATA	2011	Clergé	Temps réduit Temps dédié Location	Modulaire hors site : 2 ans (36 crédits) + 30 aperçus de prédications
MCS (en ligne)		2013	Bi-professionnel	Temps réduit Temps flexible Location	En-ligne le soir : 2 ans (36 crédits)
LLI		2014	Bi-professionnel	Temps réduit Temps flexible	Samedi : 1 an (module de 6 périodes de 3 semaines + stage pratique)

Sous la direction de Jangmook, le BBS a poursuivi la tradition de formation des ministres à plein temps en les aidant à accéder plus facilement à la formation théologique dans trois domaines. Tout d'abord, le BBS a mis sur pied le Master 1 en ministère (MMin) en tant que programme de 36 heures-crédits à réaliser en trois ans. Ce programme, composé de modules d'une semaine, est destiné aux pasteurs qui sont activement engagés dans le ministère et qui ne peuvent pas s'absenter longtemps de leur congrégation pour suivre une formation complémentaire après leur BTh. En plus des travaux de cours, les étudiants doivent également soumettre un document final de vingt-cinq pages et trente exposés de prédication. Au départ, les modules n'ont eu lieu que sur le campus du BBS, mais plusieurs régions de Thaïlande ont demandé que l'école théologique organise des programmes de MMin hors campus. En conséquence, plusieurs promotions d'étudiants ont été formées à Khon Kaen, Phitsanulok, Nakhon Ratchasima et Chiang Mai entre 2011 et 2014. Des enseignants ont été envoyés pour dispenser des cours dans ces localités. Ensuite, dans un effort plus poussé pour former le clergé à l'enseignement théologique supérieur, le BBS s'est joint à un consortium d'écoles théologiques provenant principalement de Malaisie et de Singapour, sous l'égide de l'Asia Theological Association (ATA), pour former l'Asia Graduate School of Theology Alliance (AGST Alliance). Ce partenariat se propose de mettre en commun des ressources pour offrir des diplômes de troisième cycle tels que la maîtrise de théologie (MTh), le doctorat en ministère (DMin) et le doctorat en philosophie (PhD) dans divers domaines des études chrétiennes.

Enfin, de nombreux diplômés du BBS ont été appelés non seulement à être pasteurs, mais aussi à gérer leurs Églises et organisations chrétiennes affiliées. Au BBS, nous sommes confiants dans notre capacité à préparer nos diplômés sur le plan biblique, théologique et pastoral. Ce dont ces diplômés ont besoin dans ces situations, cependant, ce sont les compétences administratives et le « savoir-faire » pour bien gérer une organisation. C'est pourquoi, en 2011, le BBS a lancé le Master of Christian Administration (MCA), un programme modulaire qui se réunit quatre fois par an pendant deux ans. Le MCA est conçu comme une mini cohorte de MBA, avec un accent sur la gestion des organisations à but non lucratif. Les enseignants sont des académiques et des praticiens chrétiens dans leurs domaines de compétence, tels que la gestion des ressources humaines, la formation aux fonctions d'encadrement, la comptabilité, les finances et la collecte de fonds, le marketing et l'image de marque, et enfin la gestion de projets. En plus des huit modules, les étudiants doivent soumettre un projet final et répondre à ses exigences.

Il est clair de ce qui précède que le BBS, sous notre troisième président, n'a pas abandonné le besoin de produire des ministres et des membres du clergé qualifiés pour l'Église. Néanmoins, le président a élargi la mission du BBS pour inclure la formation de leaders bi-professionnels dans quatre domaines, à savoir le programme décentralisé (Formation Théologique par Extension [TEE]), le programme du soir (Master of Christian Studies [MCS]), le programme en ligne (MCS online), et le programme pour laïcs durant le week-end (Lay Leadership Institute [LLI]).

Le programme de formation théologique décentralisée (TEE) a été lancé en 2005. Dans un premier temps, il s'adressait aux responsables bi-professionnels et a commencé comme un programme de « lecture-et-test », dans lequel des documents de lecture étaient envoyés aux étudiants et, à la fin du semestre, les étudiants venaient sur le campus ou dans un site d'extension agréé pour les examens à choix multiples de fin de semestre. Depuis lors, le TEE a évolué pour inclure du matériel multimédia, des quiz hebdomadaires, des questions à réponse courte dans les examens finaux et, en fin de terme, un mémoire de mise en pratique. Les étudiants doivent suivre vingt groupes de matières qui peuvent être achevés en trois ans et demi. Des étudiants de toutes les provinces de Thaïlande et de divers autres pays participent actuellement à notre programme TEE.

Le programme du soir du Master of Christian Studies (MCS) a été lancé en 2009 pour les bi-professionnels responsables d'églises qui souhaitent vivre une expérience en salle de cours et une formation académique plus intense que le TEE, mais qui ne peuvent pas assister aux cours du jour. Les cours de MCS ont lieu trois soirs par semaine (lundi, mardi et jeudi) sur le campus, de 18h à 20h30. Les étudiants doivent suivre douze cours, dont six sont obligatoires.

Les bi-professionnels dirigeants d'églises à Bangkok et dans les environs ont pu utiliser la formation théologique offerte par le programme du soir du MCS. Nous étions cependant conscients que de nombreuses personnes en dehors de la zone métropolitaine de Bangkok aimeraient également profiter de cette formation. Ainsi, en 2012, le BBS a essayé la technologie en ligne et a commencé à diffuser tous les cours du soir du MCS sur Internet. Le programme pilote a connu un grand succès, à tel point que nous avons officiellement lancé le MCS en ligne l'année suivante. La technologie de la classe virtuelle cherche à simuler, le plus fidèlement possible, l'expérience de salle de cours pour ceux qui suivent le cours en ligne dans un lieu éloigné. Les étudiants peuvent faire partie de la classe en visuel grâce à plusieurs caméras qui sont tournées vers le conférencier, le tableau blanc, les élèves de la classe et le projecteur. Le son en classe capte à la fois la voix du conférencier et celle des élèves qui interviennent. En utilisant leur webcam, les élèves en ligne apparaissent ensemble sur un grand écran de télévision dans la classe et peuvent poser des questions ou faire une présentation depuis leur lieu de résidence. Il y a également une boîte de discussion informelle, qu'on peut utiliser pour poser des questions en classe. Un « tableau blanc » commun en ligne, appelé « etherpad[9] », permet de discuter et de contribuer en temps réel.

En 2013, le BBS a été approché par une Église dynamique composée surtout de professionnels du monde des affaires dont le personnel pastoral, principalement des dirigeants bi-professionnels de classe sociale supérieure, avait besoin de prêcher et d'enseigner la Bible régulièrement. Cette Église a demandé au BBS de former ses dirigeants à la bonne utilisation de la Parole de Dieu en chaire. Leurs dirigeants devaient à la fois travailler pendant la journée et effectuer des tâches d'église à divers titres le soir. De ce fait, en janvier 2014, le BBS a créé l'Institut pour leaders laïcs (Lay Leader Institute – LLI) et a commencé un cycle de certification en prédication et enseignement bibliques de vingt-et-un samedis, dont six samedis de théologie, trois samedis d'outils de langues bibliques, trois

9. Etherpad est un éditeur de texte libre fonctionnant de manière collaborative et en temps réel : https://etherpad.org.

samedis d'interprétation biblique, deux samedis d'éducation chrétienne et de méthodes d'enseignement, deux samedis de préparation et de présentation de sermons et cinq samedis de stage de prédication et d'enseignement.

Dans l'ensemble, le BBS a adopté un nouveau paradigme de fonctionnement qui, à l'écoute des besoins de l'Église, a créé de nouveaux programmes d'études pour y répondre en conséquence. Pour qu'une école théologique puisse accomplir cela, il lui faut être flexible dans trois domaines. Premièrement, faire preuve de flexibilité pour former l'ensemble du peuple de Dieu, à la fois le clergé et les dirigeants bi-professionnels. Deuxièmement, faire preuve de flexibilité dans ses modes d'enseignement. Le BBS continue d'utiliser et d'étendre le mode traditionnel de classe résidentielle dans ses programmes, mais il utilise aussi des pratiques éducatives non conventionnelles telles que des programmes d'extension sur papier ou multimédia, des programmes modulaires sur site et hors site, des programmes hors des heures de cours (soir et week-end) et des programmes en ligne utilisant la technologie. Enfin, le paradigme du peuple de Dieu ne fonctionne que si nous autorisons plus d'une norme de formation. Pour que nous puissions former au maximum un plus grand nombre de responsables d'église, nous devons permettre à chacun de maximiser son potentiel dans les limites de ses propres capacités. Si un membre érudit du clergé a le temps, le désir et l'aptitude de terminer le Master 1 ou d'obtenir un Master 2 et peut-être un doctorat afin de devenir un enseignant théologique, alors il ou elle devrait être autorisé/e à poursuivre ce programme d'études. En revanche, si un enseignant bénévole de l'école du dimanche, qui n'est disponible que le soir, veut être formé pour un ministère plus fructueux dans ce domaine, il devrait également y être autorisé. Dans ce cadre, tous les programmes du clergé au BBS (sauf le MCA) sont accrédités par l'ATA. Les programmes pour les leaders bi-professionnels sont des programmes non accrédités par l'ATA. Grâce à cette diversité de normes, le BBS a pu faire face aux diverses limitations de nos étudiants et ainsi former plus de leaders pour le ministère. Si nous nous en tenons à une norme de formation unique, nous aurons le problème inhérent de savoir quoi faire des étudiants qui ne peuvent pas satisfaire à cette norme. La qualité d'un programme a tendance à être inversement proportionnelle à la quantité d'étudiants auxquels nous permettons d'obtenir un diplôme. Par exemple, si les exigences académiques du Master 1 sont relevées, le nombre d'étudiants pouvant suivre le programme sera moindre. Mais en tenant compte de la diversité des normes de formation, si un étudiant, contraint par ses limites particulières, ne peut pas terminer le programme de Master 1, il peut toujours poursuivre la formation et sera admis au MBS ou au MCS. De cette façon, les normes de notre programme sont maintenues tout en donnant à tous les étudiants une chance d'obtenir un diplôme à un niveau qui leur convienne.

Dans le cadre de ce nouveau paradigme, le Bangkok Bible Seminary a pu former de plus en plus de dirigeants à différents niveaux, car nous avons choisi de voir de multiples rôles dans la direction de l'Église, de mettre en œuvre de multiples modes de diffusion de l'enseignement et de permettre de multiples normes de formation.

Le nouveau paradigme aide également le BBS sur le plan financier en faisant appel à des leaders bi-professionnels et à leurs ressources. Depuis 2000, les finances du BBS sont plus stables et plus autonomes. L'école théologique tire ses revenus des frais de scolarité, des dons étrangers et locaux, de la location des installations, des intérêts bancaires et de la vente de littérature. À l'heure actuelle, environ 70 % des revenus proviennent des frais de scolarité et environ 30 % d'autres sources. Hormis la diminution initiale et brève des dons (étrangers et locaux) due à la transition de direction, les revenus non liés aux études sont restés relativement constants. Ce qui a été remarquable, cependant, c'est l'augmentation sensible des revenus provenant des frais de scolarité.

Pour comprendre cet effet, nous devons examiner trois types de programmes et leurs finances respectives. Premièrement, les programmes résidentiels (BTh, MDiv et MBS) ont toujours été largement subventionnés. Ils sont déficitaires car les ministres qui ont choisi d'étudier à temps plein ne peuvent généralement pas subvenir au coût total de leurs études. Même lorsqu'ils sont partiellement financés par l'Église, la mission ou l'organisation qui les envoie, ces étudiants dépendent de subventions considérables de la part de l'école théologique. Comme nous l'avons vu précédemment, environ 60 % des coûts de la formation doivent être couverts par des moyens autres que les revenus des frais de scolarité.

Les autres types de programmes sont les programmes modulaires (MMin, MCA) et les programmes de week-end (LLI). Ces programmes sont conçus pour être autosuffisants, avec la possibilité d'une petite marge bénéficiaire pour aider à compenser les frais administratifs de l'école théologique. Certaines mesures garantissent l'autonomie financière de ces programmes. L'admission à ces programmes, à l'exception du MMin sur le campus de Bangkok, se fait pour des cohortes avec un nombre minimum d'étudiants requis pour chacun. Pour le MMin hors site, vingt étudiants sont nécessaires pour que le programme commence sur un site particulier, et quinze doivent être maintenus pour qu'il se poursuive. Les étudiants qui souhaitent suivre le reste des cours doivent venir le faire sur place si ce minimum n'est pas atteint. De même, les étudiants sont acceptés dans le MCA (programme de deux ans) en cohortes chaque année en mai. Un minimum de huit étudiants est nécessaire pour que chaque cohorte puisse commencer. Il s'agit de s'assurer qu'il y a au moins quinze étudiants dans un cours donné. De même, le programme de 21 week-ends d'études supérieures a une exigence minimale de 30 étudiants pour chaque nouvelle promotion. Le MMin sur place est différent. Il se déroule sur un cycle de deux ans de huit à dix matières. Les étudiants peuvent choisir les cours à leur convenance. Toutefois, chaque fois que le nombre d'étudiants descend en dessous d'un certain seuil, le BBS envisage de bloquer les admissions au programme et de passer également à un modèle de cohorte. Pour le MMin sur place, les frais de scolarité sont payés par classe. Pour le reste, les frais de scolarité sont soit payés d'avance, soit perçus en deux versements.

Enfin, les programmes de formation théologique sur site d'extension (TEE), en soirée et en ligne (MCS) ont été conçus pour générer des revenus. Ils ont leurs coûts fixes respectifs et d'autres dépenses courantes. Avant le début du programme TEE, le personnel de l'école théologique était envoyé pour s'informer sur les programmes d'extension dans un collège local, dont le cadre était modifié et devenait le format initial du programme TEE du BBS. Dans les premières années du TEE, beaucoup de temps et de ressources humaines et financières furent consacrés à la production du matériel pédagogique de base. Ce processus a été achevé après le premier cycle de trois ans et demi du programme. Des révisions du matériel de cours sont effectuées tous les deux cycles. Les principaux coûts permanents comprennent la reproduction et l'expédition du matériel de cours, la correction des devoirs et la surveillance des examens. Le programme en ligne a un coût de démarrage assez important. Tout d'abord, l'école théologique doit investir dans la technologie. Nous avons des professeurs qui ont déjà travaillé dans l'industrie technologique et qui sont à l'aise avec une réelle culture de l'innovation. Il en résulte une solide équipe informatique composée de professeurs, d'employés et d'étudiants. Sur le plan de l'équipement, nous avons commencé avec du matériel existant et des logiciels du domaine public et nous avons lentement mis à niveau la technologie pour en accroître la fonctionnalité et l'utilité. Il faut toujours continuer à développer la technologie. Par conséquent, l'innovation a un coût continu. En outre, les ressources humaines constituent une autre partie importante du coût de fonctionnement. Une équipe informatique doit être maintenue pour qu'un programme en ligne soit couronné de succès. Cependant, les programmes en extension et en ligne présentent des avantages bien plus importants qui justifient ces dépenses, dans la mesure où ils mettent la formation théologique à la disposition de ceux qui, autrement, ne pourraient pas y avoir accès.

D'un point de vue fiscal, ces programmes ouvrent de nouveaux marchés qui permettent de générer des revenus, non seulement pour couvrir les frais généraux de fonctionnement, mais aussi pour subventionner des programmes résidentiels.

Avant 2005, le BBS était déficitaire chaque année et le serait encore s'il n'y avait pas eu les importantes subventions accordées par les donateurs étrangers et locaux. Lorsque les programmes de formation théologique par extension (TEE) ont commencé, les revenus annuels générés ont dépassé les dépenses respectives de ces programmes. Ces écarts se sont encore creusés après le démarrage des programmes du soir du MCA et du MCS en 2009. Avec le lancement récent du programme en ligne, nous nous attendons à ce que les revenus des frais de scolarité augmentent encore davantage. L'excédent annuel a été affecté aux fonds de dotation (5 % du budget) et de mission (1 % du budget).

Jusqu'à ces dernières années, le BBS était confronté à deux problèmes : la production de dirigeants et la viabilité financière. Nous avions essayé de résoudre ces problèmes en utilisant le paradigme habituel du clergé. Mais pourquoi devons-nous nous limiter à les surmonter avec un vieux paradigme auto-imposé ? D'une certaine manière, le BBS est un exemple de la puce qui s'échappe du bocal ouvert. En mettant en œuvre un nouveau paradigme avec une flexibilité stratégique, l'école théologique a pu remplir sa mission de manière plus efficace en formant des dirigeants pour l'Église, et ce dans un souci de stabilité financière.

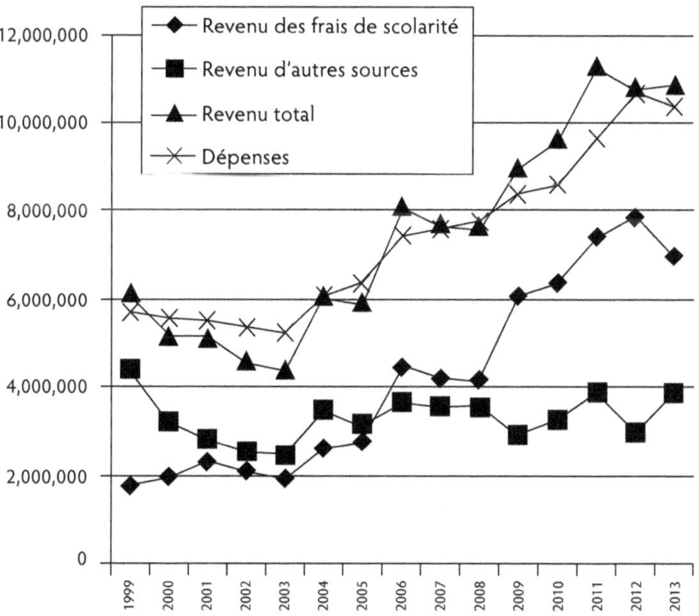

Figure 13. Revenu et dépenses du BBS entre 1999 et 2013

Bibliographie

Références francophones

ALTHUSSER Louis, « Idéologie et appareils idéologiques d'État », La Pensée, n°151, juin 1970.

BONHOEFFER Dietrich, *De la vie communautaire*, Paris, Labor et Fides, 1997.

DEININGER Fritz, « La direction académique en tant que ministère chrétien : un poste de direction exigeant », dans *La direction académique dans la formation théologique, vol. 1, les fondements*, sous dir. Fritz Deininger et Orbelina Eguizabal, collection ICETE, Carlisle, Langham Global Library, 2021.

DEININGER Fritz, « Doyen et directeur académique : partenaires dans la formation théologique », dans *La direction académique dans la formation théologique, vol. 1, les fondements*, sous dir. Fritz Deininger et Orbelina Eguizabal, collection ICETE, Carlisle, Langham Global Library, 2021.

DEININGER Fritz, EGUIZABAL Orbelina, *La direction académique dans la formation théologique, vol. 1, les fondements*, collection ICETE, Carlisle, Langham Global Library, 2021.

EGUIZABAL Orbelina, « Les directeurs académiques en tant qu'agents du changement », dans *La direction académique dans la formation théologique, vol. 1, les fondements*, sous dir. Fritz Deininger et Orbelina Eguizabal, collection ICETE, Carlisle, Langham Global Library, 2021.

ELLUL Jacques, *La technique ou l'enjeu du siècle*, Paris, Economica, réimp. 2008.

FOSTER Richard, *Éloge de la discipline*, Deerfield, Éditions Vida, 1993.

FREIRE Paulo, *La pédagogie des opprimés*, Marseille, Agone, 2021.

Mouvement de Lausanne, « L'Engagement du Cap », https://lausanne.org/fr/mediatheque/ctc/engagement-du-cap, consulté le 21 juin 2022.

SHAW Perry W. H., *Transformer la formation théologique : un manuel pratique pour un apprentissage intégral et contextuel*, trad. Célia Evenson, Carlisle, Langham Global Library, 2015.

Références internationales

ALESHIRE Daniel O., « The Future of Theological Education: A Speculative Glimpse at 2032 », *Dialog: A Journal of Theology* 50, n°4, décembre 2011, p. 380-385, consulté le 31 mars 2015, EBSCO.

APPLE Michael W., *Education and Power*, Boston, Routledge & Kegan Paul, 1982.

ARGRIS Chris, Donald SCHÖN, *Theory in Practice: Increasing Professional Effectiveness*, San Francisco, Jossey-Bass, 1974.

Asia Theological Association, *Asia Theological Association Manual for Accreditation*, Quezon City, Philippines, ATA, 2013, Adobe PDF eBook.

BANDURA Albert, *Social Learning Theory*, Englewood Cliffs, NJ, Prentice Hall, 1977.

BANKS Robert J., *Reenvisioning Theological Education: Exploring a Missional Alternative to Current Models*, Grand Rapids, MI, Eerdmans, 1999.

BENDER Tisha, *Discussion-Based Online Teaching to Enhance Student Learning: Theory, Practice, and Assessment*, Sterling, VA, Stylus Publishing, 2012.

BENNIS Warren, *Changing Organizations*, New York, McGraw-Hill, 1966.

BERBEL Neusi Aparecida N., *Metodologia do Ensino, Superior: realidade e significado.* Campinas, Brésil, Papirus, 1994.

BERKUN Scott, « How to Identify and Learn from Your Mistakes », *Lifehacker* (blog), 29 novembre 2011, consulté le 4 mai 2015, http://lifehacker.com/5863490/howto-learn-from-your-mistakes.

BIGGS John, *Teaching for Quality Learning at University*, 2e éd., Maidenhead, Open University, 2003.

BLAMIRES Harry, *The Christian Mind: How Should a Christian Think?*, c. 1963, Vancouver, Regent College, 2005.

BLUMBERG Arthur, BLUMBERG Phyllis, *The Unwritten Curriculum: Things Learned but Not Taught in School*, Thousand Oaks, CA, Corwin, 1994.

BOETTCHER Judith V., CONRAD Rita, *Online Teaching Survival Guide: Simple and Practical Pedagogical Tips*, San Francisco, Jossey-Bass, 2010.

BOUD, David, « Assessment and Learning: Contradictory or Complementary? », dans *Assessment for Learning in Higher Education*, sous dir. Peter Knight, Londres, Kogan Page, 1995, p. 35-48.

BOWDEN John, MARTON Ference, *The University of Learning: Beyond Quality and Competence*, Londres, RoutledgeFalmer, 1998.

BOWEN Jose Antonio, *Teaching Naked: How Moving Technology Out of Your College Classroom Will Improve Student Learning*, San Francisco, Jossey-Bass, 2012.

BOWLES Samuel, GINTIS Herbert, *Schooling in Capitalist America: Educational Reform and the Contradictions of Economic Life*, New York, Basic, 1976.

BROWN Sally, RACE Phil, RUST Chris, « Using and Experiencing Assessment », dans *Assessment for Learning in Higher Education*, sous dir. Peter Knight, Londres, Kogan Page, 1995, p. 75-85.

BUARQUE Cristovam, *A aventura da universidade*, São Paulo, UNESP ; Rio de Janeiro, Paz e Terra, 1994.

BUCKLAND Ron, « How to Promote Change: Workshop Resource Sheet », sans date.

CALIAN Carnegie S., *The Ideal Seminary: Pursuing Excellence in Theological Education*, Louisville, KY, Westminster John Knox, 2002.

CAMPBELL Susan, « Scratching the Itch: Paul's Athenian Speech Shaping Mission Today », *Evangelical Review of Theology* 35, n°2, 2011, p. 177-184, consulté le 17 février 2015. http://search.ebscohost.com/login.aspx?direct=true&db=rlh&AN=60802023&site=ehost-live.

CANNELL Linda, *Theological Education Matters: Leadership Education for the Church*, Newburgh, IN, EDCOT, 2006.

CARR Nicholas, *The Shallows*, New York, W. W. Norton, 2010.

CARR-CHELLMAN Alison A., sous dir. *Global Perspectives on E-Learning: Rhetoric and Reality*, Thousand Oaks, CA, Sage, 2005.

CARROLL Jude, *Tools for Teaching in an Educationally Mobile World*, New York, Routledge, 2015.

CHALMERS Denise, FULLER Richard, *Teaching for Learning at University*, Londres, Kogan Page, 1996.

CHEESMAN Graham, « Competing Paradigms in Theological Education Today », *Evangelical Review of Theology* 17, n°4, 1993, p. 484-499.

CHEESMAN Graham, « Love », *Teaching Theology* (blog), 1er mai 2015, http://teachingtheology.org/2015/05/01/love.

CHRISTENSEN Clayton M., EYRING Henry J., *The Innovative University: Changing the DNA of Higher Education from the Inside Out*, San Francisco, JosseyBass, 2011.

CLINTON J. R., *The Making of a Leader*, Colorado Springs, CO, NavPress, 1988.

COLE Victor Babajida, *Training of the Ministry: A Macro-Curricular Approach*, Bangalore, Theological Book Trust, 2001.

CONRAD Rita-Marie, DONALDSON Ana J., *Engaging the Online Learner: Activities and Resources for Creative Instruction*, San Francisco, Jossey-Bass, 2011.

CORNBLETH C., « Curriculum In and Out of Context », *Journal of Curriculum and Supervision* 3, n°2, 1988, p. 85-96, consulté le 1er février 2016. http://www.ascd.org.

COX Bernard, FIEN John, WHITE Clayton, « Sustainable Futures across the Curriculum », dans UNESCO, « Teaching and Learning for a Sustainable

Future », module 6, 2010, consulté le 14 juillet 2016, http://www.unesco.org/education/tlsf/docs/tlsf_doclist.html.

CRANTON Patricia, *Understanding and Promoting Transformative Learning: A Guide for Educators of Adults*, 2e éd., San Francisco, Jossey-Bass, 2006.

CRONBACH Lee, « Course Improvement through Evaluation », *Teachers College Record* 64, n°8, 1963, p. 672-683.

CRONBACH Lee, *Designing Evaluation of Educational and Social Programs*, San Francisco, Jossey-Bass, 1982.

CRONSHAW Darren, « Reenvisioning Theological Education and Missional Spirituality », *Journal of Adult Theological Education* 9, n°1, 2012, p. 9-27.

CURWIN Richard, « It's a Mistake Not to Use Mistakes as Part of the Learning Process », *Edutopia* (blog), 28 octobre 2014, consulté le 3 mai 2015. http://www.edutopia.org/blog/use-mistakes-in-learning-process-richard-curwin.

D'ANDREA Vaneeta-Marie, « Organizing Teaching and Learning: Outcomes-Based Planning », dans *A Handbook for Teaching and Learning in Higher Education*, sous dir. Heather Fry, Steve Ketteridge et Stephanie Marshall, Londres, Kogan Page, 2000, p. 41-57.

DAS Rupen, HADDAD Elie, « Assessing Outcomes: Does Seminary Training Make a Difference in the Community? », Arab Baptist Theological Seminary, Beyrouth, 2012, article non publié.

DEMO Pedro, « Crise dos Paradigmas da Educação Superior », *Educação Brasileira* 16, n°32, janvier 1994, p. 15-48.

DEWEY John, *Democracy and Education*, Mineola, NY, Courier Dover Publications, 2004.

DEWEY John, *Experience and Education: The 60th Anniversary Edition*, West Lafayette, IN, Kappa Delta Pi, 1998.

DIAMOND Robert, *Designing and Improving Courses and Curricula in Higher Education*, San Francisco, Jossey-Bass, 1989.

DURKHEIM Emile, *Education and Sociology*, New York, Free Press, 1956.

DURKHEIM Emile, *Moral Education*, New York, Free Press, 1961.

DYKSTRA Craig R., *Growing in the Life of Faith: Education and Christian Practices*, 2e éd., Louisville, KY, Westminster John Knox, 2005.

EBEL Robert L., « The "Essentials" of Educational Measurement », dans *Understanding Outcomes-Based Education: Teaching and Assessment in South Africa – A Reader*, sous dir. John Gultig et al., Le Cap, SAIDE/Oxford, 1998, p. 43-48.

EDGAR Brian, « The Theology of Theological Education », *Evangelical Review of Theology* 29, n° 3, 2005, p. 208-217, https://theology.worldea.org/wp-content/uploads/2020/12/ERT-29-3.pdf.

EISNER Elliot W., *The Educational Imagination: On the Design and Evaluation of School Programs*, 3e éd. Upper Saddle River, NJ, Prentice Hall, 1994.

ENTWISTLE Noel, « Learning and Studying: Contrasts and Influences », dans *Creating the Future: Perspectives on Educational Change*, sous dir. Dee Dickinson (New Horizons for Learning, 2002), consulté le 16 juin 2017, http://education.jhu.edu/PD/newhorizons/future/creating_the_future/index.html.

ESCOBAR Samuel, « What Is the Ministry toward Which We Teach? », dans *Practical Wisdom: On Theological Teaching and Learning*, sous dir. Malcolm L. Warford, New York, Peter Lang, 2004, p. 143-157.

European Evangelical Accrediting Association, *Manual with Visitation Guidelines of the European Evangelical Accrediting Association*, consulté le 21 juillet 2016. https://eeaawordpress.files.wordpress.com/2011/12/eeaa-manual-5th-edition-20122.pdf.

FAHEY Shireen, « Curriculum Change and Climate Change: Inside Outside Pressures in Higher Education », *Journal of Curriculum Studies* 44, n°5, mai 2012, p. 703-722.

FERENCZI Jason E., « Governance in International Theological Education: A Study in Asia, the Caribbean, Eurasia, and Latin America », EdD diss., Columbia International University, 2012.

FERENCZI Jason E., *Serving Communities: Governance and the Potential of Theological Schools*, Carlisle, Langham Global Library/ICETE, 2015.

FERRIS Robert W., *Establishing Ministry Training: A Manual for Programme Developers*, Pasadena, CA, William Carey Library, 1995.

FERRIS Robert W., *Renewal in Theological Education: Strategies for Change*, Wheaton, IL, Billy Graham Center, Wheaton College, 1990.

FINKELMAN Yoel, *The Hidden Curiculum and Mahshevet Yisrael Education*, Jerusalem, Academy for Torah Initiatives and Directions, 2006.

FORD LeRoy, *A Curriculum Design Manual for Theological Education: A Learning Outcomes Focus*, Eugene, OR, Wipf & Stock, réimp. 2003.

FREIRE Paulo, *Educação e Mudança*, Rio de Janeiro, Paz e Terra, 1983.

FREIRE Paulo, *Pedagogia da Autonomia: Saberes Necessários à Prática Educativa*, São Paulo, Paz e Terra, 1996.

FREIRE Paulo, *Pedagogy of the Oppressed*, Harmondsworth, Penguin, 1972 ; New York, Continuum, 1993.

GARDNER Howard, *Multiple Intelligences: The Theory in Practice – A Reader*, New York, Basic, 1993.

GEYSER Hester, « Learning from Assessment », dans *Teaching and Learning in Higher Education*, sous dir. Sarah Gravett et Hester Geyser, Prétoria, Van Schaik, 2004, p. 90-111.

GILLESPIE Marilyn K., « EFF Research Principle: A Contextualized Approach to Curriculum and Instruction », EFF Research to Practice Note 3, consulté le 3 mars 2012. http://www.edpubs.gov/document/ed001934w.pdf.

GILLESPIE Thomas, « What Is 'Theological' about Theological Education? » *Princeton Seminary Bulletin* 14, n°1, 1993, p. 55-63.

GIROUX Henry, *Theory and Resistance in Education*, South Hadley, MA, Bergin and Garvey, 1982.

GLATTHORN Alan A., *Curriculum Leadership*, Glenview, IL, Scott Foresman, 1987.

GLATTHORN Alan A., *Curriculum Renewal*, Alexandria, VA, ASCD, 1987.

GRESS James R., *Curriculum: An Introduction to the Field*, Berkeley, CA, McCutchan, 1978.

GRIFFITHS Michael, « The Contextualization of Overseas Theological Education », dans *Text and Context in Theological Education*, sous dir. Roger Kemp, ICAA Monograph Series Vol. 5. Springwood, NSW, Australie, ICAA, 1994, p. 1-8.

GROOME Thomas H., *Educação Religiosa Cristã: Compartilhando Nosso Caso e Visão*, São Paulo, Paulinas, 1985.

GUBA Egon, LINCOLN Y., *Effective Evaluation: Improving the Usefulness of Evaluation Results through Responsive and Naturalistic Approaches*, San Francisco, Jossey-Bass, 1992.

HAGER Paul, GONCZI Andrew, ATHANASOU James, « About Assessing 'Competence' », dans *Understanding Outcomes-Based Education: Teaching and Assessment in South Africa – A Reader*, sous dir. John Gultig et al., le Cap, SAIDE/Oxford, 1998, p. 55-65.

HAINES Catherine, *Assessing Students' Written Work*, Londres, RoutledgeFalmer, 2004.

HARASIM Linda, *Learning Theory and Online Technologies*, New York, Routledge, 2012.

HARKNESS Allan, « Assessment in Theological Education: Do Our Theological Values Matter? » *Journal of Adult Theological Education* 5, n°2, 2008, p. 183-201.

HARKNESS Allan, « De-Schooling the Theological Seminary: An Appropriate Paradigm for Effective Ministerial Formation », dans *Tending the Seedbeds:*

Educational Perspectives on Theological Education in Asia, sous dir. Allan Harkness, p. 103-128, Manille, Asia Theological Association, 2010.

Harkness Allan, sous dir., *Tending the Seedbeds: Educational Perspectives on Theological Education in Asia*, Manille, Asia Theological Association, 2010.

Hatch Mary Jo., *Organization Theory: Modern, Symbolic, and Postmodern Perspectives*, Oxford, Oxford University Press, 1997.

Haythornthwaite Carolyn, Andrews Richard N., *E-Learning Theory and Practice*, Thousand Oaks, CA, Sage, 2011.

« Hidden Curriculum », *The Glossary of Education Reform: For Journalists, Parents, and Community Members*, consulté le 29 décembre 2014, http://edglossary.org/hidden-curriculum.

Hill Brian V., « An Education of Value: Towards a Value Framework for the School Curriculum », dans *Report of the Review of the Queensland School Curriculum 1994: Shaping the Future*, Brisbane, Queensland Government, 1994, p. 233-276.

Hill Brian V., *Beyond the Transfer of Knowledge: Spirituality in Theological Education*, Auckland, Impetus Publications, 1998.

Hill Brian V., *The Greening of Christian Education*, Sydney, ANZEA, 1985.

Hill Brian V., *Teaching Secondary Social Studies in a Multicultural Society*, Melbourne, Longman Cheshire, 1994.

Howe Neil, Strauss William, *Millennials Rising: The Next Great Generation*, New York, Knopf Doubleday, 2000.

Howell Frank M., McBroom Lynn W., « Social Relations at Home and at School: An Analysis of the Correspondence Principle », *Sociology of Education* 55, n°1, janvier 1982, consulté le 8 décembre 2016, p. 40-52, http://eric.ed.gov/?id=EJ258571.

Hughes Chris, Magin Doug, « Demonstrating Knowledge and Understanding », dans *Assessing Learning in Universities*, sous dir. Peggy Nightingale et al., Sydney, University of New South Wales, 1996.

Ikemoto Gina, Marsh Julie, « Cutting through the "Data-Driven" Mantra: Different Conceptions in Data-Driven Decision Making », dans *Evidence and Decision Making*, sous dir. Pamela Moss, Malden, MA, Blackwell, 2007, p. 105-131.

Illich Ivan, *Deschooling Society*, Londres/New York, Marion Boyars, 1994.

ICETE, « Manifeste pour le renouveau de l'enseignement théologique évangélique » de l'ICETE, consulté le 23 mai 2022, https://icete.info/wp-content/uploads/2019/04/Manifesto_ICETE_FR.pdf.

Jackson Norman, « Exploring the Concept of Metalearning », document présenté lors d'un colloque sur le Meta-learning, Middlesex University,

2004, consulté le 5 juillet 2016. http://normanjackson.pbworks.com/f/EARLI+CONFERENCE+METALEARNING+WORKING+PAPER.doc.

Jones Gregory L., « Negotiating the Tensions of Vocation », dans *The Scope of Our Art: The Vocation of the Theological Teacher*, sous dir. Gregory L. Jones et Stephanie Paulsell, Grand Rapids/Cambridge, Eerdmans, 2001, p. 208-224.

Jurkowitz Carolyn, « What Is the Literature Saying About Learning and Assessment in Higher Education? » *Theological Education* 39, n°1, 2003, p. 53-92.

Jusu John K., « Patterns of Epistemological Frameworks amongst Master of Divinity Students at the Nairobi Evangelical Graduate School of Theology », thèse de doctorat, Trinity International University, 2008.

Kellner Douglas, « Marxian Perspectives on Educational Philosophy: From Classical Marxism to Critical Pedagogy », consulté le 29 décembre 2014. https://pages.gseis.ucla.edu/faculty/kellner/essays/marxianperspectiveseducation.pdf.

Kelsey David H., *Between Athens and Berlin: The Theological Debate*, Grand Rapids, MI, Eerdmans, 1993.

King Elliot, Alperstein Neil, *Best Practices in Online Program Development: Teaching and Learning in Higher Education*, New York, Routledge, 2015.

Knowles Malcolm S., *The Adult Learner: A Neglected Species*, 3e éd., Houston, Gulf, 1984.

Koole Robert, « Strengthening Teaching through Collegiality », dans *Educating Christian Teachers for Responsive Discipleship*, sous dir. P. de Boer, Lanham, MD, University Press of America, 1993, p. 97-117.

Lambert David, Lines David, *Understanding Assessment: Purposes, Perceptions, Practice*, Londres, RoutledgeFalmer, 2000.

Larson Donald N., « OOPS! The Place of Mistakes in Learning: A Resource Sheet », Source inconnue, 1981.

Latchem Colin, « Towards Borderless Virtual Learning in Higher Education », dans *Global Perspectives on E-Learning: Rhetoric and Reality*, sous dir. Alison A., Carr-Chellman, Thousand Oaks, CA, Sage, 2005, p. 52-65.

Lausanne Movement, « The Cape Town Commitment: A Confession of Faith and a Call to Action », *Evangelical Journal of Theology* 5, n°1, 2011, p. 165-224, consulté le 25 février 2015, http://www.lausanne.org/content/ctc/ctcommitment.

Lausanne Movement, « Lausanne Movement Convenes Global Gathering of Seminary Presidents », 29 mai 2012, consulté le 25 février 2015, https://lausanne.

org/news-releases/lausanne-movement-convenes-global-gathering-of-seminary-presidents.

LAZEAR David, *Multiple Intelligence Approaches to Assessment: Solving the Assessment Conundrum*, éd. rév. Chicago, Zephyr, 1999.

LEHMAN Rosemary, CONCEICAO Simone, *Motivating and Retaining Online Students: Research-Based Strategies That Work*, San Francisco, JosseyBass, 2014.

LILLIS John, « Comparing Instructor Assumptions and Student Realities: A Study of Western Theological Extension Education in Southeast Asia », thèse de doctorat, Michigan State University, 1987.

LIN Qiuyun, sous dir., *Advancement in Online Education: Exploring the Best Practices*, vol. 1 et 2, New York, Nova Science, 2012.

LOGAN D., « Students' Views on Assessment », dans *Conference on Assessment of Learning, Courses and Teaching*, sous dir. ULIE, Londres, ULIE, 1971.

LUCKETT Kathy, SUTHERLAND Lee, « Assessment Practices That Improve Teaching and Learning », dans *Improving Teaching and Learning in Higher Education: A Handbook for Southern Africa*, sous dir. Sinfree Makoni, Johannesbourg, WITS University, 2000.

LUKES Steven, *Emile Durkheim: His Life and Work – A Historical and Critical Study*, Standford, CA, Stanford University Press, 1973.

MACLEOD Meri, *Unconventional Educational Practices in Majority World Theological Education: A Qualitative Research Study Commissioned by Overseas Council International – A Comprehensive Report*, Overseas Council International, 13 septembre 2013.

MADAUS George, « The Influence of Testing on the Curriculum », dans *Understanding Outcomes-Based Education: Teaching and Assessment in South Africa – A Reader*, sous dir. John Gultig et al., le Cap, SAIDE/Oxford University Press, 1998, p. 39-42.

MADDIX Mark A., ESTEP James R., LOWE Mary, sous dir., *Best Practices of Online Education: A Guide for Christian Higher Education*, Charlotte, NC, Information Age, 2012.

MAHTO Ananda, « The Potential Negative Effects of a Hidden Curriculum », *Anando Mahto* (blog), 10 juillet 2006, consulté le 5 février 2016, http://www.anandamahto.wordpress.com.

MALAN Beverly, *Excellence Through Outcomes*, le Cap, Kagiso, 1997.

MASKEW Miller Longman, « OBE Teacher's Manual », consulté le 1er décembre 2005, http://www.schoolofachievement.co.za/uploads/File/GDE%20Policies/OBE_manual.pdf.

MASSIALAS Byron G., « The Hidden Curriculum and Social Studies », dans *Crucial Issues in Teaching Social Studies, K-12*, sous dir. Byron G. Massialas, Belmont, CA, Wadsworth 1996, p. 119-137.

MCKINNEY Larry J., « A Theology of Theological Education: Pedagogical Implications », *Evangelical Review of Theology* 29, n°3, juillet 2005, p. 218-227, https://theology.worldea.org/wp-content/uploads/2020/12/ERT-29-3.pdf.

MCKINNEY Douglas Lois, « Globalizing Theology and Theological Education », dans *Globalizing Theology: Belief and Practice in an Era of World Christianity*, sous dir. Craig Ott et Harold A. Netland, 2e impression, Grand Rapids, MI, Baker Academic, 2007, p. 267-287.

MCLEAN Jeanne, *Leading from the Center: The Emerging Role of the Chief Academic Officer in Theological Schools*, Scholars Press Studies in Theological Education, Durham, NC, Duke University Press, 1999.

MEANS Barbara, BAKIA Marianne, MURPHY Robert, *Learning Online: What Research Tells Us About Whether, When and How*, New York, Routledge, 2014.

MERRILL M. David, « First Principles of Instruction », *Educational Technology Research and Development* 50, n°3, 2002, p. 43-59, consulté le 26 mars 2015. http://mdavidmerrill.com/Papers/firstprinciplesbymerrill.pdf.

METAXAS Eric, *Bonhoeffer: Pastor, Martyr, Prophet, Spy*, Nashville, TN, Thomas Nelson, 2010.

MILLER Michelle D., *Minds Online: Teaching Effectively with Technology*, Cambridge, MA, Harvard University Press, 2014.

MARGOLIS Eric, SOLDATENKO Michael, Sandra ACKER, Marina GAIR, « Peekaboo: Hiding and Outing the Curriculum », dans *The Hidden Curriculum in Higher Education*, sous dir. Eric Margolis, New York/Londres, Routledge, 2001, p. 1-19, consulté en décembre 2014, http://www.udel.edu.

MORRIS Karen, MORRIS Rod, *Leading Better Bible Studies: Essential Skills for Effective Small Groups*, Sydney, Aquila, 1997.

MORRISON Debbie, « Is Blended Learning the Best of Both Worlds? » *Online Learning Insights*, consulté le 24 juillet 2015, https://onlinelearninginsights.wordpress.com/2013/01/17/is-blended-learning-the-best-of-both-worlds/.

New Zealand Qualifications Authority, « Practice Note 3: Writing a Graduate Profile – The Industry Training Organisation Experience », consulté le 14 juillet 2016, http://www.nzqa.govt.nz/assets/_generated_pdfs/practice-note-3-5100.pdf.

NICULESCU Rodica M., « Trying to Understand Curriculum in the New Millennium », *Bulletin of the Transilvania University of Braşov* 2, n°51, 2009, p. 105-112, consulté le 12 janvier 2015, http://search.ebscohost.com/.

NIGHTINGALE Peggy, « Accessing and Managing Information », dans *Assessing Learning in Universities*, sous dir. Peggy Nightingale et al., Sydney, University of New South Wales, 1996.

NIGHTINGALE Peggy, WIATA Ina Te, TOOHEY Sue, RYAN Greg, HUGHES Chris, MAGIN Doug., « Assessment Project Glossary », dans *Assessing Learning in Universities*, sous dir. Peggy Nightingale et al., Sydney, University of New South Wales, 1996.

NOELLISTE Dieumeme, « Toward a Theology of Theological Education », *AETEI Journal* 8, n°2, juillet-décembre 1994, p. 19-24.

NOLL Mark A., *Scandal of the Evangelical Mind*, Grand Rapids, MI, Eerdmans, 1994.

NÚÑEZ Emílio A., « El problema del currículo », dans *Nuevas Alternativas de Educación Teológica*, sous dir. C. René Padilla, Miami, Nueva Creación, 1986, p. 59-70.

NUSSBAUM-BEACH Sheryl, HALL Lani Ritter, *The Connected Educator: Leading and Learning in a Digital Age*, Bloomington, IN, Solution Tree, 2012.

ORNSTEIN Allan C., HUNKINS Francis P., *Curriculum: Foundations, Principles, and Issues*, 6e éd., Harlow, Pearson Education, 2012.

ORR D. W., « The Liberal Arts, the Campus and the Biosphere », *Harvard Educational Review* 60, n°2, 1990, p. 205-216.

OSTRANDER Rick, « Christian Learning in the Digital Age », *The Colossian Forum*, consulté le 6 décembre 2016, http://www.colossianforum.org/2012/11/15/article-christian-learning-in-the-digital-age/.

OTT Bernhard, *Beyond Fragmentation: Integrating Mission and Theological Education – A Critical Assessment of Some Recent Developments in Evangelical Theological Education*, Eugene, OR, Wipf & Stock, 2011.

OYCO-BUNYI Joy, *Beyond Accreditation: Value Commitments and Asian Seminaries*, Bangalore, Theological Book Trust, 2001.

PACKER J. I., *Keep in Step with the Spirit*, Downers Grove, IL, InterVarsity Press, 1984.

PADHI Prasanta K., « Soft Skills: Education Beyond Academics », *IOSR Journal of Humanities and Social Science* 19, n°5, Ver. 6, mai 2014, p. 1-3, consulté le 11 février 2016, www.iosrjournals.org.

PALLOFF Rena M., PRATT Keith, *Building Online Learning Communities: Effective Strategies for the Virtual Classroom*, San Francisco, Jossey-Bass, 2007.

PALLOFF Rena M., PRATT Keith, *The Excellent Online Instructor: Strategies for Professional Development*, San Francisco, Jossey-Bass, 2011.

PALLOFF Rena M., PRATT Keith, *Lessons from the Virtual Classroom: The Realities of Online Teaching*, 2e éd., San Francisco, Jossey-Bass, 2013.

PARKWAY Forrest W., ANCTIL Eric J., Glen HASS, *Curriculum Leadership: Readings for Developing Quality Educational Programs*, 10e éd., Upper Saddle River, NJ, Pearson Education, 2014.

PARR M., « Knowing Is Not Enough: We Must Do! Teaching Development through Engagement in Learning Opportunities », *International Journal of Learning* 12, n°6, 2005, p. 135-140.

PATTERSON George, *Church Planting through Obedience-Oriented Teaching*, Pasadena, CA, William Carey Library, 1981.

PETERS George W., *A Biblical Theology of Missions*, Chicago, Moody, 1972.

PHILLIPS David M., « Learning Styles », conférence, Nazarene Bible College, Colorado Springs, CO, 2008, consulté 28 juin-2 juillet 2011, http://online.cnc.edu/.

POWER F. C., KOHLBERG L., « Moral Development: Transforming the Hidden Curriculum », *Curriculum Review* 26, 1986, p. 14-17.

POWERS Bruce P., « Developing a Curriculum for Academic, Spiritual, and Vocational Formation », dans *C(H)AOS Theory: Reflections of Chief Academic Officers in Theological Education*, sous dir. Kathleen D. Billman et Bruce C. Birch, Grand Rapids, MI, Eerdmans, 2011, p. 302-319.

PRATT David, *Curriculum Planning: A Handbook for Professionals*, Fort Worth, TX, Harcourt Brace College, 1994.

RAMSDEN Paul, *Learning to Teach in Higher Education.* 2e éd., Londres, RoutledgeFalmer, 2003.

RUDESTAM KJELI Erik, SCHOENHOLTZ-READ Judith, sous dir., *Handbook of Online Learning*, 2e éd., Thousand Oaks, CA, Sage, 2010.

SAGER Michelle, « Understanding the Hidden Curriculum: Connecting Teachers to Themselves, Their Students and the Earth », Portland University, 2013.

SALERNO Ann, BROCK Lillie, *The Change Cycle: How People Can Survive and Thrive in Organizational Change*, San Francisco, Berrett-Koehler, 2008.

SCHULZ Bernd, « The Importance of Soft Skills: Education Beyond Academic Knowledge », *NAWA: Journal of Language and Communication*, juin 2008, p. 146-154.

SEDDON T., « The Hidden Curriculum: An Overview », *Curriculum Perspectives* 3, n°1, janvier 1981, p. 1-6.

SEIFERT Kelvin, *Educational Psychology*, Boston, Houghton Mifflin, 1983.

SELWYN Neil, *Education in a Digital World: Global Perspectives on Technology and Education*, New York, Routledge, 2013.

SENANAYAKE Lal A. N., « Developing a Culturally Relevant Curriculum for Theological Education in Asia », dans *Educating for Tomorrow: Theological Leadership for the Asian Context*, sous dir. Manfred W. Kohl et A. N. L. Senanayake, Bangalore/Indianapolis, IN, SAIACS, 2002, p. 66-77.

SERBINO Raquel V., « A educação do educador universitario », *Didática* 5, n°18, jan/déc 1982, p. 25-31.

SHAW Perry W. H., « Training to Failure, Training to Success: The Hidden Curriculum of Seminary Education », *Theological Reflections* 7, 2006, p. 84-100.

SHUURMAN Derek C., *Shaping a Digital World: Faith, Culture, and Computer Technology*, Downers Grove, IL, InterVarsity Press, 2013.

SIEBÖRGER Rob, MACINTOSH Henry, *Transforming Assessment*, le Cap, Juta, 2004.

SIEW Yau-Man, « Fostering Community and a Culture of Learning in Seminary Classrooms: A Personal Journey », *Christian Education Journal* 3, n°1, 2006, p. 79-91.

SMITH Gordon T., « Attending to the Collective Vocation », dans *The Scope of Our Art: The Vocation of the Theological Teacher*, sous dir. Gregory L. Jones et Stephanie Paulsell, Grand Rapids, MI/Cambridge, Eerdmans, 2001, p. 240-261.

SOLOMON Pearl G., *The Assessment Bridge*, Thousand Oaks, CA, Corwin, 2002.

South African Qualifications Authority, « NQF Objectives and What Does Our NQF Look Like? » *SAQA*, consulté le 17 novembre 2005, http://www.saqa.co.za/show.asp?main=about/nqfobjectives.htm2005.

SPADY William G., *Outcomes-Based Education: Critical Issues and Answers*, Arlington, VA, American Association of School Administrators, 1994.

STAKE Robert, *The Art of Case Study Research*, Thousand Oaks, CA, Sage, 1995.

STAKE Robert, « The Countenance of Educational Evaluation », *Teachers College Record* 68, n°7, 1967, p. 523-540.

STAKE Robert, « Program Evaluation, Particularly Responsive Evaluation », dans *Evaluation Models: Viewpoints on Educational and Human Services Evaluation*, sous dir. Daniel Stufflebeam, George F. Madaus, et Thomas Kellaghan, 2e éd., Hingham, MA, Kluwer Academic, 2000, p. 343-362.

STAKE Robert, sous dir., *Standards-Based and Responsive Evaluation*, Thousand Oaks, CA, Sage, 2003.

STARKEY Louise, *Teaching and Learning in the Digital Age*, New York, Routledge, 2012.

STEIBEL Sophia, ELDRIDGE Daryl, « Leroy Ford », *Talbot School of Theology/ Biola University*, consulté le 6 juillet 2016, http://www.talbot.edu/ce20/educators/protestant/leroy_ford/.

STEIN Jared, GRAHAM Charles R., *Essentials for Blended Learning: A Standards-Based Guide*, New York, Routledge, 2014.

STERLING S. *Sustainable Education: Re-visioning Learning and Change*, Schumacher Society Briefing n°6, Dartington, Green Books, 2001.

STERNBERG Robert J., « Assessing What Matters », *Educational Leadership* 65, n°4, 2007, p. 20-26.

STERNBERG Robert J., « Examining Intelligence », *BizEd* 5, n°2, 2006, p. 22-27.

STOTT John R. W., « The Bible in World Evangelization », dans *Perspectives on the World Christian Movement*, sous dir. Ralph D. Winter et Steven C. Hawthorne, Pasadena, CA, William Carey Library, 1981, p. 3-9.

STRINGER Ernie, *Action Research in Education*, 2e éd., Columbus, OH, Pearson, 2008.

STUFFLEBEAM Daniel, « The CIPP Model for Evaluation », dans *Evaluation Models: Viewpoints on Educational and Human Services Evaluation*, sous dir. Daniel Stufflebeam, George F. Madaus, Thomas Kellaghan, 2e éd., Hingham, MA, Kluwer Academic, 2000, p. 279-318.

STUFFLEBEAM Daniel, MADAUS George F., Thomas KELLAGHAN. *Evaluation Models: Viewpoints on Educational and Human Services Evaluation*, 2e éd. Hingham, MA, Kluwer Academic, 2000.

STUFFLEBEAM Daniel L., SHINKFIELD Anthony J., *Evaluation Theory, Models, and Applications*, San Francisco, Jossey-Bass, 2007.

SUMNEY Jerry L., « Do Not Be Conformed to This Age: Biblical Understanding of Ministerial Leadership », dans *Practical Wisdom: On Theological Teaching and Learning*, sous dir. Malcolm L. Warford, New York, Peter Lang, 2004, p. 127-142.

TANNER Daniel, TANNER Laurel N., *Curriculum Development: Theory into Practice*, New York, Macmillan, 1980.

TAYLOR Catherine, NOLEN Susan, *Classroom Assessment: Suppporting Teaching and Learning in Real Classrooms*, 2e éd., Upper Saddle River, NJ, Pearson, 2008.

TAYLOR George R., *Informal Classroom Assessment Strategies for Teachers*, Lanham, MD, Scarecrow, 2003.

TAYLOR K. B., « Mapping the Intricacies of Young Adults' Developmental Journey from Socially Prescribed to Internally Defined Identities, Relationships, and Beliefs », *Journal of College Student Development* 49, n°3, 2008, p. 215-234.

TheologicalEducation.net (divers articles sur les programmes d'études), consulté le 21 juillet 2016, http://theologicaleducation.net/articles/index.htm?categoryid=58.

Thomas Douglas, John Seely Brown, *A New Culture of Learning: Cultivating the Imagination in a World of Constant Change*, Lexington, KY, CreateSpace, 2011.

Thompson Melinda, MacLeod Meri, « To the Ends of the Earth: Cultural Considerations for Global Online Theological Education », *Theological Education* 49, n°2, 2015, p. 113-125.

Tracy W. R., *The Human Resources Glossary*, Boca Raton, FL, CRC, 2004.

Tyler Ralph W., *Basic Principles of Curriculum and Instruction*, c. 1949, réimpression Chicago, University of Chicago Press, 1975.

Utech Jenny Lee, *Contextualized Curriculum for Workplace Education: An Introductory Guide*, Massachusetts Worker Education Roundtable, juin 2008, Adobe PDF eBook.

Vallance Elizabeth, « Hiding the Hidden Curriculum: An Interpretation of the Language of Justification in Nineteenth-Century Educational Reform », *Curriculum Theory Network* 4, n°1, 1973, p. 5-21.

Vella Jane Kathryn, *Taking Learning to Task: Creative Strategies for Teaching Adults*, San Francisco, Jossey-Bass, 2000.

Wakeford Richard, « Principles of Student Assessment », dans *A Handbook for Teaching and Learning in Higher Education*, sous dir. Heather Fry, Steve Ketteridge et Stephanie Marshall, 2e éd., Londres, Kogan Page, 2003, p. 46-50.

Waltke Bruce K., *The Book of Proverbs*, New International Commentary on the Old Testament, Grand Rapids, MI, Eerdmans, 2004–2005.

Walvoord Barbara E., Anderson Virginia Johnson, *Effective Grading: A Tool for Learning and Assessment in College*, San Francisco, Jossey-Bass, 1998.

Weddle Martin, *Planning for Educational Change: Putting People and Their Contexts First*, Londres, Continuum, 2009.

Wenger Etienne, McDermott Richard, Snyder William, *Cultivating Communities of Practice: A Guide to Managing Knowledge*, Boston, University of Harvard Press, 2002.

Wenger Etienne, White Nancy, Smith John D., *Digital Habitats: Stewarding Technology for Communities*, Portland, OR, CP Square, 2009.

Westerhoff John, « Hidden Curriculum in the Classroom », *Church Teachers* 21, n°1, 1993, p. 45-47.

White Ellen. G., *Counsels to Parents, Teachers and Students*, Nampa, ID, Pacific, 2011.

White Ellen. G., *Education*, Nampa, ID, Pacific, 2002.

WINKELMES Mary-Ann, « Formative Learning in the Classroom », dans *Practical Wisdom: On Theological Teaching and Learning*, sous dir. Malcolm L. Warford, New York, Peter Lang, 2004, p. 161-179.

WOJTCZAK Andrzej, « Evaluation of Learning Outcomes (révisé) », dernière modification en 2002, consulté le 8 décembre 2009, http://www.iime.org/documents/elo.htm.

YU Carver, « Whom Do We Serve? Engaging the Ecclesial Dimension: Theological Education That Empowers the Church », document présenté à l'ICETE International Consultation for Theological Educators, Chiang Mai, Thaïlande, 2006, consulté le 2 mars 2015, https://www.icete-edu.org/pdf/C-06%20Yu%20Engaging%20the%20Ecclesial%20Dimension.pdf.

DE ZENGOTITA Thomas, *Mediated: How the Media Shapes Your World and the Way You Live in It*, New York, Bloomsbury, 2005.

Les auteurs

Vera R. Brock est titulaire d'une licence en théologie avec spécialisation en éducation chrétienne du Word of Life Bible Seminary (WOLBS) à Atibaia, au Brésil, et d'une maîtrise en éducation de l'Universidade São Francisco à São Paulo, au Brésil. Elle a travaillé au WOLBS pendant vingt-sept ans (1986-2011) comme professeur en éducation chrétienne et y a occupé le poste de directrice académique pendant dix-sept ans. Elle a été durant neuf ans secrétaire générale de l'AETAL (1999-2007). Elle collabore avec l'AETAL au sein du comité d'accréditation. Elle a collaboré avec l'ICETE pour les cours de l'IPAL au Brésil.

Fritz Deininger est titulaire d'un doctorat en théologie (Nouveau Testament) de la University of South Africa. Il est le coordinateur de l'ICETE Programme for Academic Leadership (IPAL). Il est également maître de conférences à la Columbia International University (CIU) et enseigne à l'Akademie für Weltmission en Allemagne. Avec son épouse, ils ont servi en Thaïlande de 1981 à 2008 dans l'implantation d'églises, la formation de responsables et la formation théologique. Au Bangkok Bible Seminary, il a acquis une expérience dans la direction de la formation théologique en tant que directeur académique. Parmi ses domaines d'intérêt figurent la formation des responsables, la formation théologique pluridisciplinaire, la formation spirituelle, l'exégèse biblique, les religions du monde, les missions mondiales et l'éthique.

Orbelina Eguizabal est titulaire d'un doctorat en éducation de la Talbot School of Theology (Biola University), en Californie (États-Unis), où elle est professeure d'éducation chrétienne, chargée des programmes doctoraux en sciences de l'éducation, et coordonne les programmes Hybrid-Distance de la Talbot School of Theology. De 2010 à 2015, elle a siégé au conseil d'administration de la Society of Professors in Christian Education (SPCE), et elle est actuellement membre du conseil d'administration de Moody Global Ministries. Elle s'implique également dans la formation théologique en tant que conférencière dans les colloques en Amérique latine. Avant de rejoindre la Biola University, Orbelina a enseigné pendant vingt ans au Seminario Teológico Centroamericano [École théologique d'Amérique centrale] à Guatemala City, au Guatemala. Elle collabore avec l'ICETE depuis 2008, dans le cadre de l'ICETE Programme for Academic Leadership (IPAL) et de l'Association of Evangelical Theological Education (AETAL), en tant que membre de l'équipe d'enseignement pour les séminaires destinés aux responsables académiques hispanophones, proposés en Amérique centrale et en Amérique du Sud.

Steve Hardy (DMiss, Trinity Evangelical Divinity School, MDiv en sciences bibliques du Bethel Theological Seminary et un BA en affaires gouvernementales de Oberlin College) est originaire des États-Unis. Il a été le consultant de la SIM International pour la formation théologique et a œuvré comme consultant de l'ICETE. Il a été formateur missionnaire au Brésil, au Mozambique et en Afrique du Sud et a dirigé l'Institute for Excellence in Theological Education de l'Overseas Council. Ses écrits portent surtout sur les questions d'administration de l'éducation.

Allan Harkness, MA, BD, PhD (Murdoch, Australie occidentale) est le directeur académique et le directeur des programmes d'éducation de l'AGST Alliance. Il est l'auteur de plusieurs articles et chapitres de livres dans les domaines de l'éducation chrétienne et de la formation théologique. Ancien rédacteur en chef du *Journal of Christian Education*, il fait actuellement partie du comité de rédaction de deux revues universitaires dans ces domaines. Originaires de Nouvelle-Zélande, Allan et son épouse Marven ont vécu et servi en Asie du Sud-Est principalement depuis 1988, en tant que membres de l'OMF International. Allan est basé à Singapour, où il fait également partie de plusieurs comités et groupes d'éthique médicale et de recherche. Il peut être contacté par courriel : allan.harkness@gmail.com.

Charles de Jongh est doyen et maître de conférences (Biblical and Youth Studies) au Malyon College depuis 2007, après avoir travaillé au Baptist Theological College of Southern Africa et à la Hilton Baptist Church. Il a étudié dans les domaines du ministère chrétien, de la théologie et de l'enseignement supérieur, obtenant ainsi un BA, Lth, MA, DLitt et Phil et DEd. Actuellement, il s'intéresse particulièrement à l'interface entre les résultats de l'apprentissage et l'évaluation, s'efforçant de développer et de proposer différentes approches de l'évaluation, notamment dans le cadre de l'enseignement supérieur. En outre, il conserve un intérêt profond pour le ministère de la Mission Aviation Fellowship, ayant précédemment occupé le poste de président du conseil d'administration sud-africain. Il est marié à Susan et a deux filles.

Errol Elton Joseph (BTh , Jamaica Theological Seminary, MACE, Caribbean Graduate School of Theology ; et PhD en direction des organisations, Regent University à Virginia Beach, États-Unis) a été directeur d'école secondaire, directeur académique et doyen d'un collège théologique et s'implique dans la formation théologique depuis 1982. Pendant plus de vingt ans, il a été le secrétaire/trésorier de la Caribbean Evangelical Theological Association. En outre, le révérend Joseph a participé à plusieurs comités nationaux liés à l'éducation, notamment le National Advisory Committee to the Minister of Education et le Vision 2020 Sub-Committee on Secondary Education. Actuellement, il est vice-doyen des affaires académiques de la West Indies School of Theology, directeur en chef de l'éducation chrétienne des Open Bible Standard Churches, membre exécutif et coordinateur d'accréditation de la Caribbean Evangelical Theological Association (CETA), et examinateur externe du South African Theological Seminary. Il donne des conférences sur la formation spirituelle, les principes de leadership et la gestion des conflits, et dirige des stages et des ateliers dans ces domaines. En outre, il est évaluateur, président d'équipe, évaluateur de programme et membre du comité d'examen d'accréditation de l'Accreditation Council of Trinidad and Tobago.

John Jusu (PhD) est un missionnaire de l'Association of Evangelicals in Africa, détaché à l'Africa International University de Nairobi, au Kenya. Il est un ministre ordonné de la Church of the United Brethren in Christ, en Sierra Leone. Il est actuellement en congé prolongé de l'université et fait partie de l'Overseas Council International en tant que directeur régional pour l'Afrique. Il travaille beaucoup sur les questions de transformation des programmes d'études en réponse au contexte dans lequel l'éducation formelle et non formelle se déroule en Afrique. Son expertise porte sur la compréhension des cadres épistémologiques des Africains qui s'efforcent d'entrer dans les ministères pastoraux et pédagogiques de l'Église en Afrique, et sur la manière dont cette compréhension peut influencer les pratiques éducatives. Au vu de cette expertise, John est consultant en programmes d'études pour le programme mondial More Than a Mile Deep, rédacteur en chef pour l'Africa Study Bible, chercheur principal pour l'Africa Leadership Study et membre des Global Associates for Transformational Education. Il est également impliqué dans le développement du corps enseignant pour de nombreuses initiatives éducatives en Afrique. John est marié à Tity. Ils ont trois enfants.

John Lillis est le vice-président exécutif des affaires académiques du Grace College and Seminary ainsi qu'un associé principal et membre fondateur des Global Associates for Transformational Education (GATE). Sa vocation pour le ministère l'a conduit aux études de théologie, aux missions à l'étranger et à la direction au sein de l'enseignement supérieur chrétien. En tant que directeur pour l'Asie du programme d'extension en Asie du Sud-Est du Grand Rapids Theological Seminary, qui est devenu plus tard l'Asia Biblical Theological Seminary de la Cornerstone University, il a vécu à Bangkok, en Thaïlande, de 1982 à 1985, et à Manille, aux Philippines, de 1985 à 1990. Il a ensuite travaillé pendant onze ans à la Cornerstone University, où il a enseigné l'éducation chrétienne et la formation spirituelle et a occupé les fonctions de vice-doyen et de vice-président exécutif. De 2001 à 2014, il a occupé le poste de directeur général/doyen du Bethel Seminary, à San Diego. Le professeur Lillis est l'un des auteurs du Dictionary of Christian Spirituality (2011) et de l'Encyclopedia of Christian Education (2015), ayant siégé au comité de rédaction de cette dernière. Il est l'auteur du cours *Discipleship in Community : spiritual formation and the Church*, disponible sur http://christianuniversity.org/. Outre son amour évident pour les cultures du Pacifique, grâce à son implication dans GATE, le ministère de John s'est étendu à l'Europe centrale et orientale, à l'Afrique et à l'Amérique du Sud. Son engagement dans l'enseignement supérieur chrétien comprend quarante ans en tant que membre du corps enseignant et administrateur, en Asie et aux États-Unis.

Rhonda M. McEwen (PhD en études pédagogiques, Trinity International University ; MA en ministères interculturels, Dallas Theological Seminary ; BA en linguistique, Université d'Ottawa) a été assistante du directeur académique au University College de l'Université Azusa Pacific en Californie du Sud. Avant de rejoindre l'APU, Rhonda a été professeure dans les programmes de troisième cycle en éducation interculturelle/études interculturelles à la Biola University. Auparavant, elle a enseigné au Wheaton College, au Dallas Seminary et à la Trinity International University, ainsi que dans plusieurs institutions communautaires. Outre l'enseignement supérieur, elle a travaillé avec des organisations confessionnelles internationales et communautaires, telles que le Chalmers Center for Economic Development du Covenant College, Food for the Hungry International, World Concern et OMF. Rhonda est originaire du Canada, et a vécu et travaillé dans divers pays d'Asie et d'Afrique.

Paul Sanders (doctorat en histoire occidentale moderne, Université de Paris IV – Sorbonne ; MDiv en éducation chrétienne ; ThM en théologie pratique, Western Baptist Seminary en Oregon ; BA en histoire, Oregon State University) a travaillé pendant vingt-cinq ans en région parisienne, dont quinze ans à l'Institut biblique de Nogent près de Paris, puis quinze ans au Liban, où il a été directeur académique et vice-doyen de l'Arab Baptist Theological Seminary à Beyrouth. Paul a été directeur international de l'International Council for Evangelical Theological Education (www.icete-edu.org) de 2006 à 2013, et directeur exécutif de la Middle East Association for Theological Education (www.meate.org). Depuis son départ officiel à la retraite en 2013, il est consultant/facilitateur international pour une fondation américaine qui soutient les dirigeants de haut niveau dans le monde émergent. Il continue à enseigner à intervalles réguliers dans diverses institutions.

Natee Tanchanpongs est le pasteur principal de l'Église Grace City, à Bangkok, et ancien directeur académique du Bangkok Bible Seminary (2011-2015). Il a obtenu son doctorat en études théologiques à la Trinity Evangelical Divinity School en 2007, où il a travaillé dans le domaine de l'herméneutique contextuelle. Par la suite, il a fait partie de la Commission théologique de l'Alliance évangélique mondiale (WEA-TC), au sein de laquelle il a travaillé dans une unité d'étude sur la contextualisation. Le résultat de cet effort a été publié dans un livre qu'il a co-édité, intitulé Local Theology for the Global Church, publié par la William Carey Library en 2010. Son intérêt le plus récent est l'holisme de l'évangile. Natee a contribué à la création de Christian Volunteers for Social Involvement (CVSI), un groupe dont le but premier est de revigorer l'Église pour qu'elle accomplisse des missions intégrales par des activités telles que la gestion des catastrophes, le développement communautaire et d'autres formes de transformation holistique. Il est marié à Bee. Ils ont deux enfants : Maisie et Meno.

Table des matières

Liste des tableaux et figures

Tableaux

Figures

Conseil International pour l'Enseignement Théologique Évangélique

L'ICETE est une communauté mondiale, parrainée par neuf réseaux régionaux d'écoles théologiques, pour permettre l'interaction et la collaboration internationales entre toutes les personnes engagées dans le renforcement et le développement de l'enseignement théologique évangélique et du leadership chrétien dans le monde.

Le but de l'ICETE est de :

1. Promouvoir l'amélioration de la formation théologique évangélique dans le monde.
2. Servir de forum d'interaction, de partenariat et de collaboration entre les personnes impliquées dans l'enseignement théologique évangélique et le développement du leadership, pour l'assistance, la stimulation et l'enrichissement mutuels.
3. Fournir des services de mise en réseau et de soutien pour les associations régionales d'institutions théologiques évangéliques dans le monde.
4. Aider ces organismes à promouvoir leurs services auprès de l'enseignement théologique évangélique dans leurs régions.

Les associations de parrainage comprennent :

Afrique : Association for Christian Theological Education in Africa (ACTEA)

Amérique Latine : Association for Evangelical Theological Education in Latin America (AETAL)

Amérique du Nord : Association for Biblical Higher Education (ABHE)

Asie : Asia Theological Association (ATA)

Caraïbes : Caribbean Evangelical Theological Association (CETA)

Eurasie : Euro-Asian Accrediting Association (E-AAA)

Europe : European Evangelical Accrediting Association (EEAA)

Moyen-Orient et Afrique du Nord : Middle East Association for Theological Education (MEATE)

Pacifique Sud : South Pacific Association of Evangelical Colleges (SPAEC)

www.icete-edu.org

Langham Literature, et sa branche éditoriale, est un ministère de Langham Partnership.

Langham Partnership est un organisme chrétien international et interdénominationnel qui poursuit la vision reçue de Dieu par son fondateur, John Stott :

> ***promouvoir la croissance de l'église vers la maturité en Christ en relevant la qualité de la prédication et de l'enseignement de la Parole de Dieu.***

Notre vision est de voir des églises équipées pour la mission, croissant en maturité en Christ, par le ministère de pasteurs et de responsables qui croient, qui enseignent et qui vivent la Parole de Dieu.

Notre mission est de renforcer le ministère de la Parole de Dieu de trois manières:

- par la mise en place de mouvements nationaux de formation à la prédication biblique
- par la rédaction et la distribution de livres évangéliques
- par la formation d'enseignants théologiques évangéliques qualifiés qui formeront ensuite des pasteurs et responsables d'églises dans leurs pays respectifs

Notre ministère

Langham Preaching collabore avec des responsables nationaux en vue de la création de mouvements de prédication biblique dirigés par les nationaux eux-mêmes. Ces mouvements, qui naissent progressivement un peu partout dans le monde, rassemblent non seulement des pasteurs mais aussi des laïcs. Nos équipes de formateurs venus de beaucoup de pays différents proposent une formation pratique qui comporte plusieurs niveaux, suivie d'une formation de facilitateurs locaux. La continuité est assurée par des groupes de prédicateurs locaux et par des réseaux régionaux et nationaux. Ainsi nous espérons bâtir des mouvements solides et dynamiques, constitués de prédicateurs entièrement consacrés à la prédication biblique.

Langham Literature fournit des livres évangéliques et des ressources électroniques par la publication et la distribution, par des subventions et des réductions à des leaders et futurs leaders, à des étudiants et bibliothèques de séminaires dans le monde majoritaire. Nous encourageons aussi la rédaction de livres évangéliques originaux dans de nombreuses langues nationales par le biais de bourses pour des écrivains, en soutenant des maisons d'éditions évangéliques locales, et en investissant dans quelques projets majeurs comme *le Commentaire Biblique Contemporain* qui est un commentaire de la Bible en un seul volume rédigé par des auteurs africains pour l'Afrique.

Langham Scholars soutient financièrement des doctorants évangéliques du monde majoritaire dans le but de les voir retourner dans leurs pays d'origine pour former des pasteurs et d'autres chrétiens nationaux en leur proposant un enseignement biblique et théologique solide. Cette branche de Langham cherche donc à équiper ceux qui en équiperont d'autres. Langham Scholars travaille aussi en partenariat avec des séminaires dans le monde majoritaire afin de renforcer l'éducation théologique évangélique sur place. De ce fait, un nombre croissant de « Langham Scholars » (le nom « Scholars » signifie « boursiers ») peut aujourd'hui suivre des programmes doctoraux de haut niveau au cœur même du monde majoritaire. Une fois leurs études terminées, ces « Langham Scholars » vont non seulement former à leur tour une nouvelle génération de pasteurs mais exercer une grande influence par leurs écrits et par leur leadership.

Pour plus d'informations, consultez notre site: langham.org

www.ingramcontent.com/pod-product-compliance
Lightning Source LLC
LaVergne TN
LVHW010558100826
845148LV00014B/2758
* 9 7 8 1 8 3 9 7 3 7 1 3 8 *